A STUDY OF

ADVERTISING

METAPHOR

广告隐喻研究

何玉杰／著

人民出版社

序

　　我和玉杰相识久矣！自第一届全国大学生广告艺术大赛开始以来，我们就有了接触。那时他在负责整个安徽赛区的"大广赛"工作，兢兢业业，克尽厥职，工作开展得有声有色，给我留下了较深的印象。在此后的"大广赛"会议上，彼此之间也多有交流。他还曾邀请我去安徽，但由于工作太忙，未能成行。后来他告诉我，他正在研究广告隐喻的问题，但不是从传统的修辞格角度，而是从当代认知语言学的角度进行研究。时光荏苒，转眼四年多过去了，他关于广告隐喻研究的书稿终于在 2019 年最后一个月里杀青，可喜可贺！

　　人类对隐喻的研究已有两千多年的历史，学派纷呈，此消彼长。但在相当长的岁月中，人们对隐喻的认识都难以走出亚里士多德时代的框架。直到 20 世纪七八十年代，认知语言学的介入才为隐喻研究带来了一场革命性的变革。正如美国著名认知语言学家莱考夫所言，人类的语言在本质上是隐喻的，隐喻无处不在，充斥于人们的日常生活之中。隐喻不再仅仅是一种修辞手段，更是人类的一种认知现象和思维方式。在新的理论引领下，无论中外，隐喻的研究方兴未艾，蔚为大观。由此，隐喻研究的触角也延伸至广告领域。因为隐喻不仅是最强有力的广告技巧之一[1]，而且普遍存在于现代广

---

[1] ［美］乔治·费尔顿：《广告创意与文案》，陈安全译，中国人民大学出版社 2005 年版，第 322 页。

1

告传播中，对社会大众的消费及观念、社会文化的方向及塑形都发生着这样或那样的影响，是一种不可忽视的传播现象。深入探讨广告隐喻的功能与作用、特点与本质、文化与表征、建构与途径、语境与影响等，有助于拓展广告学术研究的深度，提升广告创意表现的力度。它涉及语言学、认知学、符号学、传播学、心理学等多门学科知识体系，需要花较大的力气。目前，我国广告学界对此研究还是不够的，需要大力推动，才能走出零乱的、碎片化的状态。

极目长空送流云，每有新声喜尽闻。通览何玉杰教授的《广告隐喻研究》全书，我有三个基本的印象。

其一，视野开阔。作者摆脱了传统的对广告隐喻认知的范畴，而将其纳入认知学的范畴进行研究，在学术视野上显得更为阔大。这就如同从原来的地平线上观察上升到山顶上的观察，眼界的扩大，更有利于对事物之间本质关系的把握与具体问题的分析，以防止那种"只见树木，不见森林"的现象。

其二，内容全面。广告隐喻的内容十分丰富，细节众多。作者主要抓住其研究的历史及现状、产生基础、分类与特点、功能与性质、表征与语境、认知规律、建构途径、传播模式、传播效果等主要问题展开分析，结构严谨，叙述流畅，引证丰富。既反映出作者强烈的问题意识和探索精神，也表现了作者注重理论联系实际的治学态度。在书中，作者时而引经据典，时而条分缕析，看似随意挥洒，却是行所当行，不失其严谨。如此清晰而系统的广告隐喻研究，对于扩大广告学的研究视野，减少广告学的"理论空洞"，丰富我国广告研究的学术成果，完善广告学的学术体系都有着不言而喻的现实意义。

其三，富有新意。广告隐喻的理论色彩实际上是较强的，但作者善于将其教学的风格融入写作之中，坚持理论为支柱，例证为辅佐的论述方式，深入浅出，步步为营，有如静水流深。全书闪耀着作者独立思考、不断探索的精神。比如，关于广告隐喻的功能分析、表征模态的分析，以及语境作用，尤其是关于广告隐喻建构的途径以及评价标准的分析，理据充分，颇有见地。如果觉得这样的评价有些抽象的话，那么，只要我们翻看一下作者书中所引用的那些广告图片，就可以窥见作者的用心与眼光了。

总之，这是一部有相当份量的学术著作，它第一次系统地揭示了广告隐喻的本质、规律、文化表征及其传播模式，提出了广告隐喻的建构途径与评价标准，对于人们全面认识广告隐喻和进行广告创作实践，都有极为重要的指导价值。

我相信，这是一部完全以燃烧自己的态度而写成的著作，字里行间跳动着作者的热忱、生命与智慧的火焰，它们以飞扬的文采在层层叠叠的纸上投射出作者自己的光谱。一花一世界，自有芬芳在。我们热情期待着作者有更多、更好的著作问世！

是为序。

丁俊杰

中国传媒大学教授、博士生导师、

学术委员会副主任、国家广告研究院院长

前言　喻之隐，浅之深

笔者对于隐喻的热爱源于初识比喻中的美与理。那种斑斓的美，骨感的理所带来的震撼与记忆。

初中时，自己似乎就是在遍地红色标语、革命歌曲和绿色军装的海洋中度过的。那个时代只流行无产阶级的文学，其他的文学名著都被贴上了封、资、修的标签，被打入冷宫。书店买不到，学校借不到，在乡下也只能悄悄地四处打听、央求借阅。好不容易借到的书大多是破破烂烂、没头没尾。一旦借到，欢天喜地，不管什么书，抓到就看，夜以继日，如饥似渴。就是在这种文化荒漠的背景下，笔者通过私人借阅，有幸窥见朱自清和徐志摩两位文学大师作品的"一鳞半爪"，像被闪电般地击中。

如今，许多年过去了，《荷塘月色》中那段关于荷花的描写还时常在脑海中浮现："层层的叶子中间，零星地点缀着些白花，有袅娜地开着的，有羞涩地打着朵儿的；正如一粒粒的明珠，又如碧天里的星星，又如刚出浴的美人。微风过处，送来缕缕清香，仿佛远处高楼上渺茫的歌声似的。"荷花的晶莹、闪亮、轻柔、芬芳，如梦似幻，使我产生无限美妙的遐思，第一次感受到了比喻的巨大魅力。后来，又读到了徐志摩的短诗《沙扬娜拉》："最是那一低头的温柔／象一朵水莲花不胜凉风的娇羞／道一声珍重／道一声珍重／那一声珍重里有蜜甜的忧愁——沙扬娜拉！"简短的诗句如一阵春风刮过我的心灵，吹开了我少年时代心中最柔软的那部分。这位美丽、纯洁、温

1

柔、善良、腼腆的女子形象让我浮想联翩，感觉美得不行。

大约在高一的暑假期间，我又读到父亲从镇上中学图书室借来的古典名著《红楼梦》（那时还是内部发行），如获至宝。虽然没有真正读懂，但书中第二十三回的一段描写却让我回味不已：林黛玉经过梨香院，听墙内笛韵悠扬，歌声婉转，原来有人在演习戏文。一些唱词断断续续传入她的耳中。

> 又侧耳时，只听唱道："则为你如花美眷，似水流年……"林黛玉听了这两句，不觉心动神摇。又听道："你在幽闺自怜"等句，亦发如醉如痴，站立不住，便一蹲身坐在一块山子石上，细嚼"如花美眷，似水流年"八个字的滋味。

当时我就想：为何这短短八个字竟有这么大魔力，让这个美女始则"心动神摇"，继则细嚼其味，终则"不觉心痛神痴，眼中落泪"，不能自持呢？是唱腔的婉转动人，还是听者的矫情饰貌？我想，引起这位妙龄少女深深共鸣的应该不仅仅是这诗性言语的感性张力，还应该有其更为深刻的原因。人们常说：心若没有栖息地，走到哪里都是流浪。在寄人篱下的生活中，花再香，开在深闺无人惜；花再美，青春容颜随风逝。《牡丹亭》中的这几句唱词的确从内心深处触发了林黛玉对自己身世、命运的一连串感怀与联想。这是其次。笔者觉得，更为重要的是，"如花美眷，似水流年"这个八字箴言就如一把带血的尖刀，残酷而真实地刺破了人生层层叠叠的美丽面纱，直指一切事物的真相与指归：在时间面前，一切都是急景流年，再美的芳华也会瞬间憔悴、凋零。人们可以回忆过去，但无法回到过去，就像古希腊哲学家赫拉克利特所说的，"人不能两次踏进同一条河流"。

进入大学之后，我将大部分的课余时间都花在了阅读外国文学名著上，几近贪婪。记得有一次，在学校图书馆借到了一本狄更斯（Charles Dickens）的《双城记》（中文版），刚打开，一段文字赫然映入眼帘："这是最好的时候，也是最坏的时候；这是智慧的年代，也是无知的年代；这是信仰的日子，也是怀疑的日子；这是光明的季节，也是黑暗的季节；这是希望之春，也是失望之冬；我们应有尽有，我们一无所有；人们直登乐土，却也直下苦境。"①这样的言语让人大为震惊：19世纪50年代末的大英帝国是当时世界上唯一的超级大国。社会稳定、经济"繁荣"，到处莺歌燕舞、流光溢彩，但实际上整个社会是混乱的、动荡的、矛盾交织的、难以名状的……狄更斯，这个文坛巨匠只用了寥寥数语就将其社会特征概括得淋漓尽致，动人心魄，可谓独具慧眼。由此，这几句话也成了经典，被后世的人们用来描写那些"希望和绝望同样多的、创造力和破坏力同样大的"社会。

在其后的不断学习中，笔者渐渐明白，比喻性表达原来也是汉字思维的重要特征。从我国古代的第一部诗歌总集《诗经》中的"有女同行，颜如舜华""如竹苞矣，如松茂矣"，《庄子》中的"君子之交淡如水，小人之交甘若醴"，到唐宋诗词中脍炙人口的"海内存知己，天涯若比邻"（王勃）、"浮云一别后，流水十年间"（韦应物）、"不知细叶谁裁出，二月春风似剪刀"（贺知章）"蜡烛有心还惜别，替人垂泪到天明"（杜牧）、"丹青不知老将至，富贵于我如浮云"（杜甫）、"玉容寂寞泪阑干，梨花一枝春带雨"（白居易）、"惟有相思似春色，江南江北送君归"（王维）、"遥望洞庭山水翠，白银盘里一青螺"（刘禹锡）、"人似秋鸿来有信，事如春梦了无痕"（苏轼）、"半亩方塘一鉴开，天光云影共徘徊"（朱熹）等佳句，再到近现代的"鲁郭茅，巴老曹"（鲁迅、郭沫若、茅盾、巴金、老舍、曹禺），以及郁达夫、朱自清、钱钟书等都是隐喻大师。至今我们还记得鲁迅在《热风·四十一》中所说的："所以我时常害怕，愿中国青年都摆脱冷气，只是向上走，不必听自暴自弃者流的话。能做事的做事，能发声的发声。有一分热，发一分光，就令萤火一般，也可以在黑暗里发一点光，不必等候炬火。"还有："我想：希望是本无所谓有，无所谓无的。这正如地上的路；其实地上本没有路，走的人多

---

① ［英］狄更斯：《双城记》，罗稷南译，上海译文出版社1983年版，第2页。

了，也便成了路。"① 这些人们耳熟能详的、多姿多彩的隐喻蕴含着深刻的理性力量，增添了作品的美感和传播力。后来笔者又发现，汉语成语更是一片浩瀚的比喻世界，诸如"冰清玉洁"、"吉光片羽"、"中流砥柱"、"飞鸿印雪"、"龙跃凤鸣"、"伯歌季舞"、"门庭若市"，等等，难以尽数。同样，谚语、俗语、格言、警句、歇后语中的隐喻也俯拾皆是。

进入大学执教广告学专业之后，笔者发现隐喻在广告中的应用十分普遍。即使是在阅读广告大师们的著作中也发现，无论是在霍普金斯、李奥·贝纳，还是在韦伯·扬、大卫·奥格威等人的著述中，都充满了生动的隐喻。于是，我就开始将研究的注意力集中到隐喻与广告的结合上。开始时，也只限于修辞格的范围，视野仍然十分狭窄。后来接触了认知语言学家，尤其是乔治·莱考夫（G. Layoff）和马可·约翰逊（M.Johnson）等人的著作之后，仿佛有人为我打开了一扇海边的窗户，让我领略了大海的波澜壮阔。原来，我们周围有个隐喻的世界，"对于大部分人来说，隐喻不是寻常的语言，而是诗意的想象和修辞多样性中的一种策略，非同寻常。而且，隐喻通常被看成是语言文字的特征，而非思想和行为的特点。由于这个原因，大多数人认为没有隐喻的存在，他们依然可以自如地生活，而事实恰恰相反。不论是在语言上还是在思想和行动中，日常生活中隐喻无所不在，我们思想和行为所依据的概念系统本身是以隐喻为基础"② 。这就告诉我们，隐喻与人类的生活息息相关，是人们认知、思维、经验直至行动的基础，更是人类生存的基本方式。

英国语言学家理查兹（A.Richards）早就指出："我们日常会话中几乎每三句话中就可能有一个隐喻出现"③ ，成为人类概念系统的一部分。学者吉博斯（R. W.Gibbs）的研究提供了下面这些证据：有一项针对从 1675 年到

---

① 鲁迅：《鲁迅小说集》，中国友谊出版公司 2013 年版，第 63 页。

② [美] 乔治·莱考夫、马克·约翰逊：《我们赖以生存的隐喻》，何文忠译，浙江人民出版社2015 年版，第 1 页。

③ A. Richards, The Philosophy of Rhetoric, New York:Oxford University Press, 1936, p.98.

1975 年这 300 年间美国散文写作的研究。该研究将这 300 年分成 6 个 50 年，结果发现每个 50 年的散文写作都充满了隐喻的使用。他的另一项研究则是收集了大量的心理咨询访谈以及 1960 年肯尼迪和尼克松总统的竞选论辩。频度分析表明：人们在每分钟的话语中平均使用 1.80 个新奇隐喻和 2.08 个旧隐喻。假设每人每天仅有两个小时的说话时间，那么一个人在 60 年的生活中就要制造出多达 470 万个新隐喻和使用大约 2 114 万个旧隐喻。[①] 可见，使用隐喻绝不是有天赋的少数人，如诗人、作家或演说家的权利，而是大众日常生活中的一种普遍的语言现象。

回头看看人们的日常语言表达，可以说，无论哪种语言都充满了隐喻。汉语中有"熊市"、"踢爆"、"扫码"、"辣妹"、"闪婚"、"热门"、"暖场"、"光临"、"斧正"、"靠谱"、"抹黑"、"目标"、"根本"、"碰瓷"、"扎眼"、"发烧友"、"炒冷饭"、"白手套"、"打老虎"、"牛脾气"、"钉子户"、"柳叶眉"、"掉链子"、"意识流"、"广告前沿"、"旗舰产品"、"蓝海战略"等。英语中，也有 white collar（白领）、blue collar（蓝领）、deep pockets（很富有的人）、clothes horse（衣服架子）、spruced up（穿戴整齐）、cinch up your belt（勒紧裤带）、roll up your sleeves（撸起袖子），等等。

近年来，随着计算机的广泛应用，网络社交媒体平台的扩大，网络语言中的隐喻词汇也迅速增多，如"粉丝"、"冻龄"、"驴友"、"潜水"、"瓜众"、"围观"、"童鞋"、"杀毒"、"盆友"、"拍砖"、"黑锅"、"杯具"……在非常正式的场合，隐喻也被高频率使用，既使在国际舞台上，也是如此，如"一带一路"战略的提出。

笔者认为，隐喻是一种泛语言现象，而广告隐喻则是现代广告传播的一种常态。从表现的方式来看，它不仅是一种语言上的修辞格，而且是人们认知产品或服务的一种思维方式和情感态度。

在广告中，隐喻通过自身所具有的抽出功能、粘贴功能及转移功能实现

① 　R. W.Gibbs , Handbook of Psycholinguistics, San Diego: Academic Press, 1994, p.102.

对喻体的选择、主体的比附及符号意义的转移，比普通广告更能引起消费者的注意、理解和记忆，以其独特的功能进行信息传播，引导人们的消费观念和消费行为。建构广告隐喻是一项创造性的工作，需要通过有效的途径来实现。为此，我们需要找到那根引导人们进入创造广告隐喻世界的"阿里阿德涅之线"。

目　录

第一章　广告隐喻研究的缘起、意义和范式

在现代广告传播中，各种形式的广告层出不穷。如果留意观察的话，我们就会发现，隐喻在广告中被大量地应用，而且似乎成为高水平广告的象征。作为广告研究者，我们应当与时俱进，站在新的历史高度，运用新的科学理论，结合新的传播实践深入探讨，以便更深入地认识广告隐喻的面貌、结构、性质与规律，从而有效地运用广告隐喻。

第一节　广告隐喻研究的缘起

从传统的角度来看，隐喻只是一种修辞手段，它被认为是正常语言规则的一种偏离现象，是说话人为了制造特殊的修辞或交际效果而使用的一种语言表达形式。而认知语言学中的隐喻已不仅仅是传统意义上的修辞学概念，而是人类认知活动中的一种思维方式，语言中的隐喻是这种思维方式及其思维内容的外在表现形式，是人们认识世界的一个重要方法和途径，它广泛存在于人们的日常生活中，对人际传播、大众传播、艺术创造等都有深远的影响。

一、广告影响无处不在，成为一种广泛的认知现象

法国广告评论家罗贝尔·格兰（Robert Grand）曾说："我们呼吸的空气是由氧气、氮气和广告组成的。"[①] 长期以来，在经济发达的西方国家，从商品推销到慈善募捐，从体育竞赛到总统大选，统统离不开广告的身影。据说美国的电台每天播出的广告达百万个，电视台多达 10 万次，每日大量发行的报刊杂志上的广告、户外广告，以及层出不穷的互联网广告等，形成了巨大的、无孔不入的信息流。据《流行性物欲症》提供的数据，美国人一辈子平均要看整整两年的电视广告。一个孩子在 20 岁以前大概会看 100 万条广告。[②]

改革开放以来，中国广告的发展也非常迅猛。1981 年全国的广告经营额才 1.18 亿元，但到了 2011 年，中国广告业广告经营额已经突破 3000 亿元大关，广告市场规模跻身世界前列。[③] 同时，计算机和互联网的发展也极大地推动新媒体广告的成长，改变着广告业的生态。2015 年中国广告经营额攀升至 5973.41 亿元，较上年增长了 6.56%。其中，网络广告经营额达到 1589 亿元，超越电视广告，占到了广告营业额的首位，成为拉动全行业增长的主要力量。随着技术的不断革新，数字化、移动化、智能化媒体不断渗入消费者的生活，大数据等技术在广告市场的应用日益成熟，广告主在网络媒体上的广告投放呈爆发式增长，使整个广告市场持续增长。2017 年，中国广告市场进入到个位数增长阶段。2018 年，中国广告营业额达 7991 亿元，广告从业人员达 558 万人，广告业总体规模稳居世界第二位。2019 年是中国当代广告业的不惑之年，尽管受到国内经济增长放缓和中美贸易战的影响，广告市场增速放缓，但广告经营额仍达到 8038.8 亿元，这充分说明中

---

① 黄会林主编：《当代中国大众文化研究》，北京师范大学出版社 1998 年版，第 348 页。
② ［美］约翰·格拉夫：《流行性物欲症》，闾佳译，中国人民大学出版社 2006 年版，第 65 页。
③ 杨海军：《坚持与守望：2012 年中国广告业发展回顾与前瞻》，《新闻记者》2013 年第 1 期。

国广告业有着强大的生命力。①

　　显然，作为一种商业话语，广告已经构成大众当下所在社会消费文化的主要方面，潜移默化地影响着消费者的消费观念、生活方式和风俗礼仪等；作为一种"丰裕的寓言"，广告已经成为最具活力、最刺激感官的文化价值观的代表，成为在某种程度上也引导着大众的思维方式、道德情感和价值观的重要工具。美国学者波特（Michael E.Porter）曾经指出："广告对社会有着强烈的影响，在这点上可以与具有悠久历史传统的学校和教会的影响相提并论。它有力量控制媒介，促使形成人们爱好的标准，现在广告已经成为能够控制社会的多种制度中的一个。"② 所以，西方马克思主义批判理论家马克·波斯特（Mark Poster）在研究电视广告时，将广告当作一种"大家广为经历的社会事件"加以考察，深刻地指出："当一个人看到一则电视广告时，社会的主要社会关系被再生产了"③，以电视广告作为信息传播方式带给人们对于社会生产关系更为直观的了解，"我们可以从不同角度看待电视广告，为了商行的利益着想，可以不把广告死板地看作是经济事件，而把它看作是一种政治事件，它讲述着或参与着社会场中各种力量之间正在进行的游戏。"④

　　就国家层面而言，在国家大力发展文化创意产业的背景下，作为文化创意产业重要构成部分的广告业不仅获得了经济收益的增长，而且在社会生活中发挥着越来越重要的作用。不仅要推销产品与观念，还要推广国家形象与文化；不仅要满足大众物质生活的需要，还要满足其精神生活的需要；不仅要助推国家的现代化转型，早日实现中国梦，还要助力"一带一路"的发展战略。因此，广告业的发展是任重而道远的。

---

① 中国广告协会：《2019年中国广告市场报告》，中国工商出版社2020年版，第21页。
② D.Potter, People of Plenty（2nd edition），Chicago:University of Chicago Press, 1969, p.169.
③ ［美］马克·波斯特：《信息方式——后结构主义与社会语境》，范静哗译，商务印书馆2000年版，第66页。
④ ［美］马克·波斯特：《信息方式——后结构主义与社会语境》，范静哗译，商务印书馆2000年版，第70页。

二、广告隐喻层出不穷，成为商业话语的基本形态

隐喻广泛地存在于人类的文化、艺术以及商业活动过程中，如广告、小说、诗歌、哲学、绘画、音乐和建筑等。荷马笔下的勇士是战场上被砍倒的高大树木，但丁说语言作为工具，对于我们之重要，正如骏马对于骑士的重要，蒙田说他的书是他自己的孩子，因为他既是书的父亲，也是书的母亲。莎士比亚在他的悲剧中经常娴熟地运用各种隐喻，而黑格尔则用"庙里的神"、"厮杀的战场"、"花蕾、花朵和果实"、"密涅瓦的猫头鹰"、"动物听音乐"和"同一句格言"等隐喻言语，极大地拓展了人们对哲学的特征及其意蕴的理解。

在中国，数千年来，隐喻已经积淀为一个普遍的认知方式，融化在中华传统文化的血脉里，并潜移默化地影响着中国人的思维方式。孔子说，以道德教化来治理政事，就会像北极星那样，自己居于一定的方位，而群星都会环绕在它的周围。他在给学生子贡作评价时，也用类比的方式称他为"器"，但又不是普通的"器"，而是在祭祀这样极为庄重的场合下才出现的"瑚琏"，意为子贡是一个十分难得但又尚未达到君子之境界的人，因为"君子不器"。屈原在《离骚》中用香草美人比喻君王或自喻，以夫妇关系隐喻君臣之道，既深契当时的情景，也符合中国传统的思维习惯。《红楼梦》之所以能够成为"中国小说文学难以征服的顶峰"，不仅是因为它具有很高的思想价值，还在于它非凡的语言艺术成就。而它的语言艺术成就在很大程度上又表现为将汉语言的隐喻功能发挥到了极致，吸引着无数的读者乐此不疲地"细按"、"熟思"与"玩味"。

我们再看现代作家梁实秋对民国时期北京市声广告的一段耐人寻味的文字：

> 北平小贩的吆喝声是很特殊的。我不知道这与评剧有无关系，
> 其抑扬顿挫，变化颇多，有的豪放如唱大花脸，有的沉闷如黑头，

又有的清脆如生旦，在白昼给浩浩欲沸的市声平添不少情趣，在夜晚又给寂静的夜带来一些凄凉。细听小贩的呼声，则有直譬，有隐喻，有时竟像谜语一般的耐人寻味。而且他们的吆喝声，数十年如一日，不曾有过改变。①

语言学家雅各布森（Roman Jakobson）认为，隐喻在广告中的应用是广泛的，并且显示出很强的生命力，也受到社会的广泛关注。根据韩礼德（M.A.K.Halliday）的语境理论，英国当代著名语言学家高特力（Andrew Goatly）对语言中不同语域的分析和研究的结果发现：隐喻出现的频率和其出现的语域密切相关。其中以现代英语抒情诗歌为最高占有率，有56%，依次递减分别是：现代小说中占26%、杂志广告中占22%、科普读物中占18%、口头交际中占10%、新闻报道中只占4%②。这说明，除了诗歌小说外，广告在印刷物中占有很高的比例。在现实生活中，广告就是一个充满隐喻的世界。甚至有人认为，在高度信息化的社会中，广告已经成为隐喻的"集中营"，而隐喻也成了广告的"脚注"。

在人类现代生活中，广告隐喻是广告传播的一种常态，它不仅是一种语言上的修辞方式，而且还是人们认识产品或服务的一种思维方式和情感态度。"广告的灵魂是创意，而文案与图像往往是广告创意的重头戏。"广告人都深知每一句隐喻所表达的意义和分量。可以说，广告隐喻能力的大小是衡量广告创意水平的一个重要标志。从20世纪80—90年代以来，隐喻已经不仅是普通广告，更是高水平广告常用的诉诸手段。在广告中，"说什么"和"怎么说"是一体两翼，缺一不可的。前者涉及的是广告作品的主题(大创意)问题，即广告的内容；后者涉及的则是广告的表达问题，即如何将广告要表现的主题传达出去，并传达得更好、更有创意。通过对广告创意策略的诸方面深入研究，我们发现，在世界优秀的广告作品中，无论是"说什么"或"怎

① 梁实秋：《人间有味是清欢》，北京时代华文书局2019年版，第67—68页。
② 苏岚：《想象性经历特点下语境对隐喻理解的影响》，《南昌教育学院学报》2011年第7期。

么说"哪一方面的背后，都离不开隐喻的身影。商业广告中的隐喻通过独特的组合方式，针对目标消费群形象地诉说商品的利益或价值，以吸引消费者购买的兴趣；公益广告则运用隐喻使受众能够更好地理解和接受其传播的道德观与价值观。

三、广告隐喻理论薄弱，成为广告研究的软肋

长期以来，学者们比较重视对广告策划、创意、媒体以及管理、运营的研究，研究的方法、手段众多，研究的成果也不少。但是，就广告隐喻研究的系统性而言，却显得非常薄弱，与我国广告大国的地位是极不相称的。

（一）主要问题

广告的内容可能是产品，也可能是服务或者是一个品牌，其对象是普通消费者而非专业人士。因此，如何让消费者理解产品的特色和优点，增进消费者对产品的记忆和好感，以促进销售，是广告传播的重要任务。在国外的广告研究中，隐喻应用和效果的分析是普遍受到关注的课题，而在中国，对隐喻的研究基本停留在语言学界，广告界对此的研究还非常有限，主要是集中在理论介绍和现象归纳层面，将隐喻理论用于指导广告实践的研究则更少。这种状况应该引起学术界和广告业界的足够重视。

随着生活水平的不断提高，人们更需要"走心"的广告。同时，随着现代科学技术的加速发展，产品的科技含量越来越高。怎样用生活中常识性的知识和经验来形象而又生动地阐述产品或服务的利益，给消费者带来体验式的理解，必将成为广告和品牌传播者经常思考的一个问题。

笔者进入 CNKI 的高级检索栏中输入篇名"隐喻"二字，检索 1980—2019 年的文章，共检索到 19579 篇（包含期刊论文、博士论文、硕士论文和会议论文）。随后，笔者又在 CNKI 的高级检索栏中用篇名"广告隐喻"

检索（全部），共检索到期刊 26 篇，博士论文 1 篇，硕士论文 13 篇。两相对照，即可以看出，近年来我国关于隐喻的研究成果越来越丰富，但对于广告隐喻的研究却相当薄弱（见表 1-1）。此外还需要说明的是，我国关于隐喻研究的硕士论文从 2000 年才有，关于隐喻研究的博士论文则在两年后的 2002 年才有；关于广告隐喻研究的硕士论文在 2002 年出现，博士论文更是姗姗来迟，直到十年之后的 2012 年才有。

表 1-1 隐喻与广告隐喻研究发表论文对照表

年份	篇名检索	期刊论文	博士论文	硕士论文	会议论文	总计
1980—1985	"隐喻"	17	0	0	0	17
	"广告隐喻"	0	0	0	0	0
1986—1990	"隐喻"	43	0	0	0	43
	"广告隐喻"	0	0	0	0	0
1991—1995	"隐喻"	91	0	0	2	93
	"广告隐喻"	0	0	0	0	0
1996—2000	"隐喻"	304	0	6	6	316
	"广告隐喻"	0	0	0	0	0
2001—2005	"隐喻"	916	10	212	39	1177
	"广告隐喻"	2	0	1	0	3
2006—2010	"隐喻"	5335	40	1051	122	6553
	"广告隐喻"	14	0	5	0	19
2011—2015	"隐喻"	7244	55	1669	87	9055
	"广告隐喻"	18	1	6	0	25
2016—2019	"隐喻"	5198	38	1265	58	6559
	"广告隐喻"	6	0	1	0	7

笔者通过对我国近 40 年（1980—2019）广告隐喻研究的分析和梳理后认为，总体看来，我国的广告隐喻研究起步晚，研究角度较多，也取得了一些成果。但也明显存在不足，大体表现为：

一是碎片化研究相对较多而系统研究十分缺乏。进入 21 世纪以来，我国的一些学者对广告隐喻做了不少的探讨，这种探讨也不再局限于传统修辞学的狭隘范围之内，而是带有更多的现代认知学、语言学、心理学的视野，个别的研究也具有一定的理论深度。但是，这种个别的、"探点"式的研究，只能导致对广告隐喻问题的研究是"点"的关注多，而"面"的关注少，因而显得比较零散，碎片化特征明显，缺少系统性，使得人们对隐喻广告的认识也只能是管中窥豹。更为突出的现象是有关广告隐喻的大多数研究文章涉入不深、缺少创新，广告隐喻研究方面的专著一直罕见，以致多数文章是介绍外国的观点，或引证教材而不是专著，因而水平较低。

二是重文轻图或将广告文字与图像割裂的现象普遍。长期以来，广告作为一种特殊的类型，一直受到语言学界的关注。但由于这样或那样的原因，许多学者认为"文字传播远远胜过图片传播"，因而国内许多学者把广告语言默认为广告的文字语言方面，从而导致有关广告隐喻的讨论绝大部分局限于文字表达上，图像隐喻常常遭到忽视或割舍。正如有的学者所指出的那样，"目前，大部分隐喻研究集中在文字层面。"① 这说明，相对于广告文字语言隐喻水平的发达，我国广告图像隐喻理论的研究明显滞后，这种状况限制了研究者的视野。

广告大师李奥·贝纳（Leo Burnett）说过："好广告会是图片与文字的快乐联姻，而不是他们之间的竞赛。"② 但从传统意义上说，图和文是两个范畴，一个属于艺术，一个属于文学，对图文结合的隐喻研究属于跨界研究，已经不易，而广告学属于传播学，对文字、图像与广告的整合研究则需要更大的跨界力，其难度可想而知。所以，有些学者口头上也声称两者并重，不偏不倚，但在实际研究中，要么只是选择广告隐喻的文字语料为研究对象，要么只是选择广告隐喻的图像为研究对象。很少见到将文字语言和图像语言整合在一起进行综合性研究的论著，这种文字和图像相互割裂，各自为政，各说各话，非常不利于对广告隐喻问题的全面认知与深入研究。

我们知道，古典社会是一个文字独尊的社会，"语言等于文字，文字等

---

① 邓宇：《隐喻与转喻的非言语和多模态表征认知建构——以一部香水广告片为例》，《北京航空航天大学学报》（社会科学版）2014 年第 7 期。

② 《李奥·贝纳关于创意的 100 个提醒》，《中国广告》2012 年第 3 期。

于思想"的观念在过去几千年一直占据上风，也有实实在在的内容。在古登堡时期，由于印刷术的重大进步，文字在最初的大众传媒中明显占了上风，图片只能退避三舍，作为医学图示、花边装饰或者是吸引视线的风景画偶尔出现，因为文字能够使人们对感知、体验和领会的东西，形成相对明晰的概念，并且在传达复杂思想方面显得比图片更为重要。正如索绪尔所说："从心理方面看，思想离开了词的表达，只是一团没有定形的、模糊不清的浑然之物……在语言出现之前，一切都是模糊不清的。"[①] 所以，文字读写成为那时学校教育的必修课，视觉形象的读写能力却没有被列入基本教育范围。然而，照相技术的发明和印刷水平的提高，极大地改变了图像在信息传播中的地位。那些最强有力、含义最丰富，从文化角度讲最重要的信息，往往是由文字和图片共同传达的，二者缺一不可，传统的重文字轻图片的局面被逐渐改写。

莱斯、克莱恩和哈利（Leiss, Kline & Jhally）认为，隐喻是现代广告语言中最基本的交流方式，也是广告创作的重要手段，甚至是现代广告基本传播形式的核心。广告在描述产品或表达态度的时候，既可以采用简单明了的直白式，也可以采用更加艺术化的隐喻式[②]。两相比较，在当今信息高度泛滥的情况下，前者容易被其他信息消解、淹没，后者当然也会受到冲击，但在形象化、生动化、好感度、记忆度等方面更具优势。

在互联网时代，各种视觉化符号充斥着大众的日常生活。人们无论身处何方，都不可避免地要面对各种各样的图像信息，以致美国当代著名学者和思想家丹尼尔·贝尔（DanielA.Bell）发出如此惊呼："我相信，当代文化正在变成一种视觉文化，而不是一种印刷文化，这是千真万确的事实。"[③] 这一现象也引起了许多文化学者的关注。美国芝加哥大学的米歇尔（W.J.T.Mitchell）在其《图像转向》中深刻地指出："视觉文化，不但标志

---

① [瑞士] 费尔迪南·德·索绪尔:《普通语言学教程》，商务印书馆 1980 年版，第 157 页。
② Leiss, S. W. Kline & S. Jhally, Social communication in Advertising: Persons, Productsand Images of Well-being（2ⁿᵈed.），Ontario: Nelson Canada, 1990, p.289.
③ [美]丹尼尔·贝尔:《资本主义文化矛盾》，生活·读书·新知三联书店 1989 年版，第 156 页。

着一种文化形态的转变和形成，而且意味着人类思维范式的一种转换。"① 毫无疑问，视觉化的传播强化了广告隐喻的易读性和吸引力，正如加布里埃尔·利科（Gabriel Lico）所说的那样，"隐喻融概念与图像于一体……概念与图像的这种联系带给我们一种豁然开朗，一种见识或一种认识，将我们习以为常的感觉、概念或事件置于一束全新的光线之下"②。

实践的发展总是不断地提出挑战，有的甚至令人措手不及。"因为信息的混合语码传递已渐渐成为当代社会信息传递的主流方式。但它同时又是一个涉及图片与文字两个不同领域的颇有难度的课题，问津者寥寥无几。"③ 因此，对图文配合并传信息的现象开展研究不仅是摆在当代语言学者面前的一个重要课题，也是每一个广告研究者不容回避的现实问题。

三是从研究的方法论来说，隐喻是一种古老的语言现象，在国内外的学术界，长期以来，都是一个享有重要一席之地的概念，其研究历史之悠久、涵盖面之广泛，以及受关注之程度，都使之无可争议地成为一个具有研究价值和意义的重要范畴。历史表明，生活之树常青，人们研究的话题绝大多数会随着时代的发展而时过境迁，但是，隐喻的话题从来都是与时俱进，魅力不衰的。特别是 20 世纪 70 年代以后，隐喻的研究犹如"老树春深更着花"，"一种以隐喻研究为核心并广泛扩展渗透至多学科领域的'隐喻学（metaphorology）'逐渐成形，学术界甚至掀起了一股'隐喻热'（metaphonnania），'隐喻转向（the metaphorical turn）'的提法也随之出现"④。

当然，与西方的隐喻研究相比，我国的隐喻研究相对落后。目前国内多数的研究还停留在传统的修辞学范畴，侧重于从辞格、语音、字词锤炼等角度进行研究，能够运用当代最新隐喻理论尤其是认知语言学理论介入的研究不多。既然隐喻不是简单的修辞格，而是人类思维的产物，"那么隐喻

---

① 周宪：《读图·身体·意识形态》，《文化研究》（第三辑），中国社会科学院出版社 2002 年版，第 72 页。
② 冯晓虎：《隐喻——思维的基础篇章的框架》，对外经济贸易大学出版社 2004 年版，第 1 页。
③ 曾立：《广告图文隐喻运作机制初探》，《外语与外语教学》2004 年第 6 期。
④ 郭贵春、安军：《隐喻的语境分析》，《江海学刊》2002 年第 5 期。

表达就不该局限于语言符号，也应出现于其他模态当中，倘若我们不能从非语言隐喻或非单一语言隐喻研究中得出强有力的发现，隐喻思维论将面临挑战"。①

（二）研究时机的成熟

20 世纪 70 年代，新型、跨学科领域的认知理论的出现像一阵浩荡的长风，一扫传统观念的沉闷与停滞，为隐喻研究带来了更加先进的理论工具，使得人们能够在更宽广的大众传播学和文化视野理论框架中以更清晰、更系统的方式研究广告的隐喻问题。

其次，近年来，有关广告隐喻的案例大量涌现，研究的论文大量增加。随着我国广告实践的深入发展，本土公司的广告创作水平也在迅速提高，出现了许多优秀的广告作品。学术界经过多年的积累，不论是学者在学术杂志上公开发表的论文、公开出版的著作，还是研究生、博士生的毕业论文均有涉及广告隐喻研究的，且呈上升趋势。笔者根据 CNKI 搜索有关隐喻论文所得统计，在 1980—1995 年的十五年时间，仅有 153 篇；在 1996—2000 年，有明显增长，达到 316 篇；2001—2005 年开始迅速增长，达到 1180 篇，首次突破千篇大关，比前五年增加了 864 篇；2006—2010 年突飞猛进，达到6572 篇，比前五年增加了 5392 篇；2011—2015 年呈现飙升式增长，数量达到 9080 篇，比前五年增加了 2508 篇；2016—2019 年的四年间，增长速度略有下降，但势头依然强劲，有 6566 篇。关于隐喻的专著，笔者登录智立方的知识资源服务平台，以"题名 = 隐喻并且年份 =1989–2019，并且文献类型 = 专著"为检索条件进行搜索，得到的结果为 322 部（关于广告隐喻研究的仅有一部英文著作）。其中，2014 年为高峰，达到 30 部。这些论文、著作既有属于广告隐喻文字、语言研究的，也有广告隐喻图像研究的，还有

---

① Forceville & Urios-Aparisi, Multimodal Metaphor, Berlin: Mouton De Gruyter, 2009, p.4.

少数是关于广告隐喻的图文结合的，从而为深入、系统地开展广告隐喻提供了良好的条件。

第三，从我国广告从业人员结构来看，创意人员正在重新成为行业的主流人群。广告创意人员是广告公司的灵魂。据统计，2016 年，中国广告业从业人员共有 3 900 384 人，其中广告创意设计人员有 88.10 万人，比前一年增加 12.2 万人，成为当年广告行业各类从业者中增幅最高的类别。[①] 年轻化、专业化、高素质的创意队伍正推动着广告行业新一轮的转型升级和结构调整。转型方式可能有多种多样，公司数量不一定增加，广告从业人员也不一定猛增，但有一点是肯定的，那就是互联网广告和移动广告将成为广告行业的新动力，广告的技术含量将不断增强，专业化程度会更高。在融媒体环境下，媒体生产方式与成本结构的变化需要广告创意人员有更高的品牌洞察力与广告创意表现力。

鉴于以上诸种原因，笔者决定及锋而试。

第二节　广告隐喻研究的目的与意义

毫无疑问，我们正处于一个信息爆炸、传播过度的社会。据统计，生活在都市中的每个人每天都要通过各种媒体途径被迫接触 2000 多条广告信息。除此之外，其他信息也是多如牛毛。如此泛滥的信息量使得信息之间的传播效果相互碰撞、相互消解，但同时也遵循着优胜劣汰的原则，那些平庸的广告在信息的浪潮冲击下，只能无可奈何花落去，化为市场的过眼烟云。

---

① 《2016 年中国广告业发展报告》，http://www.doc88.com/p-4803564529755.html。

一、研究目的

围绕着提高广告传播效果的问题，100 多年来，广告人和学者作出了不懈地努力，先后提出了一些经典的主张，如"独特的销售主张"（USP）、"内在的戏剧性"、"品牌形象"、"定位"等，但这些多属于广告的战略层面。尽管伯恩巴克（William Bernbach）的 ROI 主张[①]、奥格威（David M.Ogilvy）的 3B 原则[②]都已经触及广告隐喻的问题，但还是零星的、经验性的，没有上升到系统的理论高度。

那么，到底什么是广告隐喻？广告隐喻的地位与作用如何？广告隐喻的文化表征、运行机制、认知规律、语境特征、建构途径和传播效果是怎样的呢？如何评价广告隐喻的建构力以及广告隐喻的传播效果？这些都是本书试图讨论与回答的主要问题。通过对广告隐喻的一系列重要范畴进行较为深入的探讨，本书尝试为广告隐喻提供一幅清晰而较为完整的图式，为广告从业人员和教学研究者提供全面认识和运用广告隐喻的一把"钥匙"，也为进一步推动我国广告隐喻研究的深入发展，丰富我国的广告理论略尽自己的绵薄之力。

二、研究意义

隐喻作为一种"热门"，是认知学、语言学、符号学、传播学、广告学、心理学等学科共同关注的课题。美国学者莱考夫（George Lakoff）和英国哲

---

① ROI 主张，即伯恩巴克提出的相关性原则（Relevance）、原创性原则（Originality）、震撼性原则（Impact），这三个要素被称之为广告的"鬼斧"。
② 奥格威在《一个广告人的自白》中提出的广告创意三原则，分别是 Beauty（美女）、Beast（动物）、Baby（婴儿），通称"3B"。以此为表现手段的广告最容易吸引消费者的注意。

学家约翰逊（Mark Johnson）在其《我们赖以生存的隐喻》中指出："隐喻是我们最重要的工具之一，它帮助我们部分理解那些无法完全理解的事物，如我们的情感、审美经验、道德实践、思想意识。"[①] 如果把隐喻比作是一个人的话，那他一定是个"网红"级的明星。

（一）理论意义

首先，新的理论探索。长久以来，人们只是将隐喻视作一种传统的语言修辞手段，对它的研究也往往只限于文体学、修辞学及文学的范围之内，即使涉及广告隐喻也是如此。在现代认知语言学的框架下，隐喻已经被纳入一种人类的思维方式和认知模式的研究。在新的视野下，隐喻的研究范围已大大拓展，不再局限于传统意义上的隐喻。任何隐喻性表述，即为广义的隐喻范畴，如转喻、拟人、类比、明喻、夸张、反讽、提喻等（当然，虽然这些语言表达都是隐喻识别对象，但并不意味着所有的拟人、明喻、类比和夸张都是隐喻，只有存在构成源域和目标域之间的跨域映射潜能的语言表达才能称为隐喻）。可以说，这是隐喻研究的重大突破，刷新了人们以往的观念，带来了隐喻研究的一场新革命。因此，本书中的关于隐喻的含义、范围和性质与传统视野中的隐喻有根本的区别。

广告隐喻研究是隐喻研究的一个特殊领域。本书运用现代认知语言学的理论对广告隐喻的一些重要范畴进行探讨。其思路是：思维→语言符号→文化特征→隐喻认知→意义建构→传播效果。在研究视域上，突破了历来将隐喻局限在诗学、文体学、修辞学和文学的理论范畴研究的传统做法，而将其拓展到商业传播的范畴。在研究方法上，采取双管齐下的方法，以认知语言学理论为主，同时兼顾传统的隐喻理论，避免由单一隐喻理论视野带来的局限性。可以说，传统的隐喻理论擅长于对隐喻进行"近拍"，有利于人们认识隐喻的微观世界，而认知语言学理论擅长于对隐喻进行"远摄"，有利于

---

① ［美］乔治·莱考夫、马克·约翰逊：《我们赖以生存的隐喻》，何文忠译，浙江人民出版社2015年版，第171页。

人们认识隐喻的宏观世界。作为研究隐喻的工具，它们各有所长。目前来说，要说哪一种理论就能完全取代另一种理论，笔者认为还为时过早。所以，应当两者兼顾，不宜偏废。否则，就会出现要么"只见树木不见森林"，要么"只见森林不见树木"，都是不可取的。

其次，新的内容整合。本书将广告隐喻的文字与图像统一起来研究，突破了以往那种将广告隐喻研究范围要么限定在单纯的文字语言领域，要么只局限在图像领域的互为他者的孤立性、割裂性的传统做法。随着新媒体的发展，在广告传播中，文字和图像的关系越来越紧密。传播学者莱斯特（PaulM. Lester）告诉我们："今天的现实是，我们周遭的世界以视觉为主要媒介，我们对世界的理解不是通过文字，更多的是通过视觉信息。"[①] 人们不仅乐于通过视觉捕捉信息，而且对视觉信息的记忆也非常深刻。纽约大学心理学专家吉米·布洛诺（Jerome Bruner）在实验中发现，人们能够记住 10% 的听到的东西，30% 的读到的东西，但是却可以记住 80% 的看到的东西。[②] 在一次小型讲座上，美国报刊设计协会的翁彼得（Peter Ong）向在座的一些美术设计人员提出一个问题："请问，在美国'9·11'事件中，一共有多少人丧生？"现场没有一个人能够准确回答出这个数字。翁彼得继续问道："那么关于'9·11'事件的图像有谁还记得？"这时候，几乎所有人都能够回忆出相应的画面。[③]

学者束定芳在其《隐喻学研究》中指出："如果语言表达的概念是隐喻性的，通过视觉手段表达的同样概念也是隐喻性的。"[④] 就是说，人们在表达自己的情感、观念等方面，无论是图像符号或是文字符号，都一样具有隐喻性。荷兰阿姆斯特丹大学传媒研究学者福斯维尔（Charles Forceville，1996）也认为，仅仅研究语言层面的隐喻是不全面的，其他交际模态如图像、声

---

① ［美］保罗·M. 莱斯特：《视觉传播：形象载动信息》，霍文利、史雪云、王海茹译，北京广播学院出版社 2003 年版，第 446 页。

② ［美］保罗·M. 莱斯特：《视觉传播：形象载动信息》，霍文利、史雪云、王海茹译，北京广播学院出版社 2003 年版，第 447 页。

③ 任悦：《视觉传播概论》，中国人民大学出版社 2008 年版，第 5 页。

④ 束定芳：《隐喻学研究》，上海外语教育出版社 2002 年版，第 30 页。

音、色彩等，都可以存在于认知概念之中，所以也应该将其纳入认知隐喻研究的范畴。笔者登录知网，以"图像隐喻"为题进行搜索，结果只有 16 篇期刊论文和 2 篇硕士论文，改用"广告图像隐喻"为题搜索，显示结果只有 1 篇期刊论文（出现在 2015 年），可见其研究薄弱之一般。互联网时代的到来，使得传统意义上的文字信息和同样是传统意义上的图像、声音信息得以以一种全新的方式和平共处、相互补充并相互融合，呈现立体式的传播效果。我们必须适应在同一时间从多方位来建构广告隐喻的趋势。这样的研究，应该更具有综合性、科学性和现实性。

（二）实践意义

众所周知，广告传播是一种以文字和图像语言为主要媒介的具有社会性、商业性、创造性的实践活动。作为一种语言手段，隐喻可以"使我们的语言使用更加形象、简洁和生动"；而作为一种认知工具，隐喻可以帮助我们通过其他事物来认识某些事物的特征，更好地理解人类作为独立的个体参与社会生活过程中的感情、态度和概念化程度。"作为广告人，你的任务是把一种产品的实质内容传播给消费者。有时候最佳途径就是使用比喻：你所选择的形象的性质转移到原来产品或创意上，其帮助解释的作用，使其更生动、更容易理解"[1]。因此，本书遵循"三实"原则——即实用的理论、实战的思路、实际的案例而展开，希冀对广告创意工作者既带来隐喻理论上的帮助，也带来实践上的指南。

第一，审视关于广告隐喻研究的最新成果，探讨广告隐喻建构途径。"优秀的比喻性语言能给我们新观念……它们增添了可用现实的原料，要描述艺术作品的震撼力和生命力，常常少不了它们。"[2] 其实，广告隐喻传播的关键是广告文本。作为一种文化，广告是建构"符号—物"并赋予商品意义的工

---

[1] ［美］费尔顿：《广告创意与文案》，陈安全译，中国人民大学出版社 2005 年版，第 324 页。
[2] ［美］巴克·爱德蒙生：《文学对抗哲学——从柏拉图到德里达》，王柏华、马晓东译，中央编译出版社 2000 年版，第 25 页。

具，是促成商品与消费者"象征性交换"的关键。但是，如果仅仅满足于广告文化层面的研究，而不深入广告隐喻内部运行的研究，忽略对广告文本形式的追问，这样的研究就会流于抽象，只有观念，没有技术，或者只有批判，少有对策，同时也无法彻底讨论广告的隐喻问题，因而难以找到建构有效的广告隐喻途径。至于能否正确引导人们的消费观念、传播高尚的文化等问题也会成为问题。因此，探讨广告隐喻中的一系列问题，寻求广告与消费者之间在共同参与基础上的意义共享，对提高广告传播的认知效果与情感指向是十分重要的。相信这样的研究有助于加深对广告隐喻基本规律的把握，为我国广告研究的繁荣贡献一个学者的智慧。

第二，研究传播过程各要素的内容，加强对广告隐喻实践的指导。诺贝尔奖得主埃德尔曼（Gerald Edelman）说，隐喻对人类意识的形成及创造力的发展有非常重要的意义。他认为："早期人类思想借助隐喻进行处理，甚至后来获得了像逻辑学和数学思维这样的精确手段，隐喻仍然是成年人想象力和创造力的来源。"[①]莱考夫和约翰逊主张，科学研究应与实际生活紧密结合，而传统的西方哲学和语言学"意义"理论已脱离了实际生活中的意义，需要纠正。他们在 2003 年为其著作《我们赖以生存的隐喻》再版所写的"后记"中，在谈到隐喻理论的应用时指出："自我们首次发现概念隐喻以来的二十五年中，文学理论、法律研究、语言学、科学哲学等不同领域的研究人员对隐喻进行了令人兴奋的应用。他们已经确定了概念隐喻在诗歌、法律、政治学、心理学、物理学、计算机科学、数学和哲学中的中心地位。"[②]我们知道，西方的社会科学研究是相当发达的。但是，他们在"后记"中并没有提到广告学对隐喻的应用性研究。隐喻在国外的广告研究中尚且如此的薄弱，在我国就更不用多说了。

---

① ［美］杰拉尔德·埃德尔曼：《第二自然：意识之谜》，唐璐译，湖南科学技术出版社 2010 年版，第 35 页。
② ［美］乔治·莱考夫、马克·约翰逊：《我们赖以生存的隐喻》，何文忠译，浙江人民出版社 2015 年版，第 268 页。

广告是一门应用性很强的专业，离开日常消费的实际去谈广告隐喻及其传播是没有意义的。按照当代文化研究之父斯图亚特·霍尔（Stuart Hall）的观点，所有的文化传播活动都离不开语境的影响，语境可分为高语境和低语境。在高语境文化中，传播的意义主要依赖于语境，注重"意会"。相反，在低语境文化中的传播意义主要依赖于语义符号，语境的影响较低。"中国属于典型的高语境文化圈，在传播中对意义的获取主要根据语境进行推测和揣摩。"①

再者，广告隐喻研究在我国汉语中有更为特殊的实践意义。爱因斯坦说，西方的科学是以逻辑推理和实验验证为基础的，而中国却不是走这样的路。②的确，自古以来，中国人的思维方式就有喜欢具体、综合的倾向，有偏好形象思维的传统。古代汉字形体符号的构成是以"画成其物"为基础，表现出高度的相似性。从逻辑思维的角度来看，这种文字的广泛应用容易导致向类比思维模式的产生。尽管后来的"线条化"改变了图像的构成要素，从而导致相似性程度的降低。但在生活实践中，人们运用类比、体验、象征等方法创造了丰富的隐喻语言，它们是中华民族思维成果的"结晶体"，也是一个取之不尽、用之不竭的语言宝藏。如何正确评估我国隐喻文化的价值，对此进行挖掘与整理，使它们更好地为广告传播服务，是摆在每一个广告学者面前的重要课题。

研究广告隐喻还有助于提高跨文化传播能力。跨文化传播是当代世界各国面临的重要课题，其关键是如何有效传播的问题。所谓有效转播，就是来自不同文化的传播双方的意义得到相对完全的沟通，形成意义的共享与共鸣。由于传播中的"误读"不可避免，有效传播可以理解为一种"误读最小化"（minimized misunderstanding）。

在国际交往中，国家形象的传播越来越重要。2013 年 8 月，习近平总书记《在全国宣传思想工作会议上的讲话》中谈到对外传播时提出："要着力推进国际传播能力建设，创新对外宣传方式，加强话语体系建设，着力打

---

① 陈力丹、闫伊默：《传播学纲要》，中国人民大学出版社 2007 年版，第 176 页。

② 千里草：《中国人的思维特点》，《北京科技报》2004 年 12 月 3 日。

造融通中外的新概念新范畴新表述，讲好中国故事……"后来，他还进一步强调，"要系统梳理传统文化资源，让收藏在禁宫里的文物、陈列在广阔大地上的遗产、书写在古籍里的文字都活起来。要以理服人，以文服人，以德服人，提高对外文化交流水平，完善人文交流机制，创新人文交流方式，综合运用大众传播、群体传播、人际传播等多种方式展示中华文化魅力。"①

语言和文化有密切关系，不同民族有不同的行为习惯和风俗民情。在跨文化交往中，由于语境因素严重地制约着语言行为的组织和建构。所以，语言敏感性要求人们对于不同文化的边界保持敏感，能区分什么是自己的文化，什么是不同的文化，并能自我调整，以适应不同的文化语境。传播者要能够使用适当的语言形式向对方传递有关信息，使对方顺利地接受和理解，从而加强相互之间的沟通。"因此，在为外国消费者创作广告时，卖主必须时时考虑诸多环境因素：文化趋势、社会道德、时尚变化、市场起伏、产品需求和媒介渠道等。"②

第三，以广告隐喻的真实案例为立论依据，并力求案例典型，分析客观。一般而言，学术性论著的撰写容易陷入普通语义学家们所说的"死线抽绎"的误区，降低易读性。为了尽力避免这一点，笔者除了尽力使论述语言保持通俗外，还不遗余力地搜集了大量的案例，建立了基本的广告语料库，这是笔者从事广告研究20多年辛勤积累的结集。"江河之水，非一源之水也；千镒之裘，非一狐之白也。"案例来自各个方面，既有来自杂志、书籍中的，也有来自网络上的；既有静态的，也有动态的；既有文字型的，也有图像型的，主要为文图结合型的。这些真实的广告案例都经过了精心挑选，不仅直观生动，而且具有一定的典型性，会在本书中与读者分享。

---

① 习近平：《习近平在主持中共中央政治局第十二次集体学习时发表讲话》，《人民日报》2014年1月1日。

② ［美］威廉·阿伦斯、迈克尔·维戈尔德、克里斯蒂安·阿伦斯：《当代广告学》（第11版），丁俊杰、程坪、陈志娟译，人民邮电出版社2013年版，第179页。

第三节　广告隐喻研究的理论范式与架构

正如任何一门成熟的学科体系都是有其基本理论和研究方法两个部分组成一样，任何一门学科范式都包括理论范式和研究框架，它们反映了研究者的研究方法与阐述风格，以及研究的逻辑性。当然，广告隐喻研究也不例外。

一、研究范式

范式（paradigm）的概念是由美国哲学家库恩（Thomas S.Kuhn）于1962 年提出的。他在其著作《科学革命的结构》中讨论了科学发展的本质和规律性，但对范式概念的说明并不完全统一。后来，人们将范式的含义逐渐归结为：一个学科共同体内部最基本的共同信念、理论、观念、方法等，它既是一种有关价值、信念和方法的共识，也是一种科学共同体的约定习惯和共同程序。范式之于研究者犹如工具之于工匠，没有工具的工匠往往是事倍功半的。广告学是一门具有多学科来源、多学科交叉的新兴科学，范式的选择受到研究者的所持立场、视角以及研究目的等影响，从而形成不同的学派和思潮。

一般而言，广告学的研究者往往具有两种截然相反的研究态度：重理论或重应用。两者各有优势：纯粹理论研究保障了学科的深度和自足性，而应用研究则开拓了学科的广度和存在的合理性。但是，就像黑格尔所说的那样："谈到科学的研究方式，我们就遇到两个相反的方式，每一个方式好像都要排除另一个方式，都不能让我们得到圆满的结果。"[1] 理论与应用有着天

---

① ［德］黑格尔：《美学》（第 1 卷），朱光潜译，商务印书馆 2008 年版，第 18 页。

然的离散性，我们所需要的是能够将广告理论和实践应用结合起来的研究。

目前，广告隐喻研究的范式大体可分为三种类型："有效性研究"、"诠释性研究"和"批评性研究"。

"有效性研究"泛指所有目的在于达到、提高以及证实隐喻广告传播效果的研究，注重广告的工具性（实务性的策略与技巧），强调经验资料分析，探求广告的普遍规律。所以也称为"技术性研究"或"行政研究"（administrative research）。

"诠释性研究"也称为"后实证主义范式"，是指研究者将自身的理论自觉与对问题的直觉判断或个人洞察力相结合而进行的一种研究方法。这种方法以观察、案例分析为主要研究手段，注重思辨性、当下性和创新性，对广告理论的发展具有推动作用，对广告实践问题的解决具有指导意义。尽管这种研究往往带有研究者的个人主观感受性和时代局限性。

"批评性研究"也称"文化研究"，则是由秉承思辨的人文传统和批判的价值理性发展而来，指对隐喻广告在社会中传播的信息，尤其是那些对社会已经或者可能造成不良影响的信息的特别关注研究。因为广告不仅仅是市场工具、交流方式，还是一种文化载体，对社会和消费者影响很大，如果不对其负面影响进行适当控制，就会造成不良影响。"文化研究"者对广告的存在与传播多持批评甚至否定的态度，认为广告将会导致人类感情、精神价值成为商品的附庸等，这些观点对于人们自觉完善广告环境，提升广告品质有重要的提醒作用。但从目前来看，我国这方面的研究还处于非常薄弱的环节，没有一个边界十分清晰的学派。

本书的范式取向于诠释性研究。其理论框架是以认知语言学为主要视角，综合运用传播学、符号学等理论，在大量案例的基础上围绕广告隐喻的特点、功能、认知、语境、建构及传播等问题，进行深层次的阐释和说明，从而揭示广告隐喻的一般规律与建构的途径。在具体研究方法的运用上，结合文献分析法、案例分析法等方法。首先，借助一些常用的外文数据库、中国知网以及维普等中文数据库，对国内外相关领域的论文、核心期刊进行系统性搜索、梳理与分析，充分了解广告隐喻研究的现状与不足。然后，从现代隐喻理论出发，以大量的广告隐喻案例为基础，坚持理据相结合进行分析，探讨相关问题，希冀得出更为可靠的结论。

二、研究架构

全书共分八章，第一章交代广告隐喻研究的缘起、意义和范式，说明隐喻不仅是一种修辞格，也是一种思维格（a figure of thought），是用一个概念域来理解另一个概念域的机制。人类通过隐喻来认知自然和社会，交流思想和感情。隐喻的认知和表达方式已经在广告中广泛存在，成为广告的基本表达形式和人们日常文化生活中一种重要现象，需要引起广告学界的高度重视，并对此展开研究，以认清其基本价值、特点、构成与规律。同时也交代本书所采取的方法以及基本内容。

第二章围绕隐喻研究的发展，分别对国内外隐喻及广告隐喻研究的代表人物、主要理论、发展过程及现状等进行了回顾，以弄清广告隐喻研究的来龙去脉，进一步认识广告隐喻研究已经取得的成就与存在问题，明确广告隐喻研究的方向。

第三章讨论广告隐喻产生的基础与特征。主要是从哲学、认知学和心理学三个方面分析广告隐喻产生的客观基础与人类属性。在此基础上，总结了广告隐喻的关联性、形象性、说服性、认知性、营销性五大特征。

第四章是第三章的延续。主要以莱考夫和约翰逊的概念隐喻理论为依据，将广告隐喻划分为不同类型，并对其主要功能进行分析，以帮助人们进一步理解广告隐喻的价值。

第五章探讨广告隐喻的文化表征，主要阐述广告隐喻与文化表征的关系、表征的意义生成，以及广告隐喻表征的多模态形式，以帮助人们理解隐喻意义与符号的关系，以及如何使用各种记号与符号来表征广告隐喻的概念。

第六章分析广告隐喻的认知，主要探讨广告隐喻的认知过程、语境，以及广告隐喻意义的获得方式。特别强调了语境对于隐喻意义认知的制约性。

第七章是广告隐喻的建构。本章从广告隐喻创意的角度出发，结合经典广告案例，分析广告隐喻建构的过程、主要途径，以及广告隐喻的主要评价原则。

第八章是广告隐喻的传播，通过相关文献的研究，主要阐述当代融媒体环境下的广告隐喻的传播模式，新媒体广告传播的特点，以及传播效果的类型。

第二章　隐喻与广告隐喻的研究

广告隐喻的研究与整个隐喻研究的发展历程是密切相关的。只不过，隐喻研究的历史相当漫长，而广告隐喻的历史却相对很短。认识隐喻研究的历史，有助于我们更好地破解广告隐喻的难题。

第一节　国内外隐喻研究综述

人类对隐喻的探讨开始得很早，虽然由于自然环境的限制，中西方的隐喻研究各自走着不同的路径，但都源远流长，成果蔚然。

一、西方隐喻研究述要

在西方历史中，从古希腊至当代，关于隐喻的研究绵延不绝。对隐喻研究的历史分期，学者们也看法不同。但就隐喻研究方法和手段而言，大致可以分为三个阶段，即隐喻的修辞学研究阶段、隐喻的语义学研究阶段和隐喻的多学科研究阶段。

（一）隐喻的修辞学研究时期（从古希腊至古罗马时代）

有资料证明，古希腊时期思想家们在阐述自己观点的时候，就大量运用隐喻的修辞方法。柏拉图（Plato）在其《理想国》中，就使用了著名的"床喻"、"洞喻"、"戒指喻"等来说明他的哲学思想。

在当时的雅典学院中，柏拉图称一个表现非常出色的学者为"学园之灵"，这个人就是亚里士多德（Aristotle，公元前 384—前 322）。亚里士多德是第一位试图透过隐喻的表面来努力探求其作用和机制的学者。他在其著作《诗学》（Poetics）、《修辞学》（Rhetoric）中，对一系列隐喻问题，如隐喻的定义、功能、分类、使用时应注意的问题等都进行了阐述，这种系统的研究在西方隐喻研究史上具有开创性的意义。

亚里士多德认为，隐喻是比喻的一种，比明喻更为贴切。明喻在形式上只是相类的关系，而隐喻在形式上却是相合的关系，两者在本质上是一致的。在表达形式上，隐喻是用一个词替代另一个词来表达同一意义的语言手段，即把一事物比作另一事物，从而增强语言表达效果的修辞方式。但是，这两个词分别来自两个不同的义域，通过比较两者的相似性而建立隐喻关系。所以，隐喻是缩短了的明喻，可以用来解决"语义失常"问题，其应用范围包括借属指种、借种指属、借种指种或类比。

亚里士多德这种带有明显的诗学和修辞学特征的观点极大地影响了西方修辞学对隐喻的理解。此后的一些研究者大多从亚里士多德的这些理论出发对隐喻做进一步的探讨，从而成为"比较理论"（Comparison View）的代表人物。

亚里士多德的贡献在于，他发现了隐喻是一种意义转换的形式，是一种"由此及彼"的运动，是一种正常语言的偏离，从而认识到了隐喻涉及至少两个词或事物，其中一个在构成隐喻的过程中意义发生了变化。但是他将隐喻限制在名词上，从而排斥了其他词被用作隐喻的可能性，这又是他的局限性所在。

古罗马时期，隐喻研究主要集中在《赫瑞尼斯修辞学》（*The Rhetorica of Cornificius*）和《演说术原理》（*Institutio Oratoria*）中。《赫瑞尼斯修辞学》继承和发展了亚里士多德对隐喻分类的思想，介绍了 6 种隐喻及 45 种辞令藻饰，对昆体良的隐喻分类有所启示。

修辞学家昆体良（Marcus F. Quintilianus，约公元前 35—95）在亚里士多德关于隐喻定义的基础上提出了"替代理论"（Substitutinn View）。他在其《演说术原理》中认为，隐喻语言是在常规语言基础上升华了的诗性语言，实际上是由一个隐喻的表达式去取代另一个意义相等的、仅取字面意义的表达式，即隐喻是用同义域中的一个词语替代另一个词语的修辞现象，其基础是"本体"与"喻体"之间的"相似性"。因此，隐喻不是缩短了的明喻，而是一个"陌生的、非自有词（转移来的名词）"的一个特征替代了一个"自有的词义"。他还认为，作为一种语言的装饰，隐喻是一种渲染文体的装饰品，并无其他特殊的价值。

昆体良的隐喻理论，特别是其关于隐喻与语言的理论是古典隐喻理论中的代表，"也许可以说，它代表着亚里士多德开创的这类分析的最高水平"[①]。与比较理论不同的是，替代理论的重点在于它除了"本体"和"喻体"之外，还引入了一个明示的或隐含的"自有词"。

由此可见，在昆体良和《赫瑞尼斯修辞学》那里，隐喻和明喻分别成为一个辞格，把隐喻所在的整个句子看成一系列句子本义的替代，隐喻被大大地缩小。而比较理论则把这种猜测中的本义句看成具备某些相似性或类似性的陈述，并由此在每个隐喻中得出一个压缩了的或省略了的明喻。至此，隐喻从亚里士多德时代的修辞——诗学一体的状况发展成为一种修辞格。这种基本思路和研究方式，对后世影响很大，规定了后人隐喻研究的方向。即便是到了欧洲浪漫主义时期，这种情况也没有发生根本的变化。

在中世纪，隐喻研究受到神学的支配，学者们更多的是将隐喻作为传达

---

① ［英］霍克斯：《隐喻》，穆南译，北岳文艺出版社 1990 年版，第 24 页。

神的旨意的工具，这种倾向主要体现在对亚里士多德和昆体良隐喻分类方法和隐喻意义理解的继承上。其代表性的著作有托马斯·阿奎那（Thomas Aquinas）的《神学大全》、但丁（Dante Alighieri）的《致斯加拉大亲王书》等。

《神学大全》继承了中世纪利用隐喻来阐释《圣经》的传统，其中提出的隐喻经解"四义说"成为但丁隐喻理论的先导。但丁把作品的意义分为字面义、比喻义、道德义和寓言义，不仅运用隐喻观点解释上帝的意旨，而且用来解释《神曲》的主题、主角、目的及世俗的文学艺术，其隐喻观与阿奎那的隐喻观一脉相承。因其观点具有更加广泛的文艺学内容，从而使得沉寂于神学的隐喻在艺术的空间中找到了本来属于它的位置，获得了新生。但这种隐喻观或多或少带有神学的神秘色彩。

到了 17—18 世纪，隐喻研究大踏步前进，终于迎来了新的曙光。1725年，意大利哲学家和修辞学家维柯（Giovanni B. Vico，1668—1744）另辟蹊径，重新审视了隐喻的最初形成问题，发现了隐喻的认知功能。他在《新科学》一书中提出：人类生而具有的"诗性智慧"就是一种隐喻思维。此后，德国哲学家卡西尔（Ernst Cassirer，1874—1945）对隐喻的认识可以看作是维柯隐喻式思维方式的继承与发展。卡西尔认为，人是符号的动物，文化是符号的形式，人类活动本质上是一种"符号"或"象征"活动，在此过程中，人建立起人之为人的"主体性"（符号功能），并构成一个文化世界。语言、神话、宗教、艺术、科学和历史都是符号活动的组成和生成，彼此表示人类种种经验，趋向一个共同的目标——塑造"文化人"。在《语言与神话》（language and myth）中，卡西尔认为，"部分替代整体"是最初语言和神话共有的基本原则，所有的神话都遵循这条原则，并且这也是隐喻的一种主要的类型。"我们的普通语言不仅有概念的特点和意义，它还有直觉的特点和意义。我们的普通词汇不仅是意义的符号，它们也充满了形象和特定的情感。"他还认为，语言有两种特征，即诗和隐喻的特征，逻辑和推理的特征。在"人类文化初期，语言的诗和隐喻特征确乎压倒过其逻辑特征和推理特征"。隐喻作为一种思维，神话思维（即隐喻思维）是先于逻辑思维的。

　　从卡西尔对语言、神话和隐喻三者关系的论述中，人们不仅看到维柯对隐喻认识的影子，同时也可以看到自亚里士多德以来人们对于相似性的起源以及人们为何在修辞上采用隐喻的人类学的答案。这些方面的代表人物还有沃尔夫、萨丕尔、弗雷泽、列维-斯特劳斯关于隐喻人类学、神话学的研究。

　　法国修辞学家方达尼尔（PierreFontanier，1765—1844）在《话语的辞格》（*Les Figures du discours*）中，把隐喻作为一种典型的辞格来分析。他指出，喻格不是关系本身，而是建立在关系之上的一种理据。比喻发生的关系是概念之间的关系：一方面是借词的原始意义，另一方面是它被新赋予的意义。在他看来，喻格虽然由一个词组成，但发生在两个概念之间，通过两者之间的转移构成。因此，喻格建立在一种双重性的基础上。他还指出，由于相似与事物的特征有关，因此可以把这一特征转移到具有这种特征的事物的领域。隐喻可以取自我们周围的任何事物，真实的或想象的、思想的、道德的以及物理的实体，而且它们都可以用于所有的思想实体。方达尼尔以"有生命的"（inanimate）为标准，把隐喻分成五类：属于某一有生命事物的特征向另一有生命的事物转移的隐喻；某一无生命但具有物理性的事物的特征向某一无生命但通常有纯粹道德或抽象的事物转移的隐喻；从无生命事物向有生命事物转移的隐喻；从有生命事物向无生命事物转移的物理隐喻；从有生命事物向无生命事物转移的道德隐喻。这五种隐喻最终又可归为两大类：两种事物间进行对比的物理性隐喻和在某一抽象的、形而上学的事物与某一物理事物之间进行对比的道德性隐喻。不管是前者向后者转移还是相反，两者的意义都因此受到影响。在对隐喻产生的原因的解释中，方达尼尔提出被迫和主动使用隐喻的概念。他区分了"借用"（catechreisis）和辞格，认为凡是其用法属于被迫或必需的辞格或产生词义的辞格都是借用。

　　另一个对隐喻理论产生重要影响的学者是雅各布森（1896—1982），著名的美籍俄裔语言学家、文艺理论家和符号学家。他生前的著作超过500种，为20世纪人文科学的发展作出了巨大贡献，尤其在语言学和诗学领域取得了巨大的成绩。

雅各布森的著作《隐喻和转喻的两极》(*the Metaphoric and Metonymic Poles*)主要讨论了隐喻和转喻的问题。他从诗学语言观出发，认为人们对语言符号的选择具有相似性和隐喻特征，在对语言符号的组合过程中具有毗连性和转喻特征。隐喻以实在的主体同它的比喻式代用词之间的相似性和类比为基础，转喻则以人们在实在主体和"临近的"代用词之间的接近联想为基础。两者是一种二元对立的模式，代表了语言的共时性模式和历时性模式的根本对立的本质。隐喻和转喻不仅是诗学分析和语言运作的两种基本模式，也是两种传播意义的基本模式。他还把隐喻和转喻与弗洛伊德对梦的分析中的换喻式"转移"和提喻式"凝聚"联系起来，形成了"组合—移位—转喻"和"替代—压缩—隐喻"两种模式。例如，在俄国抒情诗歌中，占据优势地位的是隐喻结构；而在英雄史诗里，则以转喻手法为主。长久以来，雅各布森这一隐喻—转喻理论在符号学界、文学界和相关学术领域都形成了重要启示与广泛效应。令人惊喜的是，雅各布森已经将隐喻的研究扩展到广告领域之中，为广告的隐喻研究者打开了新的学术之门。

此后，列维-斯特劳斯(Claude Levi-Strauss，1908—2009)从人类结构主义的方面入手，对神话作品的结构进行了分析，指出隐喻是构成神话的基本原则，隐喻之于神话与语言是不可缺少的。在其《结构人类学》(*Structural Anthroplogy*)中，列维-斯特劳斯从"俄狄浦斯神话"中分析了神话的结构，并指出："要是我们只是讲述神话，那我们就不顾这些竖栏，而会横着从左读到右，从上读到下。但是如果我们想理解神话的话，我们就必须不顾历时态这一维的一半(从上到下)，而是一竖栏一竖栏地从左到右，把每一竖栏当作一个单元。"[①]从列维-斯特劳斯对"俄狄浦斯神话"所做的结构分析来看，每一列都形成了一个隐喻的结构。

原型批评是20世纪50—60年代流行于西方的一个十分重要的批评流派。

---

① [法]列维-斯特劳斯：《结构人类学》，张首映译，载《西方二十世纪文论史》，北京大学出版社1999年版，第198页。

其创始人是加拿大的弗莱（Northrop Frye，1912—1991）。他在《原型批评：神话的理论》中，更加注意神话原型这种特殊隐喻结构在文学中的体现，认为神话是一门通过含蓄隐喻来体现同一性的艺术。他说："充满神话的形象的世界，通常是宗教中天堂或乐土的观念中体现出来的；这个世界是神谕天启的，本身便是一个完整的隐喻。其中任何事物都可能等同于其他的事物，仿佛一切都处在一个无限的整体之中"，"现实主义，或曰追求逼真的艺术，会唤起人们如下的反应：'这一切与我们所知的事多么相似！'当作品中所写的与读者所知的相似，这便是一种包含有扩展或含蓄的明喻的艺术。"①

　　传统修辞学对隐喻的研究构成了20世纪30年代之前隐喻理论的主要"景观"，虽然存在各种各样的缺陷和不足，但毕竟提供了一种看待和分析隐喻的视角，成为其后各种新的隐喻理论形成的"基石"。

（二）隐喻语义学研究阶段（20 世纪 30 年代到 70 年代）

　　进入 20 世纪不久，人们认识到，"传统的隐喻理论不具预测力，它们只能解释已经发生了的现象"②。这种情况到了 20 世纪 30 年代有了极大的改观。一些研究者从语言学、逻辑学和哲学角度对隐喻的语义进行多角度，多层次研究，从而开启了隐喻研究的新阶段。主要代表人物有理查兹、布莱克等人。

　　理查兹（I.A.Richards，1893—1979），作为著名的语言学家，英国新批评派的创始人，他最早、最明确、最系统地论述了隐喻的认知特征，并创立了相互作用理论。在其《修辞哲学》（*Philosophy of Rhetoric*）中，他从更宏观的理论高度指出，隐喻不仅仅是一种语言现象，其实还是人类思维的一种方式。因为人的思维是隐喻性的，它通过对比而进行，并由此形成语言中的隐喻。所以，人们日常生活的说话中充满了隐喻，即使在严密的科学语言中

---

① ［加］诺思罗普·弗莱：《批评的剖析》，陈慧、袁宪军、吴伟仁译，百花洲文艺出版社 2006 年版，第 192—193 页。

② 束定芳：《隐喻学研究》，上海外语教育出版社 2000 年版，第 152 页。

也随处可见隐喻的身影；哲学越是抽象，就越需要借助隐喻来进行思考。当我们通过另一种事物来感受、思考某一事物，如把一座房子看做一张脸和表情，也是一种隐喻的过程。传统隐喻理论最大的缺陷就是忽视了隐喻从根本上讲是一种思想之间的交流，是语境之间的互相作用，而不仅是词语的转换或替代。

在此观点的基础上，理查兹对隐喻的结构进行了剖析，纠正了传统修辞学对隐喻一词以及有关概念的混乱解释。他首先批评了传统隐喻理论仅仅注意到几种有限的隐喻方式，将隐喻只看作是一种语言现象，即一种词与词之间的转移和置换的短视。实际上，隐喻是指本体和喻体发生互相作用而构成的特殊语言现象。既是本体和喻体之间词义相互作用的结果，也是一种新的意义产生的过程。因为人们使用隐喻时，往往会有表达不同事物的两个概念，它们活跃地组合在一起，其支撑点是一个单一的词或一个短语，其意义是这两个概念互动作用的一个生成物。语言中的隐喻表达，就是二者合一，即两个概念，一个意义，是两个共现概念之间的互动形式。这就是著名的隐喻"相互作用理论"（Interaction Theory）。在理查兹的隐喻理论框架下，思维的作用凸显出来：隐喻不再是亚里士多德笔下单纯的名称替换，而是突出了心理联想的参与。但是理查兹并没有对相互作用的过程作详细阐述，这一任务是由美国当代著名哲学家、逻辑学家布莱克来完成的。

马克斯·布莱克（Max Black, 1909—1988）在肯定理查兹理论的基础上，提出隐喻不再是单个词间的替换与对照，而是通过语境的参照及相关意义系统的相互作用，使主题获得一种新的意义参照系统，以致我们可以获得对事物新的认知。他在《模式与隐喻》（*Models and Metaphors*）中指出，隐喻的产生取决于"焦点"（focus）与"框架"（frame）的相互作用。一个句子的意义就是在"焦点"与"框架"的相互作用中产生，仅仅单个的词和"框架"无法产生隐喻（这里的"焦点"与"框架"可以分别理解成"词"和"语境"）。在一个给定的语境或框架中，作为焦点的词被赋予了一种新的意义。隐喻的陈述有两个不同的词：一个是主要主词（principal subject），另一个是次要主词（subsidiary subject）。这两个主词在一起彼此加强，形成一个暗示的系统，即隐喻句子。隐喻工作的机制在于把属于次要主词的一些基本特征暗示映射到（map onto）主要主词上，使其产生隐喻意义。除相互作用以外，布莱克进一步阐释了隐喻的认知功能，指出隐喻使人们从另一个角度去观察世界，从而产生对这个世界的新的理解。所以隐喻创造了新的认知视角。

后来，保罗·利科（Paul Ricoeur）、英德伽（Bipin Indurkhya）等人提出了隐喻中两个词项或概念的相似点不一定都是预先存在的，而是通过互动创建的观点，进一步完善了互动理论。

理查兹和布莱克等人的隐喻互动理论摆脱了近两千年传统修辞学仅仅将隐喻局限于诗学和修辞学研究的历史命运，克服了将隐喻作为一种词汇对比和替换的修辞手法的局限，从而把隐喻研究从词汇层次提高到句子层次，并以语义学的眼光重新审视这一现象。同时，把隐喻的内部机制描述成两种不同的事物之间的互相作用，从而推动了当代隐喻研究进入一个蔚为壮观的繁荣时期。"互动论"的缺点是，虽然它指出了隐喻理解过程的性质，但对这一互相作用过程的具体特点缺少充分的描写。

（三）隐喻的多学科研究时期（20 世纪 70 年代以来）

从 20 世纪 70 年代以来，西方掀起了"隐喻热"（metaphormania）。在学者们的共同努力下，隐喻研究有了重大突破，进入一种全新的历史语境中。这就是，现代认知科学与语言学相结合产生的认知语言学（cognitive linguistics）向传统的语言学理论发起新的挑战，揭开了现代隐喻学研究的新境界。在某种意义上，我们可以将之称为一种划时代的转折或转向。

这种研究转向表现在：在本体论上，由语义学转向了语用学，使得隐喻的地位大大地提高。学者们开始从一种语言修辞现象上升到认知和思维的一种内在的本质性结构的层面上来重新发现和认识隐喻。在认识论上，隐喻不再被看作仅仅具有文学意义上的审美功能，它所特有的科学认知功能也被揭示出来；在方法论上，隐喻被置于更广阔的研究视域内，跨学科的方法被广泛采用，包括从认知心理学、语用学、符号学、广告学、阐释学、哲学、社会学等角度对隐喻作多维度、多层次、多学科的交叉研究。研究成果更加丰富、深入和广泛。此间最杰出的代表人物有符号学家利科、哲学家塞尔和语言学家莱考夫等。

首先引起人们特别关注的是符号隐喻研究的出现。瑞士语言学家索绪尔（Ferdinand de saussure，1857—1913）把语言符号解释为能指和所指的结合体——符号是一种关系、形式和内容构成的二元关系，使符号从此有了比较确定的含义。

索绪尔的语言符号理论为人们从符号的角度关注隐喻提供了一个微观的视角。在人们对于符号的理解逐渐趋于一致的基础上，美国哲学家皮尔斯又提出了符号的三元理论关系，直接开启了随后的查尔斯·莫里斯、苏珊·朗格、翁贝尔特·埃科等对符号学进行系统建树和拓展的大门。随后，罗兰·巴特（Roland Barthes，1915—1980）分析了语言能指与所指之间的变迁与隐喻形成的关系。《神话学》（*Mythologies*）是罗兰·巴特划时代的著作。在这部由53篇短文组成的文集中，他把符号学从语言世界扩展到现实世界，以意义为中心（包括对意义的生成分析和符号的终极所指）来分析当代社会，特别是传播媒体和广告。巴特理论分析的思维方式是隐喻的。他认为，大众文化的运作跟神话非常类似。以前由神和史诗来做的文化工作——教会他们的社会价值观，提供共同语言——现在成了电影明星和广告人的工作。巴特通过对职业摔跤、明星的婚礼、肥皂剧广告、演员的照片、儿童玩具的趋势、法国总统倡议让公民喝更多的牛奶等现象的研究，认为任何事物都有某种含义，尤其是那些努力想显得没有含义的事物。

在《神话学》的结尾，巴特指出："在一天里，我们到底能遇到多少没有象征的地方？很少，有时没有。我在这里，坐在大海边，这确实没包含什么信息。但在海滩上，多么丰富的符号学材料——旗子、标语、信号、广告牌、衣服、晒黑的皮肤，对我来说这是非常多的信息。"他发现，那些弥漫于大众媒体的商品"天然感"是一种"神话"，其背后是一种隐喻，隐藏着某种意识形态价值。神话的神秘正是源于神话所塑造的自然之中，人们已经沉溺其中，习焉不察，而罗兰·巴特所做的就是所谓的解神秘化，"将一些幕后的隐蔽的然而又是有意为之的东西暴露出来"，那些看起来"自然而然的东西实际上是人为的，是人工产品，是目的性的结果"。① 尽管巴特的思想观点建立在精英主义的立场上，具有一定的时代意识形态性，但其神话学分析及其符号学方法对于社会大众文化的分析具有重要的借鉴意义和现实指导作用。正如美国学者苏珊·桑塔格（Susan Sontag）所说的那样："在第二次世界大战后从法国涌现的所有思想界的大师中，我敢绝对肯定地说，罗兰·巴尔特是将使其著作永世长存的一位。"②

意大利符号学家翁贝尔特·埃科（Umberto Eco，1932—2016）的《符号学与语言哲学》则从符号学的角度对隐喻的构成、逻辑等方面进行了研究。作为一位以推进诠释学理论工程为己任的哲学家，同时也是一名出色的符号学专家的保罗·利科也非常重视隐喻和象征背后所潜藏的巨大能量和存在论向度。甚至可以说，在很大程度上，他把隐喻研究作为演绎和验证其理论建构的工作平台。他发表的《隐喻的统治》堪称这一领域的代表作。他的另一部著作《活的隐喻》，从不同角度对隐喻做了深入细致的探讨，从古希腊的亚里士多德、柏拉图一直讲到当代。就是这部论文集为他赢得了历史哲学家的称号。

在隐喻意义的研究上，当今世界著名哲学家约翰·塞尔（John R. Searle，1932— ）等人在 1969 年提出了语用学的理论。他在专著《表达和意义》（*Expression and Meaning*）中的"隐喻"一章详细讨论了隐喻问题。首先，塞尔同意用"是"和"像"来区分隐喻和明喻，但不同意明喻是说明了的隐喻。他所持的一个主要理由是：隐喻和明喻的真值条件经常是不同的，张三像只大猩猩可能是真的，张三是只大猩猩则一定是假的。这种论证依赖于真

---

① 汪民安：《谁是罗兰·巴特》，江苏人民出版社 2015 年版，第 73 页。
② ［法］罗兰·巴尔特：《符号学原理——结构主义文学理论文选》，李幼蒸译，生活·读书·新知三联书店 1988 年版，第 182 页。

值条件意义理论，否则就不能成立。其次，他区分了语句或语词的意义和说者的表述意义两个概念，并认为隐喻意义必定属于说话者的话语意义。他指出，解释隐喻实际上就是解释说话者意义如何与句子意义相分离的一种特殊情况，因为隐喻实际上是说话者何以说某件事却隐含着另外一种意义的特殊情况，隐喻中说话者的意义与句子意义相异但又以不同方式与之发生联系。为此，塞尔提出了隐喻理解的三大步骤与八项原则，使隐喻的理解机制达到了一个新的高度。

塞尔还批评了亚里士多德传统的理论和语义相互作用的理论，认为前者没有认识到"比较的陈述是隐喻陈述的意义"，而"相似的陈述是推理原则或者是理解过程的一个步骤"；后者的致命错误在于没有认识到"语句或语词的意义"与"说者或表述的意义"之间的区别。

戴维森（Donald Davidson）与塞尔所持观点基本一致，他在《隐喻的含义》（*What Metaphors Mean*）中认为，传统隐喻意义的理解并没有使隐喻与那些普通的言语行为区别开来，隐喻并不具有超出其字面意义的意义，也不能给人带来惊奇的效果，对隐喻的理解是建立在使用而不是意义上。霍尔（Granville Stanley Hall，1932—2014）则对塞尔关于隐喻意义的理解提出质疑，因为从心理语言学的角度来看，人们在接受一个隐喻时，并不分析构成隐喻语词的字面意义。他认为要理解隐喻就必须找到说话者的意图。

另外，比尔兹利（Monroe C.Beardsley）所著的《隐喻的意义》和《隐喻的手法》对隐喻的意义作了更进一步的分析，他认为隐喻的意义源于语词逻辑的错置。雷迪（Michael J.Reddy）的《管道隐喻》和哈特曼（Charles O.Hartman）的《认知隐喻》则力图对隐喻的认知机制作出解释，进一步深化了人们对隐喻的认知。

自从布莱克等人率先吹响隐喻认知研究的号角以来，认知语言学作为一种新的解释语言现象的理论，得以迅速发展，为隐喻研究注入了新的生命。进入 20 世纪 80 年代，莱考夫和约翰逊从全新的视角——认知科学来研究隐喻问题，将隐喻纳入人类的行为活动、思维方式、概念范畴、语言符号等领域做全面的研究，取得了重要的进展。1980 年他们联合出版了《我们赖以生存的隐喻》（*Metaphor We Live By*）一书，集中阐述了他们的概念隐喻理论（conceptual metaphor theory）。他们认为，在人们的日常生活中，隐喻是无处不在的。不但存在于语言中，而且也存在于思维和行动中，甚至我们用来思考和行动的日常概念系统，在本质上也是隐喻性的。莱考夫和约翰逊对隐喻机制也作出了开拓性的研究。作者否认了传统的比较论而提出映射论，认为隐喻是一种从源域向目标域的映射。映射的过程遵循一致性原则和目标域优先原则。前者指涉域的相关因素必须与目标域的相关因素相对应，后者指映射时目标域本身的结构不可被破坏，目标域的结构制约着映射的内容和数量。

莱考夫和约翰逊的隐喻理论不但在语言学领域，而且在认知科学领域和哲学界都产生了革命性的影响。他们提出的将隐喻植根于人类经验中进行研究的理论，为语言学研究和认知科学研究提供了新视角，达到了隐喻研究的新高度，带来了传统隐喻研究的一场"革命"：传统的隐喻观认为隐喻只是一种修辞格，而概念隐喻理论则认为隐喻无所不在，在我们的语言和概念形成过程中起着非常重要的作用，支配着人们的思想和行为，是人们必不可缺少的一种认知工具。

此后，"概念理论在世界范围内的隐喻研究中获得主流的地位"[1]，有关概念隐喻研究的论文纷至沓来，研究的主题也十分广泛，涵盖隐喻的产生、隐喻的识别、隐喻的理解、隐喻的工作机制及过程、隐喻与人类概念结构、隐喻与范畴化、隐喻与图式结构、隐喻与联想、隐喻与意象、隐喻与认知模式、隐喻与人类经验、隐喻与人类创造等等。1982—1983 年，霍夫曼和史密斯（Hoffman &Smith）主编出版了《隐喻研究通讯》，并在 1986 年改编为《隐喻与象征活动》（*Metaphor and Symbol*）出版至今，成为专门研究隐喻的国际性刊物。与此有关的众多学术著作也陆续问世，包括库柏的《隐喻》

---

[1] R. W. Gribbs, Evaluating conceptual metaphor theory, Discourse Processes, 2011（48），p.529.

（1986），英德伽的《隐喻与认知》（1992），霍克斯的《隐喻》，雷柏曼的《从隐喻的角度：隐喻认知内容的多学科研究》（1995），怀特的《隐喻的结构：隐喻语言工作之方式》（1996），亚历山大·佐尼斯的《勒·柯布西耶：机器与隐喻的诗学》（2004）都是颇具影响力的西方当代隐喻学专著。隐喻研究的面貌焕然一新，作为一门独立学科的地位已经得到学界的普遍认同。

概念隐喻理论强调身体对客观世界的感知和交互作用，强调知觉经验，但忽视了人的主观抽象能力和逻辑推理。随着认知隐喻研究的不断推进，1985 年福可尼尔（Gilles Fauconnier）出版了一部引人注目的重要著作《心理空间》（Mental space）。到 20 世纪 90 年代，福可尼尔和特勒（Mark Turner）又将心理空间理论发展到了概念合成理论（conceptual blending theory），他们从新的角度对人类思维、行为和言语中的隐喻现象进行认知解读，将莱考夫和约翰逊的概念隐喻理论推进到一个新的阶段。

福可尼尔在《思维和语言的映射》（Mappings in Thought and Language，1997）和《我们思维的方式》（The Way We Think，2002）等论著中认为，心理空间是我们人类思维和言说时临时建立起来的部分信息集合，是人们在思考或谈论已知、想象、过去、现在、未来情境时构建起来的部分的、暂时性的表征结构，其任务主要是为了实现局部话语的理解。我们在思考和交谈时，不断建立心理空间，隐喻是跨心理空间投射的结果。为此，他将莱考夫和约翰逊的两个空间修正为四个空间，即以类空间为映射背景，在两个输入空间的基础上，通过概念整合产生合成空间。本体和喻体的对应成分被投射到合成空间中，并相互作用整合成一个完整的概念。同时，他还认为概念合成是一种基本的心理认知机制，极具强势，但其运作过程极为复杂，常隐匿于语言运用的幕后，不易察觉。认知语言学的根本性任务之一，就是要发掘概念合成过程中的各种原则和机制。

概念合成理论通过分析概念的空间合成、跨空间映射以及由此形成的层创结构，对于隐喻的实时构建过程和隐喻意义的推理机制作出了更加详细、清晰的阐释。但同时，概念合成理论与概念隐喻理论一样，在本质上都把隐喻视为思维认知的结果。因此，我们可以把后者看成是前者的补充和发展。

综上所述，隐喻的研究随着时代的发展而发展，经历了由修辞学研究到认知学研究，人们逐渐认识到隐喻不仅属于语言，而且属于思想、活动和行为，是人类感知、认识客观世界的重要手段。

二、中国隐喻研究述要

严格地说来，中国在 20 世纪 80 年代之前并无西方意义上的隐喻研究，更没有形成古希腊亚里士多德式的鸿篇专论。但是，中国人的隐喻实践却是源远流长的，对于与隐喻相关的研究也一直存在，而且丰赡，尤其是在隐喻体验、隐喻与映射、隐喻与认知、隐喻与文化的制约性以及隐喻中的"他物"与"此物"即相似又相异的关系等方面均有精彩的论述。

（一）先秦时期

《周易》堪称我国一部较早的隐喻之书，贯穿全书始终的"象"便是其典型的标志。《系辞传下》说："古者包牺氏之王天下也，仰则观象于天，俯则观法于地，观鸟兽之文，与地之宜，近取诸身，远取诸物，于是始作八卦，以通神明之德，以类万物之情。"这揭示了《周易》隐喻构成的基本思维方法就是用自己熟悉的事物来表现和认知不熟悉的事物。《尚书·盘庚上》记有殷王盘庚迁都时的讲话，他劝告群臣服从王命，要"若网在纲，有条而不紊；若农服田力穑，乃亦有秋"。他责备群臣以浮言鼓动群众，好比"……火之燎于原，不可向迩……"这种情况在《诗经》中也有所反映，如《诗经·大雅·抑》中有"取譬不远"之说，指出了使用比喻要以自己身边熟悉的事物为喻体。这些都可以被视为中国隐喻产生的源头之一。

《礼记·学记》认为，"不学博依，不能安诗"，"君子知至学之难，而知其美恶，然后能博喻，能博喻然后能为师，能为师然后能为长，能为长然后能为君。""博依"，郑玄注曰"广譬喻也"。可见，"博依"与"博喻"都指隐喻，运用好隐喻不仅对"安诗"具有重要作用，而且可以"为师"、"为长"，甚至"为君"。

在先秦诸子百家的著作中，比喻的运用俯拾皆是，并且已经有了研究隐喻的迹象。孔子在《论语·庸也》中谈及"仁"时曾说道："能近取譬，可谓仁之方也。"徐前师曾在《孔子话语中的以器物为喻的修辞特色》中列举了孔子使用的诸多比喻性话语。①《孟子》和《庄子》中的比喻也相当多。《孟子·尽心下》曰："言近而指远者，善言也。"这里渗透了使用譬喻言语虽然浅近，含义却很深远的特点。《荀子·非相》中指出"谈说之术，分别以明之，譬称以喻之"，强调了隐喻说明道理的作用，其《正名》篇说："凡同类同情者，其天宫之意物也同，故比方之疑似而通。是所以共守约名以相期也。"从而指出了隐喻需要从不同事物之间寻找相似之处的基本要求。《非十二子》篇"辩说譬谕"则体现出了荀子对比喻思维方式和表达的认同。

最早给"譬"下定义的是墨子。《墨子·小取》中指出"辟（通"譬"）也者，举也（通"他"）物以明也"，墨子阐明了本体与喻体的关系，就是说在运用隐喻时一定需要选择（"举"）喻体（"他物"）来说明（"明"）本体（"之"）。墨子还进一步对"辟"作出阐述："夫物有以同而不率遂同"，意为比喻物与被比喻物之间，有相同的方面，但不是全部相同。这种观点与西方亚里士多德对于隐喻的看法有异曲同工之处。亚里士多德说："断言隐喻表述涉及两个或更多对象为代表的比较或相似"，因此，"若想编出好的隐喻，就必先看出事物间可资借喻的相似之处"。②

"比"、"兴"的概念首次出现于《周礼》。《周礼·春官·大师》中有这样所谓的"六诗"："大师……教六诗，曰风，曰赋，曰比，曰兴，曰雅，曰

---

① 徐前师：《孔子话语中以器物为喻的修辞研究》，《修辞学习》2002 年第 2 期。
② 韩庆芳：《隐喻研究漫谈》，《修辞学习》1999 年第 2 期。

颂。以六德为之本,以六律为之音。""比"、"兴"开始成为乐教的手段,最终与隐喻产生了一定的联系。

综上所述,先秦时期,先人们就有丰富的隐喻语言的实践活动,并且对隐喻的相关问题进行了一定的理论探索,提出了一些有价值的隐喻思想,如喻体的选择要是人们熟悉的事物,隐喻在诗歌中兼有审美和政治教化的功能等。但这些观点相对零散,没有形成一个完整的系统。"不过从这些散论中,我们可以看出,这一时期的比喻思想并没有严格的修辞、诗学话语形式与思维之分,这是与古希腊以亚里士多德为首的隐喻理论相同的一个地方。"①

(二)两汉至南北朝时期

先秦文献中关于比喻作用和性质的阐述都是在演说术的范围之内,从汉代开始,在经学一统天下的大背景下,比喻研究在伦理诗学和政治修辞学的层面上展开,研究范围得到扩大。除了比兴研究的主流之外,王充在《论衡·物势》中有"辞喻横出为胜",认为比喻要运用得当。他在《论衡·正说》中则反对不恰当的"譬喻增饰"。

王符对隐喻的认识更为深刻。他在《潜夫论》中提出"清雅以广文,兴喻以尽意",指出了运用比喻对意义表达的作用。其中,《释难》篇中提出的隐喻理论颇有代表性意义:"夫譬喻者,生于直告之不明,故假物之然否以彰之。物之有然否也,非以其文也,必以其真也。"王符在这里揭示了隐喻的成因、功能以及对喻体的要求。由于本体"直告之不明",需要借助喻体进行说明("假物之然否以彰之"),而喻体选择和运用的关键是本质("真"),而不是表象("文")。王符《潜夫论》、《毛诗大序》提出的"六义"中的"比"继承了《周礼》中"比"的思想。郑玄《周礼·太师》注:"比者,比方于物也。"朱熹《诗经集传》也说:"比者,以彼物比此物也。""六义"中的"兴"也与比喻有关,"兴"具有"起"的意思,这里指具有发端作用

---

① 朱全国:《文学隐喻研究》,中国社会科学出版社2011年版,第9页。

的手法。《周礼·太师》注："兴者，托事与物。"在古代，"兴"有时兼有比喻的作用，有时只是出自于音律上的需要，而无关乎意义。这一时期几乎所有的研究都没有明确区分比喻的基本类型，而经常使用"譬喻"或者"譬"来指称。

到了魏晋南北朝时期，对隐喻讨论最为深入的首推南朝文学理论家刘勰（约465—约520）。他在《文心雕龙》中系统、全面地阐述了隐喻的定义、特征、分类与功能。其贡献可以归结为两大领域，一是对"隐"的集中阐述，二是对"比兴"的全面阐发。特别是其中的《谐隐》、《比兴》诸篇，可以说是隐喻的专论。《谐隐》认为，"隐"就是"遁辞以隐意，谲譬以指事也"，也就是用隐蔽的语言来表达某种意思，用巧妙的譬喻来暗示某件事情。文体本身是话语形式，因此"隐"在这里就可以看作是一种话语表达形式。除了"隐"之外，刘勰还谈到了"谜"。"'谜'也者，回互其辞，使昏迷也。或体目文字，或图像品物；纤巧以弄思，浅察以衒辞；义欲婉而正，辞欲隐而显。"意思是，"谜"就是把话说得回环曲折，使人理解产生困难。它们或者离合文字的形体，或者刻画事物的外形，从纤细巧妙之处体现人们的文思，凭浅显的理解来炫耀文辞。但是"谜"的含义要委婉而正，文辞要含蓄而准。

刘勰所谈论的"隐"语及"谜"语其实就是隐喻的两种话语表现形式。亚里士多德认为，"总的说来，从好的谜语中可以找到高明的隐喻，因为隐喻就包含着谜语，因此很显然，谜语的好可以转成隐喻的好。"① 可见，隐语及谜语也是西方所谓的隐喻的内容之一，很好地体现出了隐喻的形象性、意义表现的曲折性，以及隐喻使用上的合理性。除此以外，刘勰还指出，"夫观古之为隐，理周要务"，强调了使用"隐语"一定要恰当。

关于"比"与"兴"的关系，刘勰认为，"'比'显而'兴'隐哉！故'比'者，附也；'兴'者，起也。附理者切类以指事，起情者依微以拟议。起情

---

① ［古希腊］亚里士多德：《修辞术·亚历山大修辞学·论诗》，颜一、崔延强译，中国人民大学出版社2003年版，第167页。

故'兴'体以立，附理故'比'例以生。'比，则畜愤以斥言，'兴'则环譬以记讽。盖随时之义不一，故《诗》人之志有二也。"在这里，刘勰认为"比"是一种较为明显的比喻，而"兴"则是一种较为隐晦的比喻。"比"就是"附"，而附实际上有接近之意，托相似之物来做比喻，"盖写物以附意，飚言以切事者也"。"兴"即起兴之意。因物起情，"兴"得以成立；比附事理，比喻的体例所以能够产生。"比"能增强人们的感情，有利于表现语言所要表现的意义，"兴"是通过委婉间接的譬喻来表现喻义。两者都是人们情感的表达方式。

此外，钟嵘和挚虞的隐喻定义也有一定的代表性。前者的《诗品序》认为，"因物喻志，比也"，说明隐喻就是借助一定客观事物表达作者一种思想；后者的《文章流别论》认为"比者，喻类之言也"，则着重从形式上揭示了隐喻的客观属性。

综合这一时期的观点来看，比喻的诗学特点得到了较为完整的体现，"比"、"兴"，特别是"比"作为修辞的一面得到确定，"兴"的美学功能的一面也得到认识。以刘勰的《比兴》为代表，比喻的修辞方面得到详细的说明，而他的《谐隐》则指出了比喻的部分话语形式特点。

（三）唐代至晚清时期

唐至清时对隐喻修辞与诗学两个方面都颇为重视。在修辞学上，唐代刘知几在《史通·载文》中对"喻过其体"进行了批评，"喻过其体，词没其义，繁华而失实"，认为比喻运用要恰当，不可滥用。

北宋诗僧惠洪在《冷斋夜话》中说，"唐僧多佳句，其琢句法比物以意，不指言某物，谓之象外句。"从他所说的"比"有"象外句"之意来看，"比"既是一种修辞手段，也是一种话语表达方式。

唐宋时期最有代表性的隐喻研究成果是成书于 12 世纪末的修辞学专著《文则》，由南宋学者陈骙（1128—1203）所著。《文则》一书的诞生，是中国修辞理论研究的一次大飞跃。他在书中一共总结了直喻、隐喻、类喻、诘喻、对喻、博喻、简喻、详喻、引喻、虚喻 10 种"取喻之法"。①
这 10 种"取喻之法"，今天大多可以归入"隐喻"的范畴。陈骙的贡献主
要有三点：一是在汉语修辞史上第一次明确提出了"隐喻"这一概念，并
首次对隐喻进行了最为系统和全面的分类（尽管这一概念与今天的理解不
同）；二是对每一种方法都结合来自经史诸子的大量实例予以说明；三是
总体上讲，他的分类虽然存在标准不够统一的弊病，但仍具有一定的科学
性。如果将《文则》和现代修辞学对照，就不难看出，陈骙的隐喻思想已
经相当接近于现代修辞学，所不同的只是术语稍有差别而已。

　　明朝也有很多学者探讨过比喻，如太仓人归有光在《文章指南·譬喻则
第十三》中将"比"上升到文体的地位，也就是把比喻放在文章的篇章结构
中进行考虑，并将比喻的范围从散文的篇章扩大到寓言。宣城人徐元太所著
的《喻林》，则是最早、最值得称道的专集。他从经史子集及道佛之书 400
百余种中，撷取譬喻用语，汇为一编并注明出处。全书分为造化、人事、君
道、臣述、德行、文章等 10 门，类下又分子目。该书汇集了前代书中的譬
喻、谐隐、寓言等众多隐喻现象，蒐罗繁富，堪称中国古代一部丰富的隐喻
语料之大成。

　　到了清代，唐彪的《读书作文谱·文章诸法》对借喻与明喻进行了区别。
吴佩芬在《经言明喻编》中通过比喻的方式把比喻分为三种：物喻、人喻、
事喻。沈德潜在《说诗晬语》中阐述了隐喻的基本作用，"比兴互陈，反复
唱叹"，认为有很多的事物难以表述，有很多的事理无法简单说明，只有通
过"比"、"兴"结合运用才能得到很好的解决。

　　由此可见，明清时期的学者们致力于对隐喻进行广泛的搜集和最为系统
和全面的分类，为中国修辞学史树立了一座重要的丰碑。当然，从语用学的
角度来看，中国古代的隐喻研究与西方的隐喻研究存在明显的差异。主要表

---

① 虽第一次使用"隐喻"一词，却相当于现代的"借喻"，而其中的"简喻：其文虽略，其意
　　甚明。《左氏传》曰：'名，德之舆也.'《扬子》曰'仁，宅也.'此类是也"，则相当于现
　　代的"隐喻"（暗喻）。

现为西方文论中的隐喻，喻体和本体有一种自觉的分离性，一种不加掩饰的间距性，它承认这种间距性并故意将它拉大或将两者对立起来。而汉民族文化传统中的隐喻观正好相反：它或者不屑于将本体和喻体清晰地分离开来，或者有意掩饰二者之间的间距性，结果造成喻体、本体之间你中有我、我中有你，彼此融合部分的状态。

（四）现代时期

"五四"运动后，随着"文学革命"的兴起，白话文的修辞研究也取得了长足的发展，具有划时代意义的一系列著作陆续问世。

中国现代第一部全面探讨汉语辞格的专著是唐钺的《修辞格》（1923），此书将 27 种辞格列为研究对象，建立了第一个较为全面而科学的辞格系统，拉开了现代汉语修辞学辞格研究的序幕。

在唐钺的影响和带动下，一大批语言学专家积极开展辞格研究，涌现出许多论及辞格的著作，如张弓的《中国修辞学》（1926）、王易的《修辞学》（1926）和《修辞学通诠》（1930）、薛祥绥的《修辞学》（1926）、胡怀琛的《修辞的方法》（1931）、陈介白的《修辞学》（1931）和《新著修辞学》等。其中，真正对辞格开展系统研究、比较研究以及对辞格进行较为科学分类且取得公认成效的，当推陈望道 1932 年出版的《修辞学发凡》。

陈望道（1891—1977）将修辞分为甲、乙、丙、丁四类，比喻被放在甲类之中，同时又分为三种：明喻、隐喻、借喻，还对这三种比喻进行了区分。"思想的对象同另外的事物有了相似点，说话和写文章就用那另外的事物来比拟这思想的对象，名叫'譬喻'"[①]。他对譬喻总的看法与刘勰没有本质的区别，都认为譬喻是基于类似的基础上产生的。"第一，譬喻和被譬喻的两个事物又必须在其整体上有一点极其相似；第二，譬喻和被譬喻的两个事物又必须在其整体上极其不相同。"[②] 从这一论述来看，陈望道认为喻体与

---

① 陈望道：《修辞学发凡》，上海教育出版社 2006 年版，第 73 页。

② 陈望道：《修辞学发凡》，上海教育出版社 2006 年版，第 76 页。

本体之间既要有相异性也要有相似性，这种相异必须是整体的、根本的和必须存在的。在谈到隐喻和明喻的区别时，他认为隐喻是明喻的进一步譬喻。明喻的形式是"甲如同乙"，隐喻的形式是"甲就是乙"；明喻在形式上只是相类的关系，隐喻在形式上是确实相合的关系。陈望道的《修辞学发凡》对隐喻作了更为系统和翔实的总结与论述，标志着我国现代修辞学正式建立。

闻一多是一个卓尔不群的诗人和学者，他在《神话与诗》中认为："'隐'在六经中相当于《易》的'象'和《诗》的'兴'（喻不用讲，是《诗》的'比'）。"①这些话实际上指出了中国古代比喻的不同阶段的不同方面的表现，但他没有指出这三者实际上对应的就是比喻的三个不同的方面：形象、手段与方法。他还认为，"《易》中的象与《诗》中的兴，本是一回事，所以后世批评家也称《诗》中的兴为'兴象'。西洋人所谓意象、象征，都是同类的东西，而用中国术语来说，实在都是隐。"②"兴"作为动词，是"象"的一种运动方式：作为名词，与"象"重合为同一意义，故有"兴象"之称，它与西方人所称的意象、象征等，均属于隐之类。从这些论述中，我们可以觉察出闻一多力图把中国的比喻观念与西方的隐喻观念联系起来思考的痕迹，但是他的这些判断现在看来都有进一步思考和分辨的必要。

朱光潜的《诗论》第二章《诗与谐隐》，在肯定了刘勰对"谐隐"的分类基础上，采用中西对比的手法分析了"谐"、"隐"、"谜"，其中有很多地方虽然与当代隐喻观有所不同，但仍旧能给人们对隐喻的理解上以深刻的启示。如在分析谜语时，他指出，"谜语不但是中国描写诗的始祖，也是诗中'比喻'格的基础。以甲事物映射乙事物时，甲乙大半有类似点，可以互相譬喻。有时甲乙并举，则为显喻（simile），有时以乙暗示甲，则为隐喻（metaphor）"③。我们姑且撇开隐喻与明喻在修辞与诗学中的区别不谈，朱光潜在这里体现出了与顾炎武对比、兴认识一样的灼见，即明喻与隐喻

① 闻一多：《死水·神话与诗》，贵州教育出版社2001年版，第180页。
② 闻一多：《闻一多全集》（一），生活·读书·新知三联书店1982年版，第118—119页。
③ 朱光潜：《诗论》，作家出版社2019年版，第33页。

不仅是一种修辞格，而且还是诗歌语言的存在方式。同一时期，其他学者也论述到了隐喻、比喻等，但朱光潜的论述最为精道，同时也最与西方隐喻观接近。

20 世纪 80 年代后，中国比喻研究开始出现了两种最主要的潮流：一是对中国古代的赋、比、兴进行研究，重新发现并阐释他们的意义。如袁晖1982 年出版的著作《比喻》，王希杰 1987 年出版的《比喻的表层结构与深层结构》等，他们通过借鉴国外隐喻研究理论对隐喻进行表层和深层的分析，进一步启发了人们对隐喻的认识，展现了从语言本位研究隐喻的特点。同时也零星出现了一些由传统修辞向认知方向过渡的萌芽。比如，钱春杭、郎勇（1986）尝试从修辞角度探讨隐喻与思维的关系，并从语言层面分析比喻对人类思维的影响。伍铁平（1987）从认知角度对拟人、比喻等辞格进行分析。何晓琪（1988）则试图探讨隐喻的心理基础。至今仍有相当多的学者对隐喻的兴趣尚停留在语义学范围内，停留在把隐喻当作一个修辞格的水平上。

二是对西方隐喻理论的研究。一些学者开始把国外的隐喻认知研究理论引介到国内，如林书武、赵艳芳、王寅、苏晓军等人。林书武作为国内最早系统研究国外隐喻理论的学者，发表了一系列论著。他在其著作中介绍了创造相似性隐喻理论和认知的互相作用观、隐喻理论在跨文化语言学研究当中的应用、国外隐喻研究的基本现状和未来发展的趋势。尤其是赵艳芳（1995）在《外语教学与研究》上对隐喻认知研究的里程碑著作《我们赖以生存的隐喻》评介之后，从认知角度对隐喻进行研究的期刊文章、学位论文及专著开始显著增多。2000 年束定芳出版了《隐喻学研究》等著作，全面阐述隐喻学研究的概况，介绍和评述各种隐喻理论。冯晓虎的《隐喻——思维的基础、篇章的框架》注重隐喻与思维及语篇的关系。张沛的《隐喻的生命》则进一步对西方的隐喻进行了分类研究。

另外，有些学者在借鉴国外的隐喻认知理论的基础上，对隐喻的认知作用、隐喻认知的运作机制等方面进行了探讨，这个趋势方兴未艾。如胡壮麟的《认知隐喻学》、刘光正的《隐喻的认知研究——理论与实践》、蓝纯的《认知语言学与隐喻研究》、谢之君的《隐喻认知功能探索》、彭增安的《隐喻研究的新视野》以及赵艳芳 2001 年出版的《认知语言学概论》等，都对当代西方认知隐喻的研究做了论述，表明了我国对隐喻现象研究的兴趣和研究水平正在逐步提高。

与此同时，国外有关隐喻研究的著作也正在翻译出版，如霍克斯的《隐喻》，保罗·利科的《活的隐喻》等。这些著作不仅开阔了我国学者的研究视野，也促进了语言学研究的深入发展。

国内有关隐喻研究的论文也日渐增多。据统计，1980—2004 年，中国大陆出版了相关隐喻研究的著作 28 本，学位论文 73 篇，期刊文章 779 篇[①]。从研究趋势上看，国内隐喻研究呈明显上升趋势；从研究内容上看，主要集中在国外研究成果的介绍与隐喻理论研究两个方面，大致可以分为语言修辞隐喻研究、隐喻认知研究、隐喻思维研究、隐喻与意义研究、隐喻与文化研究、隐喻的语用研究以及对西方隐喻学者思想研究几个方面；从研究角度上看，多数的研究已经转向从认知学角度，说明认知科学已成为隐喻研究的主视角；隐喻研究已经开始由单一的语言学科向其他学科（如广告等）扩展。因此，隐喻研究在我国还刚刚起步，未来的隐喻研究无论从广度上还是深度上都有很大的发展空间。

第二节　广告隐喻研究述要

人类的广告活动几乎与人类的文明史一样漫长，但广告的真正繁荣是伴随着商品经济的发展和大众传媒的兴起而到来的，因而，广告隐喻的研究起步较晚，但成绩可喜。

---

① 李福印、秦进平：《隐喻与认知研究 25 年（1980—2004）成绩、问题与展望》，《中国外语》2007 年第 4 期。

一、国外广告隐喻研究述要

（一）雅各布森的广告隐喻观

根据现有的资料笔者认为，雅各布森可能是最早论述隐喻与广告关系人。他在《隐喻和转喻的两极》、《语言学和诗学》等著作中指出，人们对语言符号的选择具有相似性和隐喻特征；在对语言符号的组合过程中具有毗连性和换喻特征。隐喻按照联想的方式运作——即它们把未知的东西嵌入一个新的联想式语词序列，未知的东西由此而获得其部分新的意义。例如，在"海船犁开大海"这个隐喻里，"航行"一词作为未曾说出而属于未知的东西被嵌入"分开实在之物的方式"这个联想式语词序列，与切开、撕开、锯开、割开、剪开、砍开、扯开等词语相并列。通过想象行为，读者把这个联想式语词序列的一般特征与从中选出的"犁开"一项的具体特征同时互换，从而赋予未知的术语"航行"以新的意义。

雅各布森认为，隐喻要求一种积极的、富于想象的解码行为：读者不得不去发现哪个特征才能进行有意义的转换。接受者这种积极介入的行动是诗人和广告主所追求的，诗人们希望解码活动能够提供与编码相对应的想象程序，广告主希望这种他们所期望的合作行为能使接受者更易受到产品广告说辞的影响。

隐喻模式具有诗的特征，也具有广告的特征，其间的想象从已知的神话里产生，而神话的特征经过转换便赋予了未知的产品。于是，野性的西部成为一种香烟牌子的隐喻，旧金山的明媚阳光成为一种化妆品牌子的隐喻。

雅各布森还认为，广告与视觉隐喻都更像是明喻，它们一般都把未知与已知同时交代出来。含蓄倾向于按照联想的方式发挥作用—— 一张用暖色光和软聚焦拍的茅草覆顶的农舍照片，就含蓄地表达了思乡怀旧之情。光线是文字性隐喻"透过玫瑰色的镜片看去"的视觉等同物，软聚焦则是柔情的一种隐喻。

（二）广告隐喻中的图像与文字的研究

麦夸里（Mc Quarrie，1989）非常关注广告中图像与文字所产生的"共振"（resonance）效果，认为两者的配合产生了各自所不具有的新的意义或效果。恩和利木（Ang，Lim，2006）的研究同样证明了图像隐喻和标题隐喻之间存在着一种协同作用（synergistic effect）。但在广告中，图像隐喻似乎具有更多的优势，并得到越来越多的重视。一些学者还对图像隐喻进行了专门的研究（Mc Quarrie and Mick，1999 等）。

另外，图像隐喻配以文字解释对广告效果的影响也成为研究的一个热点。

菲利普斯（Phillips，2000）专门研究了广告中图像隐喻配以文字解释对消费者反应的影响。研究结果表明，解释性的标题为图像的意义提供了线索，因而可以增强消费者对广告中图像隐喻的理解和偏好。但是，对图像的完全解释剥夺了消费者自己解释广告信息的乐趣，反而降低了消费者对广告的喜爱程度。Phillips 和 McQuarrie（2003）的研究还表明，广告中图像修辞的运用比文字修辞具有更明显的上升趋势。恩和利木的研究同样证明了图像隐喻相对于文字隐喻的这种优势。如果广告图像是含有隐喻的，那么至于标题中有无隐喻对消费者广告态度、品牌态度及购买意愿方面的影响不大。但如果广告图像不含隐喻，那么有隐喻的标题比无隐喻的标题更能产生有关广告态度、品牌态度和购买意愿方面的有利影响。

（三）广告隐喻的模态研究

1998 年，荷兰学者福塞维尔（Charles Forceville）出版了《广告中的图像隐喻》（*Pictorial Metaphor in Advertising*）一书。该书以布莱克的互动论为理论框架，突破了文字隐喻的限制，首次把认知隐喻观引入广告图片研究，从视觉层面探讨广告图片的隐喻性，同时也是非语言符号进入隐喻研究范畴的第一步，从而开创了多模态隐喻研究的先河。次年，他又与阿帕瑞斯（Urios Aparisi）共同出版了《多模态隐喻——认知语言学应用》论文集，其研究范围涉及广告、漫画、手势、声音、音乐、雕塑等，将概念隐喻研究拓展到了跨学科的多模态研究中，是目前多模态隐喻研究领域中最系统全面和最具影响力的研究成果，为探讨隐喻的本质和应用提供了更广阔的视野。

福塞维尔认为，隐喻首先是思维和行动上的，其次才衍生为语言。因此，要证明隐喻的本质是概念的而非语言的，就必须证明隐喻不仅可以在语言中建构，而且可以由非语言模态或多模态来体现。这种实现可以存在和应用于图像中，更具体形象地存在于广告中，为广告所用。图像隐喻运用于广告中即称之为图像隐喻式广告。它将传统修辞上隐喻概念的主体与喻体巧妙或适当地转换成图像的方式，使产品本身成为显而易见的主体，而将广告主所欲传达的信息暗示在广告图像上，使其发挥喻体功能，促使消费者将喻体的特性投射或转换到本体身上，从而达到理解广告的目的。

在界定和区分模态的基础上，福塞维尔对单模态隐喻和多模态隐喻进行了区分。单模态隐喻是源域和目标域只用或主要用一种模态来表征的隐喻，典型的单模态隐喻有文字隐喻、图像隐喻等。多模态隐喻是目标域和源域分别或主要用不同的模态来表征的隐喻，如文字—图像隐喻。[①]

此后，福塞维尔在不断发展和完善图像隐喻理论的基础上，开始转用术语"非语言和多模态隐喻"（2004，2005），逐步拓宽其研究领域，关注的语类也从平面广告拓展到漫画（2005）、电视广告及电影（2005，2007）。福斯维尔在《认知主义框架中的非语言隐喻和多模态隐喻：研究议题》（2006）一文中，正式倡导开展"多模态隐喻"研究，提出了具体的研究议题，包括区分单模态与多模态隐喻、语言隐喻与非语言隐喻、结构隐喻与创新隐喻，倡导关注非语言隐喻和多模态隐喻的语言化处理过程中所面临的阐释主观性问题、源域和目标域之间相似点的创建问题，以及多模态隐喻识解和阐释的

---

① Charles Forceville, Eduardo Urios-Aparsi, eds. Multimodal Metqphor, Berlin:Walter de Gruyter GmbH & Go. KG, 2009, pp.22-25.

语类制约性问题等，以便于把零散的多模态隐喻研究纳入一个更为系统化的研究框架，使认知语言学范畴内的概念隐喻研究进入一个更广的人文视野的跨学科研究阶段。值得一提的是，2007 年福塞维尔对 10 则荷兰电视广告中的多模态隐喻的分析使他发现，因为电视广告在时间维度上展开，所以其源域和目标域可以依次出现，并且不限于视觉及语言模态；同时也借助听觉模态，比如音乐主题、非语言声响等。

很多学者开始关注多模态在广告隐喻中的建构功能和表征手段，如卡巴勒欧（Caballero，2009）运用实证研究的方法对 12000 条品酒记录和一些西班牙语和法语的酒类广告进行系统分析，发现这类广告的特点是把味觉和嗅觉特征转译为图画和文字的共享"词汇"，并遵照文化规约和传统习惯选择源域和视觉形象。华裔美籍学者於宁的《隐喻和转喻的非语言和多模态呈现：案例分析》（2009）一文，通过对中央电视台一则公益广告的深入分析，强调指出，转喻和文化规约对广告中多模态隐喻的建构具有极其重要的作用。

（四）广告隐喻的效果研究

在广告隐喻的效果研究方面，格瑞和席尼德（Gray，Snyder，1989）发现消费者对含有比喻信息的广告会花更多的时间去关注，并进行信息加工。麦考尼、摩尔门及佳沃斯凯（MacInnis，Moorman，Jaworski，1991）认为，隐喻是广告中一个非常有趣的元素，能引起消费者对品牌的好奇心，因而可以刺激消费者对广告信息进行深层加工。尼尔森和希特钦（Nelson，Hitchon，1995）的研究发现，印刷广告标题中运用隐喻比直白的语言更具说服力，标题中的隐喻能被消费者在接触广告时迅速理解并传达出产品独特的属性。但摩根和瑞切特（Morgan，Reichert，1999）通过实验研究得出结论，虽然作为一种信息策略，隐喻可以吸引消费者的注意力并能促使消费者对广告信息进行深层加工，但是消费者对隐喻广告的理解可能并不如创作者所期望的那样。

恩和利木（Ang，Lim，2006）还发现，生动、巧妙的隐喻可以作为一个很好的创意手段，唤起消费者的情感，增强消费者对品牌个性的感知，对品牌形象的长期建设和积累有重要作用。但隐喻效果受到很多因素的影响，如图片中的文字解释（Phillips，2000）、消费者卷入程度（Kardes，1988）、产品类别（Ang，Lim，2006）、消费者的认知能力及性别差异（Pawlowski，Badzinski，Mitchell，1998）等。

在卷入度的影响方面，研究结果是相互矛盾的。卡兹（Kardes，1988）发现：高卷入情况下，受众对广告信息进行深度加工，隐喻对于他们来说就比较容易理解；而在低卷入情况下，受众容易被一些与产品信息无关的因素所吸引，隐喻对他们来说就不易理解。然而，麦克夸瑞和麦克（McQuarrie，Mick，1996）却发现：在高卷入情况下，消费者把注意力都集中到广告信息上，那么他们就不那么容易被比喻所吸引，因而可能还不如直接明确的诉求来得有效；在低卷入情况下，消费者对广告信息并不感兴趣，此时隐喻这种生动、巧妙的形式反而能激发消费者的兴趣，促使其对广告信息进行更深层的加工，从而产生较好的广告效果。特纳和芒切（Tonar，Munch，2001）的实验研究也得出了同样的结果：在高卷入情况下，隐喻似乎并不比直白明确的诉求有效，甚至效果更差。而在低卷入的情况下，隐喻并不能提高卷入程度，但是能提供相似于高卷入情况下的好处；此时隐喻可以促进信息的深层加工，促进广告回想，形成更有利的产品态度和广告态度。消费者经常在低卷入的情况下处理广告信息，隐喻可以成为一种非常有效的策略。

广告中的隐喻能否被消费者准确解释或理解也是广告研究者一直以来都非常关心的一个问题。沃德和盖迪（Ward，Gaidis，1990）指出："理解（comprehensibility）是隐喻研究中一个重要的变量。隐喻至少要让它的目标受众理解才会使促销更加有效。"菲利普斯（Phillips，1997）证实了消费者理解广告中隐喻的重要性。他发现，消费者对强蕴含（信息中主要或明显的意义）的解释与广告创作者的意图相吻合，而弱蕴含（信息中多元不明显的意义）则经常被消费者误解，或产生一些歧义的解释。麦克（Mick，1992）的研究进一步证明了消费者对广告的理解水平或程度影响着他对广告、产品的态度和对广告信息的记忆。在分析了消费者对广告隐喻在理解和释义上的个体水平差异之后，麦克（Mick）指出，个人理解水平包含四个等级，达到前两个等级的消费者，他们在对隐喻广告的内容进行阐释时，会明确提到广告中的信息或在广告信息的基础上进行逻辑推理；而达到第三和第四等级的消费者，就需要他们对广告有更深度地理解，这些理解更多是消费者主观的想法（而非逻辑推断），而且加入了更多个性化理解和修饰。[①]

消费者处理信息的个人差异（Morgan，Reichert，1999）、认知能力发展及性别差异（Pawlowski，Badzinski，Mitchell，1998）、产品类别（Ang，Lim，2006）等都被作为影响广告隐喻效果的因素进行了实验分析。比较有意思的是，摩根和瑞切特（Morgan，Reichert，1999）考察了隐喻的类型和脑半球处理信息的个人差异对消费者理解广告隐喻的重要影响。他们的研究证明，广告中具体隐喻（两者关系可以被五官直接感知）比抽象隐喻（两者关系不能被五官直接感知，两者建立在无形的事物基础上）更易于理解，含有图像隐喻的广告比只依赖于文字隐喻的广告更易于理解。因此，他们建议，若要在广告中利用隐喻的优势，应该考虑运用具体的隐喻并且配以图像。

（五）广告隐喻的跨文化传播研究

广告隐喻的跨文化传播研究一直受到关注。兰涛福和鲍布瑞瓦从跨文化的角度对比分析了美国和乌克兰啤酒广告中的多模态隐喻的异同，发现美国和乌克兰啤酒广告中都出现了"快乐是喝啤酒"和"啤酒是人"的隐喻，但乌克兰还出现了"爱国是喝啤酒"的隐喻，这些隐喻体现了各自文化中对快乐、友谊和爱国等概念的不同理解。[②]

---

① Edward F Mc Quarrie, David Glen Mick. Visual rhetoric inadvertising: Text-interpretive, experimental, and reader-response analyses. Journal of Consumer Research, 26（1），1999, pp.37-55.

② J. Lantolf, L. Bobrova, Happiness is Drinking Beer: a Cross-cultural Analysis of Multimodal Metaphors in American and Ukrainian Commercials, International Journal of Applied Linguistics, 2012. pp.42-46.

二、中国广告隐喻研究述要

中国的广告隐喻起步较晚，但是，研究成果灿然可观。比较有代表性的研究有：

（一）修辞学传统视角下的广告隐喻研究

王丽皓（2004）从五个方面分析了广告隐喻的多重功能。谢春荣的《广告语制造修辞幻象的比喻手段》（2006）指出，比喻、拟人、夸张、引用这些辞格都可以制造修辞幻象，其中比喻是广告制造修辞幻象最典型的一种修辞手段。广告词语、句子层面的比喻辞格，使得本体和喻体相互映照、相互叠加，产生了一个具有推销力的广告语修辞幻象。

王琦（2009）用概念整合理论在解析奥巴马胜选演说辞中的隐喻后认为，不同文体中出现的隐喻、双关等复杂难懂的现象都可以用这一理论进行阐释，总统演说词中常运用大量隐喻以达到更形象、深刻说明事理和增强感染力的效果。

邓瑶（2009）运用概念合成理论的框架尝试分析文学话语意象的强制性组合，挖掘这类构成中各个意象在语义上结合的关联，探究其表层形式超常组合的根据，为读者解读这类超常构式提供了新的思路。王治敏的《汉语名词短语隐喻识别研究》（2006）面向语言信息处理，全面考察了汉语名词性隐喻的分布，利用机器学习的方法探索短语层级的隐喻识别，为全面的隐喻自动识别和理解奠定基础。

李鑫华（2004）则运用概念图式及动态概念语义学、合成空间理论及概念整合理论对弗罗斯特的诗歌复杂性进行了讨论。他认为，弗罗斯特诗歌的隐喻语言所表达的概念是一种空间与时间有不一样内涵的概念图式，这种概念图式的形成不是静态的而是动态的，不是单一的概念组合而是经过整合而蕴含着合成空间的概念多义复合体，而且这种多义复合体的概念图式为读者解读诗歌提供了多义的文本依据。

李佐文和马艳丽的《意境关照效果下的公益广告言语解读》（2008）一文在解释意境效果的基础上，对受众理解公益广告语进行了语用认知推理，通过对一系列弱隐含的实现、寻求关联从而获得特殊效果的过程进行分析，证实意境效果为受众理解公益广告语提供了以认知为基础的语用模式。李湘等的《试析中文平面公益广告的视觉隐喻和视觉转喻》（2009）分析了视觉隐喻和视觉转喻产生的源泉，认为视觉隐喻涉及了始源域和目的域相似性的激活，而视觉转喻涉及了源域和目的域间的"部分—整体"联想激活和"因—果"推理激活。

董芳的《广告隐喻的国外研究综述》（2008）一文选取了国外相关研究中具有典型意义的 20 余篇论文，对它们的研究结果进行了总结和比较，并探讨了广告隐喻的趋势及原因、隐喻效果分析、影响隐喻效果的因素、隐喻的作用机制等问题。作者指出，尽管一些研究者认为广告隐喻的效果受限于高卷入的情况，但是总体来说，广告隐喻在说服、塑造品牌个性方面还是受到了充分的肯定和实践证明。近年来，国外学者还在不断发掘广告隐喻研究的独特领域，例如基于隐喻的弱蕴含说服模式、基于隐喻的广告研究方法（例如扎尔特曼隐喻抽取技术）等。

（二）认知学角度的广告隐喻研究

从认知学角度研究广告隐喻的有姚俊（2004）、赵宇（2007）等，其利用福科尼尔提出的概念合成理论对广告双关语做了详细的解释。吴晓蓉的《概念合成理论与公益广告的认知解读》一文通过对具体语料的分析，研究公益广告在人脑中的线性构建过程，揭示了公益广告创意的源泉。

李琳的《试析认知修辞在成功广告范例中的应用》（2005）、孙洁的《隐喻性广告修辞之认知修辞学分析》（2005）以及骆蓉的《从关联性角度阐释广告中的修辞现象认知》（2007）这三篇文章都认为广告具有明显的认知特征，广告语的建构、传输、理解、反馈的过程构成了一个完整的认知系统。

不同的是，骆蓉从关联性理论出发研究广告语言中比喻、双关、仿拟几种辞格，李琳的研究重点是广告语言的喻化思维认知，孙洁则运用认知心理机制分析隐喻性广告修辞的构建及其理解。李国防的《对化妆品广告语的隐喻分析》（2008）从隐喻分析的角度来探悉化妆品广告语中是如何应用隐喻，并如何利用隐喻的功能取得其预期的推销目的。

隐喻的模态问题也是学者们关注的课题。冯德正和邢春燕（2011）基于 Kress 和 Van Leeuwen 所建立的图像语法理论，分析汽车广告中空间关系与交际意义的关联，说明两者的联系是基于人类经验基础的隐喻映射，进而建立图像语法的认知理据。他们提出多模态语篇中的空间隐喻通过方位关系而构建社会现实与人际关系。周花平的《中美啤酒广告中多模态隐喻的比较研究》（2014）从哲学和文化的角度探讨了中国和美国 32 则啤酒广告中多模态隐喻表征方式的异同及原因。正如作者所认为的那样，国内学者从认知语言学视角和系统功能视角等对多模态隐喻的建构和类型展开了研究，但"还处在起步阶段"，缺乏适用于多模态隐喻研究的完整研究体系，缺少实验和统计类实证研究。

随着网络数字化时代的到来，一场新的革命已悄然发生，其结果就是在大众传播中，以文字语言为特征的单模态已经渐行渐远，集文字、图像、声音等为一身的多模态形式已经进入到人类生活的各个领域。以前由于科学技术水平的限制，人们无法从多模态角度分析语篇，只能从单一的文字角度分析。但在新媒体背景下，这种多模态分析成为可能。如此，隐喻研究摆脱了纯语言学的偏见，即意义不仅存在于语言符号中还存在于其他媒介中。

当然，与国际上近年来的"隐喻热"相比，我国的广告隐喻研究存在缺乏理论建构、缺乏定性定量研究、大多采用英语语料而采用汉语语料进行研究的比较少、有些作者的研究比较浅显且停留在隐喻的表面现象的简单罗列上、缺乏实证研究、说服力不强等问题。

第三章　广告隐喻的基础与特征

长期以来，隐喻一直是修辞学和文学及文体学研究的对象，基本上被排除在语言研究的领域之外。而现代认知语言学不仅确定了隐喻是日常生活中的一种重要的认知模式和思维方式，也为隐喻找到了它遥远的"故乡"。

第一节　广告隐喻的概念与结构

一、广告隐喻的概念

研究广告隐喻，第一步应当了解隐喻的概念。由于不同学科研究隐喻的角度、方法、模式、途径、侧重点不同，人们对隐喻的理解也不尽一致。修辞学家可能会说，隐喻是一种辞格，是一种修饰话语的手段；逻辑学家可能会说，隐喻是一种范畴错置，是两个概念关系判断的表述；哲学家可能会说，隐喻是语言的根本特性，人类语言从根本上来说是隐喻性的；而认知语言学家则可能认为，隐喻是人类认知事物的一种基本方式。即使是在当代中国语言学研究领域，也存在着隐喻具有"隐一喻"范畴（如"比兴"等古典诗学范畴的基型)、修辞术语，以及西方"metaphor"的汉译（即隐喻性）三种理解方式，可谓仁者见仁，智者见智。

（一）隐喻的概念

从词源学及构词法的角度来看，英语中的"metaphor"，在汉语中解释为"隐喻"，它源于拉丁语的"metaphora"，且可追溯到古希腊语动词中的"metapherein"一词。在古希腊语中，"meta"意为"超越"，"pherein"的意思是"传送"。两者合起来是指"将某物从甲地运送到乙地，描写的是一个事物的动态过程"[①]，一种"由此及彼"的运动。从语义学来看，"隐喻"最为基本的内涵是表示一种意义的转换或迁移，即一个对象的诸方面被"传送"或者"转换"到另一个对象，以便使第二个对象似乎可以被说成第一个对象，这是一种特殊的语言迁移过程。从符号学来说，这种"迁移"或"转换"是借助于隐喻符号的所指和能指之间的相似关系实现的。它涉及两种事物，"从一边到另一边"，一个作为出发点，一个作为目的地。

辩证唯物主义认为，存在决定意识。作为概念，"隐喻"一词出现的历史非常悠久；作为实践，其运用极为广泛。我们可以从传统的和当代的两个角度考察这一概念。

1. 隐喻作为一种修辞现象

传统修辞学所定义的隐喻往往从语言的实用性和工具性的立场出发，认为隐喻就是隐藏或隐含的比喻，它是一种单纯的修辞方式或辞格，属于比喻的一种，与明喻、借喻、提喻、讽喻等构成比喻类型，是一种常规语言的变异，不属于常规语言范畴。在中国传统的文化中，隐喻常常与"比兴"、"意象"、"意境"等诗学范畴有关，在诗学中应用极为广泛。

在西方，自亚里士多德以来，隐喻一直被简明地解释为"暗含的比喻"或"简缩的明喻"。在多数情况下，隐喻被作为一种修辞现象来研究，只是

---

① 李维清：《论隐喻的基本类型及认知功能》，US-China Foreign Language, 2004, p.11。

不同时代的哲学家、语言学家们在对隐喻概念的理解上都不尽相同。比较有代表性的隐喻观大致有三种：

（1）用一个表示某物的词比喻它物，这个词便成了隐喻词，其应用范围包括以属喻种、以种喻属、以种喻种和彼此类推。亚里士多德在《诗学》一书中认为："隐喻就是一个陌生的名词性词的转移，一个事物的名称转用于另一个事物，要么从种转向类或从类转向种，要么根据类比关系从种转向种。"[①]

（2）隐喻是一种隐含的类比（implied analogy），它以想象的方式将某物等同于另一物，并将前者的特性施加于后者或将后者的相关情感与想象因素赋予前者。只有当两个比较对象之间存在相似性时隐喻才能成立。

（3）隐喻是一种紧缩的语词关系，其中某一观念、意象或象征可能通过另一（些）观念、意象或象征的存在而提高含义的生动性、复杂性或广度。

上述观点都不同程度地反映了传统修辞学意义上隐喻的一些基本特征，反映了人们在实践活动中所形成的认识，具有一定的合理性。

翻开词典，你会发现，许多现代词典对隐喻的解释是沿袭了传统修辞学的观点。例如，《语言与语言学辞典》（*Hartmaxnn & Stork*，1972）把隐喻定义为：用某种名称或描写性的词汇去描写人或物的譬喻……暗示一种类比的意思。《牛津哲学词典》（上海外语教育出版社 2000 年版）对隐喻的定义也是：隐喻是最重要的修辞格式，其中的有关话题被一种用于非字面意思的词语或句子来指称。在一种典型的隐喻用法中，"相关特征的结合成为字面上不合逻辑和荒谬的，但理解并不因此而失效"。我国出版的多部辞书也持这一观点。例如，《现代汉语词典》（商务印书馆 2002 年版）认为，隐喻是比喻的一种，不用"如"、"像"、"似"、"好像"等比喻词，而用"是"、"成"、"就是"、"成为"、"变为"等词，把某事物比拟成和它有相似关系的另一事物，

---

① 冯晓虎：《隐喻——思维的基础，篇章的框架》，对外经济贸易大学出版社 2004 年版，第 126 页。

也叫暗喻。《辞海》（上海辞书出版社 1999 年版）对隐喻的定义是：比喻的一种。本体和喻体的关系，隐喻在形式上都是相合的关系。《汉语修辞格大辞典》（上海辞书出版社 2010 年版）的定义也是大同小异："暗喻，即隐喻，是用是、变成、成为、化作、作为、当、当作、当成等比喻词联结本体和喻体，以表明相同关系的比喻。"同样，《现代汉语大词典》（汉语大词典出版社 2000 年版），以及专业化的词典《大辞海·语言学卷》（上海辞书出版社 2003 年版）也认为隐喻是比喻的一种。

但也有少数不同的定义。例如，《大英百科全书》（第 10 版）认为，明喻和暗喻之间存在"质"的不同，隐喻可以辨认和融合两种事物。它是诗歌的基本特征，也是语言本身的一个特征。除明喻外的所有比喻，如拟人、换喻、提喻、寓言和象征等都可以归入隐喻。在这里，《大英百科全书》扩展了隐喻所包含的形式域，但却将明喻排除在隐喻概念之外。这样的解释对人们认识隐喻的特点有很大帮助，是否科学，我们姑且不论，但就其定义的本质来看，仍然没有跳出传统修辞学的藩篱。

即便如此，我们也会发现，即使是在同样的传统修辞学的视野下，汉语和英语对隐喻的定义标准也是有所不同的。

在汉语中，隐喻又称暗喻，与明喻泾渭分明。隐喻的本体和喻体的关系比明喻更为紧切，明喻在形式上只是相类的关系，隐喻在形式上却是相合的关系。区别的主要标准是依据喻词的不同。同时，还以本体和喻体的隐现为依据来区别其他的修辞方法。本体和喻体都出现，即为隐喻；不出现喻体为借喻；只出现本体为比拟；两者均不出现则为平语。英语对隐喻划分更有概括性。在英语中，判断一个句子是否是隐喻的重要标准是看本体和喻体之间的关系是否具有语义不相容性（incompatibility）。亚里士多德将隐喻主要局限在词汇层面，认为隐喻就是用一个表示某物的词借喻他物，这个词就成了隐喻。他把明喻和隐喻视为同类，并认为后者为前者的缩略形式，前者是从后者派生出来的。如果按此标准划分，许多汉语的比喻形式都可以纳入英语隐喻的范畴。因此，相对于汉语的划分标准，英语的标准就显得更为宽泛，体现了东西方视野的不同。

2.隐喻作为一种认知现象

早在 19 世纪，德国伟大的作家和文艺理论家歌德（Wolfgang von Goethe）就提出了"一切现象皆隐喻"的观点，指出隐喻的普遍性与重要性，也许他更多地是侧重于隐喻作为人类认识世界的思维模式而提出这一看法的。

20 世纪 70 年代以来，随着科学技术的迅猛发展以及理论研究的不断深入，人们对隐喻的认知达到了一个空前的高度。许多语言学学者提出"所有语言都具有隐喻性"，隐喻是"语言无所不在的原理"。在新学术理论的推动下，隐喻从一开始便作为人类认识自然、社会乃至自身的一种方式，只是在不同的发展阶段侧重于不同的功能而已。从人类命名的需求到表达与自然万物休戚与共的诗意的需要，再到人类通过语言进行转换认知的需要，直至表达作为个体的形而上学思索的需求，隐喻自始至终都在人与自然万物的共生与相知中起着重要的媒介作用，发挥着综合思维表象的功能。

在这方面，比较有代表性的定义是：

（1）隐喻是人们借助一事物思考和感受另一事物的过程，因而是一种认知模式。理查兹在《修辞哲学》一书中指出："隐喻是人们借助一事物思考和感受另一事物的过程"[1]，"要决定某词是否用作了隐喻，可以通过确定它是否提供了一个本体和喻体，并共同作用产生了一种包容性的意义。如果我们无法分出本体和喻体，我们就可暂时认为该词用的是它的原义，如果我们能分出至少两种互相作用的意义，那我们就说它是隐喻"[2]。

根据这一标准，日常话语中的大部分句子将被认为是隐喻性的，科学语言中心部分之外的语言很少不是隐喻性的。理查兹还指出，隐喻义和字面意义的区分是相对的，不是一成不变的。例如，猩猩有两条腿还是四条腿？如

---

[1] 赵艳芳：《语言的隐喻认知结构——我们赖以生存的隐喻评介》，《外语教学与研究》1995 年第 3 期。

[2] 束定芳：《隐喻学研究》，上海外语教育出版社 2000 年版，第 154 页。

果有人有一条木腿，这"腿"是"真腿"还是"隐喻性的腿"？可能两者兼而有之。因为这在某些方面相当于真腿，某些方面却又不是真腿。因此，理查兹认为，一个词可以同时既是字面意义的，又是隐喻性的，而且可以用于不同的隐喻，同时还能将许多不同的意义集中在一种意义上。认识到这一点非常重要，因为许多人认为，如果某个词有了某种意义，它就不可能有另外的意义。

（2）隐喻是使受众以另一种事物来体验某事物的陈述和（或）图片。莱考夫和约翰逊在《我们赖以生存的隐喻》中，结合大量的隐喻语料，系统地论述了隐喻和认知的关系，揭示了人们的抽象概念系统大多是以隐喻的方式建构的。他们指出，隐喻是以约定俗成的方式将内在结构相对清晰的源域（source domain）映射（mapping）到结构欠清晰的目标域（target domain）上。这种映射发生在概念层次，并且是系统性的，两个域的结构之间存在着固定的配对。隐喻的形成关键在于源域的形成，目标域在相当程度上仅仅是人类通过源域进行心理假设的归宿。这种心理假设主要表现在两个方面：一是目标域和源域之间的联系和隐喻的形成就是建立在使用者假设的基础之上；二是目标域和源域是两个不同的语域，目标域一般是真实的事物，而源域则是假设的事物或某种抽象的概念。映射方式是从一个比较熟悉、易于理解的源域映射到一个不太熟悉、较难理解的目的域，或者说是通过一种事物去理解和体验另一种事物[①]。这里的"目标域"相当于汉语修辞中所说的"本体"，而"源域"相当于"喻体"。

在莱考夫和约翰逊看来，这种隐喻已经不是一般流行意义上的隐喻，它以概念隐喻为内在形式，区别于只作为一种修辞方法的隐喻，具有更宽广的视野、更深刻的认知价值。

（1）隐喻具有概念属性，而不仅仅在词汇层面；

（2）在日常生活中，普通人在毫不费力地使用隐喻，而不仅是那些具有

---

① G. Lakoff, M. Johnson, Metaphors We Live by[M] . Chicago: Chicago University Press, 1980, pp.230-234.

特殊天分的人；

（3）隐喻不仅基于相似性，而且它本身也创造相似性；

（4）使用隐喻是为了更好地理解某些概念，而不仅仅是为了艺术和美学上的修饰；

（5）隐喻是人类思考和推理的必经过程，而不是一种冗余的言语修饰。

讨论至此，我们可以对隐喻的概念作出基本的界定了。笔者认为，尽管理查兹和莱考夫等人对隐喻定义的表述不尽相同，一个是从隐喻建构者主体的角度定义，一个是从隐喻受众的角度定义，实质上是殊途同归。那就是：凡是基于相似联想的、以乙事物来描述甲事物，使甲事物具备了乙事物的某一或某些特征的语言现象都属于隐喻。可见，当代认知语言学对隐喻的研究范围已经大大拓展，不再局限于传统意义上的概念与范畴。认知隐喻研究的对象是指任何隐喻性表述，即广义的隐喻范畴，包括明喻、转喻、提喻、拟人、类比、夸张、反讽等。虽然这些语言表达都属于隐喻，但并不意味着所有的拟人、明喻、类比和夸张都是隐喻，只有存在构成源域和目的域之间的跨域映射潜能的语言表达才能称为隐喻。隐喻不是对事物的定义，而是对事物的一种属性判断，目的是借用喻体的形象来加强本体的表达效果。

（二）广告隐喻的概念

广告隐喻是隐喻的一种特殊形式，隐喻的基本原理、结构和规则等皆适用于广告隐喻。因为隐喻是人们的物质感知世界与心灵投射世界之间相互作用的产物，它存在于对"人化物"产生的特殊观照之中，是通过心理意向对观照对象的投射而产生的。所以，我们可以这样理解广告隐喻：通过熟悉的事物来理解、体验广告中与产品或服务相关的概念，从而使得消费者对所传递的信息有较为深入的理解和印象。

广告隐喻的构成要件有两个方面：一是要有两个不属于同一领域的事物，二是两个事物之间存在映射关系。因为"'差异'是构成隐喻的必要条件之一"①。隐喻所依据的相似性不能是完全基于客观物理特征的相似，而是差异中的相似。完全相同的两个事物之间无法构成隐喻，这早已被人们所接受。例如，可以通过战争、战斗理解和体验营销，通过干枯的树枝象征皮肤的衰老。隐喻的运用折射了广告创意人员一种认知和理解世界的方式。

为了进一步厘清广告隐喻的概念，笔者认为：

首先，基于事实的纯粹陈述不属于广告隐喻，而只是一种相等关系的陈述。例如，"方竹园营养面是选用精制面粉、苦荞面粉、膳食纤维、大豆蛋白粉等特殊营养食物成分精制而成的方便面"，"在旧上海，七重天、永安公司、霓虹灯、夜上海……这是一个老上海标志的组合，也成为一组代表老上海奢华生活的意象集合"，等等。

其次，基于概念的单纯判断不属于广告隐喻，而只是一种纯粹的逻辑推理。这类表达通常有两种形式：一种是从抽象到抽象式的判断，另一种是从一事物到另一事物的同类同质式的判断。前者如广告语"不定《咬文嚼字》是你的错，不再定《咬文嚼字》是我的错"，"雄性的退化是这个时代的悲哀，好在有凯迪拉克"；后者如"广告是商品经济社会中常见的一种信息传播活动"、"终极驾驶机器"等。

根据以上两点，我们可以判定，类似于"愿景是企业永远为之奋斗希望达到的图景，它是一种意愿的表达，概括了企业的未来目标、使命及核心价值"这样的言语表述不属于隐喻。但如果将其改成"愿景是企业困难时期或不断变化时代的方向舵，是在市场竞争中取胜的有力武器，它能够把企业凝聚成一个共同体"，则属于隐喻表达。因为这样的内容表述符合隐喻的要求，那就是以相似性为基础，借一种概念或实体来理解和领会另一种概念或实体。

① 束定芳：《论隐喻的运作机制》，《外语教学与研究》2002年第2期。

二、广告隐喻的结构与本质

隐喻可以是一个词、一个短语、一个句子、一个语段，甚至一个语篇，或者是一个符号、一个图形、一段视频，也可以是某种声音、色彩等，或者是以上诸要素的总集合。这些文字或图像等可以是符合一定固定隐喻意义的语法单位的规约化表达，也可以是为了表达需要临时创建出来的隐喻。当然，这种临时性的隐喻既可能是隐喻的创新性使用，也可能是原创性的开拓。

不管什么样的隐喻形式，其结构并不复杂，从表述的结构来说，基本的形式是"S 是 P"。S 代表本体，P 代表喻体，分别相当于目标域和源域。一个完整的隐喻往往由本体 S 和喻体 P 两部分构成。但是，"S 是 P"的隐喻结构不同于那种分析的主谓结构，即一个名词主词跟随意义相同的形容词或修饰词的结构。分析的主谓结构可以说是一种没有任何意义差别的同语反复（"S 是 S"），其中谓词包含在主词的含义范围内，两者是统一的。这种结构在某种程度上排除了对主词概念的任何其他解释，从而切断了其意义的联系和发展。所以，判断是否是隐喻句，不能够光看其语句的表述形式，还要看其内容。例如瑞士宝珀手表广告语"Time is the lens through which dreams are captured"（时间是捕获梦想的镜头）就属于隐喻常规结构的创新隐喻。当然，有时隐喻本体可能不在场，只有喻体出现在句子中，即 S 常常在语形上缺席。

隐喻的逻辑结构虽然简单，内容却很复杂。如果做进一步的考察，我们还会发现：事实上，一个隐喻句子中用作隐喻使用的往往只是其中的某些词，这些词可以称为隐喻的"焦点"，而其余的词却是非隐喻地使用的，它们只是起到某种"外架"的作用。例如，"用广告扫除销售障碍，使品牌继续畅销。"这里，"扫除销售障碍"是该隐喻句子的"焦点"，该句剩余部分则构成为一种"框架"结构①。很显然，"框架"类似于隐喻句的某种"内部

---

① ［英］M. 布莱克：《隐喻》，《当代美国哲学论著选译》（第三集），涂纪亮编，商务印书馆 1991 年版，第 84—85 页。

语境"。这一问题，我们在后面章节还要继续讨论。

下面，我们将广告隐喻的表现结构分成文字表现结构、图像表现结构两大类别进行分析。

（一）广告文字隐喻的基本结构

（1）单句结构型（S is P）。这种结构句式往往较为简短，让受众联想丰富，但形象清晰度较弱，往往存在多意性，不同的受众会有不同的甚至截然相反的理解。如某房地产广告语"人生是河，幸福是岸"，另一房地产广告语"它的前世是李清照"等。

（2）细化结构型（S is P，……）。这种结构是一个单独的隐喻句之后，跟一个补充说明，使得隐喻句的意义更为清楚。例如清妃香水的广告语："女人是月亮，有变化才完美"，雪碧的广告语："透心凉，心飞扬，释放你的夏日。"这样的语言结构属性单一，意境具体清晰，意义受到限制。

（3）省略结构型（A……，S……）。这种表现结构往往省去喻词，直接将两个表面不同的事物或概念并列呈现出来。如中华豆腐的广告语："慈母心，豆腐心。"本来是一句广告语，但作者用逗号代替了喻词"是"，将一句话拆成两句话，简短有力，形象鲜明。红牛饮料的广告语是："汽车要加油，我要喝红牛。"先言他物，再说饮料，两相类比，将喝"红牛"饮料说成像汽车要加油一样重要。

（4）扩展结构型（S is P，Q，R……）。一个本体后面跟多个喻体，有多个始源域从不同角度、不同层面映射目标域，形成铺排演绎的效果。例如"米脂的小米是男人的加油站，女人的美容院"，以及西门子洗衣机的广告语："丝绸期待温柔，牛仔布追求奔放，棉布向往舒畅——西门子智能超薄洗衣机满足每一件衣服的心情。"这种结构的特点是舍弃了逻辑叙事而展现出平行的结构映射。

现代概念隐喻理论认为，隐喻通过自身特殊的语形构架为语言的表达方式提供了一种极大开放的可能性。例如广告语："主力业态全新亮相"（某楼盘开业），"引发活力，让秀发起舞吧！"（伊卡璐天然果萃）中的动词也是构成隐喻的。

（二）广告图像隐喻的基本结构

图像是对客观对象的一种相似性的描述或写真，是广告活动中最常见的信息载体。广义上的图像就是所有具有视觉效果的画面，它包括纸介质上的、底片或照片上的、电视荧幕或投影仪或计算机屏幕上的。这里，我们把图像分为图形（静态图像，如绘画、照片等）和影像（动态图像，如电影、电视、动漫、视频等）两类。

首先，我们来分析图形结构。图形是一种视觉语言，也是一种有意味的形式。图形的功能不仅在于传达有效的信息，还在于表达情感、意义。它是平面广告设计中最直接、最有效的传达信息的视觉语言符号。与文字、色彩相比，图形能更快获取人类的视觉锁定和思维理解。美国图形设计理论家菲利普·梅洛斯（Philip Melos）指出："假如图形设计没有象征或词语的含义，则不再是视觉传播，而成为美术了。"[1] 所以，平面广告作为人类思维、认知的一种表现方式，常常渗透着隐喻思维。设计者依据相似性原则，将源域的某些特征转移到目标域，从而实现两个领域之间的互动，传递意义。

图像语言表现典型的结构主要有：

1. 正负型结构

正负型结构也称反转结构，是正、负形的相互借用而形成的。在这样的结构中，形体和空间相辅相成、互不可分。如果一定的形体占据了一定的空间，其体积的深度便具有了空间的含义。在平面空间中，正、负型是靠彼此界定的，同时又相互作用，相互补充，就像中国传统的道家太极图所隐含的意思一样，阴阳两极互生互长，生生不息。广告隐喻的设计需要合理开发负空间，使画面的每一个空隙都能"表情达意"。波兰设计大师德文斯基（Lex

---

[1] 柯思显：《试论图形传播》，《温州师范学院学报》（哲学社会科学版）2001 年第 5 期。

Drewinski）的戏剧《安东尼和克娄巴特拉》的海报，以单纯美妙的女性人体为正型，一条游动的蛇为负型，组成一幅富于视觉冲击力的画面，隐喻女主人公的命运。

2.共生型结构

共生图形指的是形与形之间共用一些部分或轮廓线，相互借用、相互生成，以一种异常紧密的方式，将多个图形整合成一个不可分割的整体，这种表现方式在视觉上具有趣味性和动感，能够起到以一当十的画面效果。就像在现实生活中齿轮相互交错啮合，依赖边缘形态相互吻合，造就了两种物形之间严谨的契合关系一样，如果在设计中打破一条轮廓线只能界定一个物象的传统，用一条轮廓线同时界定两个紧密相接、相互衬托的形象，使形与形之间的轮廓线可以相互转换借用、互相依存又各得其所，就能够以尽可能少的线条表现更多、更丰富的含义。尼古拉斯（Niklaus Troxler）的《什未林电影艺术节》海报，巧妙地将鹅与乳头两个视觉元素结合的共生图形，隐喻古希腊神话中的丽达与天鹅的故事，不仅线条十分优美，而且妙趣横生。

3.同构型结构

同构型结构指的是两个或两个以上不同的图形组合在一起，共同构成一个新图形。这个新图形并不是原图形的简单相加，而是一种超越或突变，含有丰富的寓意，形成强烈的视觉冲击力。从当代海报设计的发展来看，同构图形已经成为一种主要的图形形式。根据同构的方法划分，它们又分为：

（1）肖形同构。所谓"肖"即为像、相似的意思，肖形同构是指以一种或多种物形的形态去模拟另一种物形的形态，是最典型的隐喻图像。它又分为两种情况：一种是外形上的相似，即将两种具有相似形态的物体合并，形成一个可以解读为两种不同的物形结构的物体，并通过两者之间的联系产生意义。例如，陈亮等设计的"全新飘柔首乌黑发洗发露"广告将年轻女性的马尾型头发设计成饱含浓墨的毛笔头形状，两者同构为一体，以显示产品的黑发效果，具有深厚的中国传统文化意蕴。另一种是意义上的相似，即通过将两个不同属性的事物并置起来，以暗示两种事物之间存在事先未被注意到或未被发现的意义或价值相似性。例如，一则提倡禁烟的公益广告画面是一颗子弹和一支香烟，这两样东西在形状上的相似性使受众很容易将后者——香烟理解成前者——子弹!"香烟是子弹"这一隐喻强调了吸烟如同饮弹，会带来致命的伤害。

（2）拼接同构。拼接同构是将两个以上的物形各取部分合并成一个新形象的图形构建方式。这种新图形是两个原形中保留下来的具有特征性的部分，组成的新形象具有视觉上的完整性和合理性，其意义也更加丰富。例如，国外的一家叫作分数线的图书交换机构（Colsubidio Book Exchange）的海报，从整体上看，画面是一个白雪公主的形象。仔细看，它是由白色的福尔摩斯剪影与黑色的白雪公主的发型剪影拼接而成，加上简洁的文案，较好地阐释了图书交换之意，令观者印象深刻。

（3）置换同构，又称替代同构。是运用异质同构设计理念的一种表现形式。在保持事物原形基本特征的基础上，将物体中的某一部分用其他物形素材所替代，从而产生一种新的图形意义。也就是说，选择一个常规的图形为基本形态，保持其骨骼不变，再根据创意，置换新的元素，组成新的形态。这种表现手法，虽然物与形之间的框架结构不变，但逻辑上的张冠李戴却使图形产生更深远的意义。例如，奔驰车的平面广告"魅力"篇画面是一幅玛丽莲·梦露（Marilyn Monroe）的头像，但她脸上的美人痣被替换成奔驰的标志。构思巧妙，寓意深刻。这是一种部分置换。还有一种完全置换，也就是完全用源域替代目标域。如沃尔沃汽车广告中并无汽车出现，画面中是双层的核桃壳，象征汽车的安全。

（4）异影同构。在有光源的情况下，物体必然有或实或虚的影子，形影不离是不变的自然现象。在广告图形设计中，根据主题需要，对影子做适当的变形加工，使其成为不同于主体物象但又大致相似于主体物象的造型，从而使人得到深刻的感受。一般来说，物象一般只是主题的表象，影像才是隐喻主题。例如，钱佳豪的作品"酒后驾车危险"，用一只酒杯投射出一支拐杖的影像，深刻地隐喻了酒后驾车容易导致伤残的含义。

4.蒙太奇结构

视频综合了图像、文字、声音、音乐等多种形式，是广告隐喻表意的重要载体。网络视频不但继承了网络媒体覆盖范围广、互动性强、投放精准等优点，还具备了传统电视广告的生动、直观、声画并茂等特性。由于蒙太奇技术的运用，使得视频广告更富于吸引力、想象力，表达的含义也更为丰富。不论人们如何定义蒙太奇，有一点是公认的，那就是影视的基本元素是镜头，而连接镜头的主要方式、手段是蒙太奇。蒙太奇是影视的基本结构手段和叙事方式，它可以把拍摄后多个零散的镜头借助隐喻思维方式进行组接，构成完整的艺术形象，表达创作者的意图。所以，法国电影艺术家马尔丹（Marcel Martin）在《电影语言》一书中写道："蒙太奇是电影语言最独特的基础"，"蒙太奇意味着将一部影片的各种镜头、叙述思想在某种顺序和延续时间的条件中组织起来。"现代影视的蒙太奇主要是通过导演、摄影师的再创造来实现的。导演在脚本的基础上运用蒙太奇进行再创造，由摄影师运用影片的造型表现力具体体现出来。最后在剪辑过程中，各种元素如镜头、场面、段落、声音等得到重新组合，联系在一起，形成连续不断、完整统一的视觉形象和意义。

隐喻蒙太奇的目的不是为了叙事而是为了"表意"。它的基本结构与图形结构大致相同，常用的是并列结构和象征结构。例如，大众公司的汽车广告"有多少心用多少心"篇，为了显示大众汽车为用户全心服务的诉求点，选择了一组含有"心"的汉字，并分别选择相关画面隐喻特定汉字的抽象意义：如选择给恋人戴戒指和宠物狗跟随主人及皇宫朝拜等画面隐喻"忠"、登月行走喻指"志"、体育训练喻指"恳"、仰望天空隐喻"想"、科学演算喻指"慧"、举家旅游和年轻人弹唱场面喻指"悠"、红色汽车疾驰山路喻指"勇"……并且，每一组画面都巧妙地穿插大众汽车行驶的画面，用蒙太奇的手法将大众汽车的经营理念形象化地表达出来。

（三）广告隐喻的性质

研究广告隐喻，还要回答广告隐喻的性质是什么这一问题。

"广告隐喻是一种修辞手段"，这种说法实际上只回答了隐喻的一种功能。也有人说，"广告隐喻是用非常规的概念对商品或服务进行描写"，这种看法同样没有能住问题的关键。那么，广告隐喻的性质到底是什么？回答这一问题，要弄清楚隐喻作为一种认知机制的工作过程。

在很长的历史时间内，对隐喻性质的认识是以亚里士多德的观点为代表的：用一个表示某物的词借喻它物，这个词便成了隐喻词，他强调，使用隐喻须首先在事物间发现"可资利用的相似之处"。他认为，隐喻是无法从他人那里学来的，是天才的标志，世上最伟大的事情就是成为隐喻大师。由此可见，亚里士多德主要是从修辞角度界定隐喻性质的，并认为隐喻主要是词语层面上的一种修辞现象。亚里士多德的观点影响巨大，以致后世的一些辞书也从修辞角度来定义隐喻。

后来，昆体良提出了"替代论"，但实际上是前者的翻版。20 世纪 30 年代，理查兹在《修辞哲学》中说，隐喻的"本体"（tenor）和"喻体"（vehicle）常常因为不对等而产生"张力"（tension），而非"相似"。隐喻"基本上是思想之间的借用和交际，是语境之间的交易"[①]。概言之，作者强调，隐喻是思维的相互交流（intercourse of thoughts），而不仅是词语的转换或替代。布莱克继承并发挥了这一观点，认为隐喻虽然涉及"比较"，但不仅陈述已有的相似，更多的是创造相似，而这种创造过程即为"本体"（布莱克称为 primary subject）和"喻体"（布莱克称为 secondary subject）之间的一种互动认知过程。这就是隐喻的"相互作用"理论。

例如，孟加拉航空公司的广告语是："您空中的家"（Your Home in the Air）。在这一隐喻中，本体"孟加拉航空公司"没有公开出现。"空中的家"

[①]　I.A.Richards, The Philosophy of Rhetoric, Oxford:Oxford University Press, 1936, p.94.

是喻体，二者均为一个含义系统（system of implication，complex）。"空中的家"充当镜头（lens）或过滤器（filter）装置，通过该装置，把其含义（如安全、舒适、温馨、放松等）投射到孟加拉航空公司上。同时，"孟加拉航空公司"的含义（如高效的旅行工具，不是地面上砖瓦或水泥砌成的房屋等）与"空中的家"的含义因为张力而互动，从而形成"乘坐孟加拉航空公司的飞行航班是安全的、舒适的"这一新的理解。

现代广告隐喻性质的界定还应当以莱考夫和约翰逊的概念隐喻理论为指导。

首先，广告隐喻是一种认知模式。从人类隐喻的发展来看，身体经验是主体认识世界的起点，人在同具体的环境或事物进行互动时，比较成为人类的一种基本能力，正是在这种能力中，人们发现了事物之间的相似性，无论是哪一方面相似性的发现，都有助于增进人们对事物的认知。因此，尽管诸如策划、时间、定位、传播、品牌资产、等复杂的抽象概念对人类来说，是看不见、摸不着的，在人类感知茫然的状态下，却可以利用隐喻映射机制对这些抽象概念进行感知，从而扩展认知的广度。所以，莱考夫和约翰逊指出："隐喻的本质是通过另一类事物来理解和体验当前的事物。"[1] 福可尼尔也认为，隐喻是连接语言和概念的一种显著的、普遍的认知过程，主要依赖喻体和本体这两个输入空间的跨域映射。不同的概念能够被共同激活，在某些条件下，跨域连接带来了新的推理。在广告中，不论哪种形式的隐喻，其实质都是从一个概念域或者也可以称认知域向另一个概念域或认知域的结构映射，即从源域（source domain）向目标域（target domain）所做的心理投射（projecting）或映射（mapping）。也就是说，一个概念域是用另一个概念域来解释的。通常的方向是，熟悉的事物映射到不熟悉的事物，具体的概念映射到抽象的概念，也就是以人们熟知的事物或特性来说明产品或服务。成为消费者认识和理解产品和服务的重要手段之一。

威廉姆森（J.Williamson）对一则法国香水广告的分析很好地说明了这

---

[1] ［美］乔治·莱考夫、［英］马克·约翰逊：《我们赖以生存的隐喻》，何文忠译，浙江大学出版社 2015 年版，第 3 页。

一过程。这一广告中并置了两种形象：香奈儿 5 号香水和一幅法国著名女影星凯瑟琳·德纳芙（Catherine Deneuve）的肖像。当代著名的新文化史家彼得·伯克（Peter Burke）说："或许这幅画还带有一种更强烈的含义：'香奈儿 5 号试图在消费品世界，表达凯瑟琳·德纳芙的脸庞在新闻界和电影界对我们的意义。'"[①]凯瑟琳·德纳芙被誉为法兰西电影之光，新浪潮旗手。她冷艳、华美，是法式风情的化身。导演特吕弗（François Truffaut）曾经这样评论她："我能用什么来比喻凯瑟琳呢？如果一定要用一件物品来形容她的话，一朵花或一束花都不恰当……我把她比作一只花瓶，一只可以把所有的花插入其中的花瓶。"在 20 世纪 60—70 年代，她就成为路易威登核心价值广告的主角，其代言的路易威登 Speedy 包袋陪伴着她在电影界大红大紫，为香奈儿五号的代言也使其当年的产品销量创下历史新高。1995 年，法国人选择以她的脸型翻修了一尊建于 1989 年的、纪念法国大革命 200 周年的玛丽安（Marianne）雕像，从而成为法兰西民族最有代表性的女性符号。但从符号学的观点来看，香奈儿 5 号香水和凯瑟琳·德纳芙的美之间的关系完全是人为的、任意的，两者之间没有任何必然的联系。但将两者并置在广告中的时候，德纳芙的文化象征意义——优雅、华贵、气质便转移到香水上，变成了香水的自然属性[②]。索绪尔称之为"暗含"（connotation）的符号意义自然化为"明示"（denotation）意义（即在符号系统中的价值）。广告强烈地暗示消费者：如果购买一瓶香奈儿 5 号香水，就会拥有德纳芙式的优雅和美丽。罗兰·巴特将这一过程称之为"自然化"，即把原本属于文化范畴的东西转变为物的自然属性。这一"自然化"是意识形态操作的结果——形成神话。

其次，广告隐喻不仅仅是一种语言现象，还是一种思维方式。隐喻是以语言为载体的思维现象，其性质可以从多方面来阐述。从心理学角度来看，

[①] ［英］彼得·伯克：《图像证史》（第二版），北京大学出版社 2019 年版，第 138 页。

[②] J. Williamson, Decoding Advertisements, Ideology and Meaning in Advertising, London: Marion Boyars, 1978.

它反映了人对客观世界的认知；从修辞学角度讲，则是表达复杂事物和思想的工具；而从语言系统本身来看，它是语言发展、变化的动力机制。三者互相联系，相辅相成。在广告中，隐喻这种结构所能传递的不仅有物理信息，还包括人文信息，即人的思维和观念。

隐喻的前台是语言，后台是思维。人们在认知过程中知觉到的往往并不是客体本身或客体的全部信息，而是客体的表象或它的极少量信息，是基本的感觉所予，需要经过人们认知图式的同化和塑造才能被更好地被理解。思维实践证明，人的大脑具有感知和同化新经验的能力，它能将新经验感知和同化为对已有经验的补充，从而在完全不同的事物之间找到对等，并用一种事物代替另一种事物。随着时间的推移，这种隐喻表达方式的固化最终形成了人的隐喻化的思维方式和概念体系。

从此，隐喻不再表现为孤独的语词之间，而是在各种概念域之间进行错综复杂的映射，对隐喻意义的解读成了借助一个概念域对另一个概念域的阐释，"这符合人类的思维特征，即人类大脑理解和记忆依靠的是众多的神经元，好比网状的节点，一个词语在一个或多个概念域之中，语词不是孤立存在的，对一个词语的理解和把握都需要在整个域至多个域之间的联系。"[1] 隐喻在这一过程中牺牲了所指的确定性和具体性而超出了自身，指向那些不能亲眼所见、亲耳所闻，也无法触摸的事物，证明人类思维不仅能够认知那些形而下的未知事物，也能探求那些困扰人类的形而上的问题。比如，常常会有人对自己的沉浮荣枯感到困惑不解，当他看到"人生如市，有在高位，有在低位，有起有落，皆为正常。上升期是一浪拍岸，二浪回吐，三浪成势；下降期是一波回落，二波挣扎，三波气弱。升必借势而为，降乃回归常态"这句话后，就会清醒许多。这种隐喻方法在广告中的运用也很常见。如中央电视台的"心有多大，舞台就有多大"；《纽约客》的"思想有多远，它会带你走多远"（It will take you as far as your mind wants to go），让人们明白了追

---

① 王铭玉等：《现代语言符号学》，商务印书馆 2013 年版，第 470 页。

求梦想、独立思考的重要性。

最后，广告隐喻还是一种民族文化的镜像。早在二十世纪 20 年代，语言学家萨丕尔在他的《语言》一书中就明确指出："语言的背后是有东西的，而且语言不能离开文化而存在。"一方面，语言是文化的特殊组成部分，是传递文化的符号和载体，赋予世界以文化的秩序、结构和意义，一个民族文化的形成、发展、吸收，都要通过语言去实现，没有语言就没有文化；另一方面，语言又深受文化的影响，这种影响既表现在语义上，也表现在语用上。不同民族的文化和语言中往往有着不同的隐喻表达，这与人的认知结构和民族价值体系有着内在的关联，要想理解一种语言必先了解其文化。隐喻则"是语言与文化联系最紧密的部分，许多深层文化内容（如人生观、价值观）在很大程度上通过隐喻来表达和传承。"① 例如，佛教从古印度传入中国已有 2000 多年的历史了，在漫长的发展过程中，佛教对中国文化产生了深远的影响。这种影响在汉语隐喻中得到了充分体现，如菩萨心肠、心领神会、僧多粥少、天花乱坠、拖泥带水、戒舟慈棹、临时抱佛脚、苦海无边、回头是岸等；而西方人多信奉基督教，英语中有很多隐喻都来自于《圣经》，反映了基督教对他们认识的影响，如橄榄枝（Olive branch）、伊甸园（Garden of Eden）、犹大之吻（Judas' kiss）、披着羊皮的狼（Wolf with goat's skin）等。广告隐喻本身是文化构成的重要部分，在很大程度上反映一个民族文化的内容，如信仰、态度、行为方式等。因此，借一斑而观全豹，通过广告隐喻可以了解一个民族文化演变的轨迹与特点。

例如，奥迪牌轿车的一则平面广告，左边是两个相连的金属圆圈——戒指，戒指下面的文字是"Marriage"；右边是四个并排相连的金属圆圈，标志下面对应的文字是"Love"。很多人认为该广告要表达的意图是，虽然都是外形相似的金属圈，但体现着不同的价值：两个圆相连代表婚姻，虽然美好，但只是两人天地，范围狭小；四个圈代表奥迪，象征着浪漫、自由、奔

---

① 王守元、刘振前：《隐喻与文化教学》，《外语教学》2003 年第 1 期。

放，永远光亮美好的爱情（这种理解是否正确，我们姑且不论，或许只是一种幽默而已）。这反映了西方的文化观念。同样，绝对伏特加的"ABSOLUT MARILYN"广告则以酒喻人，赋予了该品牌以玛丽莲·梦露般的时尚与性感。

值得一提的是，符号学家索绪尔还从符号学的角度对隐喻的性质做了界定。他认为，在隐喻思维中，事物之间的关联超出转喻思维中时间与空间的相继性，而体现出事物在人的体验中可以交换和互相取代的特征，因而隐喻从本质上是联想式的。

第二节　广告隐喻产生的基础

格特鲁德·巴克（Gertrude Buck）在《隐喻：修辞心理研究》一书中，论述了关于隐喻起源的两种理论：一种理论认为，需要是隐喻之母。正如眼镜起初是为了视力欠佳的人所发明，帮助他们看清事物，后来被一些时尚人士当做一种装饰物，起到美观的作用一样，词语的隐喻用法起初是为了填补语言表达的空白，因为它的修饰作用与表达力而成为语言的修辞手段。另一种理论认为，在人类原始意识中，一个概念的界限往往是笼统的、模糊的，而精细的区分和定义是漫长的、渐进的过程。在此之前，先民们会把现在我们认为是完全不同的事物看作同一概念，因而也只用一个符号来表示。只有经过细致区分之后，同一符号的一些含义才被认为是隐喻性的。也就是说，隐喻不是源于语言的贫乏，而是源于人们思维不发达。这种"语言填补说"和"思维贫困说"虽然有合理的成分，但仍然不够全面，缺乏足够的说服力。

笔者认为，对于广告隐喻产生和存在的基础，可以从哲学、心理学和认知学三个层面进行分析。

一、客观事物联系的普遍性

恩格斯指出："当我们深思熟虑地考察自然界或人类历史或我们自己的精神活动的时候，首先呈现在我们眼前的，是一幅由种种联系和相互作用无穷无尽地交织起来的画面。"[①] 马克思主义的唯物辩证法为我们描绘了一幅世界联系在一起的整体图像，世界上的一切事物都不是孤立地存在，都是与周围的其他事物相互联系着，构成了一个普遍联系的统一整体，任何事物都是这个统一的联系之网上的一个部分或环节。每一事物内部诸要素之间也不是孤立的，而是彼此相互联系的。什么是联系？联系就是事物之间和事物内部各要素相互影响、相互制约的关系。具体地说，包括三层含义：

第一，从时间联系来考察，任何事物发展过程的各个阶段之间是相互联系的，每个事物都有过去、现在和将来的发展历史，因而事物自身的转化和发展的不同阶段、不同过程之间存在着必然的联系。

第二，从空间联系来看，每个事物都同其他事物联系着，绝对孤立存在的事物是没有的，事物之间的相互联系是事物存在的普遍方式，整个世界就是一个由不同事物、不同的部分组成的相互联系的整体。

第三，从整体联系来看，世界上不同的层次、不同的系统、不同的序列之间同样存在着各种各样的联系，并由此形成了纵横交错、相互联系的立体网络结构。

联系是事物存在的基本方式。随着现代科学的发展，人们不仅发现了更多的物质客体、物质形态、物质结构、物质特性，而且揭示了各种物质形态都是以某种方式紧密联系在一起的，整个世界就是由各种各样的事物组成的相互联系的整体。

---

① 《马克思恩格斯选集》（第3卷），人民出版社1995版，第359页。

那么，事物又是如何联系的呢？联系离不开中介。因为，"一切都是互为中介（Vermittelt），连成一体，通过转化而联系的"①。所谓"互为中介"，就是无数直接联系和间接联系纵横交织，构成了物质世界的普遍联系网，中介就是网上的组织或关节点。它既通过自身将上下左右联结成一体，又通过其他的中介将自己和别的事物连在一起；它既充当联系的媒介和中间环节，同时又是联系的对象。在这个整体中，它们互相依赖，互为前提，每个事物都是这个联系之网上的一个不可缺少的环节，谁都不可能脱离对方而孤立地存在或任意游离。同时，它们又互相牵制，互相制约，任何一种发展都以共同的发展为基础，每一种运动都是整体运动的一部分。世界的物质统一性存在于世界的普遍联系之中，世界的普遍联系又证明了世界的物质统一性。离开相互联系，世界的物质统一性就变得不可理解，整个世界也就成为孤立的、分散的、各种现象的偶然堆积。

联系具有客观性、普遍性、多样性和条件性的特征。

第一，联系具有客观性。联系是客观事物固有的本性，是独立于人的意识之外的客观存在，它不因人的意志和主观认识而转移，需要人去探索与发现。第二，联系具有普遍性。任何事物内部和外部都处于相互联系之中，整个世界是一个相互联系的统一整体。从自然界到人类社会都是相互联系着的各个要素、部分组成的复杂的系统。系统就是事物内部相互联系着的各个要素、部分组成的有机整体。系统的存在是一种普遍现象。事物存在于普遍联系之中，相似性作为联系的一种方式也是普遍存在的。比如木盘、铁盘、瓷盘、磨盘、罗盘、托盘、脸盘……形态上差别很大，但却让人感觉到它们之间有千丝万缕的联系。人类在与客观世界的早期交往和接触中形成的这种普遍认识是其形成类比思维的客观前提。从理论上讲，任何两个不同的事物都存在着潜在相似性的可能，有合适的激活条件就会让人们发现其间的相似性，"呈现于感觉的新事物和呈现于思维的新观念必须能用以往的经验加以解释并被证明

---

① [苏] 列宁：《哲学笔记》，人民出版社 1956 年版，第 79 页。

与之相似之处，否则就不会被人感知并理解"[1]。从某种意义上说，事物间相似性体现出天地人万物的异质同构性，它是隐喻思维产生的客观基础。

第二，联系具有多样性。由于事物和现象之间的联系是具体的，因而事物的普遍联系必然是复杂多样的。不同的物质与运动形式之间，不同的事物和现象之间存在不同的联系。联系的多样性的表现形式主要有：直接联系与间接联系、内部联系与外部联系、本质联系与非本质联系、必然联系和偶然联系等，不同的联系对事物的存在和发展所起的作用也是不相同的。这为广告隐喻的来源提供了无限多样的可能性。比如，与"足球比赛"这一目标域所关联的源域至少有八个：战争、下棋、采摘、故事、聚会、旅行、饮酒和解题等。与"足球队"这一目标域所关联的源域既包括人类，也包括动物。

第三，联系具有条件性。事物之间的联系条件这一范畴是指同特定事物相联系的、对它的存在和发展发生作用的诸要素的总和。世界上任何联系都是有条件的，随着时间和条件的变化而变化。离开条件，一切都无法存在，无法理解。一切以条件为转移，而条件又是具体的、多种多样的，有必要条件和非必要条件、决定的条件和非决定的条件、有利条件和不利条件、主观条件和客观条件等。不同的条件对事物的存在和发展所起的作用是各不相同的。具体地、全面地分析各种条件，是我们弄清问题、解决矛盾的必要前提。人们对任何广告隐喻的理解都只能在一定的语言条件也就是语境下理解，才能获得正确的意义。离开了语境理解隐喻，就会成为盲人摸象。

客观世界中事物普遍联系的观点说明，如果将任何一个事物与另外一个事物放在一起，从理论上讲都可以发现它们之间的某种相似性。那些在大小、形状、颜色等感知层面上能够被把握的客体，则更容易被认知主体所认知，因而也就更可能建立内部特征之间以及与其他事物特征之间的联系。这种联系既可以是具体的相似，也可以是抽象的相似。而"人类语言，作为人类思想与文化的体现，不可避免地带上了这种普遍联系的烙印。隐喻性语言

---

① Z.Radman, Metaphors: figures of the mind, Dordrecht: Kluwer Academic Publishers, 1997, pp.59–68.

正是人们在头脑中把不同的事物或观念联系起来的结果与体现。"① 认识和把握事物发展的普遍联系的观点能帮助我们正确地观察、分析和认识隐喻产生的基本前提。

二、人类认知心理的归同性

唯物辩证法认为，一切感觉作用或知觉作用都是主体与客体的交互作用，离开了知觉者活动的赤裸裸的客体只是原材料。但是，这些原材料在被认识到的过程中会发生转变。人类对世界的认识会受到主观作用的支配，人类语言的使用也受到感知心理作用的影响。

诺贝尔奖获得者埃德尔曼（Gerald M. Edelman）在其《第二自然：意识之谜》中认为，早期人类的思想是借助隐喻进行处理的。人类生活在物质与意识相互融合的统一体中，在改造客观世界和主观世界的活动过程中，寻找事物间的相似性是人面对世界时的一种本能。"人类在认识发展史上对所有问题的研究解决，无不从观察认识事物的相似性和相异性关系两个纬度展开。"② 基于感知或体悟到的事物间的相似性，建构一个隐喻认知，进而推引出事物间更为本质或其他方面的相似性也是人类理性智慧的结晶。

实验心理学和认知心理学的大量试验也证明，思维活动按照相似性运动乃是一种普遍的规律。无论是心理学—联想学派的"相似联想律"、格式塔学派的"相似结合律"、行为主义的"条件反射"与"模仿说"，抑或是认知心理学派中皮亚杰的"同化"和"顺应"学说等，都在不同的程度上承认思维过程中相似性的地位和作用。这一点在旅游景点的命名中表现得尤为明显。除了特定的原因之外，旅游景点的命名通常与历史传说、民间传说、神话传说与想象力的发挥相结合，尤其是那些自然景观的命名。比如峨眉山的

---

① 董革非：《论隐喻性是人类语言的本质特征》，《东北大学学报》（社会科学版）2003 年第 5 期。

② 赵维森：《科学对隐喻的吁求》，《延安大学学报》（社会科学版）2007 年第 2 期。

巨型"卧佛"、昆明滇池的"睡美人"、三峡中的"兵书宝剑峡""神女峰"、黄山的"猴子观海""仙人指路""梦笔生花"等均是后人通过观察山形,并通过想象力赋予其相似性而得名的。当旅游者看到这些景物时,就会因为名称的暗示而觉得"惚兮恍兮,其中有象。恍兮惚兮,其中有物"。[①]

从认知语言学的角度来看,这就是人们利用隐喻来表达本体与喻体间的相似性的联系。这些联系有些是本体与喻体本身具有相似性,有些不具有相似性,而是人们在遇到具体的语境刺激时对其作出了相似性的判断。因为人的神经网络中的信息活动基于以相似性的信息为中介而具有自我进行的相似激活、相似联系、相似催化、相互匹配的功能,这是人的思维按照相似性进行活动的原因所在。

类比、联想和想象都是人类的认知心理活动。相似原理在这些心理活动中起着重要的作用;反过来,这些心理认知活动也引导着人们发现事物间更多的相似性。

(1)类比是人类思维的内在动力,涉及人类对在某种具体的客体或过程与某种抽象的客体或过程之间的相似性的知觉。隐喻思维模式与类比推理具有共同的思维基础——相似性。隐喻的主要作用和目的是要获得某种表达效果,利用对象的相似性,对本体进行属性定义,或者说对喻体进行属性借用。在某种程度上,虽然隐喻是假的,但它体现了人类思维的创造性,追求一种情感上或事物印象上的强烈效果,比原本性语言更具有生动性和表现力。假如 A 和 B 代表两个(或两类)事物,用 a,b,c 代表它们之间相同的或相似的属性,即共有属性,用 d 代表所要推导出的属性,那么类比推理可以用如下公式来表示:

$$
\begin{array}{llll}
A: & a, & b, & c, & d, \cdots \cdots \\
\underline{-B:} & a, & b, & c, & \\
B: & a, & b, & c, & d, \cdots \cdots
\end{array}
$$

---

① 《老子》,汤漳平、王朝华译注,中华书局 2014 年版,第 82 页。

由上式推出：B 事物也具有属性 d。

其次，任何被知觉到的相似性均有可能成为类比思维的基础，尽管被类比的事物有时会显得比较遥远，看似不太有类比的可能，但只要某种相似性一旦引起人的注意，那么它就有进入人的类比推理过程的可能，或通过隐喻，或借助其他认知模式完成对事物的认知。

索绪尔认为，隐喻源于人类善于敏锐发现事物之间相类或相似处的灵性与直觉，源于人类与自然万物作为生命体的异质同构性。一如格式塔心理学所认识到的，在自然界的物理场、人的生理场和心理场三者之间，存在着力的样式和内在结构的根本一致性。人类依凭类比来认识世界，发现隐藏于客观世界诸种物质中的各种相似性，其目的在于从事物的相似性或相同性基础上推理出它们的其他属性上的相似性或相同性。这种思维方式具有重大的启发意义。

在生产和社会实践中，人类总是在尝试运用类比来认知和解释各种复杂的现象。康德指出："人类的认知活动只能在'可能的知觉系列'范围内，通过'经验的类推'将现实知觉转移到认知对象上"①，"假设存在一种什么事物是一个人所不能理解的，他偶尔注意到了这一某物和他理解的很清楚的另一事物的相似性，他通过将两者比较就可以理解他在此刻之前所不能理解的那一事物。如果他的理解是恰当的，而且尚不曾有别的人得到这样的理解，那么，他就可以宣称他的思维确实是创造性的。"② 这便是作为创造性思维形式的类比的实质性描述。在亚里士多德的修辞学中，类比是隐喻的最典型形态，但在康德那里，类比从修辞学领域已被转移到了认识论领域，为他的反思判断力承担起了"为特殊寻找普遍"的论证任务和功能。在他的"三大批判"哲学话语体系中，不仅有修辞性的隐喻言语，如"桥梁"、"理性的声音"、"最高的建筑师"等，还有结构性类比的分析方法。仅在《判断力批

---

① ［德］康德，转引自张沛：《哈姆雷特的问题》，北京大学出版社 2006 年版，第 106 页。
② ［日］汤川秀树：《创造力与直觉：一个物理学家对于东西方的考察》，复旦大学出版社 1987 年版，第 88 页。

判》一书中，康德就使用了两个深具整体结构意义的类比。第一个结构类比是"原理类比"，即根据知性和理性有其运作的原理来类比地预设反思判断力也有原理。如此，康德为他的反思判断力找到了原理。第二个类比是他在架设自然与自由两大领域之间的桥梁时，采用了"自然目的论"类比。通过对目的论的类比性质的揭示，康德将自然与自由关联为一个有意义的整体，从而颠覆性地扭转了自古希腊以来的自然目的论和神学目的论。这种类比，正如康德自己所认为的那样，不是关于两个事物之间的不完全的相似性，而是完全不相似的事物之间的关系的完全相似。

英国的数学家、逻辑学家怀特海（Alfred N. Whitehead）认为："首先认识到 7 天和 7 条鱼的共同点的人是第一个具有现代观念的人……这应该是文明的一大进步。"[1]人类正是依靠这种认知方式不断拓展和加深对自然和社会的认知。孔子将时光的流逝比作日夜奔流不息的河水，勉励人们珍惜时间和生命（《论语·子罕》）；刘向认为，国家没有贤才，就如同鸿鹄没有坚硬的翅膀，纵有远大的抱负，也实现不了（《说苑·尊贤》）。《三国志·魏书·武帝纪》注引《九州春秋》记载：建安二十四年（219）三月，曹操自长安出斜谷，兵临汉中，和刘备军队相持不下，意欲退兵，"出令曰'鸡肋'，官属不知所谓。主簿杨修便自严装，人惊问修：'何以知之？'修曰：'夫鸡肋，弃之如可惜，食之无所得，以比汉中，知王欲还也。'"聪明的杨修正是借助了"鸡肋"一词破解了曹操的真实意图，这为后来事情的发展所证明。类似这样的认知方式在中国古代的典籍中是随处可寻的。如"晴云如擘絮，新月似磨镰。"——空中的云片如撕碎的棉絮，初出的月牙像刚磨过的镰刀（韩愈）；"回乐烽前沙似雪，受降城外月如霜。"——回乐峰前的沙地白得像雪域，受降城外的月色皎洁得好似秋霜（李益）；"无欲常教心似水，有言自觉气如霜"——没有私欲，让心犹如春水一样澄明平静；有理直言，自觉有秋霜一般的威肃气势（刘宗周）；"学既积于心，犹木之敷荣；根本既坚好，翘

① ［英］A.N.怀特海：《科学与近代世界》，何钦译，商务印书馆 1959 年版，第 20 页。

郁其干茎。"——学问积于胸中，就像树木枝叶繁茂，因为根子扎得深而郁郁苍苍"（欧阳修）；"人如风后入江云，情似雨余黏地絮。"——人虽然像江上风后的流云难以寻觅，但离别之情却好比雨后黏在泥里的柳絮无法舍弃"（白居易）；"人生到处知何似，应似飞鸿踏雪泥。"——人的一生所到之处类似什么呢？应该像飞翔的鸿雁踩在雪地上的爪印"（苏轼）等。在绘画史上，据记载，1832 年，法国的查尔斯·菲利庞（Charles Philippon）因为在一部漫画里把国王画成一个肥硕的梨子而被投进监狱（因为梨子在法国俚语里指的是"笨蛋"的意思）。在法庭上，他理直气壮地反问法官："国王殿下长得像一个梨子，难道这是我的错吗？"随即，他拿出一系列的素描来证明这是一个不可否认的事实。最后他被宣布无罪释放。大画家毕加索也展出过看上去像牛头或猴子脑袋的自行车座。[①] 人们在科学史上的许多发现，如"叩诊法诊断技术"、"血液循环理论"，以及卢瑟福提出的"原子的行星模型理论"等，都是利用类比推理获得成功的例子。

广告隐喻的形成也是一样，那就是感知到两个或两类事物在某一或某些属性上具有相似性。从这一点上可以说，类比是隐喻的源域与目标域得以连接的认知基础，是揭示一切现象必然在自然中统一联结的先天法则。例如，国外的一个"拯救巴西雨林"的系列平面广告，选用了巴西雨林中一些被砍伐或折断的树枝，经过处理，将它们拍摄成或是声嘶力竭、或是奄奄一息的鸟和其他动物的样子，呼吁人们不要再滥伐森林了。百万图书公司（Books-A-Million）的广告则告诉读者："把我们这里当做读者的乐园吧。"

当两个事物间的相异性和相似性被认识得很清楚的时候，类比思维就会变得更加富有成果。

（2）联想是人们在进行认知活动时的一种由此及彼的心理过程，即由当前感知的事物引发回忆起相关的另一件事物，或人们在记忆和回忆中常常出现的由一种事物而想到他事物的现象。认知语言学认为，在各种认知能力

---

① ［英］约翰·恩格迪沃：《视觉创意 A—Z》，李彦玲译，北京美术摄影出版社 2016 年版，第 130 页。

中，一个主要的和普遍的认知能力是联想，即把一些概念投射到另一些概念中去。按照人们在认识过程中所反映的事物间的关系不同，可以将联想分为接近联想、相似联想和对比联想。联想不是凭空产生的，它是客观事物和现象之间的相互联系在人们头脑中的反映，是在本体和客体的相互作用过程中产生的，是按一定规律形成的神经心理现象的联系。

人类具有与自然界相联系的身体和活动，在对周围世界的认知过程中，各种联想机制把人身体的结构、位置及其与环境的互动和感受相联系。像"热播"、"冷战"、"蚕食"、"鲸吞"、"云游"、"瓦解"、"世态炎凉"、"古道热肠"等词汇的产生皆是人的身体对自然现象感知的结果。莱考夫和约翰逊等人把这种与身体经验相联想而形成的与身体密切相关的认知模式总结为各种意象图式。这些意象图式把人体看成客观物体，把人对自身"身体"的经验，通过联想投射到其他领域的事物或现象上，以达到对客观世界的理解和认识，这样就会出现用一个语义域的词汇表达另一个语义域的内容。

在生活实践中，人们根据事物之间的相近或相似特征，在两种事物之间建立起一种新的联系，而且人的知识和生活经验越丰富，就越容易产生新的联想。又因为经验具有开放性的本质，所以各种经验的积累使人类大脑经历着由具体向抽象、由浅显向深入、由片面到更全面的认知过程，为人们提供了更多的联想和推理方式，由此形成了诸多与生活实践各领域相关的基本认知图式。这些图式是一系列背景知识的综合体，是人类对世界认知的结果。赵艳芳认为："在隐喻结构中，两种本似无联系的事物之所以被相提并论，是因为人类在认知领域对它们产生了相似的联想，因而最终会利用这两种事物的交融来解释、评价、表达他们对客观现实的真实感受和情感，这就是隐喻的认知基础。"[①] 在广告隐喻中，联想是实现事物间心理组合的基础，同时也决定了事物间的组合方式。若没有联想，就不可能对不同时空下两个事物间的相似性产生超时空的同时体验，从而就不可能产生以此喻彼的隐喻。一

---

① 　赵艳芳：《隐喻的认知基础》，《解放军外国语学院学报》1994 年第 4 期。

般来说，知识越多、见识越广的人，联想的广度与深度也就越大。

索绪尔认为，在语言中一切都是以关系为基础的。这种关系表现为两个向度：组合关系与聚合关系。[①] 他认为，语言符号系统是一个关系网络，它是由组合关系和聚合关系所构成的网络关系。组合关系即语言的句段关系，是构成句子的每一个语词符号按照顺序先后展现所形成的关系。如"三碗不过岗"中，"三"、"碗"、"不过"、"岗"四个词之间的关系就是组合关系。它们是符号按线性排列所组成的要素与要素之间的关系，体现出符号的线性特征。通俗地说，就是一个单位和同一系列中其他单位之间的关系。在话语中，各个词由于它们是联结在一起的，彼此结成了以语言的线性特征为基础的关系，排除了同时发出两个要素的可能性。这些要素一个挨着一个排列在言语的链条上，这些以长度为支柱的结合可以称为句段。组合（句段）关系是在场的、是由两个以上的语言单位构成，其延伸性是直线型的和不可逆的，即所谓言语链。任何句段，不论是复合词、短语、单句、句群，还是语段、篇章，都是这样组合起来的。言语链上的每一个词都是由于它同在先或在后的词的差异和对立，才取得它的价值。

聚合关系也即联想关系，它是词语的聚合，是语词在垂直方向上与一些尚未出现的词语的关系，它把不在现场的要素联合成潜在的记忆系列。也就是说，在话语之外，各个有共同点的词语会在人们的记忆里联合起来，构成具有各种关系的聚合。索绪尔解释说："另一方面，在话语之外，各个有共同特点的词语会在人们的记忆里联合起来，构成具有各种关系的集合。它们不是以长度为支柱的，它们的所在地在人们的脑子里。它们是属于每个人语言内部宝藏的一部分。我们管它们叫做联想关系。"[②] 通俗地说，聚合（联想）关系就是指在结构的某个特殊位置上彼此可以相互替换的成分之间的关系，

---

① ［瑞士］费尔迪南·德·索绪尔：《普通语言学教程》，高明凯译，商务印书馆 1980 年版，第 128 页。

② ［瑞士］费尔迪南·德·索绪尔：《普通语言学教程》，高名凯译，商务印书馆 1980 年版，第 171 页。

它以符号的任意性为基础，是在联想作用下构成的一种集合关系。构成聚合关系必须满足两个条件：一是独立自由的个体组成的集合，二是这些个体要有共同特点。就语言而论，这些特点主要体现在语音、语义、语法、语用方面。聚合（联想）关系没有长度，只有空间，只把有某种共同点的词在人们记忆里联合起来。人们说话时，总是从聚合向度上选择合适的词，然后将其按顺序排列在组合向度上，从而构成一个完整的句子。如上例的"三碗不过岗"，就是从"二"、"三"、"四"这个聚合轴上选择了"三"，从"壶"、"碗"、"杯"这个聚合轴上选择了"碗"，从"过"与"不过"这个聚合轴上选择了"不过"，从"山"、"岗"、"岭"这个聚合轴上选择了"岗"，然后将其按顺序排列在组合轴上组成的一个句子，也就是把形式或意义某一方面有关联的词通过心理联想构成新的集合。索绪尔认为，那种认为说话者选择一个词就能表达他所要表达的观念是不对的。"实际上，观念唤起的不是一个词，而是整个潜在系统，有了这个系统，人们才能获得构成符号所必需的对立"[①]。

由此可知，组合（句段）关系确定语言要素在场的顺序和数目，聚合（联想）关系则是供组合时选择和替换。组合（句段）关系的词语之间具有制约性，且组合关系是有序的，而聚合（联想）关系的词语之间具有散在性，其关系往往是无序的。在反映已知、捕捉未知的语言创造过程中，先民根据有限的经验和对各种事物的共同特性进行联想，从而形成概念化的隐喻，以满足相互沟通的需要。

不过，到了雅各布森那里，索绪尔的"聚合—组合"关系范畴已经为"隐喻—转喻"关系范畴所取代。雅各布森研究中的"隐喻"是指一切基于相似性的替代关系，包括明喻、暗喻和借喻，而"转喻"则是指一切基于相关性的替代关系，包括借代、用典等。从认知语言学来看，它们其实是隐喻产生或表现的一种形式罢了。

（3）想象是一种高级的思维认识过程，是一种用间接方式反映客观事物

[①]　［瑞士］费尔迪南·德·索绪尔：《普通语言学教程》，高名凯译，商务印书馆 1980 年版，第 180 页。

的形式，也是最富有创造性的心理认知活动。法国诗人波德莱尔（Charles Baudelair）认为"想象力是真实的王后"，"是想象力告诉人们颜色、轮廓、声音、香味所具有的精神上的含义，它在世界之初创造了比喻和隐喻"①。在这里，波德莱尔深刻地指出了想象力与现实世界的关系。

想象有别于联想。联想是对原有形象的充分利用，是由此物形象联想到彼物形象的思维过程；而想象则是以记忆中所保存的回忆的表象为材料，通过分析和综合加工，再造或创造出未曾知觉过的甚或是未曾存在过的事物的形象。就如康德（Immanuel Kant）所说的那样："想象力是一个创造性的认识功能，它有本领，能从真正的自然界所呈供的素材里创造出另一个想象的自然界。"② 这表明，想象具有极大的主观能动性、自由度和超现实性，但实际上，组成想象的形象材料来自客观现实而不是凭空产生的。无论人们的想象多么生动、华美与新颖，都是建立在现实基础之上的，其内容依然是人脑对客观现实的反映。维柯在对原始人进行考察后认为，"这些原始人没有推理的能力，却浑身是强旺的感觉力和生动的想象力"③，整个世界就是他们想象力的画布。特伦斯·霍克斯（Terence Hawkes）则认为，因为原始人具有"强旺的感觉力"和"生动的想象力"，所以"他对世界的反应不是幼稚无知和野蛮的，而是本能的、独特的、'富有诗意'的，他生来就有'诗性的智慧'（Sapienza poetica），指导他如何对周围环境作出反应，并且把这些反应变为隐喻、象征和神话等'形而上学'的形式"④。

根据哈佛大学艺术心理学的荣誉教授鲁道夫·阿恩杭（Rudolf Arnheim）的说法，几乎所有的思考——即使是非常理论的、抽象的思考——就本质而言，都需透过想象。借助想象，人们可以登上隐喻的殿堂，让扑朔迷离的问题豁然开朗。数学家哈达玛（Jacques S. Hadamard）的数学思考大部分是没

---

① ［法］波德莱尔：《美学论文选》，郭宏安译，人民文学出版社 2008 年版，第 405 页。
② ［德］康德：《判断力批判》，邓晓芒译，人民出版社 2004 年版，第 102 页。
③ ［意］维柯：《新科学》（上），朱光潜译，商务印书馆 1989 年版，第 181—182 页。
④ ［英］特伦斯·霍克斯：《结构主义与符号学》，瞿铁鹏译，上海译文出版社 1987 年版，第 2 页。

有文字的，只是心像伴随着，这种心像思考有利于浓缩他的证明的整体思路。例如，他经常思索无限大数字这个问题。有一次脑中忽然浮现"一条丝带般的东西，在可能重要的关键处看起来比较厚、颜色比较深"，这个意象使他找到了解决无限大数字的答案。心理学家狄德千勒（Dide Qianler）也常常为了要如何表达"意义"这个抽象概念而苦苦思索，最后他脑中浮现一个影像："一把蓝灰色的勺子，勺尖的上方有一点点黄色。而这把勺子正朝一团深色、看起来有点像是塑料的东西往下挖掘。"正是这些心中浮现的感官图像（"心像"）使他最终找到了解决问题的"钥匙"。

想象具有发散性和创造性，可以帮助人们形成对客观事物多方位、多侧面的认知。例如，"广告是品牌形象的化妆师"、"广告是市场营销的先遣队"、"广告是经济发展的晴雨表"、"广告是精神文明的风向标"等隐喻便是认知主体基于不同的经验或从不同的角度分别发现了广告与化妆师、先遣队、晴雨表和风向标等事物之间的某种相似性。虽然这些发现带有认知主体的主观意向性，但它们都源于认知主体对生活实践和经验的体悟，所反映的是客观事物间矛盾的对立统一和相互贯通的辩证关系。可以说，这种对相似性的认知源于现实，又高于现实，它们不仅能更深刻地反映现实而且能扩展和加深对现实的认识，从而使人们能够有效而又有理有据地突破认知束缚，得到深层的感悟。

三、语言使用的体认性

早在 17 世纪末，约翰·洛克（JohnLoke）在其《人类理解论》这部著作中就提出并要解决关于人类知识的起源、可靠性和范围等中心问题。从哲学的继承性上看，洛克走的是弗兰西斯·培根（Francis Bacon）和托马斯·霍布斯（Thomas Hobbes）的路线，即知识起源于感觉、经验，而不是来自什么"天赋"。但在洛克之前，法国哲学家笛卡尔提出了所谓的"天赋观念"，即人类最基本的知识或观念并不借助于感觉、经验，而是与生俱来的或天赋的东西。洛克在哲学上（认识论上）的起始就是在大力驳斥"天赋观念"的同时，针锋相对地提出了"白板说"。白板的意思是说，人类没有感觉、经验之前（譬如，初生的婴儿）的心理状态就像一张白纸一样，上面并没有任何字迹，即没有任何观念。洛克认为，人类的知识都是以经验为基础的，而且归根到底都是从经验（即他所谓的观念）中来的。观念分为两种：感觉的观念和反思（reflection）的观念。感觉来源于感官感受外部世界，而反思则来自心灵观察本身。洛克还将观念划分为简单观念和复杂观念，我们唯一能感知的是简单观念，从许多简单观念中能够形成一个复杂观念。

洛克提出认识论上的"白板说"是针对"天赋观念"论而发的。他论证了人类知识起源于经验，而经验就是客观世界的事物作用于感官的结果。这正如马克思和恩格斯在《神圣家族》中所说的。如果说"霍布斯把培根的学说系统化了，但他没有更详尽地论证培根关于知识和观念起源于感性世界的基本原则"，那么，"洛克在他论人类知识起源的著作中，论证的培根和霍布斯的原则"①，则成为 17 世纪英国唯物主义经验论的系统总结。

"白板说"奠定了隐喻产生的又一重要理论基础。因为事物之间存在着特定的关系，而最为基本的是人和世界（物质的和精神的）的关系，隐喻就是对人与世界的关系的把握。从根本上说，隐喻建构的人与世界的联系，是从直觉经验的生活世界开始的。法国著名哲学家梅洛-庞蒂（Maurice Merleau-Ponty）用"身体—主体"的概念，告诉我们身体和主体其实是同一个实在，身体既是存在着、被经验着的客体现象，又是不断经验着、意识着的主体。人的身体深深根植于世界之中，与外物遭遇、对话，这就是人的生活。由于身体就是主体，生活同时就被人所知觉。知觉的来源虽然是多种多样的，但它们最初都是无条件地被人感知的，是没有经过人的意识审查的，是先于意识的。所有这些知觉圆融为一个大的环境，大的背景，即"知觉世

① 《马克思恩格斯全集》第 2 卷，人民出版社 1957 年版，第 164 页。

界"。知觉世界不是纯粹的外界环境，而是人的因素（包括生理的和文化的）和外物的因素相互能动作用的结果。所以，知觉世界不是被人纯粹创造，也不是被外界纯粹给予，而是一种人与外物的对话。在这里，人与世界彼此开放，全方位交流，交流的内容被记入知觉世界中。就好比两位学者对坐而谈，假如学者甲随身带了笔记本，可以随时记录谈话内容（象征人拥有感知能力），而学者乙无意记录（象征无感知能力的外物），但学者甲并不会只记录自己的观点，也不会只记录对方的话语，而是会记录双方互动的交流、交锋和共识。两位学者的地位是彼此平等的，无主客之分。知觉世界好比笔记本的记录，它不会单方面记录人或外物，而是会记录人和外物平等交流的双边过程，即人在世界上的存在情况。因而在知觉世界里，主体与客体的对立是不存在的。梅洛-庞蒂用世界的"肉身化"来说明外物与人的交流：人固然是知觉世界的前提，但在知觉世界里，人不仅能感知到自己的身心情况，而且能感知到外物的情况，就好像外物也被纳入了我的身体，我的身体向外界延伸。如此，梅洛-庞蒂把胡塞尔"生活世界"的概念改造成为了"知觉世界"——那是个最朴素的、最原初的、与人的知觉有最直接关联的生活世界。后来，认知语言学家莱考夫等人扩展了梅洛-庞蒂的观点，从语言学的角度更加明确地论证了人类思维以自身经验为基础，思想范畴、概念隐喻都是身体感觉运动经验造成的。身体经验的经常、反复出现，就构成了人类的思维方式。所谓的"意象图式"就是由自身经验而形成的认知结构。

在古典修辞学传统中，认为隐喻的形成来自两种动机：一种动机是为了让陈述变得生动和鲜明，另一种动机来自语词的缺失从而导致的语词误用。前一种在形成时能找到合适的喻词，而后一种不存在合适的喻词。因为原初人直接面对宇宙自然万物，根本就没有抽象的语词存在，只能自己去寻找和创造。

人类祖先的思维具有一种"体认"的特征，常常把自己的身体作为衡量周围世界的标准。早在公元前 5 世纪，普鲁塔戈拉（Protagoras）就说过："人是万物的尺度，是存在的事物存在的尺度，也是不存在的事物不存在的尺度。"① 当人们要表达新的概念或抽象概念，最常用的思维方式，就是利用自己最熟悉的概念、意义和最具体的词，借用它们在形状、状态、功能等方面的相似性，通过相似性联想来表达。因此，人类最初的和最基本的经验是具体的、能明确定义的事物和经验，但随着所接触的事物日益多样和复杂，人们不得不采取"近取诸身，远取诸物"来认识和描述事物。这种观物取象、认知事物是一个由人及物的过程，从自身到身外的事物、从熟知到未知的、从有形到无形的、从具体到抽象的、从容易定义到难以定义的概念和事物等，使人类凭借这种体认方式来发展、丰富和升华其对主客观世界的认知。

孔多塞（Nicolas Condorcet）曾经断言："在语言的起源时，几乎每一个字都是一个比喻，每个短语都是一个隐喻。"② 如果说原初人有语言的话，那么他们的语言就是客观"实在"（表情、姿势、自然万物等）。如原初人可能不说"热"，而说"像太阳"；可能不说"硬"，而说"像石头"，可能不说"好"，而以呼叫加竖起的大拇指表示。因为"语言是一种自然的、人类的、与人本身的概念同在的功能"③，"所以我们必须和语言学家一道回到杜卡良和庇娜的石头，回到安菲翁的岩石，回到从卡德茂斯的犁沟里生长出来的那些人或是回到维吉尔的硬橡木中去寻找这种开始。我们还要和哲学家一道回到伊壁鸠鲁的蛙，霍布斯的蝉，格罗特的傻子们，回到没有天神的照顾而投生到这个世界里的那些人。按照谱芬道夫的说法，这些人和所谓'大足国'的巨人们一样粗笨野蛮，据说在麦哲伦海峡还能够找到这种人。这也就是说，要回到荷马的独眼巨人时代。"④ 由于原初人类都生活在如此真实的原始世界中，缺乏足够的概念判断能力，在他们的言说和表达中，只能从自己身体出发，从自己的感觉体验和情绪出发，把一切事物都看成具有生命感知的存在（万物有灵）。也就是说，那时的人类感觉和思想是不分的。因为人类与自然生命

---

① 北京大学哲学系编译：《古希腊哲学》，生活·读书·新知三联书店 1957 年版，第 133 页。
② ［法］孔多塞：《人类精神进步史表纲要》，何兆武译，生活·读书·新知三联书店 1998 年版，第 35 页。
③ 姚小平：《洪堡特——人文研究和语言研究》，外语教学与研究出版社 1995 年版，第 111 页。
④ ［意］维柯：《新科学》，朱光潜译，人民文学出版社 1986 年版，第 338 页。

同质同构、同体同位（或称"同一性"、"统一性"）。对原初人来说，世界就是所有身体的活动，通过彼此身体的感觉活动和反应来获取、验证和说明意义。

布迪厄（Pierre Bourdieu）指出，尽管身体和我们用身体做的事在不同文化中出现不同的情况，但是人类身体的相同之处很多。比如，都有双眼、双耳、双臂、双腿、流动的血液、呼吸的肺、光洁的皮肤、内部的组织器官等。我们最初的概念体系的共同常态化方面或许建立在拥有很多共性的身体经验基础上。莱考夫和约翰逊说，概念是通过身体、大脑和对世界的体验（embodiment）形成的，并只有通过它们才能被理解。学者克维赛斯（Zoltan Kovecses）赞同莱考夫等人的观点，认为隐喻的基础应该是人们各种各样的经验，包括经验的相关性、各种各样的非客观相似性、共同的生物与文化根基等。①

在中国古代思想史中，天人合一的思维模式一直处于核心的地位。在古人看来，宇宙间充盈着气，人有气而活，天有气而行。"气者，人之根本也"；气者，亦宇宙之本源也。人的身体与环境之间以流动的气为介质而相通。因而身体是小宇宙，世界是大宇宙。随着历史的发展，最初为天地之气、阴阳之气的气被逐渐深化与内化，成为了既是天地万物之本，也是人的身体之本。古人在这样一个认知前提下，通过自己的体认来认识世界，目的是追求人与自然、人与社会环境的和谐一致。例如，儒家的身体政治论就认为治国与治身是相通的。

维柯指出："在一切语言里，大部分涉及无生命事物的表现方式都是从人体及其各部分以及人的感觉和情欲那方面借来的隐喻。"②例如，人有头脚，在需要说明位置时，远古人就会说"在山头上"或"在山脚下"。用首（头）来表达顶或开始，用额或肩来表达的部位，针和土豆可以有眼，杯和壶可以有嘴，耙和锯可以有齿，任何空隙或洞都叫做口，麦穗的须，鞋的舌，河的咽喉，树的脖子，海的手臂，果实的肉，大地的腹部，岩石或矿的脉；心代

① Zoltan Kovecses. Metaphor: A Practical Introduction, Oxford: Oxford University Press, 2002, p.83.
② 朱光潜：《西方美学史》，人民文学出版社1979年版，第332页。

表中央，脚代表终点或底部。于是，便有了"桌腿"、"山腰"、"河床"、"瓶颈"、"针眼"、"灯头"、"腹地"、"春脖子"等词语的产生。由于实现实需要，这种认知方式便被扩展到了更广的范围。比如，对于古代君臣关系的认识，孔子说："君使臣以礼，臣事君以忠"（《论语》），言语比较抽象。孟子则说："君之视臣如手足，则臣视君如腹心；君之视臣如犬马，则臣视君如国人；君之视臣如土芥，则臣视君如寇仇"（《孟子·离娄下》），言语明快爽利，立场鲜明具体。葛洪在《抱朴子》中则是如此看待修身与治国的关系："一人之身，一国之象也。胸腹之位，犹宫室也；四肢之列，犹郊境也；骨节之分，犹百官也；神犹君也，血犹臣也，气犹民也。故知治身，则知治国矣。"这"正是在古人观物'结习'看来，两者原本可以相通连以至于相认同的"[①]。在笔者收集的古今近 126 个描写雨的汉语词汇中，其中隐喻性词汇就占到一半以上，如雨幕、甘雨、苦雨、泪雨等。这些带有情感色彩的隐喻词汇有很多是用人体部位来表示的，如情同手足、肝胆相照、忧心如焚、横眉冷对等。这种情况在英语习语中也普遍存在，表现为"头脑"与"理智"相连，"心"与"情感"相通。

当然，人们也会把这种具体位置用于抽象事物的说明，如从"终于爬上了山顶"到"终于爬上了权势的顶峰"，从"山坡上滑下"到"消费开始滑坡"，从"母亲的呼唤"到"良知的呼唤"，等等。所以，莱考夫和约翰逊认为，本体隐喻和方位隐喻都是以我们的身体经验为基础的。人体本身是一个容器，人们把长在脸上的"口"看作容器的通道。在生活中，人们不仅根据其形状、状态、功能等物理相似性给事物命名，也给与"口"有关的事物命名。这类的隐喻词汇数量庞大，前者如路口、门口、山口、洞口、河口、港口、海口、十字路口、鞋口、袖口、瓶口、碗口、枪口、风口、伤口等，后者如口哨、口粮、口味、口水、口红等。再后来，扩大到通过相似、联想给抽象事物命名，如缺口、口供、口号、紧要关口等，都是用"口"这一具体、

---

① 臧克和：《说文解字的文化解读》，湖北人民出版社 1997 年版，第 16 页。

清晰的概念来表达新的和抽象的概念，这就产生了最初的隐喻。只是随着时间的推移和频繁地使用，使得这一类隐喻概念逐渐成了常规词汇（规约隐喻）的一部分。

维柯认为，各民族文化的起源具有共同的规律和特征，即都是基于早期人类的一种共同心智而产生的。这种共同心智是一种"诗性智慧"，也是人类最初的智慧，它来源于原初人们对身在其中的世界的无知，包括了惊奇、隐喻、换喻、转喻、提喻、想象、象征、记忆、联想等诸多心理机制和内涵。由于人类心灵的不确定性，每逢堕在无知的场合，人就把自己当作权衡一切事物的标准。此外，人类心灵还有另外一个特点，就是人对遥远的未知的事物，都会根据自己熟悉的近在身边的事物，以发达的感觉力和想象力去进行判断。"这些原始人没有推理能力，却浑身是强旺的感觉力和生动的想象力。"①

美国历史学家斯蒂芬·伯特曼（Stephen Bertman）通过对古代美索不达米亚社会生活的研究，证实了这种以己度物的隐喻方法伴随着强烈的情感活动。他指出，在苏美尔人的诗文里，存在大量通过隐喻的手法对情爱经历的描述。他们"把被爱的甜蜜比作蜂蜜和椰枣，比作了黄油与啤酒的香甜；把被爱的欢愉比作诸如桧树与松树等木材的清香。视觉上的感受则通过对能够看得见的形象，比如能够反映天空（月亮和月光，还有星辰）和宝藏（金银、肉红玉髓和黄玉、雪花石膏和黑曜岩以及天青石等）的颜色等来表达，而恋人的身体则用宝石进行装饰和衬托。触觉是通过对温度的感知而苏醒过来的，如水和冰块的凉爽，雪松树荫的清凉"②，以及将情欲部分地比作想迫切获得面包或啤酒的饥饿之人，将迷恋比喻为黏接船体的黏性沥青等。维柯认为，这种以身体的感觉和情欲为出发点的隐喻方式具有鲜明的直观性。这说明感觉在原初人那里不是被当作思想的形式，而是作为思想的材料。

---

① ［意］维柯：《新科学》（上），朱光潜译，商务印书馆1989年版，第182页。
② ［美］斯蒂芬·伯特曼：《古代美索不达米亚社会生活》，秋叶译，商务印书馆2016年版，第196页。

同样，在我国最早的诗歌总集《诗经》中，也有许多首诗都把花木喻为美人，譬如"蒹葭"与"伊人"、"桃夭"与"出嫁之女"、"蔓草"与"美人"等。在这些隐喻的运用中，都流露出作者深深的喜爱之情。曹植在《洛神赋》中把美人洛神的婀娜之态连续比作"惊鸿"、"秋菊"、"芙蓉"等形态曼妙的动植物，以抒发自己的爱慕之情。在现代汉语中，人可以"投来火辣辣的目光"、"发出脆生生的声音"；太阳可以"拨开浓密的云层，露出金灿灿的笑脸"；树叶"在空中飞舞，象没有皇后的群蜂"；河流"卷曲在绿色的原野，象一条白色的绸带"；描写雨声可以说："如秋蟹爬沙似的，急一阵又缓一阵。"

由此可见，隐喻思维确实具有一种"前逻辑"的性质，是人类最原始、最基本的思维方式，语言的逻辑思维功能和抽象概念是在隐喻思维和具体概念的基础上形成发展起来的。随着人类的认知水平不断提高，语言的表达逐渐丧失了人与自然的同一性，成为只是为了提供对客观事实的陈述而存在。人们说"山头"这个词中已不再含有山的影像，形容人的"成熟"也不再含有植物的意象。但是，薪尽火传，由于人类灵魂深处的诗性与神性的基因依然留存，这决定了人类在人和自然之间寻找一种新的同一性、相似性的联系的思维活动从没有停止过，正是这些源源不断的认知活动形成了人类语言整体上的隐喻符号系统。

第三节　广告隐喻的基本特征

广告隐喻不是任意炫耀语言技巧的工具，而是"戴着镣铐的舞蹈"。这"镣铐"其实就是要提高消费者对产品或服务的认知，以扩大市场、促进销售为目标或使命。因此，广告隐喻具有自身的特征。

一、广告隐喻的关联性

关联性的内涵非常丰富，形式灵活。广告隐喻的关联性主要表现在语言结构和内容指向两个方面。就语言结构而言，广告隐喻通常包含目标域和源域，并且通过源域向目标域的映射来完成两个域的关联，也就是以人们所熟知的事物或特性来介绍一种新的产品或服务。受众正是通过这种关联性来认知产品或广告主题。这里，我们主要分析广告隐喻的内容指向。

"伟大的广告是由创作人员对品牌、顾客以及两者之间的相互作用进行深刻理解而激发产生的。"[①] 研析广告大师们的创意理论，我们不难发现，罗瑟·瑞夫斯（Rosser Reeves）的独特销售主张和李奥·贝纳（Leo Burnet）的内在戏剧性理论的核心点是强调广告与产品的关联性，而大卫·奥格威（David Ogilvy）的品牌形象理论、伯恩巴克（William Bernbach）的实施过程重心理论的核心点是侧重广告与消费者的关联性。艾尔·里斯（Al Ries）和杰克·特劳特（Jack Trout）定位理论的核心点则是强调两者兼顾，既要与产品也要与消费者产生关联。

（一）与产品或服务关联

有人说，"广告负责一见钟情，产品负责白头到老"，这样的认识是比较深刻的。那么，广告怎样才能让消费者一见钟情？首先，广告中的产品或服务是否与他（们）有关？价格情况？其次是产品或服务的优势或者影响力如何？能否提升他（们）的生活品质或自我价值？如果广告没有让消费者认识到这些方面的重要价值，广告就难以奏效。

优秀的广告隐喻总是通过创新的源域设置将产品或服务的内在属性及价值传达给消费者，以强化他们的认知，增加他们的购买欲。2003 年 4 月，

---

① ［美］邦尼·L.朱丽安妮、A.杰尔姆·朱勒：《广告创意与策略》（第 9 版），东北财经大学出版社 2008 年版，第 1 页。

苹果发布了 iPod 第三代数字多媒体播放器的视频广告，该广告一反传统的表现方法，采用荧光背景中的强烈音乐节奏加劲舞的黑色剪影的方式，十分动感。但是，无论视频中的人物怎样舞动，那白色的耳机线以及舞者手中的白色播放器都十分抢眼，清楚地传递出产品与音乐之间的紧密关系，绝没有被其他因素所喧宾夺主。这一极佳的表现方式一直延续了 4 年之久，吸引了成千上万的年轻人目光，带来了 iPod 在世界各地的热销。

此外，联想集团的"世界失去联想，世界将会怎样"，日本丰田公司的"车道身前必有路，有路就有丰田车"，以及日产汽车"古有千里马，今有日产车"等，都是成功的广告隐喻，有效地建立了广告与产品（品牌）或服务的关联。

当然，消费者对产品或服务的价值评估是随着时代潮流的变化而变化的。传统的价格营销只是在价格上做文章，而价值营销则主张通过向消费者提供最有价值的产品与服务，创造出新的竞争优势取胜。随着价值营销时代的到来，越来越多的消费者崇尚"回归自然"、"简单就好"的生活理念，他们对汽车要求零碳排放、无燃气、低噪音；对服装要求自然的棉麻纤维；对化妆品要求由草木植物提炼具有自然芳香；对食物要求健康、绿色；对居室要求营造大自然的气息，等等。因此，他们对环保、健康，接近自然界的产品易于接受，而对那些附加了太多人工因素的产品心存抵触。

（二）与消费者关联

广告除了挖掘广告与产品直接的关联性外，还要注意广告能否与目标消费者建立起关联性。通常而言，没有人会对你的产品和广告感兴趣，除非他们感觉到你是针对他们说的，并且同他们的需要和兴趣相关。"您的乌发过早变白了吗？"这样关切的口气，令消费者乐于接受。隐喻内容与消费者相关联是广告隐喻的内在要求。

首先，关联消费者的需求。人们消费行为的导向机制主要来自两个基本方面：一是依赖于外部社会力量的引导，二是消费者相对独立于外在环境的自我引导。在现实生活中，消费者的不同需求与动机会影响到他们的购买行为，特别是对产品的选择。在这些方面，不仅男性和女性的心理需求相差很大，即使是同一性别的消费者也有明显差异。例如，一个希望自己能够办事更有效率、更加现代以及更富有想象力的女人与一个希望自己更热情、更时尚、更具吸引力的女人相比较，两个人可能会购买不同类型的香水或者在不同的商店购物，无论是线上还是线下。日本学者三浦展在他的《极简主义者的崛起》一书中将100多年来的日本消费社会划分为四个阶段：20世纪初到20世纪20年代中期为第一消费社会。白领们在市中心上班，但住在郊区，常去枢纽车站的百货店购物，对新产品的兴趣浓厚；第二次世界大战之后，日本进入第二消费社会，消费者注重商品的实用性，同时也尽可能地追求商品的豪华与气派，喜欢宽大的房子、名牌的车子和奢侈品；20世纪70年代后半叶，日本进入了第三消费社会，市场上产品丰富，消费主流人群追求差异化、多样化、个性化、品牌化的消费。进入21世纪，日本消费者价值观发生了新的变化，他们不再像过去那样高度关注自身物质生活的丰富性，而是向往生态型、共享型的生活，追求简单生活的人越来越多，进入了第四消费社会。可见，社会生活思潮的发展极大地影响着人们的消费行为。

在中国，随着"Z世代"成为主流消费人群，他们喜欢表达自己，更加注重个性化的消费体验。在消费方式上，追求标新立异，喜欢小众品牌和亚文化，热衷网上购物与分享，对价格的敏感度则有所降低。三浦展在书中所提及的现象和群体，有些在中国已经出现，如断舍离、共享生活、简单主义等风潮，熟年结婚的人也越来越多。

在广告诉求内容方面，"理论上讲就是向他们提供一种至关重要的便利，这种便利能够或多或少地改善他们的生活。例如，能够帮他们节约开销，增添信心，让他们愉悦，感觉更舒适，更有吸引力，更睿智等等"[1]。总之，利用人们的好奇心，通过有吸引力的许诺、兑现或提醒是能够吸引消费者注意

---

[1]　[英] 罗伯·鲍德瑞：《广告文案写作教程》，许旭东译，上海人民美术出版社2009年版，第45页。

的。正是在充分了解中国洗发护发产品的特点以及深入调查中国消费者需求与动机的基础上，宝洁（P&G）中国公司将各种消费者的头发护理问题进行了梳理，归纳出四种主要类型：或是头皮屑多，不易洗净；或是头发硬直，难以柔顺；或是头发干枯，缺少光泽；或是专业洗护发的需要。为此，宝洁公司分别推出了海飞丝、飘柔、潘婷、伊卡璐，并用大量的广告将这些产品的功能与相应的消费者需求进行反复关联，从而迅速打开市场。同样，丰田（Toyota）汽车的广告主要针对注重实用型的消费者；本田（Honda）的广告主要关注喜欢速度感的消费者；宝马（BMW）汽车的广告主要关联有些雅痞味道也喜欢速度感的较年轻的成功者；而奔驰（Benz）汽车的广告主要关涉较为成熟稳重、事业有成的中年人士。凡此等等，都不是偶然的现象。

其次，持续地保持与消费者沟通。无论是产品信息，或是品牌形象，广告隐喻与消费者的沟通都是在心理层面上进行的，而且是经常性的。现在，越来越多的化妆品广告不厌其烦地冠以"草本嫩白"、"鲜果润泽"、"海洋清润"，其目的就是为了满足消费者对绿色、自然化妆品的渴求。

法国迪奥公司推出的毒药牌（Poison）香水广告更是技高一筹。它的广告语是"你的内心有迪奥（Something within you is Christian Dior）。"这看似简单的广告语却能激起许多女性消费者内心的波澜。广告语暗示了迪奥就是你的内心世界，但这世界却是双面的。是由内而外自然散发的妙丽魅力呢，还是难以抑制的些许邪恶（poison）呢？不言而喻，两者皆有。所以，在香水问世的两周内，平均每50秒卖出一瓶，打破了同期世界销售的记录。如果不是广告真正触动了那些年轻女性的内心世界，是难以达到这样的销售奇效的。

二、广告隐喻的具象性

隐喻从本质上说是符号对所指世界的偏离，这种偏离是形象化叙事的需要，它将自己置于逻辑的对立面。然而，隐喻却因此使符号的能指与所指从固定的一元论中获得解放，以更为灵活的方式象征世界。这是一种创造，也是形象化表达的必然。所以，隐喻的世界是一个比现实世界更为生动、更为丰富，也更为完美的诗意世界。隐喻的诞生意味着现实世界的不足，或者非隐喻式语言在直观地反映对象、表达意义方面存在难以逾越的局限。

用具体的事物映射抽象的概念有利于建构鲜明的形象，带给消费者丰富的体验。在隐喻的映照之下，原本简单、抽象的概念顿时显得鲜活生动，熠熠有神。例如，有人将中国房地产价格过去长期不断上涨，又偶尔下降徘徊，然后再涨，总是高居不下的状态，形容为"中国房地产就像无肩带胸罩，一半人在疑惑：是什么支撑了它？另一半人则在盼着它掉下去，以抓住机会。这个女人，永不可能让它掉下来。就算快掉下来了，提一提还是又上去了"。这样的隐喻充满智慧和想象力，用简要的语言将某种意思表达得淋漓尽致。

优秀的广告隐喻能给受众带来如临其境、如闻其声、如见其物的深刻感受。例如，中美史克止痛药品牌芬必得的系列平面广告作品"荆棘"篇和"铁丝网"篇，没有使用因疼痛龇牙咧嘴的人物形象来硬性形容头疼的状态，而是将抽象的牙疼概念置换成了噪音和铁刺网的形象，十分简洁而醒目地表现出病人头痛的感受，从而提示该药品的止痛功效，在给人耳目一新之感的同时，也有力地传达了产品的利益主题。当然，也有一些广告隐喻是以抽象概念的形式出现的，但它们只占广告隐喻的很少一部分。

三、广告隐喻的认知性

语言是沟通与认识世界的主要手段，就其本质而言，人类概念系统中的许多基本概念往往是隐喻性的，隐喻是人类基本的认知方式之一。

隐喻的基本特征要求无论是文案或图像，均是源域向目标域的跨域映射。一般来说，这种映射是单向的，而且是整个结构之间的映射和互动，以便于消费者通过内容相对具体、结构相对清晰的概念去理解那些相对抽象、缺乏内部结构的概念。尽管源域和目标域不一定同时出现，但一定具有映射性关系的存在。

一个新的概念通过隐喻的方式呈现出来，新的事实或概念在新的隐喻和模型中得到了新的描述和审视，能够强化消费者认知，产生如同格式塔转换一般的认知效果。难怪科学哲学家库恩认为，"隐喻、类比、模型是新概念诞生的助产士，是指导科学探索的强有力的手段"[1]。

戴比尔斯在世界杯期间做的杂志广告，画面很简单：一对熠熠发光的钻石耳坠在黑底的衬托下分外显目，耳坠下面则是排成一个叹号状的一句话"为她准备一副世界杯的耳塞"。结果。乍一看不解其意，然而转念一想，就会哑然失笑，试想在世界杯期间，广大男球迷最大的麻烦是什么？不就是因为全心看球没有时间陪女朋友，而招来女朋友的抗议吗？现在好了，只要给她买一副戴比尔斯的钻石耳钉，她们就会陶醉其中，不会再来烦你，无疑是给她们戴上一副"世界杯的耳塞"。隐喻巧妙，幽默生动。

四、广告隐喻的说服性

一般认为，信息功能和劝导功能是广告最主要的功能，因为广告的目的并不只是为了提供信息，而是希望通过提供信息实现劝导，以达到争取更多消费者的真正目的。伯恩巴克指出，"广告的根本就是说服"[2]。广告主要通过大众媒体传播产品或服务信息，促进消费者产生积极的态度和购买行为。因为隐喻与认知过程和态度之间的种种关系，使广告隐喻能在这一过程中发

① ［美］托马斯·库恩（Thomas Kuhn）：《科学革命的结构》，金吾伦、胡新和译，北京大学出版社2003年版，第83页。
② ［美］斯科特·阿姆斯特朗：《广告说服力：基于实证研究的195条广告原理》，吴国华、林升栋、康瑾、杨松译，商务印书馆2016年版，第XV页。

挥重要的影响作用。那些得到消费者信任的广告是有说服力的。

在产品丰富且竞争激烈的环境下，消费者不再像过去那样只注重产品的功能，而是有着更加多样化的需求。在购买之前，他们先会对产品或服务的各方面进行权衡评价：这是什么？它的可靠性在什么地方？它有何与众不同之处？我为什么需要它？每一个广告都至少要回答这几个基本问题中的一个，才有可能影响消费者。当然，这种回答不应是生硬的而应是艺术的、充满美感的。伯恩巴克曾经旗帜鲜明地表示："广告基本上是说服……而说服的发生并不是科学而是艺术。"[1]

消费者的态度是一种带有认知、情感和行为意向的持久的系统。广告隐喻的优势恰恰在于不仅能够向消费者传递产品或服务的使用价值，增加受众处理广告信息的深度，而且能够更有效地传递产品或服务的情感价值和精神价值，降低受众的态度和认知抵触。一旦某个产品或服务被认定是性价比高或者是符合自己的需要（认知因素），消费者就会对它怀有好感（情感因素），并愿意去获得它（行为的意向性）。从这个意义上说，广告隐喻不是一种风格，而是一种有效的沟通和说服方式，它像幽默感一样，充满想象的体验。

相关的研究表明，含有明显的认知和情感倾向性的广告隐喻可以引发消费者对新产品的好奇心，积极认同产品或服务特色，如果在图文结合的情况下，效果会更佳。另外，准实验研究结果还表明，隐喻能加强消费者的广告态度、品牌态度以及购买意愿。例如，把一个品牌与名人或者一种浪漫化的生活方式联系起来，寓意使用该品牌产品就可以使消费者变成一个更美丽、更讨人喜欢或更加精力充沛的人，消费者就会自觉或下意识地接受广告产品。

由此我们知道，广告不是让消费者接受自己本不想要的东西，或是做本不想做的事情。在大多数情况下，广告只是鼓励消费者的某种消费欲望，或是说服他们把已经开始做的事情继续下去。

---

[1]　［美］汤姆·狄龙等：《怎样创作广告》，刘毅志译，中国友谊出版公司1991年版，第64页。

五、广告隐喻的营销性

早在 1903 年，被誉为美国广告史上第一位专业文案撰稿人的鲍尔斯（John O.Powers）在《美国政治与社会科学院记事》中明确地指出："广告与销售的关系，就如同铁路和运输的关系一样。"[①] 大卫·奥格威说："我们做广告是为了销售产品，否则就不是广告。"[②] 乔治·路易斯也同样认为："广告的艺术是推销的艺术，两者的关系是相辅相成的。"[③] 广告的宗旨是为广告主服务，无论其具备多么优美的形式、多么新奇的创意、多么魅力的意境，最终目的还是要为销售服务。可以说，在任何情况下，广告都不是一种独立的事件，没有销售意图的广告就不是合格的广告。

广告是一种传播工具，更是企业营销计划的一部分，具有重要的经济功能。由于市场上的产品和服务与消费者的购买与消费之间往往存在着信息的不对称（asymmetricinformation）和时空上的距离，从而使得这些产品和服务与消费者的消费难以及时有效地进行对接，需要借助广告传播来消除这些障碍，刺激需求（包括初级需求和选择性需求），以减少企业的产品在企业中存留的时间和价值折旧量，加快企业资金的流转速度，降低企业的交易成本。同时，广告对于消费者的消费行为产生着重要的影响，它引导消费者消费观念的形成、稳定、更新和变化，特别是在培养品牌意识方面非常有效。广告通过报纸、杂志、广播、电视、户外、网络等传播媒体，可以把各种产品信息和品牌主张及时地送到消费者面前，供消费者知悉和选择，培养其偏好。广告所创造的品牌知名度和美誉度会转化为市场份额，并最终变现为盈利水平或投资回报率（ROI）。所以，诺贝尔经济学奖的获得者 J. 蒂格利茨

---

① ［美］杰克逊·李尔斯：《丰裕的寓言：美国广告文化史》，任海龙译，上海人民出版社 2005 年版，第 145 页。

② ［美］大卫·奥格威：《一个广告人的自白》，林桦译，中国物价出版社 2003 年版，第 9 页。

③ 魏炬：《世界广告巨擘》，中国人民大学出版社 2006 年版，第 348 页。

（J.E.Stiglitz）认为，"广告具有重要的经济功能，它能够提供有什么东西可供选择这样的信息。……广告的作用是移动需求曲线。一家厂商增加其广告支出可以把顾客从对手那里拉过来，或者使顾客从以前购买其他产品转变为现在购买该厂商的产品"①。

大量的实验证明，在产品和服务信息的传播过程中，隐喻性的广告能够更有效地把美好、成功、美丽、浪漫、科学进步与舒适生活等各种符号或概念与产品融合在一起，强化消费意义认知，引导消费方向。这在激烈的市场竞争中，既可以为广告主传递产品信息、助力营销，也可以为广告主构建品牌、创造价值。

---

① ［美］J.蒂格利茨：《经济学》，姚开建等译，中国人民大学出版社1997年版，第431—432页。

第四章　广告隐喻的类型与功能

为了进一步研究广告隐喻，我们需要对其存在的类型与功能作进一步的分析。了解其类型，有助于我们把握广告隐喻的各种形态，理解其功能，有助于我们认清广告隐喻的价值。

第一节　广告隐喻的类型

在哲学乃至科学领域，一般都认为分类是危险的，因为没有任何一种分类是完美无缺的。但分类又是科学研究所必需的，因为范畴化思维对更加清晰地深化认识客观事物是一种有效方式。没有分类就没有认知的深化，就达不到概念化和范畴化，就难以发现事物的规律性。

研究广告隐喻，有必要对其进行分类。对广告隐喻的划分，我们主要借助于主流的隐喻类型划分方法。当然，由于分类角度和标准不同，依然存在仁者见仁的现象。为了论述的方便，笔者对隐喻的各种因素与分类做了归纳和简化，认为大致分成下述几类。

一、结构隐喻、方位隐喻和实体隐喻

从认知概念结构与关系的角度出发，可以将广告隐喻分为结构隐喻、方位隐喻和实体隐喻。

（一）结构隐喻（Structural Metaphor）

结构隐喻是指将一个概念的结构嵌入另一个概念的理解过程，使后者的理解建立在前者的结构之上。通常是用源域中具体的或比较熟悉的概念去映射目标域中抽象或比较陌生的概念，使得后者可按前者的结构加以系统地理解。例如，在"丰田与你一起前进"（丰田车）的概念隐喻中，丰田概念是通过前进概念来组织和理解的，丰田被当作可以陪伴人一道行走的旅伴。它的隐喻结构是"丰田是旅伴"。

结构隐喻具有不可逆性，也就是说，隐喻意义的映射是单向的从源域向目标域映射，而不能反过来。因此，我们有"时间是金钱"、"品牌是恋情"等隐喻而没有"金钱是时间"、"恋情是品牌"的隐喻。这是为什么呢？埃科解释说，人们"一旦接受了蕴涵的原则，一种从会话的角度看是变异的表达，借助这一原则，可被隐喻地解释时，一种表达才等值于另一种表达。"[①]

（二）方位隐喻（Orientational Metaphor）

又称方向性隐喻，是指参照空间方位而建立的一系列隐喻概念，它是从人类赖以为生的身体出发，与人类生存的环境互动所产生的认知机制，是人们较早产生和理解的概念。如垂直性的"上下"、对称性的"左右"，水平关系的"前后"，还有"内外"、"远近"、"深浅"、"多少"、"中心—边缘"等表达空间的概念可用来组成另一概念系统。在此基础上，人们将这些具体的

① ［意］翁贝尔托·埃科：《符号学和语言哲学》，王天清译，百花文艺出版社2006年版，第176页。

空间方位概念投射于情绪、精神、身体状况、社会地位、数量等抽象概念上，形成了用方位词语表达抽象概念的方位隐喻。如深度访谈、销售前景、核心计划、高端品牌、成本下降、行情高涨等。在广告中，"上上下下的享受"（三菱电梯）、"虽然毫末技艺，却是顶上功夫"（理发店），"时尚之前，Vogue 之中"（*VOGUE*）等，都属于方位隐喻。

方位隐喻的方向性不是任意的，而是以一定的人类生活经验为基础的，它深植于人类普遍的生理、文化和社会环境之中，带有许多相同的特征。

（三）实体隐喻（Ontological Metaphor）

除了方位隐喻之外，还有一个重要的隐喻形式，这就是以具象实体作为来源范畴的实体隐喻。实体隐喻是指人类把对物体和物质经验的词语用于谈论抽象的、模糊的思想、感情、事件、心理活动等无形的概念，把这些抽象的概念视为有形的实体。实体隐喻又可分为三小类：

（1）实体和物质的隐喻（Entity and Substance Metaphor）。实体隐喻就是通过联想，将情绪、身体状况、数量、社会地位等心理认知语义域、感知语义域或情感语义域中的抽象概念，投射于具体的物质域中加以确切。因为人类的经验大多是抽象的，必须要借助实体性隐喻来提及、指涉这些经验，才能进行有效的交流。如兰蔻的"防御日晒是一个复杂的细胞工程，首先应从保护细胞内部的 DNA 开始"和百岁山矿泉水"水中贵族百岁山"的广告语。当然我们也能够以实体的东西来认知事情的过程、情绪等抽象的概念。如皇冠丹麦曲奇的广告语"皇冠丹麦曲奇，皇家般的享受"。

（2）拟人隐喻（Personification）。拟人隐喻是指将广告信息中的物性转化为人性，并赋予其形象特征的做法。例如，丰田汽车的"Poetry in motion, dancing close to me."（动态的诗，向我舞近），以及好运达（Rowenta）吸尘器的广告词："哪里都可以吸到，连桌子、沙发、钢琴也会抬起脚来。"

（3）容器隐喻（Container Metaphor）。将本体（不是容器的事物、人地、视野、事件、行动、活动、状态、心境等）视为一种容器，使其有边界、可量化、能进、可出。例如太平洋保险公司的广告语"平时注入一滴水，难时拥有太平洋"，一语双关，既充满哲理又意境开阔。国外的一则 Anchorage 的平面广告是成功运用"in-out"的容器隐喻概念的一个例子：广告画面是一艘巨型豪华游轮，上面飘着的不同旗帜代表不同的国家，带有 shop，diner，park 等字样。意为你可以在这里购物，与朋友共进晚餐，然后还可以去附近公园休息。在解读了这些信息之后，就能够容易地得到这样的信息：在 Anchorage 购物中心购物就像在豪华游轮上享受一样，也就是说，这个购物中心是非常豪华、巨大的，它可能满足每个人的需要。

二、显性隐喻和隐性隐喻

从隐喻的表现形式看，可将广告隐喻分为：

（一）显性隐喻（Explicit Metaphor）

显性隐喻即人们通常所说的明喻（simile），它明确说明两者是一种对比关系。就形式而言，明喻中的本体与喻体是相似的关系；从显性结构上来看，明喻中的本体与喻体一起同时出现在句子中。英语中典型的明喻形式是"to be like"，即 S is like P（or as P），而汉语中的典型形式是"S 像 P"。如 S.H. 布里特的名言："Doing business without advertising is like winking at a girl in the dark.You know what you are doing, but nobody else does."用中文来表达就是："企业经营如果不做广告，就像在黑暗中对女孩传递秋波，尽管你知道自己在做什么，但是别人不知道。"

显性隐喻的图像通常选择两个事物之间显而易见的相似点，让隐喻的对象一目了然，人们不自觉或较容易就发现两者之间的相似性，从而明白其含义。例如，美国的葛鲁伯罗特（Globetrotter）户外装备公司的一则广告，将静静的沙滩上巨型海豹舒服地蜷缩在自己皮下的状态与在露营睡袋中睡觉的状态联系到一起，两者看起来十分相似。

（二）隐性隐喻（Implicit Metaphor）

隐性隐喻也叫暗喻，是一种隐含关系。在结构形式上，暗喻要比明喻简洁，但意义却更为含蓄深刻。隐喻一般不明确地说 S 像 P，而是在事物相似性的基础上说 S 是 P。因此，隐性隐喻常用"是"连接本体和喻体，把二者等同起来。在英语中，隐性隐喻的述谓形式是"to be"，而汉语的隐喻除了"是"以外，还常用"成了"、"成为"、"化作"等词来表示。BBDO 广告公司的缔造者布鲁斯·巴顿（Bruce Barton）曾说："从专业角度考虑，广告是年轻的；从强制性角度考虑，广告和整个世界一样历史长久。"这里，用"年轻"表示广告作为专业出现的时间较为短暂。再如，汰渍洗衣粉的广告语"Tide's in, dirt's out"（汰渍到，污垢逃），也是一则优秀的隐喻广告。

在图像表现方面，隐性隐喻的图像对本体和喻体的相似点没有明确呈现，显得较为隐蔽，意义也更为蕴藉，但能引发人们更多的联想。例如，克莱斯勒铂锐(中国) 网上有过一则汽车视频广告——《白发魔女追杀唐伯虎》，讲的是江湖才子唐伯虎被白发魔女穷追猛杀，一路驾车逃亡的故事。借助逃跑的环节将汽车的 7 个卖点隐喻成 7 种武器一一展示，在荒诞中透着无厘头式的搞笑，其产品的优点诉求贯穿于整个视频过程。

三、根隐喻和派生隐喻

从隐喻关系角度分类，广告隐喻可分为根隐喻（Root Metaphor）和派生隐喻（Derivative Metaphor）。

根隐喻指位于一个概念结构中心的隐喻，在本体和喻体之间具有较多的相似性，或常被视为同一种事物，并在此基础上可派生出其他很多隐喻。或者说，根隐喻是把一组事实中的第一实例作为范例提升到具有普遍阐释力的高度，用它来涵盖和阐释所有事实。①

根隐喻往往是隐含的，一般不为人们所察觉，它反映了人类对自然和世界的早期认识，是概念化隐喻的核心。根隐喻对于人类概念系统的形成、认识世界的方式、日常思维的发展具有重要的影响和作用，还会约束人们对现实的认识和理解。莱考夫和约翰逊所说的"隐喻性概念"（Metaphorical Concepts），或"概念性隐喻"（Conceptual Metaphor）主要就是指这种隐喻。派生性是根隐喻的外在体现，是围绕根隐喻所派生出来的枝隐喻。

按理说，广告与战争（打仗）原本是两个根本不同的概念。前者是一种传播活动，属于商业行为；后者是一种武装冲突，属于军事行为，两者所进行的行动内容也是不同的。但是，霍普金斯认为两者之间具有一种相似性，他曾经说过："做广告很像打仗，只是没有你死我活。如果你愿意，你也可以说像是在下棋。我们经常去攻城略地，去争夺别人的生意。我们必须具备技巧和知识，我们必须训练有素、经验丰富，我们必须要有合适的武器和弹药，而且要足量。我们从不低估对手。我们的智囊团是我们制胜的关键因素，我们需要与经销商结盟。我们还需要最有效的策略，使我们的力量成倍地增长"②。这就是说，广告和战争一样，是一种竞争行为，不仅需要做知己知彼的调查（侦查），还需要运用一定的战略战术（技巧和知识），上下同欲（互相配合），经过不断地宣传攻势和大大小小的活动（武器和弹药），才有可能赢得市场（攻城略地）。这样，两个迥然不同的语义域就产生了必然的联系，从而创造出"广告是一场战争"的根隐喻。由此可以衍生出一系列具有实际含义的派生隐喻。例如：

> 本次广告战役声势浩大，势如破竹；
>
> 竞争者就是假想的敌人，消费者的心智则是要占领的阵地；

---

① Stephen C.Pepper, The Root of Metaphor Theory of Metaphysics, The Journal of Philosophy, Vol.32, No.14 （Jul.4,1935）, p369.

② 魏炬：《世界广告巨擘》，中国人民大学出版社 2006 年版，第 413—414 页。

> 广告目标就是要瞄准消费者；
>
> 广告策略需要出奇制胜；
>
> 定位是广告传播的利器；
>
> 双方的广告短兵相接……

所以，我们既可以说"反抗外敌入侵是战争"，也可以说，"商业贸易是战争"、"扫黑除恶是战争"、"抗击新冠肺炎疫情是战争"，这些都可以被认为是根隐喻认知的外在体现。

四、规约隐喻和新奇隐喻

根据规约程度的不同，可以将广告隐喻分为规约隐喻（Conventional metaphor）和新奇隐喻（Novel metaphor）。规约隐喻是指那些已被语言社团广泛使用和接受，并成为日常语言的一部分的隐喻，其意义已成为约定俗成的字面意义，语言使用者也已经忽略或意识不到其语义张力的存在。这种隐喻是显豁的、固化于人类大脑深处的，成为人类认知活动的原型。如计算机领域中常用的"菜单"、"桌面"、"鼠标"、"平台"、"病毒"、"文件夹"、"回收站"，以及日常生活用语中的"全球"、"热恋"、针眼（the eye of the needle）、最后期限（deadline）等词汇都已高度规约化。新奇隐喻是指那些最新被创造出来或虽已存在一段时间，但尚未被大部分语言使用者所认可的隐喻。新奇隐喻具有显著的创新性，其语义张力和可阐释性都较强。例如，台湾的康来蛋酥卷广告语"把美味和营养卷起来"，按常理说，"美味"是特点，"营养"是功能，这些抽象的概念是不能卷起来的，但是该广告创造性地使用了动词"卷起来"，将产品的功能、特点、制作和形状一言以蔽之，既表明了蛋酥卷的制作特点，又反映了产品的形状，使其有着更为重要的认知价值。

施喻者在理解新奇隐喻时要比理解常规隐喻付出更大的努力。隐喻的新奇程度越高，语言的隐喻性就越强，受喻者理解该隐喻所需付出的努力就越大。学界普遍认可这一隐喻分类方法，有些学者甚至倾向于把规约隐喻称为"死隐喻"。但值得注意的是，规约隐喻和新奇隐喻之间并不存在清晰的界限，学界也没有一个统一的区分标准。"死隐喻"也并不是真正死去了的隐喻，而是成为另一种状态存在的隐喻。在思维认知层面上，它从临时性概念沉积为大众化概念；在语言层面上，它约定俗成地变成了字面的词义进入字典，成为多义词的稳定义项。可一旦遇到合适的语境，那些规约隐喻依然会有不俗的隐喻力。

当然，根据隐喻的表达方式，我们还可以将广告隐喻划分为文字隐喻和图像隐喻，等等。

第二节　广告隐喻的功能

探讨广告隐喻首先要弄清隐喻的基本功能问题。弄清隐喻的基本功能有助于我们更好地理解隐喻的作用机制及其传播价值。

一、隐喻的基本功能

自古以来，中外学者们对隐喻的功能都有大量的探讨，留下了许多真知灼见。如亚里士多德认为，隐喻具有修饰性、意义创新和词汇补缺功能，而莱考夫和约翰逊则指出了隐喻的认知功能。高特利则认为，隐喻的功能包括：解释和特征描述；概念重构；借类比或（假象？）支撑论辩（申论）；思维模式和形态；表达情感态度；美化、掩饰和夸张；有益亲密；幽默和游戏；激励行动或解决问题；篇章建构；虚拟；增强记忆、凸显和信息度。①

我国学者束定芳在其《隐喻学研究》中把隐喻的功能划分为修辞功能、诗歌功能、语言学功能、认知功能、社会功能和文字游戏功能②。王立皓和孙启耀则从广告的角度认为隐喻的功能主要有：美学功能、经济功能、意义创造功能及文化传承功能。③邹宇从语用学的角度阐述了隐喻的五种功能，即：描述功能、劝说功能、亲近功能、启发功能和想象功能。④以上分析都有较强的合理成分。

但不可否认的是，在有关隐喻功能的讨论中，仍然存在着各种各样的看法，有不少属于盲人摸象似的局部诠释，也有张冠李戴式的作用描述和叠床架屋般的随意延伸，或多或少脱离了隐喻功能概念的内在规定性，忽视了功能是由事物内部要素结构所决定的、具有相对稳定性的特点。

莱考夫和约翰逊指出："隐喻是我们最重要的工具之一，它帮助我们部分理解那些无法完全理解的事物，如我们的情感、审美经验、道德实践、思想意识。这些想象的尝试并非没有理性，（而是）因为使用了隐喻，它们采用的是富于想象力的理性。"⑤莱考夫和约翰逊的观点为我们剖析隐喻的基本功能指明了方向。

可以确定的是，隐喻与人类的生活密切相关，与人类的文明须臾不离。人类自从有了语言，便产生了隐喻。隐喻为语言系统的开放性和活力提供了动力机制，所以，不管社会如何发展变化，科学技术如何日新月异，从日常生活到文学艺术，从政治军事到科学著作，隐喻无处不在。从表面上看，隐喻在语言系统中的功能主要是"意义扩展"和"意义创造"。实际上，这只是果而非因，要探寻隐喻的基本功能，就要深入到隐喻运行机制的内部，回到

---

① A.Goatly, The Language Metaphors, London and New York: Boutledge, 1997, pp.149–166.

② 束定芳：《隐喻学研究》，上海外语教育出版社 2000 年版，第 112—151 页。

③ 王立皓、孙启耀：《广告隐喻的多功能探析》，《山东外语教学》2004 年第 6 期。

④ 邹宇：《广告中隐喻的功能及翻译》，《合肥工业大学学报》（社会科学版）2008 年，第 4 期。

⑤ ［美］乔治·莱考夫、马克·约翰逊：《我们赖以生存的隐喻》，何文忠译，浙江大学出版社 2015 年版，第 171 页。

"万事万物相联系，人与自然皆同构"的基础之上，才能正确理解其基本功能。

笔者认为，隐喻的基本功能体现在四个方面，即关联功能、抽出功能、映射功能及转移功能。试分析如下：

首先，从隐喻的基本结构来看，隐喻的基本表达式是"S 是 P"，这一结构的两端分别是目标域（主体）和源域（喻体），两个域的事物既对立又相似，具有对立中的相似、相似中的对立的关系和性质，但总的特征是相似大于对立。通过隐喻，两个或更多不同的事物被有效地连接到了一起，形成一种不同的概念之间相互关联的认知方式。当人们能够把自己的经验与实体或物质认同，便能指称它们，对其谈论、分类、组合、计算以及识别其特征及原因等，从而为人们增加新认知、发明新事物、开拓新领域提供了捷径。

其次，从源域的确定过程来看，隐喻的建构是以源域的存在为前提的。作为源域一方的事物在隐喻没有形成之前，是一种无限性和不确定性的存在。大千世界丰富多彩，源域的备选事物自然是极为多样的。那么，到底应该选择哪一个或几个事物作为源域呢？通常，只有最符合目标域预设需要的事物才能被抽取出来。抽取的过程是事先对各种源域进行具体属性的评价，然后抽取相应的源域事物。在其实施过程中还会受到两大因素的影响：一是施喻者自身经验、知识及偏好的影响，那些最为熟悉的事物往往会成为优先抽取的源域；二是受到自身文化传统、观念及习俗的影响，它们以顽强的力量左右着源域抽取的方向。例如，中国人常用梅花、菊花、荷花、芙蓉作喻体，日本人常用樱花作喻体，而西方人则常用玫瑰、紫罗兰、郁金香作喻体。

最后，从目标域和源域的关系来看，隐喻中的目标域和源域的关系一旦成立，那些源域中已知的、熟悉的或具体的事物的某些特征就会投射到未知的、陌生的或抽象的目标域上，两者形成部分等同或相似的关系，这样，被抽取的源域事物所具有的符号意义也就随之转移到了目标域事物。当然，这种映射是对源域事物中的某些蕴涵进行有选择的映射，同时过滤掉了另外一些次要蕴涵。莱考夫和约翰逊认为："隐喻凭借其蕴涵通过突显、淡化、隐藏来选择出一个经验范围。然后，隐喻勾勒出整个突显的经验范围与其他经验范围之间的相似特征。"① 例如，"爱是共同加工的艺术品"这句话，就挑选出了"爱"的某个经验范围，界定了整个突显的经验范围与协同制作艺术品经验范围的结构相似性。

莎士比亚的剧本《罗密欧与朱丽叶》第二场第二幕中有这样一段文字：

> （朱丽叶出现在舞台后方的窗户旁）罗密欧：但是，静一下！
> 什么样的光穿过远处的那扇窗？那边是东方，朱丽叶是太阳！升起
> 来吧，壮丽的太阳，击溃嫉妒的月亮！

这段文字包含了三个隐喻：窗户是东方，朱丽叶是太阳，月亮是嫉妒者。就"朱丽叶是太阳"这个句子而言，它的字面义是，朱丽叶出现在窗户旁，正如太阳出现在东方一样灿烂。但从隐喻的角度来看，这个句子并不是一个客观的真实判断，而是一种隐喻。当罗密欧猛然看到朱丽叶出现在窗户时，一种强烈的愉悦感袭上心头，那美丽的形象令他瞬间震撼，不由得浮想联翩。他要把这种感受说出来，但要表达这种感受的源域物可以有很多种选择，比如朝霞、火焰、彩虹、宝石、闪电、孔雀、天鹅等，但是罗密欧只抽取了太阳作为源域物，通过双域映射的方式将太阳所具有的基本符号意义，比如灿烂、壮丽、活力、美好、温暖等都被迅速转移到了目标域"朱丽叶"身上。由此传递出朱丽叶的形象明亮耀眼、灿烂夺目，带来无限美好与激情的隐喻义，因而成为世界文学作品中最确切、形象、生动的隐喻之一。

二、广告隐喻的功能

隐喻与广告的结合必然产生其独特的功能。通过对大量中外广告隐喻作

---

① [美]乔治·莱考夫、马克·约翰逊：《我们赖以生存的隐喻》，何文忠译，浙江大学出版社2015年版，第141页。

品的分析，并结合学者们关于广告隐喻研究的成果，笔者认为，广告隐喻的主要功能有以下几种。

（一）增强广告语言表达的修辞功能

这是广告隐喻的外在功能，也是传统修辞学的基本观点。从效果来看，很多时候广告并不适合直白的表达，而是要寻找一种含蓄而隽永的表达方式。因为平铺直叙的广告语往往流于空泛平淡，缺乏艺术魅力。

1.隐喻使得广告表达通俗、易懂，便于理解

亚里士多德认为，修辞能够为平易的文体增加魅力和特色。同其他任何一种修辞形式的应用一样，人们使用隐喻语言主要是为了在口头或书面表达中产生特别的效果。他的《诗艺》中，记载有贺拉斯（Horace）、朗吉努斯（Longinus）和昆体良（Quintilian）等人的详细讨论。贺拉斯提出，隐喻应展示和谐的而非新奇的关联。朗吉努斯认为，隐喻作为一种修辞手法能够增加文体的感情渲染作用，故有助于产生崇高文体。昆体良则进一步强调隐喻的渲染功能，认为它是文体最高级的装饰物。

当然，人们使用隐喻是为了从熟悉的、有形的、具体的、常见的概念域来认识生疏的、无形的、抽象的、罕见的概念域，即用已知的世界来认识未知的世界，用简单常见的事物来描述纷繁复杂难以言状的事物，从而使所说明的事物或概念变得容易理解。例如，莎士比亚（William Shakespeare）借助"舞台"（stage）一词让我们更好地理解世界的美好与复杂，巴菲特（Warren Buffett）借助"海潮"一词让我们更清楚地了解市场的混杂与无情，而弗罗斯特（Robert Frost）通过《未选择的路》把抽象概念"人生"喻作旅途，使我们懂得人生有过程、长短、平坦或崎岖，充满不确定性，会遇到或好或坏的风景，有快乐与伤痛等。季羡林先生在回顾自己的人生历程时，曾深有感触地说："在这一条十分漫长的路上，我走过阳关大道，也走过独木小桥。旁边有深山大泽，也有平坡宜人；有杏花春雨，也有塞北秋风；有山重水复，也有柳暗花明；有迷途知返，也有绝处逢生。路太长了，时间太长了，影子太

多了，回忆太重了。"① 所以，老舍在谈道"言语与风格"时说："比喻能够把印象扩大增深，用两种东西的力量来揭发一件东西的形态或性质，使读者心中多了一些图像。"②

广告为了向消费者表达新知识或提出新概念，总是需要一定的话语构架作为载体。人们通过隐喻扩展语言，"说出仅用字面意义无法说出的东西。这种扩展可从两个方面进行：扩大语言的领域或范围，或者提高语言的细腻程度或深度"③。这样不仅可以帮助人们避免逻辑上的重复，而且可以解决表达方式上的局限，使两个截然不同的世界或事物轻而易举地结合在一起，既增加了语言厚度，也提升了广告的易读性。百达翡丽手表就是通过在广告中使用旅程这个隐喻源，与消费者缔结强烈而持久的盟约，提出了"没有人能够真正拥有百达翡丽，你只是在为下一代保管"的口号，"意即手表在消费者中代代相传，它的拥有者只是在传家宝的旅程中荣幸地经历了一段路程而已。"④ 奥妮洗发露的广告语更是使用了简简单单的"黑头发，中国货"六个字，响亮有力、通俗易懂地把产品所代表的种族、文化、心态、形象以及其他的侧面都展现在人们眼前，令人浮想联翩，充满民族自豪感。

2.隐喻使得广告表达生动、形象，具体可感

隐喻有利于人们对经验的阐述。因为隐喻不仅是人们感受世界的产物，而且是人们感受世界的过程。要把自己的感受传递给别人，单靠抽象的、直白的、冗长的描述是难以达到预期效果的，应当具备一定的技巧。所以，刘熙载在《艺概》中说："山之精神写不出，以烟霞写之；春之精神写不出，以草树写之。"就是说，山和春的精神是抽象的，要靠常见熟知的烟霞、草树等来形象地描写，才会有形有色、具体可感。

① 季羡林：《人生十讲》，现代出版社 2016 年版，第 56 页。
② 老舍：《老舍文集》第十五卷，人民文学出版社 1986 年版，第 289 页。
③ 冯晓虎：《隐喻——思维的基础，篇章的框架》，对外经济贸易大学出版社 2004 年版，第 36 页。
④ ［美］杰拉尔德·萨尔特曼、林赛·萨尔特曼：《隐喻营销：洞察消费者真正需求的 7 大关键》，鹂嘉图译，浙江人民出版社 2014 年版，第 91—92 页。

美国人工智能专家大卫·鲁梅哈特（David Rumelhart）认为，当我们谈论抽象概念时，我们总是从另一个具体的领域所使用的语言中选择词汇。因为隐喻式的名称总是与一个意象关联，人们也就有可能根据需要，通过意象式的隐喻化抽象，使事物生动起来。中国的一些学者更明确地指出，"隐喻作为一种语言现象和认知行为，以其特有的修辞功能和表达效果在广告中得到广泛应用。隐喻的使用不仅使广告变得简洁生动、新奇而富有启发，还可以激起观众的想象力。"[①]

消费者在对产品选择时，通常以能听、能看、能感受、能品尝、能触摸作为判断基础。各种产品或服务的性质和特点又不尽相同，即使通过图片能见到外形，但其特点、优势是看不见的，况且有些产品本身是看不见、摸不着的。例如，我们看不见保险，也无法用手去感知银行或律师服务的质量。怎么办？隐喻是我们凭借的重要语言资源和手段，通过它可以建立两个以前不太相关的事物或现象间的联系，将无形的、不可触摸的概念化为可理解的具体的事物，使消费者内心的体验感受和思想图像化、鲜明化。这样，字形似乎有思想，颜色似乎有温度，声音似乎有味道，冷暖似乎有重量，气味似乎有锋芒。

有研究表明，如果我们想在广告作品中充分表现某种产品具备某种特征或是在某个方面具有无可比拟的优势，使用隐喻可以说是最为理想的方法。[②] 我们不妨比较一下美宝莲护肤霜和玉兰油护肤霜分别使用过的广告语就明白了。前者有"完美你的妆容，改善你的肌肤"，广告语抽象、含糊，而后者是"毛孔收细了，肌肤就像剥壳鸡蛋般细致光滑"，形象鲜明、生动，令人印象深刻。同样，美国的全国保险公司用毛毯，保诚人寿保险公司用直布罗陀山，旅行家保险公司用保护伞、家庭人寿保险公司用鸭子、州农庄保险公司用好邻居等，都取得了非同凡响的广告效果。

---

① 朱健敏：《中外广告语中的隐喻和认知》，《南京工业大学学报》（社会科学版）2008年第2期。
② ［英］尼克·马洪：《创意思维》，Coral Yee、孟刚、韩丽译，中国青年出版社2012年版，第88页。

3.隐喻使得广告表达新颖、有力，言简义丰

孟子在《孟子·尽心下》中说道："言近而指远者，善言也。"善言者不是说得多，而是在尽量减少言语表达数量的基础上保有原来的语意厚度，给受众留下广阔的想象空间。广告大师李奥·贝纳说得更为直接："一条好的广告语往往意蕴深刻，内涵丰富。"[①] 这意味着广告语也要反复锤炼，以达到"言有尽而意无穷"的境界。而隐喻就是达到浅近语言与深远意旨相统一的最佳途径之一。《清仁宗实录》一书在记载嘉庆年间的北京时只用了三句话："京师第宅云连，市廛棋布，为四方会极之区。"[②] 短短的 17 个字极其生动地将当时京师人口的浩繁、熙攘，楼宇的连绵、壮观，市肆的广布、繁盛，以及帝都的王者之气都蕴含其中，可谓是极佳的广告隐喻文案。

心理学研究表明，减少记忆性材料的数量可以增加记忆的深度，因此简明的广告内容会比复杂的记忆效果好。有一项调查结果表明，34%的人能记住 6 个字以下的标题，而只有 13%的人能记住 6 个字以上的标题。从表面上看，隐喻既有源域也有目标域，仿佛句子被拉长了。但在意义的表达上，却更加精练了。因为隐喻能将大量信息压缩至一个短小而生动的语言空间，以简驭繁，以少胜多，言有尽而意无穷。所以，韦恩·布斯（Wayne C. Booth）援引斯宾塞（Herbert Spencer）的"文体精简率"指出，人们使用隐喻的原因之一是，隐喻能以较少的言词表达更多的内容[③]。摩根和瑞克特（Morgan&Reichert）更是将隐喻比作一只蚂蚁，一只瘦小的蚂蚁能够举起比自己体重重许多倍的东西，一个简单的隐喻可以抵得上千言万语。

简洁有力的隐喻能给受众留下深刻的印象。例如 20 世纪 50 年代初，艾森豪威尔（Dwight Eisenhower）将军的总统竞选口号是："I like Ike"（"我喜欢艾克"，Ike 是艾森豪威尔的小名）。这句口号由三个单音节词构成，含有

---

① 李奥·贝纳广告公司：《李奥·贝纳的观点》，观点传媒工作室译，内蒙古人民出版社 1998年版，第 33 页。

② 《清仁宗实录》卷二百四十三，华文书局 1985 年版。

③ 张沛：《隐喻的生命》，北京大学出版社 2004 年版，第 121 页。

三个双元音 /ai/，结构十分简洁。三个词的组合呈现出一种变化：第一个词中没有辅音因素，第二个词中双元音前后各有一个辅音，第三个词中有一个辅音出现在最后。三音节句式里的两个格律节"I like"和"Ike"彼此押韵，后者 /aik/ 被完全包括在前者 /laik/ 中，形成回韵（echo rhyme），使人感觉目标对象被完全簇拥了，即 Ike 被众人的喜爱包围着。同时，"I like"和"Ike"又彼此押头韵，前者 /ai/ 被包含在后者 /aik/ 中，形成主体被客体包围的文字意象，仿佛每个爱戴 Ike 的人也为 Ike 所爱。因此，这一句看似普通的竞选口号却并不普通，不仅传递的信息明确，朗朗上口，而且隐含深深的爱意，具有极大的感召性。

研究还发现，很多国家的旅游广告在形式上简短，但在意义上却十分深刻。例如：

> 集地球四角于一地。——澳大利亚
>
> 历史的金库。——埃及
>
> 历史的博物馆。——意大利
>
> 儿童的圣地。——伦敦
>
> 美丽的珍珠。——锡兰
>
> 绿色的芒果叶。——科伦
>
> 夏威夷是微笑的群岛，这里阳光灿烂！——夏威夷

这些旅游广告以其国家或地区最具特色的优势为诉求点，有的诉说国家的地域特征，有的则以其文化历史为重点，言近旨远。

关于图像隐喻，苏立文认为："隐喻之所以能给予产品有效的帮助，是因为它就像是一种观念速记，一个你原本要花 20 个词才能说明白的问题，通过隐喻，只要一个图像就能轻松搞定。"[1] 因为"在真正机智的做法中，广

---

① ［美］路克·苏立文：《文案发烧》，赵萌萌译，中国人民大学出版社 2010 年版，第68页。

告设计者从来不用把 100% 的包袱都抖给读者，而是留给读者 5% 或者最多 40% 的空间，让他们自己顺着设计者的想法去解开谜团，……就像是设计者抛出一个球要让读者去接。"① 所以，对于那些产品或服务比较复杂、需要用较多文字才能阐述清楚的问题，使用图像隐喻就显得更有优势。

4.隐喻使得广告表达柔和、有度，含蓄婉转

从社会学的角度看，隐喻具有策略功能，主要表现为人们沟通时的委婉和礼貌效应。委婉语是一种适度地或模糊地改变说法的表达方式，以代替具有令人不悦的含义或不够尊敬的表达方法。也就是当人们要表达的意思因诸种原因不愿直说或不宜直说时，需要委婉地陈述或暗示，以免激起对方的不满。查特里斯-布莱克（Jonathan Charteris-Black，2004）认为，隐喻可以增加话语的生动性，传递或表达在缺乏——对应的语言表达下平白的话语难以企及的内容，能以间接方式谈论话题以缓解可能带来的面子压力的问题。

人们在表达观点或说明道理的时候，常用隐喻的方式以显得清楚而委婉。北宋时的王安石和司马光，一个是改革派的灵魂，一个是反对派的旗手。两人的品行都相当高尚：一个"洁白之操，寒若冰霜"，一个骨鲠之臣，刚直不阿。但在变法问题上，两个人的观点大相径庭，"犹冰炭之不共器，若寒暑之不可同时"，甚至发生过激烈争论。王安石主张："治天下譬如医用药，当知虚实寒热，方虚寒时，纯用乌头附子不患过热。"② 意思是说治天下有如医生用药，要知道虚实热寒，当治虚寒时候，用乌头附子也不嫌过热。而司马光则针锋相对地提出："治天下譬如居室，敝则修之。非大坏不更造也……大坏而更改，非得良匠美材不成，今二者皆无，臣恐风雨之不庇也。"③ 认为治理天下有如处理房屋，破了要修理，但只有严重损坏时才重修，而且重建必须要好的工匠和材料，如今两样都没有，怕连风雨都不能挡蔽。论战中，两人都采用了隐喻的方法表明各自的变法立场，避免了那种

①　[美] 路克·苏立文：《文案发烧》，赵萌萌译，中国人民大学出版社 2010 年版，第 70 页。
②　刘后滨：《因革损益：中国传统制度文化的精髓》，《北京日报》2017 年 7 月 24 日。
③　刘后滨：《因革损益：中国传统制度文化的精髓》，《北京日报》2017 年 7 月 24 日。

"巅峰对决"式的激烈对抗。

美国当代文化批评家弗·杰姆逊（Fredric Jameson）认为，"广告正是把那些最深层次的欲望通过形象引入到消费中去"[①]，以此达到打动消费者，诱发消费的目的。但出于某种社会习俗和文明规范的需要，不同的文化与民族都会有自己的一些社会禁忌，这是需要尊重的。在广告中，往往出于尊重对方文化传统和避免尴尬的局面，不便于在大众媒体上直接表现一些敏感话题或内容，而需要采取委婉的表达策略。

比如，香水、紧身裤、健美裤、化妆品、安全套等广告往往要运用到性诉求，而性在广告中的运用一直是有争议的。性诉求是一把双刃剑，一方面可以吸引受众眼球，突出品牌风格和产品功能；另一方面，稍有不慎，也会有污染社会文化环境，损害企业形象的负面效应。在这种情况下，恰当使用隐喻就成为一种很好的规避风险的方法，它可以借助人们熟悉的、具象的事物象征性地传递与性有关的信息，如形状、颜色和欲望化场景等信息。在广告史上，那个声称"如果广告是科学，我就是女人"的乔治·路易斯（George Lois）为沃夫仕密特伏特加酒所做的一系列平面广告就是非常成功的案例。在这一系列的文案中，路易斯用隐喻的方法，把玩世不恭的伏特加、一往情深的红番茄和醋意横生的橘子描绘得活灵活现，你甚至可以想象得到在这些无生命的躯体上流露出来的表情。

在英文广告中，还常用缩略法委婉地推介产品，例如用 bra 替代 brassiere（胸罩），用 pro 替代 prophylactic（避孕用品），用 G-man 替代 garbage man（清洁工）。再就是运用隐喻的手法，如英国的一则安全套广告就是这方面的杰作。画面是一只宽大的男式皮鞋和一只纤瘦的女式皮凉鞋"69式"倒扣在一起，文案没有任何说明，只有品牌名称点缀一侧，画面简洁、含蓄而不落俗套。

[①] 潘知常、林玮：《大众传媒与大众文化》，上海人民出版社 2002 年版，第 441 页。

（二）组织广告概念、经验和体验的认知功能

隐喻不仅是语言在表达思想时既经济又有效的手段，更重要的还是思维和认知的工具，在人类的范畴化、概念结构和思维推理的形成过程中起着十分重要的作用，对人们认识世界有潜在的、深刻的影响。广告采用隐喻，可以把受众尚未了解、熟悉的事物通过与另一熟知的或有深刻体验的事物对比，让消费者对产品或服务得以认知。所以皮特里（Herbert L.Petri）在论述隐喻的认知功能时，把隐喻比为一座"理性的桥"，这座"桥梁横跨于不同领域的概念之间，即从一个比较熟悉的、抽象的、易于理解的源域（source domain，即喻体）映射到一个不太熟悉的、抽象的、较难理解的目标域（target domain，即本体）"。[①]

1.隐喻是人们对广告范畴进行概念化的工具

隐喻的认知功能在于，一方面它是人类组织概念系统的基础，另一方面它是人们认识事物的新视角。隐喻认知结构通过语言这个最重要的思想文化载体以隐喻概念的形式固定下来，体现在一定的语言形式中。相似性隐喻和创造性隐喻两种类型的隐喻在人的认知过程中所起的作用是不同的。以相似性为基础的隐喻的认知功能在于定义新事物或赋予旧事物以新观念，它避开对概念的科学阐释，直接将事物的本质诉诸于"形象"，从一个独特的视角使人对事物有一个整体实质性的认识。隐喻概念是科学概念的浓缩，同时又给原事物充实新概念、新观念；而创造性隐喻主要用于创造新概念、建构新理论，它是构造新思想、新概念，产生新刺激的有效手段之一。

莱考夫和约翰逊认为："概念隐喻在思维和语言中是无处不在的，通过概念隐喻可使人们不断挖掘事体间的各种新联系，为认识世界提供了一种基本方式，形成了组织、经验、结构和概念系统的基础，同时还可用来发展理

论体系"[1]。自莱考夫和约翰逊开始，许多学者已经充分认识到隐喻在人们概念化认识过程中的重要性。在信息爆炸的今天，如何让消费者在面临一项产品时，能在有限的时间里迅速认知产品的功能和特点，这是所有广告创意者必须面对的问题。

首先，隐喻能使旧有的经验感受产生新义并达到认识新事物的目的。社会在飞速发展，为了认识不断出现的新事物，人们需要赋予许多旧词以新义。这种赋能旧事物的认知方式正是隐喻思维方式参与其中的结果。认知语言学的研究表明：大多数的认知活动是在已经记忆知识的基础上以最节约的方式进行的。所以，人的大脑总是在记忆中寻找已经存在的概念。根据新认知事物的物理、功能等属性将其与认知的事物发生联系。借助已知的事物和已有语言形式认知和命名新的事物，也就是利用一种概念表达另一种概念。因此，隐喻是利用旧事物和已有的经验、概念来认识和表达新事物的重要手段。例如，互联网作为 20 世纪 80 年代出现的新事物，发展非常迅速，令人目不暇接。但看不见摸不着的互联网到底是什么？它与电脑等是什么关系？如果用科学术语来解释，恐怕就很抽象而冗长，但有人这么解释：互联网好比是高速公路网，网站就是车，网址就是车牌号，电脑就是发动机，人就是驾驶员，货物就是南来北往的信息。这种用人们生活中很熟悉的旧经验来解释新事物的方法，语言十分简洁，使人一下就明白了网络中的种种关系及各自特点。

其次，隐喻为我们提供观察和认识世界的新方法。隐喻是人对客观世界的一种认知方式，也是人以隐喻化的方式对世界进行知觉、理解的产物。跨概念域的隐喻帮助人们在不同事物之间建立起联系，为人们更好地认识事物、了解世界提供新的渠道。利科在《活的隐喻》中试图给我们阐述一个基本的观念：隐喻不仅提供信息，而且传达真理；不但为人类生产出一种新的叙事类型，创造一个陌生的世界，也给人类提供了一种新的思维方法、观察

---

[1]　George Lakoff, Mark Johnson, Philosophy in the flesh: The embodied mind and it's challenge to western thought, New York: Basic Books, 1999, p.82.

认识世界的方法、直观真理的方法。人们经常用战场来描述商场的激烈竞争程度，"商场如战场"就是我们最常见的一种概念隐喻。

广告隐喻是人们对文化世界进行概念化和范畴化的工具，它产生于人们对文化世界的体验，反过来又对人们认识世界产生影响[①]。隐喻所展现的符号化言说功能，有助于受众从敞开和遮蔽的痕迹中理解作品，把握作者的情感、态度、意向等，成为连接精神与现实、产品与消费者的重要桥梁。这一桥梁作用主要通过人类心理上的"异质重构"机制来实现。苏珊·朗格（Susanne K.Langer）认为，隐喻并非语言本身，而是通过语言呈现一种概念，这一概念又起着表达某种特定意蕴的符号作用。在某些时候，我们对于一种特殊经验的把握就是借助这种隐喻性的符号进行的。

所谓隐喻的异质重构，简单地说，就是至少两件相异而又相似的事物被接受者所表征，这一表征是在心理层面进行的重新构造或再创造过程。在这一过程中，隐喻一方面要求能指与所指之间的关系贴切、恰当，具有相通性；另一方面又要求本体与喻体之间的距离能够产生陌生化的情感体验，从而使内质和表现形式之间的恰当重构具有新奇而独特的生命力量。例如，"金钱是人们灵魂的照相机镜头"。本来，在"金钱"和"照相机镜头"之间不存在什么客观的或已为常人所接受的相似性，完全是认知主体通过自己的认知将两者之间所存在的某种相似性联系起来（照相机镜头能反映出一个人的不同面貌，金钱也可检验出一个人的品质），运用隐喻手段展现出来，从而使人们对金钱有了一种新的认识。

2. 概括人类的经验和体验

西班牙学者奥尔特加·卡塞特（Ortega Y. Gasset）认为，隐喻"加长"思想者的手，是能使受众企及遥远、渺茫的事物的概念。能证明这种论断的例证多如牛毛，如我们常用"电波"、"光波"、"光年"、"银河"等词。为了

---

① Jr.R. W.Gibbs, Taping metaphor out of our reads and put it into the cultural world. In: R.W. Gibbs, Jr. & G. J. Stem, eds. Metaphor in cognitive Linguistics, Amsterdam/Philadelphia: John Benjamins Publishing Company, 1999, p. 90.

更好地说明这一问题，我们先来看博西格诺（John J. Bonsignore）所著的《法律之门》中一段律师的法庭辩词的摘录。该书这样写道：

> 在一个特殊的案件里，他代表一个事故中被锯掉双臂的男人。被告早上进行了法庭辩论后的总结陈词，下午轮到坚信想象力的列万了。
>
> "女士们，先生们"，他向陪审团发言了，"我刚刚和我的当事人一起用过午餐"。然后，他一字一顿地说："他……像……狗……一……样……吃。"
>
> 这就是他全部的总结。陪审团目瞪口呆地静坐在那里，想象着那顿午餐的情景。在评议了不到半个小时后，给了列万的当事人所有想要的东西。

显然，在这一段辩词中，"他像狗一样吃"——这样一句用来描述一位失去双臂的人的悲惨处境。这样的隐喻，虽然在功能上只是追求表达效果，当不得真，但是，因为它诉求了强烈的同情，所以具有很强的法庭说服效果。

首先，用隐喻说明道理能增强消费者的认知体验。人的认知是从感觉开始的，即使抽象思维也离不开具体的、个别的感觉。有人甚至认为，感觉敏锐的科学家一般都是从最具感性的事物身上发现真理的；最具有创造性的灵感是从具象上获得的。活生生的具象给人的感觉往往超过一个概念给人的印象。例如，当有人问道：中国改革开放初期的广告状况发展到当下，已经是个什么样子了？这在很多人看来，恐怕是一言难尽，必须滔滔不绝才行。但是有人说："在中国，广告的发展从幼学琼林的启蒙课，已渐至四书五经的学问之道。"[1] 这样的回答既形象生动，又鞭辟入里，其力量足以将那些平庸的话语甩出几个街区远。

---

[1]　鞠惠冰：《当代广告的文化表征》，《天涯》2014 年第 4 期。

对于广告而言，采用隐喻可以把受众尚未了解、熟悉的事物通过另一被人们熟知的或有深刻体验的事物这一手段，让人们对产品由不熟悉、不了解向熟悉、了解方面转移，从而让消费者以新鲜的目光感知世界，认识产品和服务。例如，某眼镜公司的广告："眼睛是心灵的窗户，为了保护您的灵魂，请为您的窗户安上玻璃。"假定，我们不知道眼镜多么重要，但我们的确知道窗户安装玻璃的重要性。这个隐喻即把窗户的特征变换成了眼睛的特征。这样的广告语能够迅速激发人们的认知体验，从而很快意识到佩戴眼镜的重要性。同样，潘婷洗发乳想告诉消费者：本产品是含头发营养成分的。但是，怎样有效地解释这个概念呢？广告说，用潘婷洗发乳洗发就像给头发泡"牛奶浴"。这里的"牛奶"，是一般消费者都能够理解的"很有营养的东西"。如此，原来的营养吸收的抽象概念就变得形象化、具体化了，这要比简单地说"含有专业的维生素 B（VB）"要容易理解多了。这里的隐喻是：VB= 牛奶，洗发 = 喝牛奶（泡牛奶浴），通俗而又生动。此外，宝洁公司在 OLAY、飘柔、舒肤佳等产品广告中，也大量使用了这样的广告手法，其效果不言而喻。

其次，用隐喻能扩展人们感知的"视界"。广告人具有比常人更敏锐的观察力和联想能力，更擅于发现事物和事物之间的相互联系。广告隐喻能够提供给人们一种看待事物的新角度、认知世界的新方法，特别是对新事物的认识或对熟悉事物的新认识，这有助于扩大受众的认知范围和增长新知。例如，美的电器的"原来生活可以更美的"，健力士黑啤酒的"怕黑，那不是白白地活着吗"，戴比尔斯的"没有女人不珍爱钻石，正如同没有女人不渴望爱情"以及公益广告语"绿水青山就是金山银山"、"拯救自然就是拯救自己"等，都能给人带来新的感受。当然，其中最著名的还是 1979 年深圳特区蛇口工业区出现的户外广告"时间就是金钱，效率就是生命。"在当时人们还普遍存在时间观念差、办事效率低、不讲经济效益、平均主义、铁饭碗、大锅饭的历史背景下，深圳人率先提出这一口号，表现了他们敢于打破旧观念，追求竞争、效率和财富的先进理念，形成了强劲的思想冲击波，引发全国热议。尽管随着政治气候的阴晴不定，这块广告牌也几经竖起拆下，但最终屹立不倒。广告语中关于时间和效率的观念逐步成为人们的共识和行为准则，对于当时的思想解放、加快改革步伐，具有非凡的意义，已经深深地镌刻在了波澜壮阔的改革开放进程之中。腾讯公司董事会主席兼首席执行官马化腾在回忆当时的情形时说："所有人的内心，熊熊的烈火，创业的烈火，发展的烈火，改革的烈火，就这么燃起来了。"①

同样，广告隐喻中的图像运用不仅可以使受众在视觉上得到美感，而且能够提高画面表达力，从而减少认知阻力。例如，在一本名为介绍《伊朗》的旅游手册中，正文前的第一页就是一幅波斯美女照，图片文字说明是："伊朗是什么？就是女子那黑色头纱下火热的心。"在这里，语言与图像共同构成了一幅隐喻图景。戴着黑色头纱的美丽的波斯女郎寓意着伊朗是一个神秘而美丽的国度，而广告语又将"伊朗"比作波斯美女的一颗"火热的心"，则又更深层地隐喻了伊朗还是一个充满热情、好客的国家。两者之间的相似点是传播者对"伊朗"一词与"美女之心"产生了"热情、好客"的感觉，所以设计者运用"火热的心"强烈地将"热情、好客"的特点投射到国名"伊朗"之上，其民族特征得到了强调。

（三）增强广告诗意化的审美功能

古人云："山得水而活，得草木而华，得烟云而秀媚。"② 由于隐喻的不确定性、多义性和多元性，它能引导受众在解读中走向遥远的、深度意义的空间，从而获得审美的愉悦。隐喻具有张力和弹性的效能，当人类选择以隐喻的方式进入关于这个世界的表达时，也会以隐喻的方式进入关于这个世界的审美化建构。

诗意化的存在是古人烂漫地栖居过的证明，是他们心灵燃烧时的光焰，是人类文化遗传的 DNA。雅各布森认为，隐喻的诗性功能不仅存在于诗歌，

---

① 杨文佳：《从"时间就是金钱，效率就是生命"到"新发展理念"》，《中国纪检监察报》2018 年 11 月 24 日。

② 郭熙：《林泉高致》，张琼元编著，黄山书社 2016 年版，第 72 页。

即使在非文学语言中也存在着。事实告诉我们，在广告营销活动中，赤裸裸的商业叫卖往往会引起消费者的反感和抵触情绪，消解广告传播的效果，而诗意化的隐喻能够展示产品的美好意蕴与形象，带给消费者美的享受。同时，也会使消费者沉浸于对产品或服务的感性认同之中。

1. 诗意化的广告情境塑造

"隐喻改变了人对世界的言说方式、占有方式，张扬着个体力图穷尽万物的体认和对直观于自身的世界的形象化表达。这种表达，根本意义上是一种诗性的畅叙。"[①] 隐喻思维使言与意、词与物、语词和图像的能指与所指日益成为言说的中心，被遮蔽的诗性会凸显为对非理性的终极追求。现象学家胡塞尔（Edmund Husserl）基于长久以来人的意识总是指向意识本身之外的事物、意识的本真状态反受蒙蔽的事实，提出现象还原理论。"回归事物本身"意味着回到人类生存的本源性、直觉性状态。在这个意义上，寻求人类思维中先于理性的诗性内核便成为一种审美还原，而隐喻思维在审美还原的路上作为一种方法论就显得非同寻常。

莱考夫和约翰逊在《超越冷静理性：诗性隐喻分析指南》中认为，诗性隐喻基于"基本隐喻"，从概念隐喻延伸而来，也是人类的基本思维方式。原初民的意识具有混沌性，认识具有感悟性，语言缺乏逻辑推理、抽象思维的词语，因而对自然的认知总是不自觉地充满想象的、细腻的和诗意的成分，在万物有灵观念的支配下，不自然地要走向隐喻思维。亚里士多德在《诗学》中早已标示出隐喻有一个基本特性，即相似性，它关涉此类事物与彼类事物之间的感知、理解和联系，即以此类事物喻指彼类事物。卡西尔也认为："在作为给定的始端和终端的这两个意义之间发生了概念过程，导致从一端向另一端的转化，从而使一端得以在语义上替代另一端。"[②] 这种概念性功能的背后却是隐喻的诗性成分的张扬。隐喻既然是两类事物间的感知，替换的缘由又基于相似点，因此，隐喻又带来了目标域的模糊性与不确定

---

① 吴加才：《诗性的还原与隐喻思维》，《文艺研究》2007 年第 11 期。

② ［德］恩斯特·卡西尔：《语言与神话》，生活·读书·新知三联书店 1988 年版，第 105 页。

性，这种模糊性与不确定性使得隐喻语言透着诗性智慧的本质。

"诗意，即个体与世界之间的根本关联感，又是人之为人的深层需要。"① 现代社会的过度理性化、技术化导致现实生活的冷峻、刻板，甚至乏味。当消费者在为生活奔波、拼搏的时候，会备尝艰辛，充满焦虑、失去意义。因为我们生活在一个高度商业化的社会中，曾经弥漫在我们四周的诗意传统正在消失，生活被999朵玫瑰式的程式化和奢华化所置换，真正的诗意已经成为遥远的回忆。但人类渴望诗意栖居的梦想是永远存在、不可泯灭的。海德格尔在《人，诗意地栖居》中反复申明，诗意地栖居是生命哲学的理性追求，是对永恒的人生家园的追寻，是纯粹精神的美丽火花，体现着生活的终极意义。

"从总体上说，中国文化带有浓厚的诗意化特征。就此而言，我们完全有理由说中国文化是一种诗化的文化，而这一点的最直接表现，就在于中国语言文字及其表征方式上的隐喻特征。"② 所以，当春风吹拂，万物生长，桃花盛开时，我们会情不自禁地想起"桃之夭夭，灼灼其华"的烂漫；当北风呼啸，阴云密布，寒风凛冽时，又会油然而生一种"晚来天欲雪，能饮一杯无"的渴望。

在美学语境中，隐喻语言的表达力会超越一般的语言学意义，它允许作品的接受者做高度的主观解释。目标域是给定的，人们可以通过隐喻将不属于同一范畴的事物归结在一起，通过映射关系，唤起或引发丰富的意象。广告的诗意化隐喻不但能够建构商品符号，赋予产品以诗性魅力，而且能让建构的符号回归到人自身的欲望——生命的诗意之栖上。甚至可以说，广告的诗性隐喻对眼睛而言是磷光，对舌头而言是琼浆，对心灵而言是鸡汤。2011年第8期的《时尚芭莎》有一则Altuzarra的广告作品，意境高远，彩页上的白色长裙充满了唯美主义的色彩，其大胆的蟒纹设计像一个魔幻的剪影般

---

① 肖鹰：《广告如何创建生活的诗意——兼谈2006中国广告案例》，《广告大观》（理论版）2007年第1期。

② 何中华：《隐喻与哲学的表征方式》，《学术研究》2001年第7期。

在纯白的材质上浮动，散发着纯粹的诱惑。强大的"视觉冲击力"像磁铁一般俘获女性受众的芳心，令人沉醉、神往。再如，水墨元素是中国传统文化中一种特殊的语言，其独有的形色、情趣、意蕴传递着东方文化深厚的哲学内涵及特有的审美体验，成为中华文化的瑰宝。水墨广告中所呈现的情景交融、虚实相生的艺术特点，可以传达出"无画处皆成妙境"的艺术境界，具有强烈的隐喻效果。

另外，隐喻还可以"寓庄于谐"，通过幽默、滑稽和讽刺等方式来激发受众的喜剧情绪，将"笑的潜能"转变成"笑的事实"。例如，中华民国时期的上海鹤鸣鞋帽店的一则广告为了宣传其皮鞋用料讲究，质量上乘，精心设计了一则广告，画面是：一只皮鞋像人一样在照镜子，镜子里的皮鞋质地坚挺，闪闪发亮，旁边配有"天下第一厚皮"几个字。广告语新颖别致，风趣幽默，巧妙地化贬义为褒义，与梁新记牙刷的广告语有异曲同工之妙，成为当时上海滩流行的打趣之语。

2. 美好的品牌形象塑造

广告诗意化是企业对于品牌人文意义的自觉追求，也是对传统文化资源的再利用，这种应用能够在消费者心理上唤起认同和共鸣。摩根（Susan E. Morgan）和瑞克特（Tom Reichert）认为，隐喻可以有效地传达产品属性的信息，并能在相关物和品牌之间转移意义。因为隐喻能够赋予陌生的广告产品或服务以人们熟知的形象或意义，这被认为是隐喻所具有的内在的独特效果[1]。在消费主义盛行的时代，品牌形象具有非凡的意义，它象征着一种关系、一种价值和一种品位。广告通过隐喻将附加价值赋予产品，可以使食物吃起来味道更可口，让衣服穿起来感觉更美妙，让车开起来感觉更自信，让啤酒喝起来味道更欢畅。同时，在广告中运用隐喻手法，更多的是通过唤起受众对形象和情感的体验来实现广告的心理说服，引导受众产生积极的联想。这样的联想让消费者从心理上会加深对品牌的认知和情感，增强对品牌

---

[1] Susan E. Morgan, Tom Reichert. The message is in the metaphor: Assessing the comprehension of metaphors in advertisements. Journal of Advertising, 1999, 28（4）.

个性的记忆，为受众进一步行动奠定心理基础。

恩和利木（Ang&Lim，2006）依据阿克对品牌个性划分的五个维度，分析了广告隐喻对品牌个性不同维度的影响，并考察了标题隐喻、图像隐喻、产品类别对品牌个性维度的交互影响。研究发现，广告中使用隐喻的品牌在"教养"和"刺激"这两个维度上个性特征明显，而在"纯真"和"能力"维度上的个性特征逊于使用直白的广告的品牌。其次，隐喻作为一种具有想象性和修饰性的"巧妙的偏离"（artful deviation），这种内在的特征可以使缺乏个性的品牌在这方面得到加强。此外，广告隐喻不仅可以用来达成一些短期目标（例如吸引注意），而且对于品牌形象和品牌个性的长期建设和积累也有重要的作用。①

在资源稀缺的现实世界里，消费者总是希望通过自己的消费行为来满足自己的欲望。这里的"欲望"不但是指商品所直接满足的物质性欲望，而且包括（通过联想的作用）更深层次的精神性欲望或"无意识的需要"。毫无疑问，其中最强烈、最古老的欲望常常是"集体性"的。例如，永久的青春、强健的身体、成功的事业、幸福的生活以及无限的自由等。在这方面，万宝路广告与太阳神广告堪称经典之作。前者通过把万宝路香烟与西部的崇山峻岭、马背上粗犷豪放的牛仔等形象联系在一起而赋予品牌以自由、个性等含义；后者的画面上，一轮红日从莽莽群山中冉冉升起，一位肌肉发达、体魄强健的男子挥舞着大铁锤。雄浑的画外音同步响起："当太阳升起的时候，我们的爱天长地久。"在杰姆逊（Fredric R. Jameson）看来，表现这种无意识欲望与乌托邦方面，广告创作者是一些"最了不起的艺术家"，广告艺术则"完全可以和文艺复兴时期的艺术、十八世纪的小说相媲美"②。

"在广告文案中借用或化用古典诗词名句，有意采用诗意化语言，可以把古代经典诗词的影响力直接传递给品牌，提升品牌知名度，让消费者乍见

① Swee Hoon Ang, Elison Ai Chink Lim, The influence of metaphors and product type on brand personality perceptions and attitudes, Journal of Advertising, 2006, 35（2），pp.39-51.

② [美] 杰姆逊：《后现代主义与文化理论》，广西师范大学出版社 1986 年版，第 203—204 页。

之下便生'惊艳'之感，从而留下对商品的美好回忆。"① 例如，中国银行电视系列形象广告，分别以麦田、竹林、江河、高山为形象，运用大气磅礴、极具韵味的文字以及优美浑厚的音乐，完美地阐释了中国传统文化"天人合一"的理念，缔造出一个飘逸而又淳厚的中国银行形象。该广告分为四篇：

"高山"篇，"止，而后能观"，通过一个老人回望走过的人生之路，表达——在追求智慧的历程里，永远是山外有山。因此，德高不显、望重不骄者，才是真正的智者。

"竹林"篇，"有节，情义不动"，说的是气节：竹动，风动，有节，情义不动。社会的大环境在变，但基本的服务理念、职业情操，不离不弃，始终如一。

"麦田"篇，"富而不骄"，表达的是对财富的态度，广阔的麦田看到的是丰饶，感觉到的是勤奋。当拥有财富时，应当坦然豁达、富贵不淫。

"江河"篇，"源远流长"，通过一个小女孩的歌声唱出来，显示出生命力的美好与丰盛，表现出历史的悠久和未来的希望。

看过这一系列广告，你就能体会到"高山篇"中不懈追求的精神和广远的智慧，就会感受到"竹林篇"中的节操和不移的情义，就会认同"麦田篇"里勤奋富饶和虚怀若谷的胸怀，就会领略"江河篇"里源远流长和任重道远的深刻含义。

创作者林少芬认为，在新加坡的华人心目中，中国银行代表了中国的国家银行，它和新加坡华人始终不弃不离，相互扶持，和华人一起在新加坡风雨飘摇了数十年。因此她觉得在这个广告中应体现出中国人理财的智慧，大气而不霸气②。

① 宋秋敏：《论中国当代广告文案的古典诗意化走向》，《深圳大学学报》（人文社会科学版）2013年第3期。
② 蔡一飞：《林少芬：这个美女不简单》，《羊城晚报》2002年6月5日。

（四）塑造社会意识形态的媒介功能

广告隐喻是一道独特的文化景观，在经济发展日趋一体化的当代社会，广告已成为大众生活空间中最有影响力的话语传播场域，在传递诸多商品信息的同时，也在表征着某种生活信念和精神价值，成为塑造大众信仰、世界观、价值观的重要媒介之一。罗兰·巴特指出："单个语词联想的意义领域——其指称隐含的意义领域——是意识形态借以侵入语言体系的最绝妙的领域。它通过利用语言联想的、可变的、内涵的'社会价值'实现其目的。"[①]

广告隐喻塑造社会意识形态的媒介功能主要体现在两方面：一是社会意识和价值观念的传递，二是个人社会身份的认同。

1. 社会意识和价值观念的传递

意识形态概念是法国大革命时期的理论家特拉西（Claude D. Trracy）最早提出来的。他认为，意识形态是考察观念的普遍原则和发生规律的学说，就是一种对真理的认识。后来，马克思革命性地改造了特拉西的意识形态学说而提出了意识形态的理论，将意识形态视为上层建筑的一部分。20 世纪 60 年代，阿尔都塞（Louis Althusser）又重新考察了这一概念，提出了自己的观点。他认为，意识形态是描述人们对于他们生存条件的想象上的关系的。所以，意识形态是虚构的但又是一种基本的社会力量。美国文化研究学派学者理查德·奥曼（Richard Ullman）更明确地提出，意识形态是"一群拥有共同利益的人的观点——如一个国家、一个政党、一个社会或者经济阶层、一个职业群体、一个产业等等"[②]。美国学者米米·怀特（Mimi White）将此观点进一步扩充为"价值、信仰和观念"，认为这是

---

① ［英］斯图亚特·霍尔：《"意识形态"的再发现：媒介研究中被压抑者的回归》，载［英］奥利弗·博伊德－巴雷特、克里斯·纽博尔德编：《媒介研究的进路——经典文献读本》，汪凯、刘晓红译，新华出版社 2004 年版，第 440 页。

② ［美］理查德·奥曼：《广告的双重言说和意识形态：教师手记》，罗纲、刘象愚编：《文化研究读本》，中国社会科学出版社 2000 年版，第 399 页。

一种"社会表达系统"①。然而,"价值抉择、生活哲学、观点信仰等精神因素本身并不构成意识形态。真正的意识形态还要与'霸权'相结合才称其为意识形态。"②也就是说,在一定的社会背景下,只有当某种特殊的观点在某个范围中享有特殊的话语霸权,占有压倒性优势,并且把本观点夸大为具有普遍的、永恒的适用性时,意识形态才会产生。意识形态具有特殊性,即它只是特定群体的特殊观点和价值。

实践证明,人们消费某种产品,并不仅仅因为它的物质特性和实用功能可以满足他们的需要,还会因其广告所传播的抽象的、非实用的精神因素激发消费的兴趣和认同。这些精神层面的内容自然包含着种种生活态度、生活方式、生活哲学和意识形态。就如理查德·奥曼所说的那样:"也许所有广告都包括或者意味着某种意识形态。它们试图让观众做或者相信符合广告商利益的一些事情。观众与广告商默契的地方是关于优裕和美好的社会等笼统的观点或形象。"③美国学者米切尔·舒德森(Michael Schudson)也认为,广告是"世俗文化消费的唯一信仰",它的影响力"已经接替道德教师的角色"④。我国的知名文化学者也认为:"广告已成为塑造大众信仰、世界观、价值观的最重要媒介之一。我甚至于觉得,今日的人类灵魂工程师,不是作家,也不是教师,而是广告!"⑤这都说明了,在现代社会中,广告的社会功能远远超出了经济领域,对社会文化和人们精神意识发挥着深刻的影响。

那么,广告是如何变成这种基本的社会力量的呢?因为文化机构在文化再生产(如广告隐喻的创作)的过程中部分地具有自主性,部分地依赖和受到更具包容性的社会结构和意识形态的监控。广告公司和媒体正是在产品制

---

① [美]米米·怀特:《意识形态分析与电视——重组话语频道》,中国社会科学出版社2000年版,第158页。
② 杨婧岚:《当代广告传播中的意识形态》,《当代传播》2002年第1期。
③ [美]理查德·奥曼:《广告的双重言说和意识形态:教师手记》,罗纲、刘象愚编:《文化研究读本》,中国社会科学出版社2000年版,第403页。
④ [美]米切尔·舒德森:《广告:艰难的说服》,华夏出版社2003年版,第135页。
⑤ 陶东风:《广告的文化解读》,金元浦主编:《文化研究:理论与实践》,河南大学出版社2004年版,第259页。

作的日常规程（如选择和关注白领受众以及或可理解的或意识形态上一致的内容）和约定俗成的结构模式中体现了这些结构和意识形态。广告在很大程度上是一个文本加工的形式，话语中的词汇和图像选择是体现其隐含观点和意识形态的一种重要的途径。反过来，意识形态控制群体成员的社会表现，也就控制了群体成员的社会实践和话语。意识形态在心理的繁衍过程中被"学到"（或被教会），即成为社会某一群体成员的个人经验。美国学者朱丽安·西沃卡（Julian Sivoka）在对美国广告史进行深入研究后得出结论："广告业……作为销售商、品味制作人、教育家、流行文化创造者以及历史学家，多方面、多层次地影响和塑造着美国人的日常生活。"[1] 广告对人类社会的这种巨大力量在实践中证明，广告已不是一件无足轻重的事物，而成为影响当代文化、制约人们的精神世界和现实生活的具有强大意识形态性的事物。

通常，广告的意识形态是由表层意识形态与深层意识形态构成的二元复合结构。表层意识形态是具体的广告所提出的观点和价值等主张。在商品的生产链中，广告是符号价值的生产机器，它把各种意象和价值附在普通消费品上，使产品成为力量、快乐、幸福的象征，从而带来商品的附加值。比如飘柔洗发乳的"自信"，麦氏咖啡的"分享"，丰田轿车的"远方与自由"，山叶钢琴的"学琴的孩子不会变坏"等，这些明确的观念总会在具体的广告中出没，为人们当下的生活抉择提供标准和"范例"，直接影响着人们的价值判断。

法国学者高龙（Dominique Colomb）在其专著《中国传播的崛起——服务于社会主义市场经济的广告和电视》中，对中国广告的意识形态加以梳理，建立了一个具体的价值目录："这包括激发建立心理生理学秩序的价值框架（食品，休息，保健，性，安全，舒适）、评论角度（评价，友谊，对家庭的爱）、意识形态（政治的，人道主义的例证）、自我意识（独立，完成，承认，

---

[1] ［美］朱丽安·西沃卡：《肥皂剧、性、香烟——美国广告200年经典范例》，光明日报出版社1999年版，第558页。

自我评估，支配，侵犯)、感情态度（恐惧，害怕，快乐）、游戏心态（刺激，漂亮，幽默，创造性）、认知结果（知识，开放）和心理感受（幸福，实现，精神性）等等。"① 看来，表层意识形态类型多样，要从具体的表现形式上准确把握广告隐喻的表层意识形态，难度颇大，然而万变不离其宗，对于各种表层意识形态所表现出来的共性，我们还是可以窥视其一二的。

深层意识形态是含有"未明言"的观点和立场，它并不体现在具体的某条广告中，而是通过广告隐喻的整体结构、总体倾向发挥着更高层次上的言说和表达，引导社会成员的个体建构和现实行为。

这种深层意识形态往往着眼于社会矛盾与个人生存困境的解决，其特点是先把世界"问题"化，然后再告诉受众，这个"问题"将被有效解决。也就是说，在这种意识形态话语里，世界虽然充满了问题，但无论问题怎样，个人生活中的任何不足或烦恼都能通过消费迎刃而解，生活的前景会更加美好。正是广告中隐含的这种价值观和乐观的、积极的态度满足了消费者的深层欲望，维护与强化了个体与他的生活条件之间的想象性的关系，还代表一种特殊的看世界的观点，培植着一种价值世界和生活哲学，影响着消费者的现实购买行为和长远的、隐性的意识形成。波兹曼（Neil Postman）在《娱乐至死》中指出，电影明星、著名运动员、宁静的湖水、悠闲的垂钓、优雅的晚餐、浪漫的插曲、快乐的家庭在准备行装去乡间野餐——所有这些都丝毫没有提及要出售的商品，但是未来消费者的恐惧和梦想都尽在其中了。②

同时，深层意识形态还以一种整体的世界观和生活态度、稳定而深层的思维方式从意识深处影响当代文化、社会生活，以及受众的思维方式。

罗兰·巴特通过《巴黎竞赛》画报某期封面上的一个穿着法军制服的黑人士兵目光紧盯着国旗，正在敬礼的形象，揭示了不自然的"神话"（即意识形态）特性。他认为，法国军队里确实存在黑人士兵，这一事实让这张

---

① 陈卫星：《经济改革的形象铭文——解读〈中国传播的飞跃〉》，《新闻与传播研究》1999 年第 1 期。

② [美] 尼尔·波兹曼：《娱乐至死》，章艳译，中信出版社 2004 年版，第 153—154 页。

照片显得更自然，或者说更无辜。巴特写道："但或许我有些天真，我清楚地意识到了这幅照片向我传递的意指效果：法国是个巨大的帝国，她的所有子民，不分肤色，都在她的旗帜下忠诚服役；这个年轻的黑人在为所谓的压迫者服役时展示出的热忱，就是对于那些殖民主义的批评者最好的回应。"① 但当这个事实被宣传所用时，就变成了一个意识形态操控的对象，也即一种神话。神话的能指（符号）既是形式，又是意义。在对神话的操控中，事实渐渐变得不重要了，黑人向法国国旗致敬的具体内容被抽空，保留为空洞的能指，并且基本为"法国的帝国性和无种族歧视"的所指占据。当这一点被凸显出来时，这个照片发生的具体情境没有了，历史性也消解了。

　　巴特认为，法兰西帝国的子民们不分肤色和种族都一致效忠于它，只是该图像文本的第一层含义（他称之为语言系统），其实这个文本还有第二层含义，就是它的神话系统。在这幅照片中，法兰西帝国和黑人士兵行军礼在这里具有统一性，完全融合在一起，从中可以解读出的另一层含义是法兰西特征与军事扩张特征的融合，含有法国帝国主义的殖民和军事扩张意味，而黑人士兵敬礼的被动性和被迫性在照片中被悄悄地隐藏起来了。显然，在这里第二层转义往往被第一层本义所遮蔽、钝化了。如果说第一层显著意义是本义的话，那么文本的意识形态分析需要关注它的转义，亦即意识形态的建构。在大众媒体主导的文化消费（如作为《巴黎竞赛》画报的封面）中，形式变成神话，具有了特殊的意义。

　　广告作为一种意识形态的威力已经影响了这个时代每一个人的精神世界，成为人们生活的文化环境。这个由大众传媒和商业逻辑赋予的特权，是一把双刃剑，它既对受众有积极的消费引导、文化角色定位的一面，也有操纵和虚幻的一面。正视广告的意识形态及其影响，有利于我们对这个过分庞大的文化现象保持清醒和主动。

① 程小牧：《罗兰·巴特：如果语言也有"健康问题"》，《社会科学报》2015 年 8 月 21 日。

2. 建构消费者的社会身份认同

所谓身份认同，是自我作为主体对于自身保持同一以及与他人之间类同所形成的对客观身份的主观肯定态度，它是在个体与社会的互动中建构起来的，既包括自己对"我是谁"、"我们是谁"的认识，又包括他人对"我是谁"、"我们是谁"的理解。即既是个人认同的身份，又是社会认可的身份，是个性和社会性的有机统一。消费方式的身份认同主要包括两个相逆的过程。一是群体认同感，它通过消费方式将个人融入某阶级、阶层和群体来定位其身份，强调群体与群体间的差异；二是自我感，自我感的本质是一种群体疏离感，强调自己不属于任何群体和阶层来定位自己的身份。在消费方式上注重个性化，认为"我就是我，颜色不一样的烟火"，喜欢通过差异化来表现自我的独特性。

在现代社会，建构公众身份是受众实施其公共参与的重要前提。荷兰学者冯·戴伊克（Teun A.van Dijk）认为，像许多其他认知表征一样，意识形态也有一个图式组织，包含一系列的固定范畴，规定着一个群体的"身份"或自我形象，如他们的行动、目标、标准以及与其他群体和资源的关系。根据阿尔都塞（Louis Althusser）的理论，在现代大众传媒信息的轰炸下，大众对于自身的认识并不是天生或自发形成的，而是大众媒体后天建构而成的。

随着社会经济的发展，商品或者说消费品不仅具有经济学领域的使用价值、交换价值，还具有文化学领域的符号价值。鲍德里亚（Jean Baudrillard）很早就指出了这一点："人们从来不消费物本身（使用价值）——人们总是把物（从广义的角度）用来当作能够突出你的符号，或让你加入视为理想的团体，或参考一个地位更高的团体来摆脱本团体。"[①] 从这个意义上说，"消费并不是普罗米修斯式的，而是享乐主义的、逆推的。它的过程不再是

---

① 〔法〕让·鲍德里亚：《消费社会》，刘成富、全志刚译，南京大学出版社 2000 年版，第224—225 页。

劳动和超越的过程，而是吸收符号及被符号吸收的过程。"① 鲍德里亚的这些观点得到了多数人的认同。与过去传统的物质消费不同，当代社会消费的实质是符号性消费。

（1）创造并转移商品的符号价值

鲍德里亚认为，要成为消费的对象，物品必须成为符号。在现代社会中，商品的符号化和符号的商品化共同加深了消费对象符号化的进程。所谓商品的符号化，即通过设计使商品在一定的文化环境中获得超出其原本属性的符号意义，也就是商品的交换价值和使用价值都获得了新的符号意义。符号的商品化是一种符号赋能行为，指符号在市场中成为了可以交换的商品，具有使用价值和交换价值。"所谓符号价值是指物品或商品在作为一个符号消费时，是按照其所代表的社会地位和权力以及其他要素来计价的，而不是根据该物的成本或劳动价值来计价的。"②

在现代消费环境下，一切商品都被打上了符号的烙印，商品生产不仅要遵循技术规律，生产出具有特定性能的物质产品，更重要的是要遵循符号规律，将特定的社会意义和文化意义以符号的形式注入到商品中去。当然，商品的符号价值不是与生俱来的，而是通过包括广告在内的各种营销方式、公共关系等人为地赋予的。就如同当月光将花影描上了石隙，粗陋的顽石也会化生媚迹一样，不可否认，"广告创意里有这样一种诗性思维，它要使产品变形为符号，把品牌塑造为原型化的意象，让受众去期待一种理想自我，或者去消费一种细分化的和序列化的身份认同或人格类型。"③

那么，这些符号价值是如何创造与转移的呢？

首先，广告通过隐喻性的文字或图像赋予商品各种符号价值，借以代表或象征某种地位、身份、品位和个性，从而改变商品的原始意义和使用概念，激

---

① ［法］让·鲍德里亚：《消费社会》，刘成富、全志刚译，南京大学出版社 2000 年版，第 224—225 页。

② 蔡雪琴：《现代消费与人的自我认同》，《学术论坛》（理论月刊）2005 年第 9 期。

③ 鞠惠冰：《广告创意哲学关键词》，吉林美术出版社 2011 年版，第 91 页。

发人们消费的欲望。德国社会学家齐美尔（Georg Simmel）指出，"时尚消费是'示同'和'示异'的结合，所谓'示同'，就是借消费来表现与自己所认同的某个社会阶层的一致性；所谓'示异'，就是借消费显示与其他社会阶层的差异性。"[①] 广告编码具有赋能的作用，它赋予消费物品某种社会身份符号或生活方式的价值，诸如尊贵、富有、成功、浪漫、时髦、前卫等，使其散发出象征性的魅力。这些符号所带有的意义成了一种特有的编码规则，像宗教一样，遵守它的人也就获得了其赋予的意义。例如，优衣库、星巴克、宜家的广告就是不断地将消费者带入中产阶级的幻觉之中。

其次，通过大众媒体，将产品的符号性意义从社会生产体系扩散到日常生活领域，将生产过程中的工具美学投射到社会生活中。在日常生活中，广告通过各种媒体将产品与符号紧密关联，并进行日复一日地"联系示范"，不断阐释、强化、渲染产品的符号意义，直到产品最终获得超越其使用价值的符号价值。如同费瑟斯通（Mike Featherstone）所说的那样，广告"把罗曼蒂克、珍奇异宝、欲望、美、成功、共同体、科学进步与舒适生活等等各种意向附着于肥皂、洗衣机、摩托车及酒精饮品等平庸的消费品之上"[②]，其结果就是，商品实在的使用价值逐渐淡化，象征价值和差异化日益增强，消费行为已经变成了结构主义语言学意义上的符号。人们的消费不再以需要为基础，而是建立在社会身份认同之上。比如，钻石暗示永恒的爱情，旅行寓意着邂逅的刺激等。这些隐喻意义的展现，都是消费符号给予产品象征的体现。这种传播产品符号意义、强化受众自身社会身份符号认知的过程其实就是社会意识的"询唤"过程。随着市场竞争的加剧，广告正加速地将文化场域中的意义转移到商品中。

当然，人们对身份认同的内涵主要是在后天社会中习得的，广告在此只是起到了引导和教育的作用。在传统社会中，身份认同主要是指一些与生俱

---

① [德] G. 齐美尔:《时尚的哲学》，费勇等译，文化艺术出版社 2001 年版，第 72—73 页。

② [英] 迈克·费瑟斯通:《消费文化与后现代主义》，刘精明译，译林出版社 2000 年版，第 21 页。

来的东西，如地位、血统、阶层等，而进入大众传播时代后，这种身份认同受到挑战并逐渐崩溃。新的认同体系很复杂，与工业时代产生的消费时代密不可分，但也有鲜明的时代特色，以致消费方式和内容成为人们身份认同的一个标尺，也是建构新的身份认同体系的重要途径。

（2）诱导消费者通过身份认同进行象征消费

在现代社会，商品不仅具有物质形态意义上的使用价值，而且越来越成为人们自我表达的主要方式和身份认同的主要来源。许多商品，例如住宅、服装等最基本的功能是满足人们的生存需求。但随着社会的不断发展，人们越来越关心住房、服装的象征意义、审美价值和其他附加价值（如身份、地位的象征）。再如，私人轿车意味着什么？许多人认为它是"男人气概"的载体和符号，浪漫的个人主义体现，身份的名片，幸福的象征。这说明消费已经不是什么孤立的行为，它既是某种意义和信息的符号表达过程，也是对商品符号所代表的意义的消费过程。关键不是消费者是什么样的社会身份，而是消费者希望具有一个什么样的社会身份，这种社会身份可以通过选择性和象征性的消费展现出来。这使得象征身份成为广告诉求的基本方向。

因此，很多广告总是含蓄地、反复地告诉消费者，不同的性别、年龄、民族、身份等就应该穿什么、吃什么、用什么来与自己的身份相一致，将每个个体与他的"生存的真实条件"间的关系再现为一种虚拟的想象关系，并将人的无意识深层欲望植入这种想象关系之中。例如，台湾中兴百货告诉消费者："服装是一种高明的政治"，森马服饰提倡"穿什么是什么"的消费主张，那些高档住宅强调"有怎样的居住就有怎样的人生"，"没有一定的高度，不适合如此低调"等，实际上都是体现和贯彻了"我"对自己的看法、定位、评价及对自己角色和地位的某种意义上的认同。这种身份认同的象征消费主要体现在以下三个方面：

首先，成功认同。随着改革开放的深入开展，我国经济始终保持着稳定快速的发展，国民收入不断地增加，社会上出现了一批高学历的、从事于企业或政府部门的"白领"阶层，无论是在收入水平上还是在生活方式上，他们都非常接近美国社会学家米尔斯（Charles W.Mills）笔下的"中产阶级"。在媒体眼里，中产阶层是社会的成功人士，他们有闲、有钱、有文化、有情调，过着宝马香车、锦衣玉食的生活，是名牌商品的忠实追随者和时尚生活的代言人。他们生活方式的品味首先表现在对品牌的偏爱上。品牌除了具备实物价值信息之外，还应当能给消费者带来自尊和优越感，能够宣示和确定品牌拥有者的身份和地位，像欧米茄手表、雅诗兰黛化妆品、沃尔沃汽车等一旦被贴上"成功"、"高尚"的标签，这些商品已经不再是原来的商品，而是成为一种财富与成功的象征。

"土豪"是近年来中国出现的一个新兴的消费群体，他们有些是原来靠煤矿、房地产或合成材料厂起家的；有些则是来自农村，他们也许没有受过什么高等教育，也没有受过良好的科学训练。但因为抓住了机遇而一夜暴富，其经济实力远超中产阶层。他们共同的特点是挥金如土，热衷于享受性消费，喜欢广告中"至尊至美"、"皇家气派"、"出人头地"之类的产品。他们或者是开着仪表盘镶钻的法拉利，或者是穿着紫色的貂皮大衣，购买名牌商品，如百达翡翠手表、普拉达服饰、路易威登等。因为这些奢侈品牌有高贵、王者、显赫、至尊的身份象征，似乎能够代表自己的成功。从阿尔多塞的意识形态理论来看，此类广告发挥的是维护与强化个体与其生活条件之间的想象性关系或虚假关系的作用。

其次，风格认同。在布迪厄看来，文化商品包含的品位是一种阶层区分的标志，在其《区隔》一书中，他描绘了有着不同品味的"场域"，其中就包含着高雅的文化实践，如读书、参加艺术品展览、音乐会、博物馆，还包括生活方式和消费偏好。在对这些文化商品进行消费的过程中，消费者在对这些艺术品进行分类的同时，也是无形中对自己进行着分类："鉴赏力使对象分类，也使分类者分类。"① 也就是说，消费者区分文化商品的过程，其实就是寻找身份认同的过程。在这一过程中，消费者借此显示出自己与所不想

---

①   Bourdieu, Distinction: A Social Critique of the Judgment of Taste. Harvard University Press, 1984, p.4.

为伍的群体或个人的区别；同时，消费者又借此达到与自己所认同的群体的相似、一致或同一。

随着社会生活水平的提高，消费者不再强调消费作为生活必需的实用性价值，而是越来越重视消费所带来的生活品质、品味的提升，以及消费对人的社会品行的象征意义。消费越来越脱离实体层面向精神层面蔓延，甚至精神层面往往凌驾于实体层面之上。在这种情况下，消费中的"高尚"与"普通"的分野被视为理所当然，不仅个体身份的区别在此彰显，而且人们的生活品质、审美趣味和个人品味也在此分隔，使圈内与圈外的人迥然有别。

20世纪90年代以来，中国社会的消费方式发生了巨大的转变，已经从解决温饱问题的消费过渡到品牌化、差异化的消费，从生物性驱动的消费过渡到富于社会象征性、心理偏好性的消费。正是在这样的背景下，消费主义作为一种新的文化意识形态形成了它在日常生活领域里的巨大影响力。[1] 中产阶层力图通过消费来证明自己的无比"高尚"的生活方式与经济实力。在"让您的生活成为别人的旗帜""时间因我而存在"等广告的推波助澜下，他们注重品味消费、身份认同。而许多年轻"小资"们则喜欢通过不同的消费来刻意展现自己与众不同的审美情趣和消费品味。这些产品不一定价格最昂贵，但一定是最有特色、个性，甚至稀少。诸如像"我的地盘我做主""诗意安居的小资天堂""阳光懒懒，日子缓缓"等广告语能够激起他们深深的共鸣。

最后，时尚认同。我们生活在一个流行的时代，体制化生存的常规使得社会成为按部就班的合理化工场，缺少了惊喜与意外，而流行文化造就了人们理性原则无暇光顾的非理性精神的狂欢。流行并不只是大众传播媒体生产物的总和，而是由社会上接触这些产物的人与传播媒体的互动所产生的社会现象。当时尚超越了特定的社会群体，进而扩散到更加广泛的其他社会群体中间去的时候，也会形成流行。流行像一阵狂风，当它袭来的时候，浩浩荡

---

[1] 刘小平：《论消费主义的本质——内涵及其影响》，《中共长春市委党校学报》2007年第6期。

荡，猝不及防；当它过去的时候，又如过眼烟云，悄无踪影。流行文化的价值目标只是关注当下，它从不固定意义但却保持意义的某种机制。流行的风格可能是前卫的，也可能是保守的，受到社会大环境的影响。只要产品文化与消费者潜在的价值观相符，人们就会成为某种产品的忠实追随者，这些追随者往往本身就是时尚达人。以东风日产的天籁汽车为例，由于其目标人群是社会中的时尚人士，他们喜欢旅行、热爱咖啡和流行音乐。结合品牌定位，天籁决定长期举办音乐会。汽车与音乐的捆绑，不仅提升了天籁品牌的品味，而且成为社会时尚生活方式的重要符号，引起了许多"白领"阶层的极大兴趣。

从以上三个方面我们可以看出，在寻求身份认同的消费意识下，人们在消费着象征自己的符号，符号体现了他或她在群体中的地位。正如德国社会学家齐美尔（Georg Simmel）对时尚的分析中所指出的，我们不仅靠选择来凸显自己的特殊品味和风格，同时因为追求时尚而感觉自己隶属于某个认同的群体。

第五章　广告隐喻的文化表征

　　语言是人类在其进化的过程中创造出来的一种符号系统，与文化有着十分密切的关系。早在20世纪20年代，萨丕尔在他的《语言论》中就指出："语言的背后是有东西的，而且语言不能离开文化而存在。"[①]人类生活在这个世界上，世界是什么？有何意义？这一切只有通过语言才能呈现出来。语言是文化的载体，也是文化的表征工具。20世纪60年代以后，英国文化研究的理论范式分别吸收结构主义——符号学理论以及后结构主义的部分理论，开始注重文化符号的语用场域分析，将语言与文化符号紧密连接在一起，考量其所引发的权力、身份建构、微观文化政治等，从而揭开了符号表征的深层文化内涵。

　　近年来，表征问题受到学术界越来越多的关注。"表征主题已经成为知识哲学中一个标准性的问题，在当下的传媒和文化研究中拥有重要的位置"[②]。

---

① 转引自尹晓红：《汉语表绿色词及其文化含义》，载《广播电视大学学报》（哲学社会科学版）2000年第2期。

② Bennett, Tony, Lawrence Glossberg, Meaghan Morris, New Keywords: a Revised Vocabulary of Culture and Society, Blackwell Publishing Ltd, 2005.

第一节　表征的概念与过程

在霍尔看来，表征是某一文化的众成员之间建构意义和传播过程中不可或缺的一个组成部分。无论是文学、电影、广告或照片等形式的活动，都具有这种性质。"所有这些实践活动都'像语言一样运作'……它们构成并传递意义。它们意指。……它们发挥符号的功能。……语言在此意义上是一种意指实践。直言之，任何表征系统，只要以此方式发挥功能，都可以被看作是根据语言的表征原则来运作。"① 霍尔的文化表征理论对推动 20 世纪后半叶以来的文化理论研究作出了杰出的贡献。

一、表征的概念与特征

表征（representation）不仅是一种反映世界的方式，同时也在阐释这个世界，并通过阐释对世界进行定义与建构。著名文化理论家雷蒙德·威廉斯（Raymond Williams）在其《关键词》一书中对表征理论从谱系学的角度作出了详尽的考察和阐释。在他看来，作为一种文化，以表征为代表的关键词长久以来都是不断变动、复杂难解的。

从词源上来说，表征一词最早是从拉丁语动词"repraesentare"与名词"represaesentatio"演变而来。在 14 世纪的英文中，在意义上与动词 present（使出现）有关。到 17 世纪时，出现了"representation"一词，它随着"represent"在艺术和文学中长期而复杂的应用具有了"一个象征，或想象或是在眼睛或心灵中的呈现过程"的意思。其后，词意有所变化。到了 19 世纪，

---

① ［英］斯图尔特·霍尔：《表征——文化表象与意指实践》，徐亮、陆兴华译，商务印书馆 2013 年版，第 6—7 页。

"representation"的原来意义——"某物的视觉体现"演变成了专指"精确的再生产"的意思。威廉斯认为，这与representation原初所具有的"象征的"或"象征性的"意义实际上是相对立的。大约在20世纪之后，在这个意义上又派生出一种与众不同的"表现派艺术"。

20世纪60年代以后，由于符号学、结构主义的陆续出现，西方哲学经历了"语言学转向"与"后现代转向"。理论家们转变了过去对经验性实体的研究，转而探究语言和文化之于生产意义的影响。掀起这两次重大转向的理论家们重新审视再现论的语言观与真理观，对于再现问题有了新的阐释，并将含有新意义的"再现"概念称作"表征观念"。

表征（representation）又称"再现"，从字面上来看，就是用另一种方式对某事物的替代和象征。通过替代和象征，引起我们对该事物的想象。实际上，语言和意义是构成表征理论的根本性因素，或者可以说，表征的概念就是在语言和意义的基础上建立起来的。所以，霍尔在其《表征——文化表象与意指实践》一文中开宗明义地说道：表征是把特定的意义在一个可被转达和阐释的符号形式中具体化，"简言之，表征是通过语言生产意义"①。他解释说，当人们"看到"且"思考"某事物的整个过程。在人们说出某件事物的名字时，他们所选用的词汇已经表征了这一事物的概念。表征一方面涉及语言自身与意图和被表征物之间的关系，另一方面又和特定的语境相关联。

第一，表征具有文化性。表征离不开语言，"语言是在一种文化中表达思想、观念和感情的'媒介'之一"②，它既是概念，也是交流符号。表征意味着用语言向他人就这个世界说出某种有意义的话，或有意义地表述这个世界。在霍尔看来，"语言有两个相关的意义，其一是表征某种事物即描述

---

① ［英］斯图尔特·霍尔：《表征——文化表象与意指实践》，徐亮、陆兴华译，商务印书馆2013年版，第20页。
② ［英］斯图尔特·霍尔：《表征——文化表象与意指实践》，徐亮、陆兴华译，商务印书馆2013年版，第2页。

或模拟它，通过描绘或想象而在头脑中想起它，在我们头脑和感官中将此物的一个相似物品摆在我们的面前；其二是指"象征、代表、做（什么的）标本或替代"①。"它就是诸概念与语言之间的联系，这种联系使我们既能指称'真实的'物、人、事的世界，又确实能想象虚构的物、人、事的世界"。② 人们选用的语言不但能够指称真实世界里实实在在就有的事物，也能够指称某个只存在于人们头脑中想象出来的事物。这说明，表征是把各种事物（包括现实存在的和想象虚构的）、人们头脑中的概念图和各种语言文化符号这三个要素联结起来的过程。在这一过程中，人们将意义赋予事物，并借助这种方式来理解现实世界中的事物，同时也能够认知他人借助对方可以理解的语言所表达的关于事物的看法，使得人们彼此顺畅地交流成为可能。

第二，表征具有隐喻性。人类的表征是一种文化，文化本身具有隐喻性。对此，我们可以分别从认知和文化两个维度去分析。就认知而言，"表征是指可反复指代某一事物的任何符号或符号集。也就是说，在某一事物缺席时，它代表该事物；特别地，那一事物是外部世界的一个特征或者我们所想象的一个对象（即我们自身的内心世界）"③。例如一个词语代表着某个特定的思想或概念，如社会、品牌、媒体、消费等；一张照片代表着被摄入的产品、动物、植物、人物或风景等；一张地图代表着一个国家、城市、河流或山脉等。就文化而言，任何人类创造的表征都是一种意义的呈现，例如古代神庙是举行宗教仪式的场所，象征着至高无上的权威；国旗是一个国家的标志与象征，它通过一定的样式、色彩和图案反映一个国家政治特色和历史文化传统；中国古代的亲友们在送别之时，往往折柳相送，以示挽留之意。

---

① ［英］斯图尔特·霍尔：《表征——文化表象与意指实践》，徐亮、陆兴华译，商务印书馆2013年版，第20页。

② ［英］斯图尔特·霍尔：《表征——文化表象与意指实践》，徐亮、陆兴华译，商务印书馆2013年版，第22页。

③ M.W.埃森克、M.T.基恩：《认知心理学》，华东师范大学出版社2002年版，第32页。

　　第三，表征具有差异性。作为一种文化现象，表征是人们日常思维和语言中约定俗成的模式。无论就语言的个体发生还是种系发生而言，都可以说隐喻具有泛人类的普遍性。无论哪个民族、哪些社群、哪个人都会自觉或不自觉地使用表征。但表征化，即具体表征成什么，则可能是相对的。也就是说，每一种语言都有其具体的表征化系统。在不同的思维和文化模式中，隐喻所对应的概念不尽相同，有的甚至存在很大的差异性。例如，我们暂且撇去中英文在文字形态上的不同，就隐喻概念的意义认知而言，时间就是金钱（Time is money）、购物如同旅行（Shopping is like traveling）、品牌就是力量（Brand is power）等认知是共同的。但同时，由于文化的差异性所带来的意义认知差异决定了对相同意义的不同表征方式。如汉语中的"像老黄牛一样"和"气壮如牛"，用英语来表征则是"work likes a horse"和"strong as a horse"，这反映了中英先民在早期的耕种生活中，使用畜力的普遍差异。

　　第四，表征具有流变性。一般而言，在同一文化环境下，表征符号的意义是相对稳定的。但它只是一个相对的体系，也会随着历史环境的改变而变化。表现为：一是外在符号的改变。例如，古称姑苏现称苏州，古称大虫现称老虎，旧称徽州现称黄山，旧称告白现称广告等。二是内涵意义的变化。霍尔指出，由表征所产生的意义并非一成不变；相反，它会随着语境的迁流而嬗变。在建构意义的角力场上，各种权力常常插手其中，对知识、主体进行规范。如古汉语的"爪牙"有"得力的辅佐"之意，如"将军者，国之爪牙也"，在现代则指坏人的党羽。今日口语中"小姐"的内涵与中华民国时期"小姐"的内涵相比，要复杂混乱得多。

　　在此分析的基础上，我们结合霍尔的表征理论，可以把表征理解为：通过语言及其他文化符号言说或代表某个事物，并生产与这一事物有关的某种文化意义与价值观念。克里斯·巴克（Chris Barker）在思考表征理论时认为，"表征概念最常见的意义是意指实践代表或描述'现实'世界中的另一对象或实践的系列过程。"就其外延而言，表征反映的是一个独立客观世界的象征行为；就其内涵而言，"表征不是单纯的反映现实世界，而是一种文化建构"[①]。它不仅是人对自然事物或社会事物的一种认识，而且是人类以符号形式传递和交流的精神内容。

那么，什么是文化表征呢？霍尔在《表征：文化表征和意指实践》的开篇前言部分直接提出这两个重要的问题：表征与"文化"有何干系？两者之间的关联是什么？这些问题追问的本质性议题是"意义"在表征和文化中的重要性，即意义的给予与获得。在现实生活中通过我们对事物的使用、对事物所言、所思和所感，即我们通过对事物进行表征，意义才能得以建构与彰显。当然，意义的存在和生产都不是静止的、孤立的，而是动态的、发展的，与社会实践连成一个有机的整体，表现出意义在文化意向中和意指实践中的同一性与差异性。

二、表征的两个系统运行

从历史的角度看，表征的出现是随机的，但表征的形成却是一个不断分类、选择的过程。简单地说，表征实践是通过语言将头脑中现实的或虚构的物、人、事有意义地表现给外在世界。这是一个复杂的人脑与外界互动的过程，是人的智慧的表现。霍尔指出，当人们对事物形成一种概念时，实际上经历了一个外界事物内在化和内在概念外物化的过程。

（一）外界事物内在化的过程

第一个表征系统是针对"真实的"人、事、物的世界。外在人、事、物通过感知系统联系人脑中和心理上已有的概念和心理表象，在人们脑海中找到独特的定位图，从外部不相关的存在转而进入人们内在的认知世界，从而

---

① Chris Barker, The Sage Dictionary of Cultural Studies, Sage Publications, 2004, p.177.

完成对事物的认知与理解。例如，广告牌的实物和我们头脑中对"广告牌"这样事物的概念，将两者联系起来就要依靠表征系统。没有它们的存在，我们就无法理喻这个世界。

外界事物内在化的过程实际上就是从物转化为概念系统的过程。也就是说，意义需要借助于人们头脑中形成的能够指代内部事物与外部事物的各种概念与形象的系统，人们依靠这个系统可以把世间万物和脑海中的诸概念一一相对应，这是人们解读世界所必需的。所有意义的生成需要依靠存在于人们头脑中可以表示现实世界的概念系统。在某种程度上，我们可以将之理解为一种"命名"的过程——赋予世界以意义。

但是，概念系统绝非人们想象的那样简单，它的内部非常复杂，因为它不是由单个的概念组成，而是由大量的多类型、多层次、多交集的概念组成，需要通过相似性与区别性的原则确定诸概念间的相同点和不同点，建立诸概念间的关系，从而使各种概念的内涵和边界明晰化。比如，交通广告与杂志广告，由于两者都可出现于户外，所以概念系统把两者归到一个同类集合中，但是它们之间又有明显的区别，又必须要把它们分到不同级别的系统中。在这个例子中，第一种分类是按照出现的空间性划分的，第二种分类是按照时间性来划分的。在概念系统中还有很多诸如此类的组织原则，如根据次序原则或者因果关系原则等进行划分。这里所谈论的很重要的一点是：概念的收集不是随意的，而是被组织、安排、分级到诸概念复杂的关系中，以形成有序的整体。

总之，意义是由现实世界中的各种人、事、物与这些人、事、物的概念系统的关系决定的。人们之间交流的基础就是需要共享这个概念系统。只有这样，我们才可以用大致相同的方式去解读这个世界，使我们能赋予世界以意义。不过，此时的意义还是私人的，因为人们头脑中所形成的概念图式彼此之间可能不一样，难以共同分享或相互表达关于世界的观念。还必须要依赖第二个系统才能转化成社会的。

（二）内在概念外物化的过程

第二个系统是内在概念外物化的过程，也是人们表达概念、交流意义的过程。"我们私人所意向的意义，不论对我们自己有多么个人化，也必须进入语言的规则、信码和惯例中，以使之能被共享和理解。"① 为了交流，人们需要把大脑概念系统中的各种概念解释成一种彼此都可以理解的语言，以便能在各种场合将这些概念及其能够表达这些概念的词语、动作、声音、形象等相结合，进行意义的交流与分享。此处的"语言"具有概括性和广义性。可以认为，"任何具有某种符号功能的，与其他符号一起被组织进能携带和表达意义的一种系统中去的声音、词语、形象或客体，都是'一种语言'"②，它们能够"代表"人们头脑中的各种概念及相互之间的关系。

"我们用于表述带有意义的词语、声音或形象的总的术语是符号。"③ 符号代表了概念系统里的各种概念及其概念间的相互关系，并且和它们一道组成文化的意义系统。因为人类不能用"现实的桌子"去思考，而只能用"桌子的符号"去思考。在思维与交流过程中，各种符号（系列的概念、形象和观念）构成了必不可少的文化信码（cultural codes），而"信码确定了概念和符号间的关系。它们使意义在不同的语言和文化内稳定下来。它们告诉我们哪种语言用以传达哪些观念。反过来也同样正确"。④ 只有这样，人们才能把自己头脑中私人的概念转换成其他人认可的符号，用大体相同的方式去解读世间万物，形成一种能够用来共享诸多意义的文化系统，建构一个属于人们共享的意义世界。

---

① ［英］斯图尔特·霍尔:《表征——文化表象与意指实践》，徐亮，陆兴华译，商务印书馆2013年版，第27页。
② ［英］斯图尔特·霍尔:《表征——文化表象与意指实践》，徐亮、陆兴华译，商务印书馆2013年版，第25页。
③ ［英］斯图尔特·霍尔:《表征——文化表象与意指实践》，徐亮、陆兴华译，商务印书馆2013年版，第24页。
④ ［英］斯图尔特·霍尔:《表征——文化表象与意指实践》，徐亮、陆兴华译，商务印书馆2013年版，第29—30页。

姑且以广告为例。广告的类型多种多样，既有户外的也有室内的，既有静态的也有动态的，既有纸质的也有电子的。我们根据自己所在群体中共享的经验，感知到广告的共同特征是：可识别性（有明确广告主）；信息性（要传递特定的信息）；选择性（有清楚的目标受众）；说服性（加强或改变受众态度）；非人际性（借助媒体尤其是大众媒体进行传播）；有偿性（广告主要承担相关费用）等。所以，当一种视觉信息以这些特点呈现在眼前的时候，这种符号也是容易识别的，我们可以肯定这是广告而不是其他什么东西。同样，在绝大多数的文化语境中，烟斗象征男性，高跟鞋代表女性。这说明客体的意义并不是本身客观存在的，而是一个群体共同的文化信码赋予的。

所以，第二个系统是针对第一个系统的局限性而言的，后者只能涉及我们对可以用直接简单的方式所感知的实物的概念系统，但是对于那些不能以简单方式直接感知的更为抽象、模糊的事物的概念就需要第二个系统才能完成其社会化符号的意义共享。

三、广告隐喻的表征语言

美国人类学家 A. 怀特（Leslie A.White）认为，"全部人类行为起源于符号的使用，正是语言符号才使得我们的类人猿祖先转变为人并成为人类。仅仅由于符号的使用，人类的全部文化才得以产生和流传不绝"[1]。表征研究是在探讨文化和符号的关系中衍生出来的，因为人类的每一种文化实践活动都是在创造一种符号系统，这种创造通常是无意识的，或者说由于符号系统是社会性的，而不是某一单个的个体所创造，也就不存在固定的、显见的创造意图与系统规律。"在创造我们文化的意义系统的同时，这些符号代表或表征了我们头脑中拥有的诸概念以及它们之间的概念关系，它们共同创造了我

---

① ［美］怀特：《文化科学——人和文明的研究》，曹锦清等译，浙江人民出版社 1988 年版，第 21 页。

们文化的意义系统。"① 所以，有人说人类是符号的动物。

我们首先从语言和意义的关系分析开始。萨丕尔-沃尔夫假说（Sapir-whorfl typothesis）认为，我们所使用的语言，决定着我们对世界的想象。换句话说，我们的语言限制和规定了我们对身外世界的把握。阿拉伯人语言中关于骆驼的词汇极为丰富，有很多具体的词来形容不同模样的骆驼，他们对于这种动物的敏感度高，观察到的细节也多，而在汉语中，只有一两个抽象的词来指示骆驼。在我们眼中，骆驼之间没有多大区别，或者即使发现了，也无法赋予其任何意义（因为我们不清楚哪些差异会影响骆驼的价值）。萨丕尔-沃尔夫假说指出了语言概念系统的重要影响。一方面，语言充当我们观察世界的透镜；另一方面，它也是建立在群体无意识的语言习惯上。

在《普通语言学教程》中，索绪尔对符号的意义进行了解构。他认为符号是一种二元关系（双面的）心理实体（two sided psychological entity），即符号本身由两部分构成，能指（Signifier）和所指（Signified）就如同一张纸的双面统一不可分开，并同时附着在符号这个载体上面。能指是符号的外在形式，比如词语、话语、图形或表情等；而所指是指符号的意义，比如从符号获得的经验、得到的认知或者是听到之后的反应。需要注意的是，所指并不是一个客体，而是该客体的心理再现，甚而有些符号的所指可能是现实中并不存在的概念（如米老鼠、康师傅、绿巨人、麦当劳叔叔、必比登轮胎人、孙悟空、美人鱼等），或者抽象的概念（如策划、定位、品牌资产、原生广告、程序化购买、跨媒体沟通等）。

但是，索绪尔并没有明确说明能指和所指是怎样结合成为符号的。事实上，在符号行为的过程中，并不是任何能指和任何所指都能结合成为符号。比如耐克钩形图标的能指与成语"鹅行鸭步"一词的所指风马牛不相及，"香奈儿"的能指与"百度"的所指也大相径庭。这就是说，一个能指之所以能够同一个所指结合成为符号，还存在有第三个要素，这个要素就是"意指"。

① ［英］斯图尔特·霍尔：《表征——文化表象与意指实践》，徐亮、陆兴华译，商务印书馆2013年版，第24页。

符号的能指和所指之间的关系形成意指关系，能指和所指就是通过意指方式结合成为符号的。

从广告隐喻的角度来看，运用皮尔斯（Charles S. Peirce）的符号三元关系理论讨论意指问题，我们或许能够看得更加清楚。皮尔斯把符号解释为符形（representamen）、对象（object）和符释（interpretant）的三位一体关系。符形是"某种对某人来说在某一方面或以某种能力代表某一事物的东西"（如"玫瑰"的发音或书写出的字形）；对象是符号形体所代表的那个"某一事物"（如"玫瑰"指代的一种蔷薇科植物）；符释也称为解释项，即符号可表达的意义（如"玫瑰"可以引起"示爱"）。在皮尔斯看来，正是这种三元关系决定了符号过程（semiosis）的本质。

索绪尔的符号二元论与皮尔斯的符号三元论虽然是在不同的理论背景下提出来的，但都是对符号现象的讨论，彼此之间存在某种内在的关联和对应。皮尔斯三元结构中的符形类似于索绪尔的能指，是人们通过自己的感官所把握的符号的物质形式——如一个词的发音或一张照片的外观。符释可大致对应于所指，是符号使用者对符号指涉对象所形成的心理概念①。在符号的三元结构中，符形（能指）与符释（所指）之间的二元结合被称为意指（signification）关系，符形与对象之间为表征关系。当然，符号的表征关系，亦即符形表征对象的方式可以是任意的，也可以是非任意的。

如果说，索绪尔对于符号问题的研究基本上局限于语言符号的话，那么，皮尔斯则把符号问题的探讨推广到各种符号现象中，从而建立了全面意义上的符号学体系。基于皮尔斯的符号分类方法，按照作为代表项的喻体和作为所指项的本体之间的关系，我们将广告隐喻符号分成相应的三类：

（1）像似类隐喻（icon），它以一般存在为基础，通过一种具体的实物或形象暗示或引导受众对另一事物的联想与感受。隐喻的方法可以是借物喻物、借物喻人、借人喻物、借人喻人等，具体的表现可以是相似事物之间的

---

① 　[美] 约翰·费斯克等：《关键概念：传播与文化研究辞典》，新华出版社 2004 年版，第 262 页。

相互代替，可以是局部代表整体，也可以是以前因来暗示结果。它们的意指关系是建立在相似性上的。如广告中的产品图片、模拟声音等。在一幅服装品牌的平面广告中，创意者将身着亮丽时装的模特按照达·芬奇的名画《最后的晚餐》进行分布、构图，极具趣味性，引起受众对这一服装品牌产生名贵的联想。

（2）指引类隐喻（index），本体和喻体之间往往不存在明显的相似性，但存在着触发机制，即喻体的提及触发了本体的某一方面的联想或描述。它们是建立在时空或因果联系之上的。产品的商标或 Logo 就是这类隐喻的典型。如我们看到像方向盘一样的标志会想到奔驰汽车，看到四个相连的圆圈会想到奥迪汽车，看到仿佛被咬了一口的苹果标志会想起苹果电子产品，看到八个相连的红色花瓣会想到华为手机等。

（3）象征类隐喻（symbol），这是一种约定俗成的关系，具有很强的文化性，其意指关系是建立在规约性之上的。1984 年 1 月，苹果电脑发布了全新的 Macintosh（Mac），这是世界上第一台采用图形用户界面的个人电脑，这也注定是一场改变历史的创举。为能引起各阶层人士的关注，苹果公司在超级碗杯比赛中播出了电视广告 "1984"。该广告是根据英国作家奥威尔（George Orwell）的同名小说为背景进行创作的，讲述的是一个典型的象征性的故事。当年负责该广告的 Chiat/Day 广告公司创意导演李·克劳（Lee Clow）回忆说："'1984' 表达了苹果的理念和目标：让人民而非政府或大公司掌握操纵技术，让计算机变得普通人可及而非控制人的生活。"[1] 这一广告后来被 TV Guide 命名为有史以来最伟大的电视广告[2]。

本内特（Tony Bennett）等学者在威廉斯《关键词》的基础上于 2005 年出版了《新关键词：文化和社会修订的词汇》。在他们看来，表征最重要的文化内涵是 "一个符号、象征（symbol），或是一个意象、图像（im-

---

① 杨樱、高嵩、袁园、赵蓉：《硅谷战争》，《第一财经周刊》2010 年第 111 期。
② [美] 乔治·贝尔奇、迈克尔·贝尔奇：《广告与促销：整合营销传播视角》（第 6 版），张红霞、庞隽译，中国人民大学出版社 2006 年版，第 348 页。

age），或是呈现在眼前或者心灵上的一个过程"①。在这里，符号起着关键的勾连作用，它既能代表或象征某种事物，成为具有某种差异性的识别信息，也能承载意义，并传递出为人们所能共享的意义。例如，大写的拱形"M"代表麦当劳，象征欢乐氛围；曲棍形的"√"代表耐克，象征自由精神等。正如霍尔所指出的那样："各种视觉符号与形象，甚至在它们与其指称的事物有着严格相似性时，也仍然是符号：它们含有意义并因而必须被解释。"②

巴克认为，"表征不是单纯的反映现实世界，而是一种文化建构"③，参与整个文化意义与价值系统的生产、增值、交换与流通。而"文化意义不只在'头脑中'，它组织和规范社会实践，影响我们的行为，从而产生真实的、实际的后果，……文化可以说涉及那些实践活动的全部：它们并非简单地编入我们体内的生物遗传程序（就像敲击膝盖会引起抽搐），而是对我们来说具有意义和价值，需要他人富有意义的解释，或需要依赖意义才能有效地运作。在此意义上，文化渗入了整个社会"。④ 文化的意义与价值系统具有现实效果，它有助于建立社会生活秩序化和得以控制的各种规则、标准和惯例，从而规范人们的行为。

总之，"在创造我们文化的意义系统的同时，这些符号代表或表征了我们头脑中拥有的诸概念以及它们之间的概念关系，它们共同创造了我们文化的意义系统。"⑤

① ［英］雷蒙·威廉斯：《关键词：文化与社会的词汇》，刘建基译，生活·读书·新知三联书店 2005 年版，第 409 页。
② ［英］斯图尔特·霍尔：《表征——文化表象与意指实践》，徐亮、陆兴华译，商务印书馆 2013 年版，第 26 页。
③ Chris Barker, The Sage Dictionary of Cultural Studies, Sage Publications. 2004, p.177.
④ ［英］斯图尔特·霍尔：《表征——文化表象与意指实践》，徐亮、陆兴华译，商务印书馆 2013 年版，第 4 页。
⑤ ［英］斯图尔特·霍尔：《表征——文化表象与意指实践》，徐亮、陆兴华译，商务印书馆 2013 年版，第 24 页。

第二节　广告隐喻的表征机制

意义是文化表征呈现给现实世界最核心的主题，也是一种实现文化表征和意指实践的场域。在西方哲学与社会科学发生"语言学转向"之前，人们一直认为，意义来自于事物本身，人类语言的功能只是正确或错误地把它"找到"。这一传统观点逐渐为推动"语言学转向"的学者们所质疑和抛弃而转向了符号学的研究。

一、广告隐喻的表征途径

广告隐喻表征是在现实的文化景观中，通过具体的符号创意为产品赋予特定意义的过程，这也是一个语言赋予的过程。

霍尔主要讨论了三种不同的表征途径理论，一是语言仅仅反映出现实世界中的关于物、人和事的意义，即反映论途径；二是语言单纯表达说话人想说的内容，抒发他们个人意向的意义，即意向性途径；三是意义通过语言或者在语言中被建构，即构成主义的或结构主义的途径。

持反映论途径的人认为，意义本身就存在于事物之中，语言只是像一面镜子一样，真实地反映事物原本就有的意义。这种意义就是客观的存在，即"按照事情的本来的样子呈现事物"，这种意义是已经被确立了的。在此立场上，表征是和现实主义相联系的，也就是具有 representation 的含义，或者说是威廉斯所说的"精确的再生产"。但是，人们对于这种反映与意义之间是否具有完全的对应性，还存在诸多争议。这种途径仿佛坚持客观、本真，事实上是难以立足的，因为它缺少文化意义的观照。

意向性的途径则与反映论相反。如果说反映论是建立在词语和意义的对应性的关系上，也就是信码所显示出的"自然度"上，那么，意向性就是基于词语和意义任意性关系之上了。这种观点强调的是信码在解码阶段对于个人的意义，突出了创作者通过言语将其独特的意义强加给受众的权力，但未考虑到其实词语的意思是作者认为它们应当具有的意思，有很强的主观色彩也会有词不达意的时候。这种意向性途径的明显缺陷在于：过分强调使用语言主体的作用而忽视了语言本身的规则，过分强调个人化的语言而忽视了语言的社会属性，忽略了"共享信码"和"共享意义"的制约性。

　　在指出前两种途径的缺陷之后，霍尔提出了构成主义的或结构主义的途径。这也是他本人在论述语言、意义和表征时所采用的方法。霍尔认为："事物并没有意义，我们构成了意义，使用的是各种表征系统，即各种概念和符号。"① 这就是通向语言中的意义的构成主义或结构主义途径。构成主义不否定物质世界的存在，而是强调客观存在的事物本身只是一种客观的存在，并不具有意义。意义依赖的传递方式并非事物本身，而是作为社会主体存在的人。尽管符号也可以有一个物质的维度，但"意义所依赖的不是记号的物质性，而是其符号功能"②。按照这一观点，正是广告创作者们使用他们文化的、语言的各种概念系统及其他表征系统去建构意义，使产品富有意义并向他人传递有关这个产品的意义。

　　随着网络传播时代的到来，视觉冲击力在不断增强，使得人们几乎每时每刻都在接受着视觉化的信息。图像在表征中所发挥的作用也显得异常重要。例如，就当年的索尼"随身听"广告而言，广告的图像表征与动人的文案更是一种主要的、也是最具成效的意指实践活动。它不仅将文化的表征与商业利益结合起来，同时还通过自身所表征出与产品意义相衔接的意义，在消费者与产品所具有的意义之间建立起一种认同，使受众与广告中的人物和

---

① ［英］斯图尔特·霍尔：《表征——文化表象与意指实践》，徐亮、陆兴华译，商务印书馆2013年版，第35页。
② ［英］斯图尔特·霍尔：《表征——文化表象与意指实践》，徐亮、陆兴华译，商务印书馆2013年版，第36页。

情景产生一种共鸣。经过如此表征的"广告使我们成为典型的'产品的对象',在我们的头脑中,我们成了典型的'随身听男人'和'随身听女人'"①。

因此,从某种意义上讲,广告隐喻是一种不同意识形态在同一层面上结合的表征,而不同的意识形态又通过广告形成的结合和表征,建构起一种具有同一性的意义和认同。

二、广告隐喻的编码与解码

广告可以用多种语言形式作为载体呈现。但无论是哪一种形式,其信息的表达过程都是一种编码的过程,基本信息与编码的方法越简单,并且与信息接收者的背景越接近,其解码的速度越快。而编码的基本信息与编码的方法越复杂,且与信息接收者的背景知识越远,其解码的速度就会越慢。当然,解码速度的快慢并不能完全影响信息接收者的最终决定。就广告而言,所谓编码就是将拟要传播的广告信息按照一定的规则,使之同构地转换成可供传播的符号或信息,比如文字、图像、声音、色彩、动作、表情等。对于广告隐喻来说,编码是将广告所要表达的关键信息以双域映射的方式表现出来的一个过程。

(一) 差异与意义

文化如同一个符号之网,它把人类经验编织成意义的网络。符号以其"非物理实在性"而属于文化的意义世界,成为人们建构意义和阐释世界的工具。那么,符号又是如何形成意义的呢?

索绪尔认为,人类语言不是外在世界的"镜子",意义并不存在于事物本身,而是由语言内部的差异结构所建构。一方面,符号的能指和所指之间

---

① [英]保罗·杜盖依、斯图尔特·霍尔、琳达·简斯等:《做文化研究——索尼随身听的故事》,霍炜译,商务印书馆 2003 年版,第 26 页。

相联系的意指过程是任意的，不同的语言可以用不同的方式称呼，这个过程具有偶然性，没有"科学的"规则可言，关键在于通过这种意指过程把某个群体大脑中关于世界的认知基模分门别类地区别开来。例如，汉语用"广告"一词指广告主将有关商品、服务，及观念通过大众媒体向目标受众进行有偿的、非人际的信息发布。而在英语中这一意思用"advertisig"表示，在法语中则写为"publicité"，在日语中则为"広告"。这些现象都充分证明了语言符号的任意性。另一方面，在某种语言的内部，"差异"是意义产生的基础。比如，在中国的文化里，单独的"品"字没有什么意义，它只有在与表示其他事物的符号（如产、商、精、作、人、样……）的区别中，才使接受者知道它具体指向何种概念，包含什么内涵，从而获得意义。因此，为了产生意义，各种能指必须被结合到一个"区别系统"中。

霍尔继承与发展了索绪尔结构主义的差异概念。他认为，人类语言和文化就是以差异为基础的分类系统："文化取决于给予事物以意义，这是通过在一个分类系统中给事物指派不同的位置而做到的。因而，对'差异'的标志，就是被称为文化的符号秩序的根据……'差异'对文化意义是基本的。"[①]"'差异'之所以重要是因为它是意义的根本，没有它，意义就不存在。"[②] 世界上的万事万物之间都存在着差异。例如，心理总是相对于生理而言，品牌总是相对于产品而言，自然总是相对于文化而言，等等。通过这些差异，人们得出了对世界的图像以及概念的意义。同样，萨丕尔-沃尔夫的研究也表明，一切意义的形成甚至神话，都离不开语言的差异化。

意指过程并不具有必然性，而是通过一定的途径实现的。主要是将某种正面（或负面）的特征与某组二元对立概念中的一个联系在一起，或强调二元对立概念中的一个忽视另一个（缺席），甚至将某种并非自然存在的差异

---

① ［英］斯图尔特·霍尔：《表征——文化表象与意指实践》，徐亮、陆兴华译，商务印书馆2013年版，第349页。

② ［英］斯图尔特·霍尔：《表征——文化表象与意指实践》，徐亮、陆兴华译，商务印书馆2013年版，第347页。

自然化。例如，为什么通常女性会和柔弱、感性、自然、迷信、消费文化联系在一起，而男性会和阳刚、理性、文化、科学、高雅文化联系在一起？为什么说起广告，有的消费者会与"有趣"、"好看"、"促销"、"时尚"、"可信"等正面概念联系在一起，而有的人则和"吹牛"、"骗人"、"滞销"、"浪费"等负面概念相关联。现实事物并没有什么自然存在的特性和本质，它们只有经过人类特定的分类系统才能获得自身的意义。

（二）编码与解码

"为了要让受众将相关的信息（转移的意义）正确地'解码'，广告商必

图 5-1　意大利产品 Panzani 的广告（来源：罗兰·巴特《图像修辞学》，载《Communications》1964 年第 4 期，方尔平译，王东亮校，载《语言学研究》第六集，2008 年）

须从对受众的社会认识中取得素材，然后把它们转成信息（'编码'），形成恰当的格式，创造出恰当的内容。这样，才能完成从受众到受众的传播过程。"[1] 也就是说，意义的生产依赖于诠释的实践，而诠释又靠人们积极地使用符码——编码，将事物编入符码——以及靠另一端的人们对意义进行翻译或解码来实现。

对于广告隐喻来说，编码是将广告所要表达的关键信息以双域映射的方式表达出来的一种过程。编码的过程离不开符号的建构，因为"没有符码的操作就没有明白易懂的话语"。在广告的创意及表现中，编码是其主要环节。创意者可以将"码"编得有滋有味，丰富多彩。不仅不同的广告信息有不同的编

---

① ［美］苏特·杰哈利：《广告符码：消费社会中的政治经济学和拜物现象》，马姗姗译，中国人民大学出版社 2004 年版，第 146 页。

码，即使相同的广告信息，即使是运用于相同的媒体，也可以有不同的编码方式。总之，广告创意者要依照广告策略，选取各种符号进行隐喻创意，试图让受众按照他们的意愿理解意义。

广告解码就是广告编码的逆向思维，是受众对广告符号加以理解和分析，从而读取其意义的过程。就这样，广告的编码以某个媒体承载与传递，又在接受方被激起与解读，并得到反馈。广告解码的成功与否，直接决定了广告传播的成败。受众的解码不仅是对符号的简单解码，还会将符号放入符号间的创造性关系中，放到整体的社会环境中进行理解。这是一个互动的过程。只要沿着正确的路径，付出努力，是能够获取其语境效果的。因此，仅仅像巴特那样进行文本分析是不够的，还必须对受众的解读（解码）过程进行研究。

由于存在传受双方编码和解码规则的不同，在广告隐喻传受过程中难免会出现不同的解码立场，即编码者所要表达的信息与解码者所理解并接收的信息并非总是完全相同的，更多的是他们之间往往存在着一定程度上的不对称性。

不过，任何文化都有一定的封闭性，主导的文化秩序会限制受众的解码自由。即使是对抗式解读，也会在先解读出主导意义的基础上进行反抗，并且总是少数。尽管意义的解读需要受众参与，编码过程也需要受众的知识体系作为参照，但是始终进行编码的是广告主。广告吸收和融合了种种符号的实际运作状况与话语原则，巧妙地将这些东西重新组合起来，就形成具有引导受众解码的机制。

那么，广告隐喻的具体解码过程到底是怎样的呢？我们以罗兰·巴特分析的一则"潘扎尼"（Panzani）广告为例进行说明（见图 5-1）：这幅广告画面上有一网袋土豆片、一听罐头、一袋香料、几个西红柿，还有洋葱、胡椒粉和一个蘑菇，所有这一切从一个黄色、绿色与白色搭配在一起并且半开的食品袋中显露出来。

罗兰·巴特从照片中解码出三种信息，即语言学信息、非编码的图像信息和编码的图像信息。① 语言学信息来自于画面中的文字，就是广告画面中的"Panzani"这个词，这显然是产品的商标名称。Panzani 除了表示产品的商标外，它的发音和"意大利风味"这个单词相似，还暗指产品的特性，即这是意大利风味的食品。画面下方文字的意思是"意大利面，酱汁，干酪"，是对 Panzani 信息的补充说明。非编码的信息是画面的图像作用于人们的视觉所产生的知觉信息。从这幅作品中，人们可以看到面条、番茄、罐头等产品形象，这些视觉形象绝大多数人都能轻易辨认，不需要其他文化背景的辅助，因此是一种直接意指。而编码的图像信息（巴特又称之为"象征"信息、文化的或含蓄意指的信息）属于文化语码，它包含了四种含蓄意指的符号：

第一个能指符号是半拉开的网状食品袋，似乎购物刚刚归来，食物即将摆上饭桌。隐喻是"为自己购物"。

第二个能指符号是聚集在一起的西红柿、胡椒粉和广告画面上的三种颜色（黄色、绿色、红色）搭配，它的所指是意大利风味。这个符号与语言信息的内涵符号（即 Panzani 的意大利语半谐音）之间是冗余关系。解读该符号需动用的知识是比较特殊的：这是一种建立在某些旅游习见基础上的不折不扣的法国人的知识（意大利人几乎不可能察觉出这一专有名词的内涵，也不可能体会到西红柿和甜椒的"意大利性"）。

第三个能指符号是密集的不同产品，这一能指本身涉及两个令人愉悦的价值隐喻：一方面暗含这个品牌可以提供系列的家庭烹调产品，另一方面隐喻这个产品的食物是新鲜的，是自然生产出来的。

第四个能指符号是图像的组合——借助于众多的产品和食物的形象向我们传达了一个美学的所指——静物，或者说，它在另一语言中被更好地表达，叫"stillliving"。

这四个能指符号的解码对于观看者知识水平的要求程度逐渐加深，第四个符号已经高度依赖解读者的文化知识。所以，巴特认为，"形象在其含蓄

---

① ［法］罗兰·巴尔特、让·鲍德里亚等：《形象的修辞：广告与当代社会理论》，吴琼、杜宇编，中国人民大学出版社 2005 年版，第 40 页。

意指中是有取自变化的语汇深层的符号建筑物构成的。每个语汇，不论多么'深厚'，都是被编码的"①。在此基础上，他强调："这一修辞只能在一个相当大的存货的基础上被建立起来，但现在可以预见人们将在那里发现某些以前古代人和古典所辨认的比喻。"② 为了证明可以从古典修辞学中找出形象修辞上的"视觉对等物"，巴特举了个例子：一则广告中呈现三个连续的系列场景：咖啡豆——咖啡粉——杯子中的咖啡，它们以一种相同的省略方式表现出某种逻辑关系。

尽管以上论述给予受众地位以充分的肯定，但是并不能说明在广告传播中受众是占主导地位的。意义的解读需要受众参与，但是始终进行编码的是广告主，开启受众解码的也是广告主，也就是说广告隐喻的编码对于受众的解码有一个引导作用。因此，编码的过程需要以受众的知识体系和认知路径作为参照，否则，受众的解码就会遇到障碍或偏离预设的解码方向，广告就难达到既定的目的。

三、广告隐喻的意指与神话

皮尔斯之后，罗兰·巴特又对索绪尔的意指过程理论进行了深入研究，提出了意指实践的观点。他在《文论》中对意指实践进行了分析。首先，意指实践是"已具差别的能指方式，纳入意指作用的类型里（而不是纳入符号的普遍性模子内）"；其次，"意指实践是实践；这意味着意指作用的展开，并不是和由索绪尔设定的抽象作用(整体语言)的程度相应，而是随运作过程、作用而变化，在这作用里，同时且以单一的活动囊括主体和他者及社会环境

---

① ［法］罗兰·巴尔特、让·鲍德里亚等编：《形象的修辞：广告与当代社会理论》，吴琼、杜宇编，中国人民大学出版社 2005 年版，第 48 页。

② ［法］罗兰·巴尔特、让·鲍德里亚等编：《形象的修辞：广告与当代社会理论》，吴琼、杜宇编，中国人民大学出版社 2005 年版，第 50 页。

的冲突。"①显然，巴特认为意指实践作为一种实践活动呈现出与主体和社会环境的冲突，从而突破了索绪尔的抽象语言范畴。

巴特认为索绪尔所说的"能指＋所指＝符号"只是符号表意的第一个层次，而当这个层次的符号又作为表意系统的能指时，就会产生一个新的所指，也即含蓄意指层次。它属于一个二级符号学系统，形成神话（见下表5—1）。巴特所指的神话并非传统意义上的神话。传统的神话发生在远古时代，是人们面对不能理解的自然现象根据想象而杜撰出来的故事。但它们也有共同之处，那就是都认为是编造出来的。巴特指出，用来解释神话的语言是元语言，所以神话的表现受限于语言系统的表现。

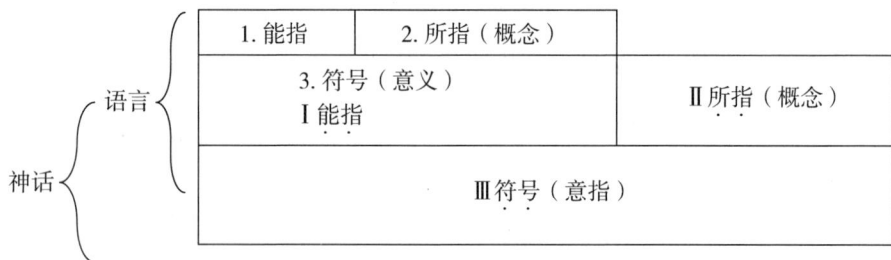

图 5-1　巴特神话的意指过程

从上表中我们可以看出，巴特所谓的神话由两级系统构成，第一级符号系统即语言学系统（初生系统），它是由能指和所指所构成的符号。第二级符号系统即神话系统（次生系统），第一级符号系统所形成的符号在这里作为能指，并结合其所指构成二级符号，也就是神话。为了更清晰地表述这些关系，巴特将这些元素进行了重新命名。他将初生系统中的符号称为意义（sens），同时它也是次生系统中的能指，在这一层面上，它被称作为形式（form）。两个系统中的所指都被称为概念（concept），次生系统中的符号被巴特称为意指（signification）。

为了深入地揭示符号的秘密，巴特将意指概念划分成两个层次：直接意

---

① ［法］罗兰·巴特：《文之悦》，屠友祥译，上海人民出版 2002 年版，第 91 页。

指层（Denotation）和含蓄意指层（Connotation）。他认为："语言行为作用于两个层面，即直接意指层和含蓄意指层。在直接意指层上，语言既充当起意义的生产者，又是意义的监护人。"①并指出："直接意指是单纯的、基础的、描述的层次，在那里存在着广泛的一致性，大多数人会认可其意义"②，如广告中直接出现的产品或服务。第二层面的含蓄意指层则"不再是一种明确解释的描述层。在此我们开始根据社会意识形态——普遍信仰、概念结构以及社会价值体系等更广泛的领域，来解释各种完成了的符号"③。也就是说，含蓄意指层与社会文化的关系十分密切，它的社会意义往往是隐藏在表面的背后。正是在含蓄意指层那里，巴特深刻地发现了"神话"（myth）。

神话是一种话语，但并非任何一种形式的话语，而是一种沟通的系统，是与其特定历史阶段密切相联系的特定社会的一种隐喻性信息。揭示这种特殊的社会信息，光靠语言的单纯形式变化逻辑是不够的，必须超越语言学的界限而探讨符号。在《红酒与牛奶》这篇文章中，巴特以法国红酒为例，解释说，"红酒"这个词以及它指向的红色液体是第一个系统中的能指和所指，它们都会变成第二个系统中的新能指，其所指则是"红酒"背后所代表的社会含义、文化含义等意识形态。也就是说，第一个系统中的能指和所指在第二个系统中就演变成了新的能指符号，它的含蓄意指则形成了神话。神话的主要目的就是"把一种意义转化成一种形式"。在神话中，不存在没有意义的形式，也不存在没有形式的意义，但形式和意义又玩着微妙的游戏：意义时刻在那里将形式呈现出来，形式总在那里疏离。意义不会被形式所制约，但却永远难以确切。一旦形式被意义的光束照亮，神话就获得了普遍性和超越性。

至此，我们就不难明白麦当劳为什么要把它的广告重点从食品功能上转

① ［法］罗兰·巴特：《流行体系——符号学与服饰符码》，敖军译，上海人民出版2000年版，第67页。
② ［英］斯图尔特·霍尔：《表征——文化表象与意指实践》，徐亮、陆兴华译，商务印书馆2013年版，第56页。
③ ［英］斯图尔特·霍尔：《表征——文化表象与意指实践》，徐亮、陆兴华译，商务印书馆2013年版，第57页。

移到了"爱"的概念上，因为爱是一种集体主义的意识和美好感情。广告往往运用轻松欢快的旋律和欢乐的场景，鼓励消费者积极地对待一切事物，去发现爱、享受爱、分享爱，从而将麦当劳的标志变成了快乐的象征。2015年，麦当劳在美国的全新广告"Choosing Love"（选择爱）中，出现了许多经典的"死对头"：马里奥与怪兽、蓝精灵和格格巫、金刚和轰炸机，但最终他们都选择了"爱"，因一起品尝麦当劳的美味而尽弃前嫌、握手言欢。在商业化语境下，随处可见各种各样的"神话"。

我们试以一则轿车广告为例进行分析（见图5-2）。该广告画面的前景是车的驾驶室一侧，透过右侧玻璃窗向外看去，只见窗外有很多保持驾驶姿势的人，他们的手上既没有方向盘，也没有前把手，他们只是弓着腰仿佛坐在什么上面，臀部之下一无所有。画面的最下面有一行小字："最安静的驾驶室"。画面上的形状、动作、色块这些能指均指向它们的所指：该品牌轿车的驾驶舱隔音效果极佳，外面驾驶者经过时所发出的机器噪音被彻底隔绝，就如同那些人根本没有使用驾驶工具似的。这个过程为直接意指过程，我们所"看"到的显然不只停留在这个层次。如果把第一个直接意指层次的所指——"大众车的隔音效果绝佳，车窗外的驾驶噪音被彻底隔绝"作为能指的话，我们还可以分析出新的所指，即含蓄的意指层——"大众集团是一家历史悠久的德国汽车制造企业，其大众高尔夫型轿车品质优良，人人喜爱，是时代的经典潮流符号！"这才是广告画面的意指——一种以原来符号（能指和所指的结合体）为能指的所指。依照巴特的观点来看，"这就是画面的全部意义"。

这一意指过程的转变表明了在表征运作过程中，"神话"与特定符号被强制性地联系在一起形成广告隐喻。它的特征是并不明确说出第二层所指，但暗暗指向它，而且通过大量的其他文本反复暗示相似的意义（这一过程又称为互文）。通过这些过程，强制性的意指被自然化为理所当然的常识，这种常识成为人们理解广告的框架。茅台酒广告就是通过"国酒茅台"、"开国第一宴酒"的话语策略，将酒与作为人们拥有共同的语言、文化、种族、地域的国家相关联，并与造纸术、火药、指南针等民族历史文化的视觉符号相

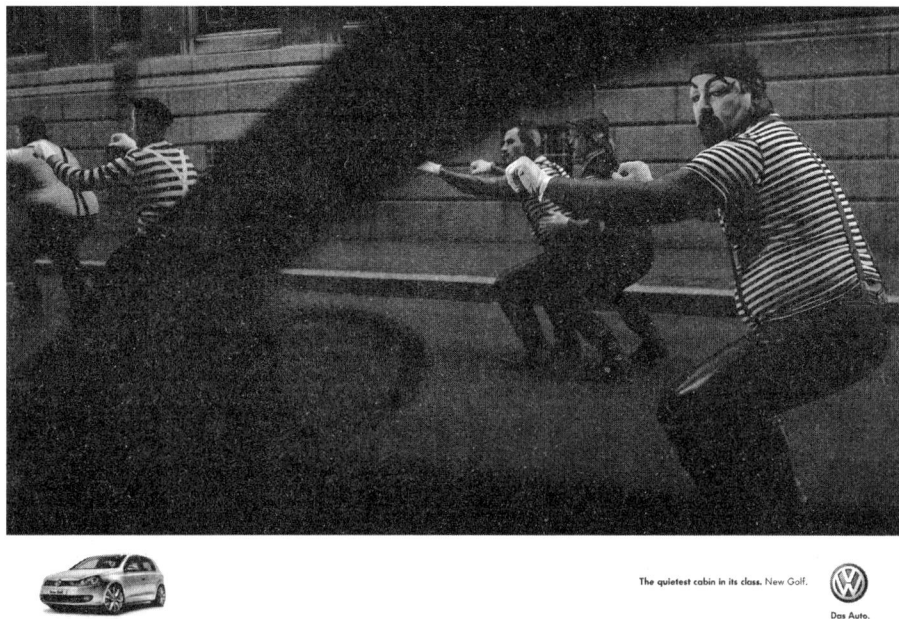

图 5-2 大众轿车广告（广告公司：Ogilvy, Cape Town, / 南非；创意指导：Chris Gotz；摄影：Guy Nevelling, 2009 年）

映衬，反复进行传播，从而将茅台酒转换、提升到具有国家形象的属性和高度。尽管这一做法存在极大的争议。

当然，巴特所说的神话的意指过程和索绪尔提出的能指与所指之间的任意性，都持意义相对主义的立场，即他们都认为符号或表征的意义并不是自然的和固有的，而是人们建构的。

第三节　广告隐喻表征的模态

文化对隐喻的影响是巨大的。在文化的语境中，参与者用群体共享的符号赋予了事件、产品和服务以意义。正如霍尔所指出的："在某种程度上，我们给予事物意义是凭借我们表征它们的方法：我们所用的有关它们的语词，所讲的有关它们的故事，所制造的有关它们的形象，所产生的与它们相关的情绪，对它们分类并使之概念化的方法，加上它们之上的各种价值。"① 根据信息加工的观点，当有机体对外界信息进行加工（输入、编码、转换、存储和提取等）时，这些信息是以表征的形式在头脑中出现的。不过，表征转变理论认为，要达到对事物内在逻辑关系的认识，就必须对问题有良好的表征方式，如果问题表征的方式不适当，则会在一定程度上阻碍认知主体获得问题的解决。

至于模态，它是"利用具体的感知过程可阐释的符号系统"（福斯维尔语），包括语言、技术、图像、颜色、音乐等。这里我们主要从模态的角度来分析其广告的表征类型。

一、广告隐喻表征的单模态

单模态隐喻是指源域和目标域完全或主要通过一种符号学模态构建的隐喻。可以分为以下几种形式：

（一）文字表征

文字表征是指整个广告作品以纯文字的形式出现，通过画面的文字和品牌名的关系传递意义。

有一组以尊重和保护知识产权为主题的平面广告深受广大受众的欢迎。广告虽然没有物象，只是文字表达，但画面简洁醒目、意味深长。其中，"白劳"篇中首先映入眼帘的是"杨白劳"三个字，设计者有意将"杨白劳"的字体加大，再用一个红印盖在"杨"字上，使其淡化。这样，画面就变成了"不能白劳"或"不能劳而不获"，结合下面的文案"我们不愿意看到

---

① ［英］斯图尔特·霍尔：《表征——文化表象与意指实践》，徐亮、陆兴华译，商务印书馆2013年版，第4页。

一部分知识分子成为现代的杨白劳，心血和劳动白白成为别人的大餐。站出来吧，保护自己！"主题十分鲜明（见图5-3）。另一幅作品"白食"篇的标题是"反对……白食——不劳而获"，提出了"知识产权的盗版者和部分无知的消费者

图5-3　公益广告："白劳"篇（广告公司：广东黑马广告有限公司，广州／中国；广告设计：刘小玲，1999年）

不要再继续下去了。停止吧，你们！"表现手法与"白劳"篇相同。这组系列广告采用了语音隐喻的形式，结合主体鲜明的文案"我们不愿意看到一部分知识分子成为现代的杨白劳，心血和劳动白白成为别人的大餐"，对盗版者和部分无知消费者提出了严正警示，也表达了对一部分无辜的知识分子的同情，义正词严地规劝人们要尊重和保护知识产权，态度鲜明，发人深省。

第二幅是英国《经济学人》杂志的广告"智商提升"篇（见图5-4）。作为一份观点性刊物，文字是他们最锋利的武器。《经济学人》的广告也秉承这一传统，常用隐喻手法，文案简洁而不失智慧，犀利而不失幽默。该广告采用红底白底，除了右下角一个较小的《经济学人》的名称外，整个画面就被一个奇特而偌大的公式 $E=iq^2$ 所占据。猛然一看，仿佛是爱因斯坦提出的著名质能方程：$E=mc^2$，但仔细一瞅，又不是。原来这是对质能方程的一种仿拟，这里的 E 是代表《经济学人》杂志，iq 是英文 Intelligence Quotient 的缩写，意为"智商"，系个人智力测验成绩和同年龄被试成绩相比的指数，主要反映人的认知能力、思维能力、语言能力、观察能力、计算能力、律动能力等。但如果等号后面仅仅是字母 iq 而没有平方符号的话，不过是说明该杂志的性质而已，只能算是平庸之作。而加上平方符号，那就点石成金，意味着这不是一般的有智商的刊物，而是高智商的刊物，是经济学界高水平

$$E = iq^2$$

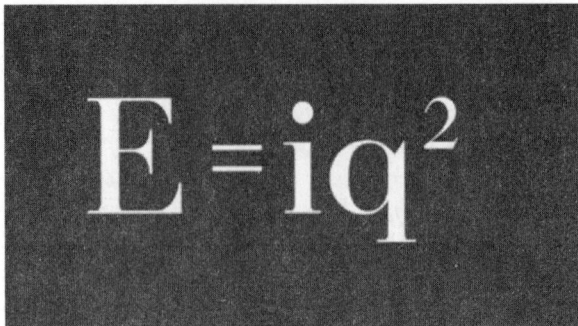

图 5-4 《经济学人》广告："智商提升"篇（广告公司：BBDO, London/ 英国；创意指导：Peter Souter；文案：Jeremy Carr,Sean Doyle, Nick Worthington，2001 年）

研究的荟萃之地，无论文章涉及什么主题，经济学家的独立、坦率、简练和尊重事实的品质都不会改变，从而给读者以思的深刻、智的超拔。可见，《经济学人》的广告也同它的文章一样，充满着高智商的幽默。2013 年的数字版《经济学人》中，安飞士（Avis）的"It's Your Space"广告获还得了英国年度数字媒体广告奖，实在是实至名归。2020 年，在英国脱欧、美国大选和格拉斯哥联合国气候变化峰会这一关键的年份里，《经济学人》继续接力其以往标志性的红白广告运动，以提醒读者：该出版物的思想公正、独立，比以往任何时候都需要可信赖的新闻。

（二）声音表征

与电视、网络媒体相比，以声音作为唯一手段创作的广告，虽然传播功能较为有限，但可以凸显广告主题、烘托气氛，带给听众一个广阔的想象空间，有时比语言文字更有吸引力和感染力。

以声音为基本元素的广告隐喻必须充分调动语音的因素，同时也要充分发挥音响和音乐等结构性因素的作用。声音包括人声、音响、音乐等，它们具有信息的功能。人的声音虽然不能"表情"但可以"达意"，音响虽然难以"达意"，但可以反映人物活动、事件变动、现场气氛和情绪，而这些往往是很难用口头语言来描绘的。比如车水马龙的声音暗示在闹市中心，而鸟鸣和虫叫的声音则表示在野外或村庄；清晨的鸡鸣声和傍晚草地里的蝈蝈声可以表达故事发生的不同时间。例如，获得广东省第八届广告优秀作品奖的海通牌便携式汽车油量表的广播广告，用一男一女日常生活对话的形式，将加油时携带海通牌便携式汽车油量表与买菜时携带弹簧秤进行类比，寓意该产品能让消费者在加油时做到心中有数，不易受骗。①

　　美国西北航空公司（Northwest Airlines）的一则广播广告模拟了飞行现场的各种音响，通过飞机的轰鸣声、风暴声、旅客惊慌的叫喊声、飞机着陆声、乘客欢呼声，再现了一次在恶劣天气条件下飞机安全降落的过程，使听众产生身临其境之感，隐喻性地表现了广告主题——保障航空安全。对于跨文化传播的广告而言，要尽可能地借助人类共同识别性高的非语言声音或视觉形象等进行沟通，以减少因书面文字和有声语言的不同而造成的认知阻碍。

　　同样，音乐也是广告隐喻的重要因素。音乐的隐喻力极为丰富，除了单纯的印刷广告外，其他形式的广告中几乎都有音乐在场。一段旋律优美、节奏明快、个性突出的曲调能够烘托产品气氛，启发联想，既可以带给听众艺术的享受，又增强了有声语言的感染力，从而增强受众对广告内容的记忆。例如，沱牌曲酒的广告用一段旋律悠扬的音乐来烘托"悠悠岁月久，滴滴沱牌情"的广告语，让人回味悠长。奥妮皂角洗发露的电视广告则用一段富于特色的京剧，寓意人生就是一出戏，难免有分分合合，意味深长。有时候，即使是缓慢低沉的音乐也有它的用武之地。例如，李斯特的"匈牙利狂想曲"的第一序曲中大提琴沉重的旋律可以用来表现胃部沉重、食欲不振、身体衰弱的状态，从而唤起消费者对胃下垂痛苦的联想，接着推出胃下垂药物的广告就顺理成章了。

（三）色彩表征

　　色彩是一种概念，同时又是一种客观现象的存在。在现实生活中，光不仅是生命的源泉，更是色彩的起因。我们之所以感受到瑰丽的色彩世界，是因为光决定了我们的视觉对自然界的感知。没有光，色与形在我们的视觉中就不复存在，而没有颜色的世界是寂静可怕的。不同的色彩会引起观众不

---

① 杨先顺等：《广告文案写作原理与技巧》，暨南大学出版社 2009 年版，第 165—166 页。

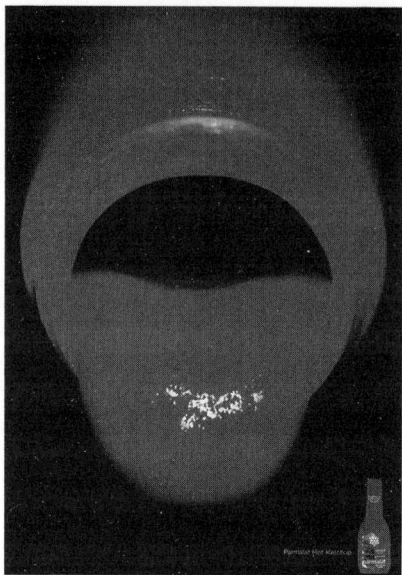

图 5-5　帕玛拉特广告："辣味番茄酱"篇（广告公司：DM9 DDB Publici-dade, Sao paulo / 巴西；创意指导：Tomas Lorente，文案：Alexandre Lucas；摄影：Fabio Bataglia，1999 年）

同的生理反应和心理反应。同时，色彩还具有象征意义和情感性。无论是喜力滋独特的绿色、可口可乐的红色、壳牌的黄色，还是吉百利的紫色，对于消费者而言，都具有不同寻常的隐喻意义。当然，不同的国家、民族、地区，由于传统文化、信仰等方面的不同，对色彩的感受和爱好会有较大差别。中国人认为红色是大吉大利、喜气洋洋，而日本在结婚庆典等活动中却以纯洁的白色为代表。罗切斯特大学的艾略特（Andrew Elliot）所进行的一项研究也揭示了男人往往认为在红色背景中或者穿红色衣服的女人更具有吸引力，尽管这些女人并非更加可爱或聪明。

色彩的这些属性赋予了广告隐喻的极大表现空间。广告在与消费者沟通的过程中，经常使用色彩刺激消费者产生关于该色彩隐喻的联想，使得消费者将与色彩有关的联想转移到品牌上。例如，水晶之恋的广告语就充分运用了色彩隐喻："水晶之恋代表爱的宣言：紫色——有你真精彩；红色——真的好想你；粉色——爱你一生不变。明天的明天，你还会送我水晶之恋吗？"韩国熊津企业的"绿色梅子"产品广告，用绿色为基调，整体风格轻松休闲，并且用"绿色的光"的概念隐喻爱情，加强产品特色，使消费者在心理上将产品与青春、爱情自然联系起来，受到年轻消费者的喜爱。

在这方面，巴西的帕玛拉特（Parmalat）辣味番茄酱的广告具有一定的典型性（见图 5-5）。整个画面没有广告口号，只是在画面的下方有一个带有 Parmalat 番茄酱的瓶子。画面的主体形象是一个正在流出辣酱的瓶口，仿佛是一个被辣得满嘴发红、张口吐舌者的唇部特写镜头。源域与目标域同时以图像的方式出现，两者整合为一个视觉格式塔。画面主体形象既是源域，也是目标域，属于具体到具体的映射。这样，辣味番茄酱倒出来的那一刻被彻底地戏剧化了。如果是换成黑白两色，或是其他颜色表现，那效果就会截然不同。

在广告中，源域和目标域的相似性通过图像直观表达，一目了然。当然，还有触觉、嗅觉等表征形式。

二、广告隐喻表征的多模态

多模态隐喻是现代广告作品中的最主要表现形态。它是指"运用几种符号学模态，或综合使用若干符号学模态来强化某种意义上的表达，或行使补充功能，或进行有层次排序"[①]。多模态隐喻意义的产生是由多个概念域相互作用的结果。它包括两大类型：静态多模态隐喻和动态多模态隐喻。前者主要借助视觉符号，如图像、文字等表达，常见于平面广告、海报（招贴）、漫画等，后者如音频、视频、动漫、H5等。笔者发现，静态多模态广告中的目标域表征不外乎三种形态：要么是图文结合的商业标志，要么是品牌名称的文字标志（有时带有网址），要么是带有名称的产品图。它们都归为图文形式。因此，在本节中，为了便于分析，将设计性的品牌名称和文字标志一律归为图文式的目标域。

（一）静态多模态表征

1. 目标域的标志——源域图文

这是一则在1996年法国戛纳国际广告节上获得全场唯一大奖的沃尔沃

① Kress Gunther, Theo Van Leeuwen, Muhimodal Discourse. The Modes and Media of Contemporary Communication, London: Hodder Arnold, 2001, p.56.

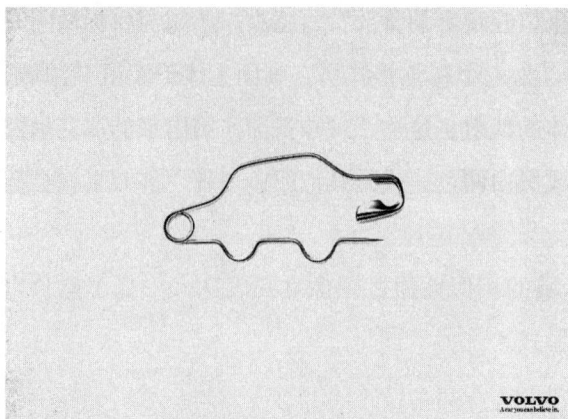

图 5-6 沃尔沃轿车广告："安全别针"篇（广告公司：Dentsu Young & Rubicam, Tokyo/ 日本，创意指导：Minoru Kawase，文案：Minoru Kawase，艺术指导：Masakazu Sawa，摄影：Megumu Wada，1996 年）

（Volvo）汽车广告。看似十分简单，却是最富有创意的汽车广告之一（见图 5-6）。它以一枚别针为材料，将别针的钢丝上面弯曲成汽车顶盖形状，下面弯曲成汽车底板和车轮形状，针环为车尾，针扣为车头，整体显出了沃尔沃汽车的轮廓，十分传神。但针尖并未扣在扣槽之内，而是跳了出来。目标域是右下角为沃尔沃的标志，源域的表征是标志下的一行小字文案"值得你信赖的汽车"以及安全别针的形象。人们知道，安全别针的钢非常坚韧，不易变形，即使针尖跳出扣槽之外，也很难用外力碰撞使之变形。广告的寓意为沃尔沃处处为消费者的安全着想，沃尔沃车像安全别针一样安全，值得人们信赖。这和沃尔沃车一贯传播的"车外壳钢特别好，碰车不变形，安全系数高"是相吻合的，直观、形象地表达了广告所要诉求的内容：一部性能安全、生活中不可缺少的沃尔沃汽车。

广告令人拍案叫绝之处是将生活中毫不起眼，但用处很广的别针用来表达沃尔沃汽车的安全性能。实际上，两者之间无论从体积、形态、价格和用途方面都有着"天壤之别"，一大一小、一重一轻、一贱一贵，强烈的反差和对比，使我们难以想象别针和汽车之间会有什么样的联系。但是，创意的神来之笔就在于将沃尔沃汽车品牌的灵魂和别针存在的价值融为了一体，打动人们的不是视觉的美，而是用一枚极为平常的别针重新演绎了沃尔沃诞生以来对人生命的认识和尊重，升华了沃尔沃汽车的安全承诺。画面简洁，隐喻贴切，诉求到位。

欧洲之星（Euro-star）是一条连接英国伦敦与法国巴黎（北站）、里尔以及比利时布鲁塞尔（南站）的高速铁路。2007 年发布的欧洲之星平面广告"理发师篇"（见图 5-7），文案是"这是伦敦的夏季，巴黎—伦敦 77 欧元往返"。画面上，一名理发师在为一名皇家卫兵

图 5-7　欧洲之星广告："伦敦的夏季"篇（广告公司：Leg., Paris/ 法国；创意指导：Gabriel Gaultier；文案：Clemence Cousteau；摄影：Thomas PaquetCarlos Varela，2007 年）

理发。我们知道，皇家卫兵都是头戴 45 公分的熊皮帽，这一传统由来已久，已经成为英国皇家的一道风景线。也许这个士兵刚从巴黎返回伦敦，但是，他的头皮与帽子都长成一体了，被理发师剃成了一个秃瓢，露出大冬瓜般的脑袋。显然，这是一个幽默性的隐喻。

　　故事可能来源自 1980 年的愚人节。当时，英国《士兵》杂志披露了一则"秘闻"：白金汉宫皇家卫兵头戴的熊皮帽其实是"活"的,帽子上黑色的熊毛仍然在不停地生长,需要像理发一样定期修剪。报道宣称,"科学家近日发现，士兵们佩戴的熊皮帽含有一种原始生长激素，并命名其为'欧蒂奥兹'（意为'无用之物'）。此激素正促使制作军帽的熊皮继续生长。经提炼,'欧蒂奥兹'可用于医学目的，特别是对治疗秃发有特殊疗效"！文章甚至还引用皇家卫队军官"乌萨少校"的话，振振有词地说明熊皮帽"活着"的原理："大家都知道,熊是冬眠动物。它的皮毛被制成帽子后,'冬眠'的基因仍然存留在熊皮帽子中。到了春天,苏醒的基因促使帽子上的熊毛继续生长,就不足为奇了。"为了增加说服力,文章还配发了一张照片，内容是一位皇家卫兵坐在理发室里,让理发师修剪熊皮帽上长长的、杂乱

图5-8　联邦快递广告："邻居"篇（广告公司：DDB/巴西；创意指导：Rodrigo Almeida，Renata Florio，Sergio Valente；摄影：Manolo Moran，2010年）

的黑色棕毛。"熊皮帽"的故事不胫而走，以致《伦敦每日快报》居然信以为真，当成科学新发现转载，愚人节过后则被读者大肆取笑。[1]广告借这个故事隐喻的是，乘坐欧洲之星的价格是十分便宜的，就像理一次发一样。

2. 目标域的标志——源域图

联邦快递（FedEx）是全球最具规模的快递运输公司，为全球超过235个国家及地区提供快捷、可靠的快递服务。通常只需一至两个工作日，就能迅速运送时限紧迫的物件，而且确保准时送达。联邦快递公司的广告往往突出一个"快"字，并进行了一系列"快"的隐喻化表达。其中，"从亚洲到澳洲"篇的画面上是亚洲南部的地图，下面是澳大利亚的地图。上下画面中各开一个窗户，上面的人正在将一件快递递给下面的人。广告寓意为：有了联邦快递，国与国、洲与洲之间快递邮件就像楼上递东西给楼下一样方便、快捷（见图5-8）。

瑜伽训练馆的广告如何做才更有创意？这是个难题。就笔者所见，以前绝大多数瑜伽训练馆的广告，要么是场景千篇一律的电视广告，要么是表现毫无新意的平面广告，总给人一种似曾相识的感觉。但有一家瑜伽中心（Y + Yoga Center）的平面广告却不同凡响，它巧妙地利用了日常生活中常见的吸管的物理特性进行表现：弯曲的吸管上印着瑜伽练习者优美的身体形象，

---

[1]　张晓红：《历史上，愚人节里的军事恶作剧》，《科学大观园》2012年第17期。

且练习者的腹部正好处于吸管的皱褶部分。当吸管直着的时候，就如同瑜伽者手臂上举（展臂式），往前弯就如同身体前屈（下犬式），往后弯就是一个标准的后弯（骆驼式）动作（见图 5-9）。广告的寓意为，练习瑜伽是一个塑造形体，提升气质，为心灵美容的过程，会让练习者变得既苗条又柔软，就如同吸管一样弯曲自如。这个充分利用物料（吸管）特性所做的广告美观、贴切，成本低廉，有极强的媒体创意性和趣味性。当消费者使用吸管的时候，仿佛就在不经意间完成了几个瑜伽动作。

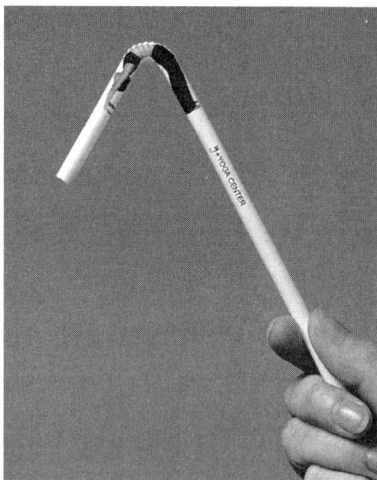

图 5-9　瑜伽中心广告："吸管"篇（广告公司：Leo Burnett，上海／中国，2005 年）

3. 目标域图文——源域图文

瑞士的浪琴表（LONGINES）不但拥有着悠久而灿烂的历史，而且追求设计与技术上的先锋与精湛，更以其擅长捕捉时代美学精神、造就优雅的钟表气质而享誉全球。20 世纪 20 年代，浪琴表品牌的全球形象广告转向以优雅为主题，并从 90 年代中叶开始选用世界各地名人作为优雅形象大使来传达品牌历久弥新的优雅特质。代言人的范围从政坛领袖、影视明星到科学巨擘都有，其中，赫本和鲍嘉代言的"优雅态度，真我个性"（Elegance is an attitude）"黛绰维纳系列手表广告

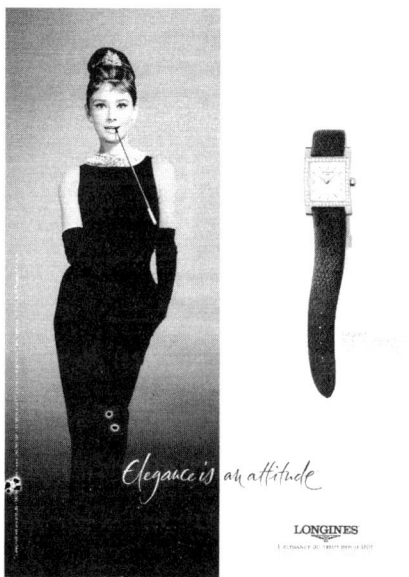

图 5-10　浪琴表广告："赫本"篇（广告公司：capt. communication and design，瑞士，1999 年）

181

深受消费者喜爱，更是成为浪琴品牌的经典宣言。

　　奥黛丽·赫本（Audrey Hepburn）是好莱坞的现象级明星之一，她优雅、端庄、温婉、清秀，不仅是 20 世纪 30 年代的青春偶像，也是世界上每一个优雅女子的梦。电影大师比利·怀尔德这样形容她："奥黛丽·赫本呈现的是一些消逝已久的特质。例如：高贵、优雅与礼仪……她似天使降落人间，上帝都愿意亲吻她的脸颊，她就是这样一个讨人喜欢的人。"[①] 她在《蒂梵尼的早餐》中的经典造型：凤梨型包头、纪梵希无袖洋装、黑色丝绒长手套、三串式假珍珠项链，这套用黑色丝绸制作的鸡尾酒裙堪称是不朽的经典之一。广告中，赫本是源域，高挽的发髻、温婉的表情、一袭黑色的紧身衣、年轻而又优雅的形象投射到了右边的目标域——散开带的浪琴手表上及其标

图 5-11　意大利 Le Befane 购物中心广告："狩猎的季节"篇（广告公司：Touche, Bologna/ 意大利；创意指导：Gabriele Corni；摄影：Jader Zani, Andrea Giovannelli，2012 年）

志，两者优雅得仿佛孪生姐妹。广告语"Elegance is an attitude"横贯画面，既巧妙地将目标域和源域连成一体，有渲染了画面的主题（见图 5-10）。有人说，这个世界上还有谁能够诠释出独一无二的优雅，并且将这种优雅发挥到令人折服的地步，那就是赫本。因为她的优雅属于美丽但不止于美丽，更是一种内涵与气质的标志。从此，"黛绰维纳（Dolce Vita）"，这个美丽动听的名字、极致优雅的设计让这款表与《罗马假日》、与赫本产生了完美的联想，成为众多优雅女士的腕间挚爱。"生活是一门艺术，优雅是一种态度"的观念也被消费者普

①　周晓华：《奥黛丽·赫本的商业重生》，《中国名牌》2008 年第 12 期。

遍认同，它穿越时光、跨越文化、灿烂时尚、夺目流行。

Le Befane 是意大利的一家购物中心，广告画面上的主体形象是一个人双手拿着一把像弓一样的衣架，做出射击状，就如同一个猎人正在瞄准目标，拉弓欲射。上面一行文字是："狩猎季节到来。"最下方的白色框子里 Le Befane 的标志和说明，其意为：从 1 月 5 日到 3 月 4 日 Le Befane 的 130 家门店同时开展冬季减价活动。在这里，购物中心的标志是目标域，图像衣架和文字都是源域。寓意为，冬季让利已经开始，是人们选购物品的好机会，就如同冬季到来是猎人捕猎的好机会一样（见图 5-11）。

4.目标域的标志——源域文字

这类广告画面通常不使用图像而以特定的文字设计取胜，只是在画面的次要位置放有产品图像或标志。在实际应用中，这类广告出现频率相对较低，但运用的巧妙，就显得十分传神。

这是大众汽车的

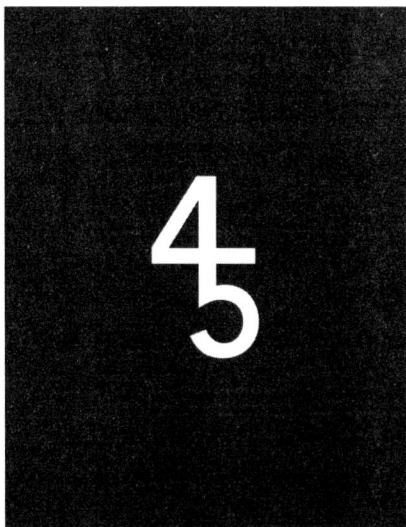

图 5-12　大众轿车广告："换档"篇（广告公司：DDBNeedham/ 比利时；创意指导：Peter Aerts；文案：Bart van Goethem；美术指导：Johan van Oeckel，2012 年）

图 5-13　哥伦比亚广播公司 TV 广告："哈哈哈"篇（广告公司：CBS/ 美国，创意指导：Lou Dorfsman，广告设计：Lou Dorfsma，1960 年）

"换挡"系列广告（见图 5-12）。在这里，大众标志及其广告语"DSG7 电子齿轮箱，转变流畅（DSG7 electronic gearbox，shift fluently）"构成目标域，画面的阿拉伯数字 4 和 5 的流畅组合构成源域，隐喻大众车配备了电子齿轮箱使得换挡就像图中的数字 4 向 5 过渡一样自然、轻松和流畅。其他两个广告也是一样，分别将数字 2 和 3、7 和 6 进行上下连接与巧妙过渡。广告构思独特，表现新颖，令人印象深刻。

哥伦比亚广播公司（CBS）的广告"哈哈哈"篇通过将字母"ha"的体积大小排版，隐喻节目带给观众快乐，使观众的笑声越来越高。同时，也隐喻了 CBS 当时拥有最受人欢迎的三档节目（见图 5-13）。纽约视觉艺术学院（SVA）教授史蒂文·海勒（Steven Heller）评论道："在今天仍然可以引起共鸣的广告中，实际上可以进行更改而无需更改的广告'哈哈哈'是经济的，但令人眼前一亮。根据尼尔森对这三个电视网络的喜剧节目的收视反应，'ha'这个词变大了，变成了最大的'Ha'，代表了 CBS 的高声誉。多夫斯曼没有用硬性口号或耸人听闻的形象，而是利用反讽的力量，用单一的文字类型来做说服。"[1] 广告明显提升了哥伦比亚广播公司的形象好感度与收视率，而同时期的美国广播公司和美国全国广播公司的广告却很少能达到相同的高度。

由此可见，静态多模态隐喻共有四种具体表征方法。其中，绝大多数的广告隐喻表征都包含有文字模态和图像模态，尤以文字和图像结合的模态为多。两者各有特点，相互补充、相得益彰，文字模态能够准确传递信息，清晰可视，容易触发读者心理联想；图像模态则直观鲜明，表意生动，视觉冲击力强。比较而言，有些隐含模态的表征方式有时会过于隐晦，不利于信息的准确呈现，也不利于正确引导读者的深度逻辑推理。因此，文字和图像成为平面多模态隐喻表征模态的优先选择。

---

[1] Steven Heller, Design Literacy: understanding graphic design（2nd ed.），Allworth Press, New York, 2004, p.218.

（二）动态多模态表征

动态多模态隐喻在大多数情况下相当于篇章隐喻及语法隐喻，但却以动态的形式出现。蒙太奇的编辑是常见的动态多模态隐喻来源，因为其使两个镜头可以连接在一起产生第三种象征性的观念。所以说，动态多模

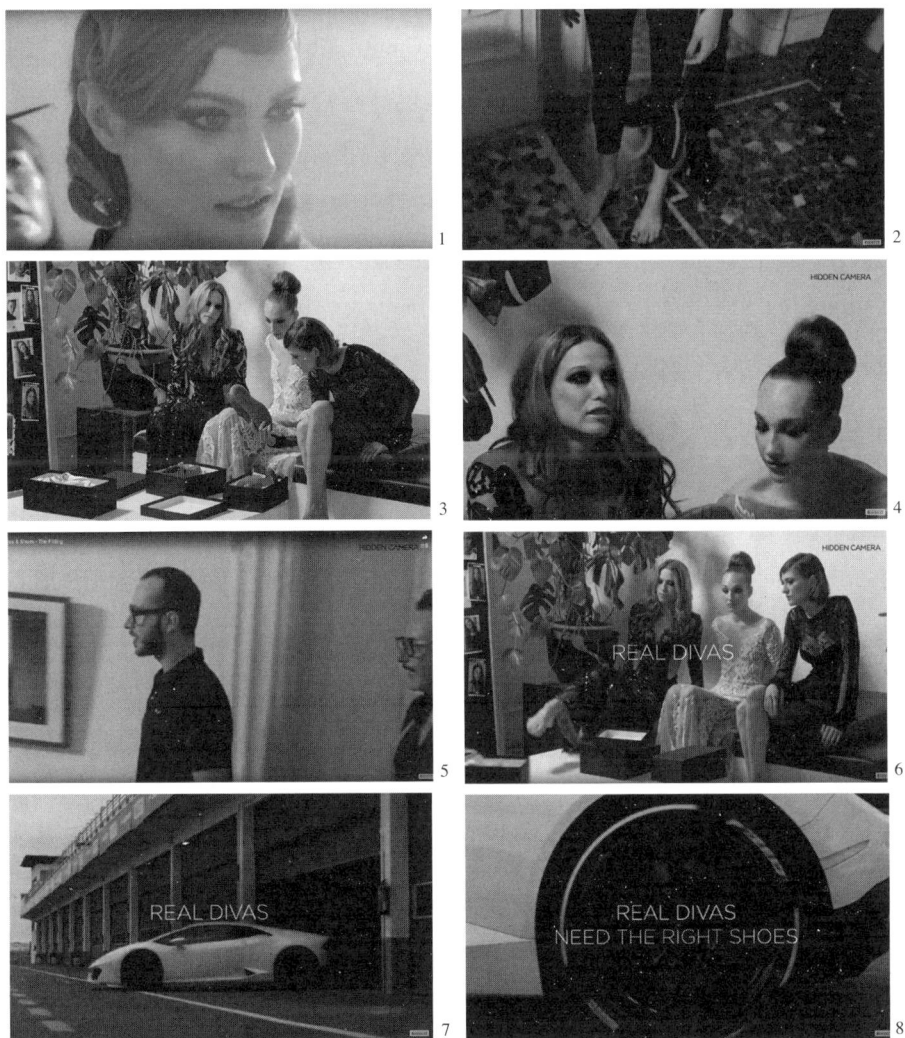

图5-14 倍耐力轮胎广告："戴薇和鞋子"篇（广告公司：Serviceplan,Milano/ 意大利，导演：Stephon Karolus，2016 年）

态隐喻实际上是以文字、影像、声音、色彩等语言协同作用的方式进行表征的。

倍耐力（Pirelli）是享有世界盛名的轮胎公司之一。自1872年以来，近一个半世纪的轮胎生产经验造就了倍耐力轮胎的舒适、耐用、安全的优异性能，成为许多顶级车厂眼中的完美产品。同时，倍耐力是唯一一个将品牌做成了"艺术"的轮胎制造商，无数顶级超模与大咖明星都曾是倍耐力的年度女郎。1994年，在由安妮·莱博维兹（Annie Leibovitz）拍摄的海报中，刘易斯（Carl Lewis）弓着腰，穿着一双红色高跟鞋在起跑线上蓄势待发，并配以"动力控制，收发自如"的广告标语，喻指深刻，成就了一幅难以超越的广告经典画面。长期以来，倍耐力的创意团队都受到时尚、艺术和音乐的启发，并在鞋子和轮胎之间找到了相似之处，尤其是与PZero系列高性能轮胎的相似之处，它们根据每个汽车品牌的不同进行完美定制，从而使得PZero轮胎成为汽车能够自我表达的鞋子。在一则视频广告中，伴随着节奏轻快的音乐，三个女名模来到化妆间，工作人员分别给他们拿出鞋子让她们试穿。她们看了一会儿，有一个女孩表示不满意，问道："确定这些鞋子是给姑娘们而不是给男人们的？"回答"是给姑娘们的。"又问："确定鞋子没有拿错？"回答"嗯，是。"于是，其中一个模特摇摇头，用脚轻轻地踢开了鞋，以示不屑。接着，画面开出了一辆兰博基尼飓风，并出现"瑞尔·戴薇需要一双合适的鞋"的广告语，最后是倍耐力的标志（见图5-14）。在这里，广告的目标域是倍耐力轮胎，源域是鞋子，意为汽车的轮胎就像人的鞋子一样，适合最重要。

同样，2017年7月，为了在中国市场推出针对"93后"年轻人的产品——莫吉特（Mojito Girl）鸡尾酒，肯德基在其官微推出"寻找莫吉特女孩"的病毒视频。视频讲述了一个纯情小鲜肉寻找心目中女神的故事，整个过程充满了戏剧性。一个男孩正在悠然行走，感到饥饿。忽然，一位年轻性感的女孩擦身而过。男孩喜不自胜，寻踪而至一家肯德基店。他告诉服务员："我要找的这个女孩，她就像一杯特调鸡尾酒，有着树莓朗姆口味的酸甜，薄荷叶般的清凉，还有气泡般的冰凉小刺激。"寓意为莫吉特鸡尾酒产品就如同这个女孩粉粉的，清新靓丽，给人一种混合丰富的味道，非常特别。原来，在古巴，Mojito 是当地人喜爱的一种酒，它有一种将朗姆酒的热烈、莱姆汁的酸涩、甘蔗汁的甘甜、柠檬薄荷的清香混合在一起在舌尖翻滚，此起彼伏的感觉。[①] 人们常说，喝 Mojito 就像品尝一杯初恋、热烈、甜蜜、清香、酸涩……

从上述分析可以看出，动态多模态广告隐喻表征的共同特征是：第一，广告往往有情节性，发展的方向是从起始状态向结束状态；第二，广告的投射方式十分灵活，既可以是从具体投向抽象，也可以是由抽象投向具体；第三，在时间上，源域和目标域的出现往往并不同时，大多是目标域先行，源域在后。

三、两种表征模态的比较分析

通过对广告隐喻表征的两种模态比较，我们发现：

（1）已知概念是认识新事物的基础，无论是单模态隐喻或是多模态隐喻，都是建立在新事物与大脑中已知概念发生关联的基础之上，通过想象而构建的。单模态隐喻，尤其是文字隐喻的源域和目标域总是以抽象概念与具体概念的相对形态出现。相比单模态隐喻在对源域和目标域相似性的揭示选择上，多模态隐喻的选择性更多，特别是在源域和目标域上，既可以显抽象概念与具体概念，也可以都是具体概念。

（2）单模态隐喻的组合素材具有单一性，由此产生的广告易读性相对较弱，特别是许多以文字为主的广告。而多模态隐喻可通过图像、色彩、声音

---

① Mojito 作为一种鸡尾酒，与海明威有着不解之缘。Mojito 的出名，很大一部分是归因于海明威。当年，海明威在古巴的一个小酒馆里写下了："My mojito in La Bodeguiri…"于是人们蜂拥去古巴，去 La Bodeguiri。从此，莫吉特名扬世界。

等多种方法重叠、融合，创造出多样的、生动的形象进行映射，刺激感官，形成强烈的直接感知。其表达的精细程度也相对更高，使受众对事物的理解变得更加清晰、深刻，这是单模态隐喻很难具有的优势。

（3）在单模态隐喻中，图像所形成的视觉冲击力以及易读性都要优于单纯的文字。例如，Kleek 卫生纸做了一幅非常有想象力的广告。其广告画面是：蔚蓝的大海里并排游着两只可爱的海豚。海豚旁边放着一筒白色卫生卷纸，卷纸的位置正好定格于海豚的尾部处。广告的下方以极小的字体注明本产品经过有氧漂白加工制成，环保性能强。我们知道，海豚几乎是自然环境的代名词，而白色卷纸恰好位于两只快乐的海豚的尾部或臀部之间，其意义不言而喻，即卷纸的性能柔软，洁净而不会引起过敏。产品通过海豚的特征完成了广告隐喻。但单纯的图像表现有时也会"词不达意"。所以，在大多数情况下，图像还是要与文字相结合，通过静态多模态这种形式将各种符号语言组织在一起共同发挥作用。否则，就会出现罗瑟·瑞夫斯所说的"吸血鬼般的表述"或"吸血鬼般的影像"。

（4）多模态隐喻的表征是一个繁杂的、动态的过程，更适合当下流行的新媒体传播。相比单模态而言，多模态隐喻具有更强的叙事性，无论是通过视觉延伸构建具体隐喻的图景，或是通过镜头剪辑的次序或声音的起伏展现事件的发展过程，都承载着一定的叙事性。所以，在很多商业广告中，通常会以一个故事情节为依托，将声音、文字、图像等表征形式依托场景共同展现出来，对受众有很大的视听觉吸引力。即使是在面对不同文化背景的受众时，多模态隐喻也更富于表现力。不过，多模态隐喻的表征要动用多种语言表达手段和媒体技术，有较强的专业性，如果没有经过很好的专业训练，往往难以取得预期的效果。

第六章　广告隐喻的认知

　　认知是人心理活动的一部分，是与感情、动机、意志等心理活动相对应的理性思维过程，是人的大脑对客观世界及其关系进行信息处理从而能动地认识世界的过程。传统修辞学很少关注隐喻的认知问题。但"隐喻作为人类思维组织的一种工具，看待和认识事物的一种视角，它就不可否认是一种认知现象"[①]。在现实世界中，人们通过不同意象的感受，借助于丰富的想象，利用熟悉的概念来理解未知的概念，或通过跨越两个认知域的概念化方式创造隐喻，从而促进了人类认知能力的发展。

　　广告隐喻自然也不例外。它所表达的是一种平行关系，即通过指出某物与另一物之间的某方面的相似性来表达意义，从而产生新的认知关系。认知的核心是理解，而理解广告隐喻的任务首先就是把广告表征符号解释出来（解码），并把符号重新转换为它所表达的意义。在被解释之前，这些符号究竟有没有意义，有什么意义，都是未知数。尽管伽达默尔（Hans-Georg Gadamer）反对把语词只看作符号的观点，但他也认为，我们自己的语言世界，这个我们生活于其中的世界，并不是一堵妨碍我后认识事物本来状况的坚固围墙，"相反，它基本上包括了能够扩展和提高我们洞见的一切东西"[②]。

---

① 束定芳：《隐喻学研究》，上海外语教育出版社 2000 年版，第 17 页。
② ［德］伽达默尔：《真理与方法》，洪汉鼎译，商务印书馆 2007 年版，第 405 页。

第一节　广告隐喻的认知基模

　　基模（schema）是瑞士心理学家皮亚杰（Jean Piaget）提出的认知发展理论的一个核心概念，后来被广泛应用到广告、传播、教育等实践中。

　　隐喻的产生是人类在认识和改造世界的活动过程中，大脑复杂神经活动的结果。大脑的左右半球，以及每个半球的很多部位都会参与处理这些信息。在这方面，埃德尔曼（Garald M.Edelman）在他的代表作《第二自然：意识之谜》中已经做了详细的阐述。著名心理学家、语言学家史蒂芬·平克（Steven Pinker）也赞同这样的观点："我认为隐喻确实在解读思想和语言方面很关键。"[①] 例如，当一个品牌成功地在消费者心中建立了联想（也就是神经路径），随后这个联想会增强这个神经路径，并最终形成整个神经网络来加深联想。

一、认知基模的概念与机能

　　认知（cognition）是指通过心理活动（如形成概念、知觉、判断或想象）获取知识，认识客观世界的信息加工活动。人脑接受外界输入的信息，经过头脑的加工处理，转换成内在的心理活动，进而支配人的行为，这个过程就是信息加工的过程，也就是我们说的认知过程。

　　美国心理学家奈瑟尔（Ulric Neisser）在他的《认知心理学》一书中将认知定义为：感觉输入的变换、减少、解释、贮存、恢复和使用等所有过程。即个体对感觉信号接收之后，将刺激的物理能量（如光能、声能等）转

---

① ［美］杰拉尔德·萨尔特曼、林赛·萨尔特曼：《隐喻营销》，鹂嘉图译，浙江人民出版社 2014年版，第39页。

换成神经能或神经冲动，这部分工作由感觉器官完成。在转换过程中，不需要或不可能将所有物理能量转换成神经能，一些无意义的物理能量因用不着转换而被忽略，即减少。转换了的刺激信息被传送到更高级的中枢神经系统，人们会根据自己的经验去理解这些事物，形成对它们的独特解释。这些解释将以某种方式在我们大脑中留下痕迹（贮存）。当人们需要的时候，就会再次将它们恢复，并利用它们产生新的知识或经验。因此，认知是一个心理过程，它包括知觉、注意、记忆、想象、推理、决策等心理活动，所有这些心理能力构成了一个复杂的心理系统，它的综合功能就是认知。

基模是认知行为的基本模式，也称图式（或称意象图式）、心智结构、认知结构、认知导引结构等，但这种"结构"不是指物质结构，而是指心理组织，是动态的机能组织。基模（图式）被证实是认知的基础，成为认知理论发展的基点。日本学者稻叶哲郎将基模称之为：人们在处理新信息或认知判断新事物之际所使用的"知识的集束"，它们不是零乱地、互不相关地保存在记忆中，而是在认知活动中，大量相互关联的事实、概念、概括和经验的信息组成一定的网络图式，可以有效储存和快速提取，分析和判断新信息或新事物，从而构成个体理解世界的基础，是人们在认识事物、了解事物的时候形成的认知框架。认知基模的基本特点是：

（1）基模是人与生俱来的行为模式之一，一旦形成，高度稳定。但也会随着人的成长而得到发展和改造。

（2）基模是一种知识分类体系，呈层化结构，类似于一张树形图。

（3）基模是知识的集束或有机的联合。基模中包含着百科式的知识、经验以及对各种事物之间的关系的认识，也包含着价值甚至情感倾向。

（4）基模的功能是在我们遇到新的信息时，通过动员和组织原有的知识和经验，补足新的要素来处理，对新信息的性质作出判定，预测其结果，以确定我们对新信息的反应。因此，一般也认为基模具有预测和决策控制功能。

莱考夫和约翰逊从现代认知学的角度进一步阐释了认知基模的功能。他们指出，我们的范畴、概念、推理和心智是由我们的身体经验，特别是我们的感觉运动系统和外界客观事物的互动所形成的，其中意象图式起到关键作用。

外部世界是由千变万化的事物及事物的相互关系组成的，但人脑的认知结构具有高度的概括性，可以把具体场合及个中常用或经常出现的语言使用特征结构化，用来组织和理解更复杂或更抽象的经验和思维模式，包括隐喻思维。当人们通过感知、感觉和意象，获得了认知事物相互关系的能力，也就意味着不断重复呈现的身体经验形成了经验格式塔，即意象图式比如在生活中，我们经常看到物体之间相互运动的各种现象。当看见一个物体在向我们运动或我们在向某个物体运动时，可以通过视觉而感觉到动觉的力量；当听到物体撞击时，我们通过听觉而感觉到物体的运动，甚至感觉到自己体内器官的力量。正是这些与身体相关的日常经验的不断重复，人们的大脑获得了相应的意象图式。这些意象图式包括：容器图式、方位图式（包括上下、前后、左右）、部分—整体图式、路径—目标图式、中心—边缘图式、连接图式、力量图式等。它们是人类对事物间基本关系的认知结构，是在人类的经验和对事物的理解中形成的联系抽象关系和具体意象的组织结构，是人类理解和认知更复杂概念的基本结构。其中，路径—目标图式是基本的意象图式，能为复杂的隐喻思维提供基本的认知结构，规范人们的话语和行为。这表现在人们用一个结构相对清晰、具体的源域去认识和表达另一个结构相对模糊的、抽象的目标域的思维活动过程。如"人"和"桌"是两个互不相关的事物，"部分—整体"图式将它们联系起来，通过隐喻映射，表达人体部分的词语就运用到了"桌"上，形成了"桌面、桌腿、桌背、桌肚"等表达；人们还用旅途的经历（包括爱情与生命，以及有目的的活动）去建构"人生是旅途"的抽象概念隐喻。可见，认知主体在形成抽象认知时，会将关于具体经验的图式架构到抽象的范畴和关系上，以获得对抽象范畴的新理解，从而扩展了认知的范围。

在社会实践中，认知基模作为个体对事物的知觉、理解和思考的方式是相当稳定的。

二、广告隐喻的信息接收与理解

在隐喻思维形态中，人们通过隐喻思维把原本没有任何关系的两种事物进行联系，并相提并论，用已知事物来解释未知事物，以达到认知新事物的目的。这是一个从认知基模出发，参照他们熟悉的、有形的、具体的概念来认知、对待或经历那些不熟悉的、无形的、难以定义的概念，形成一个不同概念之间互为关联的认知方式。

我们可以将广告隐喻的认知过程分为四个阶段：即感官识别、隐喻推理、概念合成、意义获取。其中感官识别是人的视觉、听觉、触觉等系统形成图像和辨别图式的过程，隐喻推理是思维对言语的判断和选择的过程，概念合成是隐喻的意义生成过程，而意义获取则是层创结构中隐喻意义的最终揭示。

（一）感官识别

观察是认识世界的基本方式。人类对事物的认知是一个由感觉到知觉再到概念化（conceptualization）的过程。其中，由感觉到知觉属于经验感知范畴，是理性的概念化的基础。

感觉是指感觉器官(眼、耳、鼻、舌、身)对光线、色彩、形体、声音、气味等基本刺激的直接反应。当一个客观事物的某一种属性对人们有关的感觉器官发生作用时，会通过一系列传导神经，把这一感觉信息传入大脑相应的感觉中枢，引起相关的一个感觉信息组合的活动，因而得以反映整个事物的存在。也就是说，在主体大脑中出现了这个事物的整体映象。

1.感知文字和图像等

在正常情况下，人们观察事物总是离不开自己的感觉系统，广告中的文字和图像往往首先映入受众的眼帘，形成注意力。科学家对人类大脑的研究发现，大脑表层是由灰质层即大脑皮质所覆盖。大脑皮质里面是白质和基层纤维，大脑中语言信息的加工处理主要就是在灰质和白质两个部分中进行的。

大脑灰质是神经组织，大脑白质是结缔组织。位于大脑后端的枕叶是引导人们进行视觉分析的视觉区域，分为左右两个视区，同时接受外部信息刺激视网膜而形成视觉冲动。对于大脑来说，神经元是神经网络的最基本的组成部分，由胞体、树突和轴突组成，是大脑的基本构成单位，大脑就像是由神经元相互联通构成的神经网络。在树突表面有大量的突触，神经元就是通过突触接收信息的。外部信号刺激大脑的视觉系统，由神经系统的神经元进行初步的加工（输入、决策、输出），然后发送至大脑的语言区的神经元进行进一步的处理（输入、决策、输出），经过这样的过程，人们就获得了外部的信息。

具体到广告隐喻，就是文字和图像以一定光波的形式反射出光线，光线经过眼睛的结膜和角膜进入眼球内，眼球内的晶状体将光线折射到视网膜上。光线刺激视网膜上的视觉细胞，产生信号，视觉神经将信号传送至大脑的视区。大脑再将光线分析成一个倒立的影像。到此为止，人们完成了对于外部图像的初步识别。视区的神经元经过加工，把文字和图像的信号继续向大脑中语言区的神经元传送，进行下一步的知觉形成。

在人的大脑中，只要当前其中一种感觉信息发生作用，就能引起这个感觉信息组合的兴奋，产生相应的知觉。感觉和知觉都是当前事物在人脑中的反映，不同的是：感觉是对外界事物的个别属性（如颜色、形状、气味等）的反映，而知觉是对事物各种属性、各个部分及其相互关系的综合的反映，也是指对这些感觉进行选择、组织和解释的过程。"通过感觉，我们只知道事物的属性，通过知觉，我们对事物有一个完整的映（意）象，知道它的意义，知道它是什么……知觉不仅受感觉系统生理因素的影响，而且极大地依赖于一个人过去的知识和经验。"[1]

2. 基模"预先匹配"

吉伯斯（Raymond W.Jr. Gibbs）、奥布瑞顿（David W. Allbritton）、莱考夫等人认为，大量隐喻体现了长时间记忆里预存的用一个语义域知识去理解

---

[1] 叶奕乾等：《心理学》，华东师范大学出版社 1988 年版，第 101—102 页。

另一个语义域知识的功能，这种隐喻映现即长时间记忆的概念、知识本身就是隐喻性地建构起来的。隐喻不是为了满足某个交际需要而临时产生的特定的范畴化过程（categorization process），而是人们从自己的经验中抽取意义，将经验进行范畴化的基本形式。人们在辨别隐喻时，总是以相似性为根本原则来寻找大脑记忆库中储备的同类或相近的事物加以参照和归类，以确定图像的性质以达到最终认知的目的，这在心理学上被称为视觉的"预先匹配"现象。

认知基模作为大脑中预存的认知结构，影响每个人信息处理的全过程及其结果。感知和记忆是一个相互交织而又不可分割的统一体。心理学研究发现，"识别事物的过程，部分上，就是将其外形的意象与已知样例或者能索引已知样例的图式（schema）进行比较的过程"①。

意象图式的高度灵活性使得人类在很多不同的语境下运用同样的意象图式来进行感知和思维。通常，当广告隐喻中映射的两种不同事物作为感知对象（即本体和喻体），进入大脑视觉成像之后，受众大脑中与此相关的基模（图式）就会被激活，进入了一个感知和记忆相互作用的过程，记忆库中的相关记忆被飞快提取出来，对广告中的文字和图像进行核对与辨认，形成对广告的预知，即发现两者重要的相似点。如果认知对象没有提出超越常规的新要求时，在这一空间进行信息处理将是非常快速、经济而有效的。预知的程度越高，说明辨别力效果越显著。但如若出现阻隔的、陌生的或矛盾的问题，情景一时难以纳入既有的认知空间时，原有的认知平衡就会被打破。这时，受众要么放弃继续认知，要么调整自己的系统知识和知识框架，扩展已有的空间，或为之构造新的空间，以达到认知的再平衡。在大多数情况下，我们会选择调整自己的系统知识和知识框架。这也证明了认知的建构是通过同化和顺应两种途径进行的。通过同化的途径，主体将环境中的信息纳入并整合到已有的认知结构，加强并丰富原有的认知结构，使图式得到量的变化，巩固已有的认知；顺应是当主体的图式不能适应客体的要求时，就要改变原

①　S.Lappin, The Handbook of Contemporary Semantics Theory, Beijing Foreign Language Teaching and Research Press, 2001, p.552.

有图式，或创造新的图式，以适应环境的需要，从而使图式得到质的改变。

（二）隐喻推理

美国学者卡西亚（C.Cacciari）和克拉斯伯格（S.Glucksberg）认为，隐喻的使用和理解不仅仅涉及语言或话语过程，也涉及推理和概念过程①。具体地说，隐喻认知既与先前所获得的范畴和概念图式的使用有关，也与新的范畴和概念图式的产生有关。

从逻辑角度看，事物之间的推理关系是真假值的判断，是把事物的属性或它们之间的关系定位在主观认识符合客观存在的基础之上，这种真假值的判断是主观见之于客观的结果。其实，隐喻本体与喻体之间的联系并非真值联系，但是隐喻却能够打破这一局限，使本质上有区别的两种事物形成了非逻辑的联系，因本体与喻体之间的相似性而作出性质判断。这种隐喻性思维主要是建立在人类对客观事物的相似属性的认识基础之上，体现了人类思维的创造性。在广告隐喻结构中，两种通常看来可能毫无联系的事物被相提并论，是因为人类在认知领域对它们产生了相似联想。

隐喻的思维推理机制可以用下面的三角形图式（metaphor triangle）说明（见图6-1）：

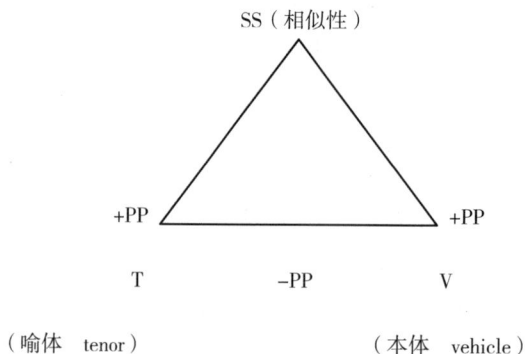

图6-1　隐喻的思维推理机制

①　C.Cacciari, SGlucksberg, Understanding figurative language, Gernsbacher M A. Handbook of psycholinguistics. California: Academic Press, 1994, pp.447–477.

图 6-1 中的 SS（Synthetic Similarity）代表本体与喻体之间的相似性，或者称为合成相似（赵艳芳，2000）。PP（Property Proposition）指性质命题。+PP 指本体和喻体与相似性之间的同一关系。从隐喻的发生与理解两方面考查相似性的作用，各有不同。通常，在发生过程中，相似性命题是隐性的；在理解过程中，相似性命题得到了凸显，如图 6-2 所示（虚线表示隐含命题，实线表示凸显命题）：

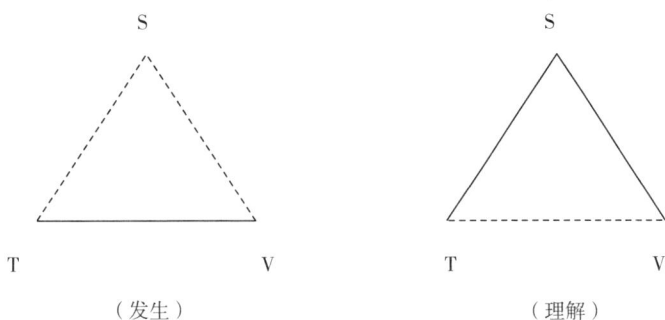

（发生）　　　　　　　　　（理解）

图 6-2　广告隐喻发生图式和广告隐喻理解图式

关联理论认为，语言交际是一个从认知到推理的互明过程。广告在形式、意义等层面与受众的认知体系建立起各种关联并对广告的说服效果产生影响，当然也会涉及文化背景和文化差异问题。人们在比较与推导出源域和目标域的相似点之后，就要对隐喻的意义展开认知。其认知方式有两种，即逻辑性的认知和非逻辑性的顿悟。有时候这两种认知方式又相互交融在一起，相互补充，共同起作用。

首先，我们来看逻辑性认知。隐喻有强弱。斯派伯和威尔逊从关联理论出发，将隐喻分为强蕴含和弱蕴含。强蕴含意味着广告信息中的关键含义明显，容易为常规认知基模识别，能够按照常规的逻辑方式对其意义加以把握。

例如，强生婴儿洗发沐浴露影视广告"触摸"篇的广告语："在你温柔的触摸中，他能感受你的爱。强生婴儿洗发沐浴露让温柔的触摸更温柔。特有无泪配方，PH 中性，如纯水般温和呵护眼睛和娇嫩肌肤，让你温柔的触摸更温柔。微笑是宝宝给你最好的回忆。"用"如纯水般温和"来说明产品的特点，并通过影视画面将母亲的舐犊之情展现在产品使用之中，产品的功能与利益所在非常清楚。这种源域概念来自日常生活经验，通俗易懂，不会带来人们认知上的困扰。而弱蕴含则有较多元和广泛的意义，既可能是广告本身就具备的隐意，也可能是消费者个人的独特解读。如某品牌白酒的广告语："是上苍用风火谱写的天籁，亦是酿酒师以水土相和的绝响"；"是自然用岁月开凿的天工，亦是品评师用舌尖雕刻的浑然"；"是造物在窖池中挥洒的神韵，亦是技艺渊源中喷薄的瑰丽"；以及某品牌口香糖："咀嚼薄荷口香糖就像嘴也参与了晚会一样"等。这样弱蕴含广告的意义较为笼统、模糊，需要借助一定的语境才能正确理解。

逻辑性理解的内容包括两个方面：

（1）感性认知事物的外在特征。在这个过程中，思维主体在已有的知识、经验的框架下，经过有目的的搜索，将自己熟悉的源域特征或因果关系，作为镜像映射到不熟悉的目标范围上，从它们在形象上相同或有某些相似点的"好像"、"仿佛"中得到启发，从而激活联想与想象，通过镜像式的比较，进行因果关系的重新组合，并以"映射—重构"的形式，使人们的认识从熟悉的问题范围（源域）向不熟悉的问题范围（目标域）扩展，从而获得对客体表面的认知。如吊车（crane）、蝶阀（butterfly valve）、螺帽（bolt cap）等概念。在广告隐喻中，产品的形状、色彩、声音以及人物形象等都属于此。

（2）理性认知事物的内在本质。人类的认知要实现从生动直观到抽象思维的飞跃，就需要对感性认知的材料加以归类，并深入事物内部，寻找其规律，概括出共同的本质特征。其方法有概括、归类、概念化与范畴化等。从隐喻的角度来看，就是把熟知的事物性质转移到另一事物上。例如，失效弹簧、疲劳裂纹、阴螺纹等概念。

感性认知是认知的初级阶段，是客观事物直接作用于人的感觉器官而产生的，它反映的是事物的具体特性和外部联系。相比而言，理性认知比感性认知前进了一大步，对事物的认知也更为深刻、透彻，往往反映着事物的本质。例如，《纽约时报》就曾这样介绍过一部著名的小说："《阿甘正传》像巧克力一样美味，但却不会让你发胖。"一语胜千言，成为对该小说价值的最劲道的评价之一。但有些情况下，仅仅靠逻辑的推理是解释不了隐喻的。

其次，我们来看领悟性认知。人们对世界的认知必然是曲折发展的过程，是困惑与感悟交替而行的波浪式扩展，这也是隐喻如此广泛地存在的一个重要原因。人们在认知广告隐喻时，不总是一帆风顺。相反，常常会出现阻隔的、陌生的或矛盾的现象，尤其是在遇到相似性的广告隐喻时，那有的认知模式有时会失灵，需要超逻辑的直觉认知来"解围"。例如，当我们初次听说或看到美国的苹果电脑公司的广告时，心里不禁会产生这样的疑问：为什么一家电脑公司要把自己称为苹果？与牛顿有没有关系？电脑是一种水果吗？它的标识被设计成一个好像被咬掉了一口的苹果具有什么寓意？显然，这是一个弱蕴含的隐喻，需要借助领悟性的认知。

当主体经过较长时间的思考或探索后，突然间从客体的现象一下子进入了事物的本质，既不像演绎推理那样一步步地进行推演，也不像归纳推理那样从个别逐步上升到一般，而是全凭主体自身内在的认知能力（或是亲身体验，或是敏锐洞察，或是深刻思索）直接揭示客体的本质。这种思维具有跳跃性，能有效地突破隐喻认知的程式化屏障和模糊语境的迷雾，获得句子或图像的"言外之意"、"象外之旨"，直达问题的核心。

隐喻没有必然的逻辑通道，有时需要借助于字面或图像表面上合乎逻辑的结构去获取表象背后的真实意义，它所达到的最终效果和最高境界的思维路径是超越逻辑的。这种认知方式在隐喻的弱蕴含中更能体现出其价值。

当然，领悟认知作为一种创造性的思维也并非纯然空穴来风，而是来自丰富的相关知识和经验的积累，以及临场的瞬间整合能力。离开对以往经验的极速调配以及对已有知识的远程链接，也是力不从心的。当一个人对某种隐喻深入思考越多，或者越深入，那么他记忆中已储存信息和新信息的联系就会越多，也相应地增强了不经过中间推理阶段，不进行逻辑论证就直接得出具有洞见性结论的可能性。因此可以说，没有"踏破铁鞋无觅处"的刻意寻求，就不会有"得来全不费工夫"的"真谛实相"的出现。例如，香港某女子专业美容店的广告语"沈殿霞进去，林青霞出来"，以及美国电报电话公司"长途电话是回家的最短路程"等，对这类广告的理解需要以领悟思维为主。

（三）概念整合

以前，很多学者都探讨了隐喻意义的形成机制问题，如塞尔等人的阐述不可谓不精彩，但都难以形成较大影响。这种不温不火的情况一直持续到福可尼尔的概念整合理论出现为止。福可尼尔认为，隐喻"处于人类独有的认知能力的心脏部位，负责意义的产出、传送和加工"[①]。他所提出的概念整合理论是当代阐释隐喻构建和理解最具影响力的认知理论，不但能解释话语隐喻的意义，而且能解释隐喻意义的生成与理解过程，在学术界产生了广泛而深刻的影响。笔者也借用这一理论来说明广告隐喻的意义生成问题。

福可尼尔认为，语言的使用是人们不停地建构心理空间及其内部分子和分子间的关系的过程。心理空间就是人们在进行思考、交谈时为达到局部理解和行动目的而构建的"概念包"。这一观念奠定了概念整合认知模型的理论基础。

概念整合认知模型的特点是：以心理空间为基本单位，建有两个输入空间、一个类属空间和一个合成空间（见图6-3）。两个输入空间类似概念隐喻的源域和目标域，它们的对应成分存在部分映射关系，即存在相似的结构。类属空间分别对应两个输入空间的映射，纳入了适用于两个输入空间的基本结构框架，反映了输入空间所共有的抽象结构与组织，并决定跨空间映射的内容。合成空间除了包含类属空间中的普遍结构外，还包含两个输入空间选择性投射（selective projection）的特定结构和层创结构。概念合成正是将来自不同认知域的框架结构整合起来形成一个可以在交际过程中不断得到调整和修改的心理空间网络，灵活、动态地进行意义构建。

---

① G.Fauconnier, Mappings in Thought and Language. Cambridge: Cambridge University Press, 1997, p63.

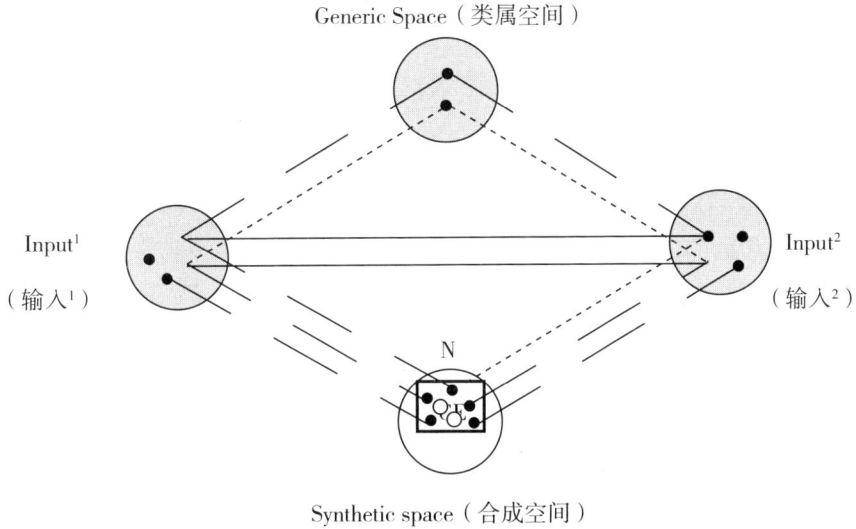

图 6-3　概念整合认知模型

这种层创结构（emergentstructure）是合成空间本身通过三种相互关联的方式产生的：（1）组合（composition），将两个输入空间的投射组合起来，这种组合后的投射形成各个输入空间以前均不存在的新关系；（2）完善（completion），借助背景框架知识、认知和文化模式，组合结构从输入空间投射到合成空间，合成空间中由提取结构激活的型式结构不断完善形成一个更大的层创结构；（3）扩展或称精细化（elaboration），合成空间中的结构根据自身的层创逻辑在合成空间中进行认知运作。应当注意的是，层创结构是整合空间里的重要内容，它不直接源于输入空间，而是认知主体对投射对象经过复杂的认知加工过程后，在大脑中形成的内容，带有新生性。整合空间里的推理和观念还可回射到其他空间中去，以实现向任意一个心理空间的推理、迁移来修正和补充原来的输入空间，并改变对相关事件的看法。还可解释两空间映射中看不到或解释不清的一些现象。

图 6-3 中的四个圆圈代表了四个空间，圈中的黑点代表了空间内的要素；白点代表层创结构生成的意义；虚线表示各个空间内要素之间的关系；

由于输入空间 1 和输入空间 2 之间有些要素可以相互映射，所以实线代表了两个输入空间之间的关系。而整合空间中的正方形 N 代表的是层创结构。[1]

在认知过程中，新概念的产生不是由输入空间的成分决定的，而是经过组合、完善、扩展的三个认知阶段。任何一个阶段都可能出现输入空间所不具备的新内容，经过整合创造，才能正确理解隐喻所要表达的含义。现在绝大多数的广告隐喻都是图文并茂的，文字信息往往起着语境的作用，启示或引导认知主体的解码方向。这一过程见图 6-4 所示。

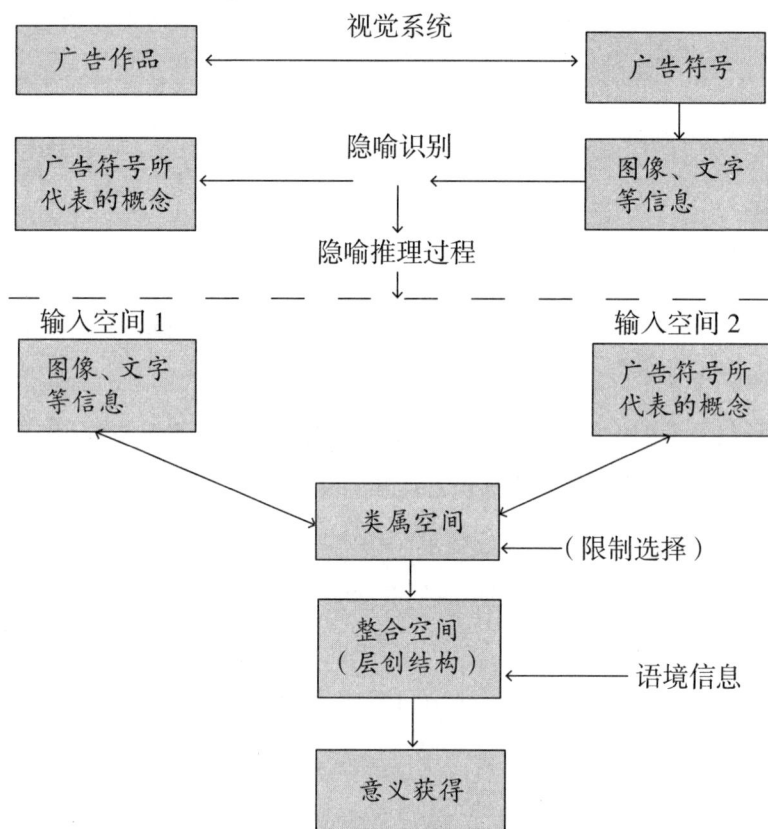

图 6-4　广告隐喻的意义生成

① Gilles Fauconnier, Mark Turner, The Way We Think: Conceptual Blending and the Mind's Hidden Complexities, Basic Books, 2002.

现在，我们以一幅国外的青年导演获奖海报为例进行解析（见图 6-5）。青年导演奖（The Young Director Award，简称 YDA）是一项国际性奖项，由一个叫欧洲商业电影制片人与镜头机构于 1998 年在芬兰创立，旨在发现、鼓励和推介全球范围内的年轻导演，是每年戛纳电影节最重要的边缘事件，每年吸引大批相关人士参加。该海报画面的黑白影调及人物形象与青年导演奖之间的关系中存在隐喻。两者之间的关系可以转化为"青年导演奖是发现电影界未来的希区柯克的活动"这样的结构隐喻命题。广告中的黑白影调及婴儿形象与青年导演奖形成了两个输入空间。两个输入空间经过整合过程获得意义。首先，在这两个输入空间里，即源域（黑白影调及婴儿形象）和目标域（青年导演奖）之间发生映射关系。黑白影调对应电影胶片，婴儿则对应青年导演。但仅仅找出这些对应还是不够的，因为我们还是不能够理解这幅图片的含义。这时，就需要寻找第三个空间，即类属空间，这个共有的空间是集合两个输入空间共同拥有的部分，决定了跨空间映射的核心内容。例如，黑白影调的高雅和电影艺术的高雅，婴儿的神态，尤其是其睥睨的眼神酷似电影大师希区柯克（Alfred Hitchcock），如同希区柯克婴儿时代的写真版（见图 6-6）。这些方面来源于两个输入空间又不同于两个输入空间，是两个输入空间的结合体。

图 6-5　青年导演奖平面广告（广告公司：TBWA, Helsinki/ 芬兰，创意指导：Zoubida Ben-khellat，Minna Lavola，摄影：Pia Pitkanen，Tommi Rapeli，2005 年）

图 6-6　阿尔弗雷德·希区柯克（著名电影导演，编剧，制片人，电影悬念大师，1899—1980 年）

然后，两个输入空间投射到第四空间——合成空间。合成空间把两个输入空间以及类属空间的成分进行整合，并在整合的基础上扩展，形成层创结构，获得更为广阔的含义：(1) 黑白影调象征着电影艺术，它是富有创新的、高雅的艺术，最能体现人类的生命现象。正如 B.日丹在《影片的美学》中所说的，电影艺术在其"概括现实的广度、窥视现实的深度以及感染观众的力度上，可以说，超过其他任何艺术"[①]，它所带给大众的是一种犹如"现实世界"一样逼真、丰富的生命感受。(2) 形象酷似希区柯克的婴儿则寓意着青年导演未来发展的巨大空间性——像希区柯克一样杰出。希区柯克对电影执着一生、对家人挚爱一生，对人类本性与心理状态有着深刻的理解和高超凝练的视觉化银幕表达技巧。当然，这其中的文字语境知识也开始发挥作用（例如青年导演奖），可限制合成和扩展的程度和方向。

（四）意义获取

这样，这幅广告隐喻的意思就昭然若揭了：青年导演奖展现的是电影界年轻导演的生机勃发的创造力，是发现和培养未来大师级导演的电影评奖活动，值得参加，也值得期待。

通过上面的分析，我们可以发现广告图像隐喻的推理过程实际上可以转化为语言的"S 是 P"隐喻形式。当我们使用隐喻表达"S 是 P"时，在当下的对话语境体系中，可以利用 P 的突出属性来理解 S。就是说，如果某人具有对 P 的认知，而对于 S 却几乎没有认知，那么，则可以由 P 推出关于 S 的认知。不过，在塞尔的《表达与意义》中，他认为，在隐喻表达中，说话人表面上是说"S 是 P"，实际上是意味着"S 是 R"。那么，两个解释之间是不是很矛盾呢？笔者的看法是，两者只是在语义要素划分上有所不同，其分析的基本结论是一致的。

图像符号和文字符号的隐喻认知是同构的，两者的隐喻判断都是以相似

---

① ［俄］B.日丹：《影片的美学》，中国电影出版社 1994 年版，第 100 页。

性为基础，其目的都是为了认知广告符号所表示的隐喻意义。

第三节　广告隐喻的认知语境

任何一项广告活动都不是一种孤立的存在，它同其他事物一样，无一不受到语境的影响、塑造和制约。离开了语境，广告隐喻的意义也就不复存在，就如同印德基亚所说的那样，相似性是一种抽象的结构，本身没有任何意义，只有将其置于一定的环境中才有意义。"没有语境的力量，我们很可能只是把隐喻看成简单的对事物的一个再描述，并且把其与其他所有的再描述归为一体，这样一来，隐喻所提供的只是本义化描述的另一套术语。如此所造成的结果是理解隐喻并没有合适与不合适之分，这很显然不符合隐喻使用的实情。"① 当代认知语言学建构了隐喻的认知路径，但是如果忽视语境在隐喻使用中的影响，就难以真正揭示广告隐喻的本相。

一、广告隐喻的语境

雅各布森指出，语言符号不提供也不可能提供交流活动的全部意义，交流的所得有相当一部分来自于语境。霍尔甚至不无幽默地指出，语言符号的意义并不是直接的和透明的，"它是随语境、用法和历史境遇的变化而变化的油滑的家伙。因而它从不最终固定下来。它一直在推迟和延缓与绝对真理会面。它始终处在协商和改变状态，以对新的境遇作出反应"。②

---

① 朱全国：《文学隐喻研究》，中国社会科学出版社 2011 年版，第 264—265 页。

② ［英］斯图尔特·霍尔编：《表征——文化表象与意指实践》，徐亮、陆兴华译，商务印书馆 2013 年版，第 14 页。

（一）语境的含义及类型

语境（context），简单地说来就是语言的环境，在传播学中又叫传播情境。目前，学者们一致承认，无论是在现实或是虚拟的传播活动中，传授双方都存在语境问题，但对于语境的理解和分类却存在着不同的看法。

在 20 世纪的语言学和语言哲学中，意义论一直是一个核心课题。在哲学家罗素（Bertrand Russell）那里，有意义的表达式必然是指称某种事实。表达式和事实之间存在着一种对应关系。否则，该表达式就没有意义。与罗素一样，石里克（Moritz Schlick）也认为，"可实证性"是语言表达式是否有意义的准则。他们的共同特点是用"指称论"实际上排斥了语用学在意义问题上的应用。因为他们不承认语言表达式的意义会受制于语言活动的具体情景，认为语境不能影响到表达式的意义。可是，维特根斯坦（Ludwig Wittgenstein）在放弃语言图画说之后，恰恰开始从语用学的角度考察话语活动的意义。他坚持认为，语言表达式的意义来自于语言的使用方式，因而话语活动发生时的情景必然对话语的意义起到定义作用。于是，在分析哲学和言语行为理论中，语境与话语意义的关系变得更加密切起来。

最早提出语境概念的是英国社会人类学家马林诺夫斯基（Bronislaw Malinowski）。他在 1923 年为英国新实证主义美学家和批评家奥格登（C.K.Ogden）和理查兹所著的《意义的意义》"附录"中使用了"情景语境"（context of situation）这一短语。他认为，"话语和环境紧密地结合在一起，语言环境对于理解语言来说必不可少"，应当将话语放在全部的生活方式情景中去理解。话语和情景语境是两种类型。

1936 年，理查兹在《修辞哲学》中把语境的上下文（context）含义扩充为"与我们诠释某个词有关的一切事情"[①]，而词语的意义则是"语境中没出现的部分"。1950 年，伦敦功能学派的创始人弗斯（J. R. Firth）看到了

---

① 赵毅衡：《新批评文集》，中国社会科学出版社 1998 年版，第 295 页。

context 含义上的复杂性，提出不仅上下文是 context，语言活动时的社会生活情景也是 context。

另一个伦敦功能学派的代表人物韩礼德则用"语域"（register）一词来统摄语境的几重含义，因为语言使用的领域种类很多，例如日常谈话、广告、公关、新闻、演说等，在不同的领域使用的语言会有不同的语体。他认为语域有三个社会变量：语场（Field）、语旨（Tenor）和语式（Mode）。语场指实际发生的事情，即语言发生的环境，包括交流话题、说话者及其他参与者参加的整个活动；语旨指参与者之间的关系，包括参与者的社会地位以及他们之间的角色关系；语式指语言交际的渠道或媒介。比如，说还是写？即兴发挥还是预先准备？还包括修辞方式等。语域三要素中的任何一项发生改变，都会引起交流意义的改变，从而造成语言的变异，产生不同类型的语境。瑞典学者奥尔伍德（Jens Allwood）等人在《语言学中的逻辑》一书中，把上下文和外围情景分别称为内涵语境与外延语境。德国学者伊泽尔（Wolfgang Iser）则把"语境理解为一定艺术现象具体存在时各种因素的总合"。近年来出现的以语境为导入性概念的文章，大都是在"外围情景"意义上使用语境这一术语的。

按照霍尔的定义，语境是围绕一个事件并与事件的意义紧密相连的信息，事件和语境结合起来产生一个即定的意义，并在不同程度上依赖于文化。

汉语中"语境"一词较多地包含着话语发生时的外在因素，而英语中"context"一词却意味着文本内的上下文关系。我国学者王建平在《语言交际的艺术——语境的逻辑功能》一书中对语境问题做了较为详尽的讨论。他说："所谓语境因素，指的是交际过程中语言表达式表达某种意义时所依赖的各种时间、地点、场合、话题、交际者的身份、地位、心理背景、时代背景、文化背景、交际目的、交际方式、交际内容及所涉及的对象以及各种与语言表达式同时出现的非语言指号（如姿态、表情等）。语境的因素是无限的。"[①] 这

---

① 王建平：《语言交际的艺术——语境的逻辑功能》，求实出版社 1989 年版，第 42 页。

种观点与日本学者西光正的"人类本身的一切也就都可能成为语言的环境"的观点是一致的①，在语言学界有较大影响。按照他们的观点，与广告传播活动相关且对语言表达式的意义发生影响的所有因素都属于语境。但是，由于这种观点过于综合和宏大，把握起来难度较大。

学术界流行的关于语境的主要看法还有关于大语境、中语境、小语境的区分，这种区分对语境研究只是提供了一种策略上的便利，其学理意义并不太大。由于语境因素的繁杂性和语境内容的丰富性等特征，至今对语境一词还没有一个统一的权威界定和分类标准。

我国语言学家胡壮麟在韩礼德的框架模式上将语境分为三大类：（1）语言语境，指语言的上下文（context），即词语的搭配，句式的选择，话语内部信息结构和形式，话语的前后顺序、内部衔接，话语与图像的关系，以及图形、图像、色彩等组成的图像语言等，是语篇内部环境；（2）情景语境（situational context），是指语篇或图像产生时的环境、事件的特征、性质和谈话的主题、时间、地点、方式等；（3）文化语境（Cultural context），指作者所在的语言社会团体的历史文化和风俗人情的制约。笔者认为，这一划分统摄了人们在沟通时所遇到的内外部具体环境分类，体现了语义学与语用学的高度统一，对于我们更清楚地理解语境的概念有很好的指导作用。

（二）语境与语义

语境包括话语的建构和话语理解的两个双向过程，自然也牵涉话语的意义（即语义）问题。我们可以将话语符号所携带的语义和蕴含的其他相关信息称作话语意义。英国威尔斯大学教授克里思托（David Crystal）在《语言学中争论的问题》中指出："意义对语言来说是非常重要的，不管把语言说成是什么东西，它都是一种有意义的活动。我们把从嘴里说出的言语的声音与噪音区别开来的标志就是它是否有意义。"

---

① 西光正编：《语境研究论文集》，北京语言学院出版社 1992 年版，第 27 页。

认知语言学的研究表明，隐喻的动态性决定着隐喻义的模糊性。就思维形式而言，语言中的"词"表达的是概念，"句子"表达的是陈述或判断。由于词汇本身所具有的多义性和不确定性，导致由这些词所组成的陈述或判断的句子具有模糊性。再者，语言本身就是一个模糊的集合，在传播活动中，施喻者常在保持字面义的同时，向其他意义延伸，形成另一种意义，即隐喻义。这既是人们对类属边界和性态把握的不确定性在语言中的反映，也是传者运用语言艺术巧妙表达自己认知与感情的一种方式。例如，在英语中，有"Buffalo buffalo Buffalo buffalo buffalo buffalo Buffalo buffalo"的句子，对于许多人来说，这样的言语就如同汉语中的"明明明明明白白白喜欢他，可她就是不说"一样佶屈聱牙，难读难懂。英文的"Buffalo"有四个意思：一是美国纽约州一个有名的城市，中文译成"布法罗"，去看大瀑布要经过这里；二是"水牛、野牛"的意思；三是水陆两用的坦克；四是动词"恐吓"的意思。初看这个句子，很多人感到丈二和尚摸不着头脑。实际上这句话的意思是："被布法罗野牛恐吓的野牛又去恐吓布法罗的野牛。"但从句子中的单个词意来看却是模糊的。

隐喻的模糊性在广告中表现得更为突出。主要有三种情况：（1）单显式源域。例如，国外一家保险公司为旅行者提供人身保险设计的广告语："您还是躲在雨伞下比较好"（You are better of under the umbrella）。此处的伞是指雨伞还是指水母的伞，抑或是指保护伞？为什么要躲在雨伞下？语义有些模糊。（2）单显式目标域。例如，一则洋酒的广告："人头马一开，好事自然来。"什么是人头马，是神还是马？它与好事有什么关系？消费者同样不得而知。（3）隐藏式源域和目标域，也就是本体和喻体在句中都不出现。例如，一则铂金首饰的广告："聆听并不代表沉默，有时安静也是一种力量。"那么，聆听什么？沉默与安静有什么区别？安静与产品又有怎样的关系？受众只有靠自己的猜测与想象。此外，那些含有谐音、双关语和谚语等句子的语义也具有模糊性。

广告中的意义是通过语言集中表现出来的，从认知学、语言学的角度来看，其最基本的就是字面义和隐喻义。字面义是话语脱离一定语境时的意义，即组成话语的语言单位所具有的社会约定俗成的固有意义的集合，也就是所谓的语言意义。语言意义是交流的基础，人们日常话语中的词语意义大多属于字面义中的一种。字面义也就是词典义，它在所有语境下是不变的，因为它的产生是由词法的语言知识和语言规则共同制约的结果。当然，这种看法是以索绪尔语言与言语的划分原则为依据的，即排除了变化的时间因素。如果放在历时环境中，词的字面意义也还是处在绝对的变化之中。在区分字面义与隐喻义时，莱考夫认为："非隐喻字面义（non-metaphorical literality）是直接有意义的语言，其理解不需要其他经验的帮助，也不需要隐喻或转喻的直接或间接的介入。"[①] 虽然在隐喻中，字面义属于"死隐喻"的意义，或者说是"根"隐喻的意义，但它是新的意义理解的知识基础。

隐喻义则是在使用过程中，语境参与后使得话语意义发生"变形"和偏移的结果，也就是言语意义。隐喻义既以字面义为基础，又超出了字面义的范围，往往比原来的意义要更为具体和丰富，成为话语的真实所指。理解隐喻义，需要听话人结合自己的知识经验和具体语境去推导。例如，如果我们不了解唐代科举制度下文人的"行卷"习俗，不了解在中国古代文人话语体系中，以夫妻或男女爱情关系比拟君臣以及朋友、师生等其他社会关系乃是我国古典诗歌中从《楚辞》就开始出现的一种传统表现手法，也不了解朱庆馀的大致生平的话，那么，我们对他的七言绝句《近试上张籍水部》的理解就可能只停止在字面义上，认为它仅是一首爱情诗而已。其实，这是一首"问卷"之作，充满隐喻。诗中的"妆罢低声问夫婿，画眉深浅入时无"更是委婉蕴藉、耐人寻味。因此，古人在评价此诗时说，言此诗不必言美丽，而要体味其言外之意。

字面义和隐喻义之间的关系是辩证的统一。塞尔认为："其一，字面意

---

① 石洛祥、李力：《超越字面意义的疆域——隐喻歧义的理解及消解》，《外语与外语教学》2008 年，第 6 期。

义的通达（access）具有无条件的优先权，即字面意义总是先于比喻意义，字面意义的接受和拒绝是比喻意义加工的必经阶段；其二，有缺陷的字面意义是比喻理解的前提条件；其三，语境在比喻意义的通达过程中有着重要的影响和作用，与字面意义相比，比喻意义应该需要更多的和不同的语境信息，因为与字面意义的加工相比，要获得适当的非字面意义必须经过额外的加工。"[①] 有时候字面义与隐喻义的意义相重合，属于等值关系。例如，"原来生活可以更美的"、"怕上火，就喝王老吉"等大量的广告语往往不需要依赖于语境，一看就懂。但是，相当多的情况是字面义与隐喻义不重合、不一致。例如某鸭绒被的广告语"您睡在洁白的云朵里"。这里的字面义与隐喻义是相冲突的，因为事实上，人是不能睡在白云里的。只有联系这一广告语的具体语境，我们才明白它是表达了该产品轻柔的特点，这正是隐喻义所在。理解这样的言语意义，需要在语境的触发下，通过相似性的联想来实现。

所以，歌德说，会读书的人，用两只眼睛看，一只眼睛看到纸面上的文字，另一只眼睛看到纸的背后。因此，消费者在接受广告的过程中，不仅要理解话语的字面义，也要理解其隐喻义，并且后者更为重要。因为话语的字面义是推知话语其他信息的主要途径，也是交际对象所关注的重点，尤其是当话语的字面义与隐喻义明显背离时。

（三）广告隐喻的语境

当代隐喻理论聚焦于语境中隐喻的使用和交流，更加关注语言的语用环境。因为隐喻映射过程中的语境对源域蕴涵抽取的限定功能进一步揭示了认知语境因素参与隐喻的生成及理解过程。对于施喻者来说，语境会影响人们在表达内容、方式、手段等方面的选择；对于受喻者来说，语境有助于人们确定指称、消除含糊、充实语义等，所以，雅柯布森认为，拿破仑这一名字

---

① 石洛祥、李力：《超越字面意义的疆域——隐喻歧义的理解及消解》，《外语与外语教学》2008 年，第 6 期。

在其一般意义上包含了他一生命运所有的这些阶段。当我们谈论他时，"语境可以表明我们谈论的究竟是童年时期的拿破仑（Napoleon Bonaparte），还是奥斯特里茨（Austerlitz）战役时的英雄；是滑铁卢战役的败将，还是死榻上的囚徒，或者是身后传记当中的英雄"①。要正确地理解广告隐喻的意义，不能从单纯的语义来分析，必须将其放在特定的语境中加以了解。我们可以从五个方面来理解广告隐喻的语境概念。

一是广告传播总是以具体的广告作品形式呈现为标志的。不同广告作品中的文案、图像、色彩、声音等隐喻设计都有所不同。例如美标洁具广告："外面很紧张与我们无关，美标等你回家。"在广告语的周围，作者精心设计了一系列的新闻标题作为画面背景：潜艇失事、巴以冲突、斐济兵变、美伊对峙……画面中间是女模特在惬意地沐浴。广告通过刻意营造一个温馨生活的小语境，暗示受众：使用该产品让你远离纷争，享受当下岁月静好的幸福。

二是广告传播总是有特定的受众。受众是广大的、分散的，彼此的思想意识、价值观念、教育程度、审美情趣、兴趣爱好、生活习惯等存在着很大差异。不同生活经验、价值观念的人对同一广告风格、消费观念等会存在不同的理解与喜好。例如，有的消费者观念时尚前卫，能够积极认同广告观念，敢于尝试性购买，而有的消费者则较为保守，喜欢低价产品，对新产品不太感兴趣。

三是广告传播总是借助一定的工具进行的。媒体的类型很多，如印刷媒体、电子媒体、网络媒体、户外媒体、交通媒体等。不同媒体的传播形式、创意能力、编辑环境、传播渠道、受众构成、还原质量等是不同的，这些因素都会影响受众对广告隐喻的接受和理解。例如，同一个高尔夫球场做广告，刊登在体育报刊上和刊登在金融媒体上，其内容与语言风格会有很大的不同。前者强调的是健身娱乐的理想运动，表现出一种旺盛的生命活力；而

---

① ［美］罗曼·雅柯布森：《雅柯布森文集》，钱军译注，商务印书馆2012年版，第66页。

后者则突出该运动是身份与地位的象征，言语间会流露出高傲和自恋。不同的媒体就是不同的语境，产生不同的影响。

四是广告中的产品呈现总是有特定的环境或背景的。除极少数简单的单纯文字性广告外，绝大多数的广告都带有某种画面，尤其是平面广告、视频广告、动画广告等，它们通常都是将广告产品放在一定的场景之下，用具有特定时代气息的道具、场面或环境让受众感受其价值，从而营造出一种刺激受众视觉、激发联想的语境。有的受众喜爱"大江东去"、"长河落日"般的雄浑辽阔的意境，如苹果公司的广告"1984"和太阳神集团的广告"当太阳升起的时候"，而有的则钟情于"小桥流水"、"晓风残月"式的温婉娴雅的意境，如重庆奥妮的广告"百年润发"和南方黑芝麻糊的广告"怀旧"篇。这些不同背景对产品意义的投射是显而易见的。

五是广告传播总是发生在一定的文化场景中的。不同国家、不同民族、不同区域的场景往往存在着文化传统、宗教信仰、生活方式等差异，影响人们对广告隐喻的接受、理解与评价，由此形成广告隐喻传播的复杂语境。例如，西湖藕香居茶楼的广告楹联："欲把西湖比西子，从来佳茗似佳人。"楹联巧妙地将大诗人苏轼《饮湖上初晴后雨》和《次韵曹辅寄壑源试焙新茶》两首诗中的名句组合在一起，不仅对仗工整，而且一句一隐喻，体现了中国优秀的传统文化元素与品牌理念的融合，具有丰富的中国美学意境，令人回味悠长。而日本民族文化中既有对柔美的迷恋，也有对武士道精神的刚强和忍耐的崇拜，所以，Raphare 唇膏广告展现的是鲜红的唇膏被锋利的钢刀所切断的触目惊心的画面。暗灰色的背景基调上刀尖锋利的寒光和唇膏鲜艳欲滴的红润之间形成强烈的反差，散发出一种浓郁的"以刀为图腾的残忍、以菊花为图腾的柔和"的暴力审美取向，但深受日本大众的喜爱。[①]

---

① 肖建春：《中日广告受众的心理差异研究》，《新闻界》2008 年第 4 期。

二、广告隐喻语境的作用

从关联理论角度看，广告传播也是一种明示—推理交际。在广告活动中，广告主提供用以表达其信息意图和交际意图的明示刺激，而广告受众则通过新输入的信息（即广告语和图像）与从其认知环境中抽取的语境假设（旧信息）的互动，推断出广告刺激信息的语境暗含，从而获得隐喻的意义。

可以说，隐喻和意义之间的关系犹如波浪和冲浪行为之间的关系，波浪确实在一定程度上限定弄潮儿的行为，但更重要的是它为冲浪行为的实施提供基础，是该行为的重要组成部分。语境不仅为意义的选择机制，也是意义的创造机制。因德基亚认为，相似性是一种抽象的结构，本身没有任何意义，只有将其置于一定的环境中才有意义。也就是说，隐喻意义的阐释过程就是用目标域知识结构中与源域相对应的元素具体说明源域投射而来的结构。脱离了特定的社会文化语境，隐喻就无法得到正确的理解和阐释。因此，当我们从认知语言学的角度把广告隐喻当作一种"沟通或交流"活动来考察受众的理解时，就不能不关涉语境的作用。

笔者认为，这些作用主要表现在以下三个方面：

一是限定话语的合法性范围。从隐喻与语境的总的关系来看，语境对隐喻的理解具有决定性的影响。如果没有语境因素的参加，人们在很大程度上就无法理解隐喻。反过来，语境对话语中的言辞含义和排列程序也具有强制性要求。每件广告隐喻的背后，由众多的文本或事件构成了隐喻身处其间的历史语境，它以一种普遍化、通则化的理解方式、价值准则和表达程序限定话语，就如同社会习俗和法规限定每个个体行为一样，隐喻既在沿袭历史造就的合法性框架内寻求可理解性，同时又要在言辞含义和排列程序上具有一种合规性，即遵循隐喻的结构要求。隐喻表达的要求是，必须建立在语义矛盾基础之上，也就是句子意义在逻辑上与语境有冲突。

在1999年戛纳广告节上，索尼游戏机平面广告"乳头"篇荣膺大奖。

画面上是一对穿紧身上衣的青年男女盯着镜头，男的扮鬼脸，女的无力地靠着他，眼色恹恹，他们透过紧身衣显露的乳头在画面中非常抢眼。但是，这个广告却给很多受众带来了理解上的困难，因为人们认为乳头和游戏机本身并没有什么联系。可是，仔细看看，透过紧身衣显露的四只乳头形状十分奇特，分别是三角形、圆形、X形、方形，显然不适合用常规的认知模式来理解。原来，这四个形状恰是人们熟悉的 Play Station 索尼游戏机手柄上的四个标记，正是这四个奇特的乳头形状规定和限制了受众的想象，让观众大脑里留下"乳头—兴奋—索尼游戏机"这样的线性联系。广告用乳头的敏感来暗示其游戏机给年轻人带来微妙的兴奋感受。该广告是对传统平面广告创意表现方式的一次挑战，也是对受众理解广告内涵和形式的挑战，在西方年轻人中产生了很大的冲击力。"评委会主席瑞荷德说，这幅广告作品获得大奖是因为'广告完整而智慧地传递出产品的信息并极好地与目标受众进行了沟通'。"[1] 通过对相关语境因素的分析，还原广告创作者选择特定隐喻的理据，才能较为准确地从作品逼近作者的意图，减少误读概率。

同时，对广告隐喻的理解必须符合语境要求。美国学者戴安娜·克兰（Diana Crane）认为："广告最能说明内容的呈现影响意义以及感染观众的方式，将产品置于一种特殊的象征语境下，构成许多广告的基本技巧，这种特殊象征语境赋予自身没有意义的产品以意义。"[2] 广告通过双域映射的方式为受众提供一个可能的探寻范围和认知线索，受众只有经过合适的语境，才能获得其真实的意义。因此，语境的变化必然会引起隐喻意义的变化，僵化地理解广告隐喻是错误的。

布莱克指出，"当不得不用说话人的意图或者其他的暗示来重建隐喻表达的意义，会有无限的语境，因为语言的标准使用规则以至于不能提供给人

---

[1]　叶林果：《几则中英广告词中折射出的中西文化差异》，《四川经济管理学院学报》2009年第1期。

[2]　[美] 戴安娜·克兰：《文化生产媒体与都市艺术》，赵国新译，译林出版社2001年版，第16页。

们所需的信息。"① 因此，当人们说"它是一只豹子"的时候，如果从语言的标准使用状况出发，人们就会认为"它"就真是指一只豹子，是真值判断。但如果在这个基础上加入一个语境因素，如当人们在谈论某赛车的时候，人们就会认为"它是一只豹子"这句话是一个速度与反应的隐喻。很显然，这不是从语言的标准规则出发来理解的，而是从语境的角度以及说话人的态度出发来确定的。

2008 年作为世界上三大牛仔裤公司之一的威格公司的牧马人服饰（Wrangler）品牌在欧洲推出了新的形象语："我们是野兽"（We Are Animals）。形象语听起来有些令人惊悚，但是，一系列的营销活动证明了广告不是真的号召人们拒绝现代文明，回到野蛮蒙昧的时代，像动物一样在丛林沼泽中生活，而是要表达这样一种观念："经过长时间的都市生活，你还能寻回那些逐渐流失的动物本能么？当我们失去野性的时候，我们也就失去一些另外的东西。"每个人都不应该熄灭心中那团燃烧着的火焰，做一个勇敢的人，不怕困难，敢于尝试冒险与挑战极限，释放生命，找到真我。这样的广告隐喻语言十分浅显，但寓意极为深刻，引起年轻消费者的极大共鸣，有力地重塑了品牌形象。

二是引导隐喻解读方向。隐喻本身就是出于对特定语境条件的洞察而被建构起来的，这种建构的过程就是一个实际使用的过程。任何隐喻只有通过在具体的语境中的建构、使用才能生成，其意义的实现还需要受众正确的解读。如果广告隐喻中的指示信息与语境出现脱节，就会使受众感到迷惑，并难以对广告中的内容做出正确的理解与判断，从而发生认知混乱与障碍，广告的目的难以得到实现。

多义性是语言的一个重要特征。在隐喻中，源域本身具有多种语义特征，但究竟源域的哪些语义特征被转移到目标域上？从受众来说，是难以确切把握的，这就产生了隐喻意义的模糊性问题。有时候创作者故意利用这种

---

① Max Black, Models and Metaphors: Studies in Language and Philosophy. Madrid: Cornell University Press, 1962, p.29.

模糊性来达到特殊的语言效果，受众只有结合具体的语境来理解和判断创作者的意图，才能在源域的诸多特征中较好地解码符号，获得与创作者相一致的认知。传说有一位才子路过一家酒店，店主请求他为酒店写一首诗，图个吉利。才子应允，握笔在手，略思片刻，然后大笔一挥，写下一首七绝："一轮明月挂半天，淑女才子并蒂莲。碧波池畔酉时会，细读诗书不用言。"众人在欣赏诗句时，感到迷惑不解。忽然有一人说道："你们看，'一轮明月挂半天'不正是'有'字吗；'淑女才子并蒂莲'，分明是'好'字；'碧波池畔酉时会'，是'酒'字；'细读诗书不用言'是'卖'字无疑。"大家这才恍然大悟，原来才子写的是一首隐喻诗。谜底就是一句广告语："有好酒卖。"

塞尔认为，表达者生成一个隐喻表达式，旨在启发接受者寻找某个恰当的意义。隐喻的字面意义提供了某种具有指向性的认知进路，人们可以通过特定语境下的认知路径选择，达到理解意义的目的。[①] 在广告隐喻中，模糊性多表现为运用谐音、一词多义或某种图像来实现意义的转移。例如丰韵牌丰乳霜的广告语"做女人挺好"和瑞士奥林匹克委员会所做的反对种族歧视的平面公益广告"沐浴"篇中的三条白色毛巾和一条黑色毛巾的画面。这种模糊性不仅表现在语言本身，还体现在施喻者和受喻者双方的关系上。例如"生命就是一首狂想曲"这句广告语除了表示"人生就要敢于梦想"这一基本语义命题外，出自不同的传播者口里其寓意是不同的。如果出自旅游公司，是指那里的山光水色美丽，旅游使人放飞梦想；如果出自音乐厅，是指那里音乐激昂动听，欣赏音乐使人斗志昂扬；如果出自房地产商，是指那里的楼盘高档大气，使居住者胸怀远大；如果出自培训公司，就意味着参加培训可以帮助你依靠梦的力量让平凡的生命发出绚丽的光芒。

如果说言语的字面意义表述对语境有某种程度的相对独立性的话，那么话语意义对语境的依赖性要强得多。这种依赖性在于，为说出一个隐喻，施喻者必须对相关语境条件有深入把握并获致某种"洞察"；而为理解一个隐

---

① ［美］A.P. 马蒂尼奇编：《语言哲学》，牟博等译，商务印书馆 2009 年版，第 801 页。

喻，受喻者也必须了解自己与广告隐喻所共享的特殊语境特征。就语词的字面意义而言，语词所指的基本特征由语词意义所引起的标准分类法所提供，而在隐喻表达中，受众必须通过语词和图像的再概念化建构意义等级，并运用语境特征决定广告所指的哪些方面或维度应被考虑为相关的，即语境提示使受众决定隐喻陈述的哪一些意义特征应当接受，哪一些意义特征应当被放弃。沿着这样的路径前行，容易接近真实的语境意义。

三是提供支撑阐释的坐标。在汉语中，人们常把夏天与炎热酷暑联系在一起，如"骄阳似火"；而莎士比亚在其十四行诗中，却把夏天喻为爱人。这是为什么？隐喻是基于身体体验的，是客观现实、身体经验、人类认知和生理基础等多重因素综合的结晶。（孙毅，2013）在广告传播中，各种因素相互交错，有机组合，形成语境，仿佛一座具有特定温度的房子，只有进入其间，才能正确感知其温度。即使是一则单纯的广告作品也可以形成相对封闭的小语境，为作品的认知提供一种"前理解"的视界。

塞尔指出："受话人要理解隐喻话语，就必须知道语言以外的东西，必须知道话语条件，并知道他与说话人共有的背景假设。他必须了解另外的规则或另外的事实信息，或者既要了解这些原则又要了解这些事实信息。只有这样，受话人才能在说话人说'S is P'的时候，明白他的意思其实是'S is R'。"[1]

他还认为："句意和隐喻话语意义之间的关系是系统性的，而不是杂乱的或即兴的。"[2] 当受众将"S is P"解读为"S is R"的时候，就意味着他通过字面意义明白了说话者的话语意义。但这种解读到底正确与否，还需要得到真假值条件的检验和语境的支持。也就是说，隐喻的理解不仅要得到广告隐喻中的文字、色彩、声音或图像符号等对话语编码解读的支持，也要得到广告语境指向的支持。这种语境因素就是塞尔所说的"语言以外的东西"，也就是霍尔所说的"社会意识形态——普遍信仰、概念结构以及社会价值体系等更

[1] [美]约翰·R.塞尔：《表达与意义》，王加为、赵明珠译，商务印书馆2017年版，第107页。
[2] [美]约翰·R.塞尔：《表达与意义》，王加为、赵明珠译，商务印书馆2017年版，第100页。

广泛的领域"。

隐喻表达涉及（1）某个说话人的隐喻性话语的生成；（2）某个听话人对隐喻性话语的识别与确定。塞尔指出，一旦确认应当从隐喻的角度来理解句子，那么受者将有一套求解 R 的可能值的原则。其中之一为，当你听到"S 是 P"时，要知道 P 的可能值，可以寻找 S 与 P 相似的方面，可以寻找与 P 类事物明显的、众所周知的、不同于其它事物的特征。这需要听者调动和利用本人所有对于世界的知识和图式进行联想和类比。如在听到"John is a bull"（约翰是一头公牛）时，听话人可能立即联想到公牛的一系列特征，如强壮、吃苦耐劳、任劳任怨等，这些特征提供了 R 的可能值。但是，bull 一词还含有人们所熟知的其他一些区别性特征，如特殊的开关、与众不同的鬃毛等等。因此，为了真正理解这句话的含义，还必须通过第三个步骤来限制 R 的可能值范围。常见的做法是：回到 S 词组，采取代入法和淘汰法，从 R 值的众多特征中选择最符合 S 的可能性特征。如果相符合，就意味着所理解的隐喻意义得到了支持。对于隐喻意义的推断，塞尔总结了八条通过 P 而获得 R 的原则，并指出可能还可能存在更多的其他原则。

例如优乐美奶茶的电视广告中的男女对话。女："我是你的什么?"男："你是我的优乐美啊!"女："原来我是奶茶啊!"男："这样我就可以把你捧在手心。"在这里，女方被说成是产品，起初让人感到不解。经过男方的幽默解释，隐喻的话语意义得到支持：你是我心中的所爱。

我们再看一幅文字与图像结合的广告。澳大利亚一家邮局的平面广告中，一个穿着文字图案服装的"纸人"与一个年轻的女子相拥抱。这种不寻常的形象令人称奇，但仅从图像本身看并不能解释这一"拥抱"形象的寓意。当人们阅读了广告下方的文字"如果想联系一个人，就给他们写信"后，再结合画面，就会恍然大悟：感情需要文字沟通。原来，虚拟的"纸人"象征邮件的接收人。广告中的文字与图像两个因素处于相互支持、补充、缺一不可的关系中。单看图像难以解读其背后的意思，单看文字不能深切地感受，唯有将二者结合，才能有效理解广告的话语意义。无独有偶。法国圣罗兰公司拍摄的一则影视广告在创新和表现手法上，与该广告有着异曲同工之妙。广告中的女主角伊凡吉莉丝塔（Linda Evangelista）的鸦片牌香水用完了，焦急的她疯狂地冲向远东金三角的贫民区，到处寻找那令人陶醉的香水。终于，在一间破旧的房屋后面，她发现了那种香水，立即掏出了一叠钞票。广告的最后打出"鸦片香水，只为痴迷者而生"。

三、影响广告隐喻认知的语境要素

影响广告隐喻认知的语境因素有很多，可以分为宏观的和微观的两大方面。

（一）宏观隐喻因素

宏观的因素主要包括历史因素、文化因素、文本因素、媒体因素(纸质、电子、灯箱、网络等）四大方面。

1.历史因素

广告主及其受众所处的社会历史生存状态，其括社会体制、重大社会运动或事件、政治经济结构等是影响广告隐喻认知的基本因素。马克思深刻地指出："人们自己创造自己的历史，但是他们并不是随心所欲地创造，并不是在他们自己选定的条件下创造，而是在直接碰到的、既定的，从过去继承下来的条件下创造。"[1] 在人类历史发展的巨大时空中，过去、现在和未来是不可分割的，事物的过去不仅基本上决定它的现状，也在很大程度上影响它的未来。不同的历史环境下，物质生产方式不同，人们的生存状态与价值观念也不同，为隐喻的创设、理解方式和价值准则规定了一个基本的框架或尺度，形成了隐喻的"大语境"。事实上，任何语言表达式都是言说者背后的

---

[1] 《马克思恩格斯选集》第 1 卷，人民出版社 2012 年版，第 603 页。

那段历史的昭示。反之，历史如同环境一样规定着人的生存行为，为隐喻的建构提供了"前理解"的环境。霍尔认为："如果一个能指与其所指之间的关系对于每一社会和每一历史时期都是一种特殊的社会习俗系统的产物，那么所有意义都是在历史和文化之中生产出来的。它们永远不会最终确定，而是始终受制于变动，既在一个文化语境与另一个文化语境之间变动，也在一个时期与另一个时期之间变动。因而，不存在单一的、不可变的、普遍的'真实意义'。"①

　　中国古代是传统的农业社会，人们的生活离不开土地。而英国是西欧一个四面环水的岛国，被北海、英吉利海峡、凯尔特海、爱尔兰海和大西洋包围，自古以来航海业发达。这就造成了两国隐喻的不同语源。在中国人的农耕和渔猎生活中，鱼儿、大雁、月亮、花朵都是常见的事物。但是，"沉鱼、落雁、闭月、羞花"四个词在中国文化语境下，有着特殊的意义，常用来指代绝色美女，这些原型与中国历史上四大美女的传说有关。西施溪边浣纱，鱼儿因惊艳忘了摆尾击水而沉落水底；貂蝉马上弹琴，飞雁因入神忘了拍翅而跌落地上；王昭君后花园拜月，月儿因不敌其美而躲进云层；杨贵妃欣赏牡丹，花儿因自惭不如而自卷花瓣。如果离开了中国的历史文化语境，人们只能从字面上来解释它们的意思，分别变成沉入水底的鱼儿、掉落的飞雁、被云遮住的月亮和卷了瓣的花朵，不仅意思平淡，而且很负面，一点儿也不美。

　　同样，因为历史和环境的关系，"蓝袜子"（blue stocking）在英语中意为女才子或女学者，这是因为在 18 世纪中叶，伦敦文学圈的女成员或女文人常穿蓝色绒线袜，而当时社会上一般女性普遍穿黑色丝袜。如果我们不懂得这一词汇的来历，也会产生错误的理解。此外，英语中关于航海与捕鱼的隐喻和习语也远比汉语丰富。例如 all at sea（不知所措）、fish or cut bait（要么全力以赴，要么索性放弃）等词汇在汉语中大多没有完全相同的对应表达。要理解这些词汇或句子所表达的真正意义，就需要借助语境的支持。"通

① ［英］斯图尔特·霍尔编：《表征——文化表象与意指实践》，徐亮、陆兴华译，商务印书馆2013 年版，第 46 页。

过这样一个简单的例子就说明，怎么样认识和解释一个隐喻可能需要注意这个隐喻产生的特定环境。"①

就广告而言，如果受众不懂得 1984 年之前的计算机市场发展状况，不熟悉奥威尔小说《1984 年》所描写的内容，就很难理解苹果公司"1984"篇广告中所蕴含的意义。同样，如果不懂得 20 世纪 60—70 年代的国际关系史，就很难看懂美国肯尼迪图书馆的以肯尼迪时代的四个重大历史事件为主题的系列广告作品。

不仅广告内容是历史环境的镜像，即使同一个意义在不同时代也有不同的隐喻表达方式。例如，为什么被誉为"德国视觉诗人"的设计大师冈特·兰堡（Gunter Rambow）设计的海报中有相当一部分是土豆形象呢？这与他本人在第二次世界大战后期的艰难生活经历密切相关。所以，土豆的形象使他刻骨铭心，在他成为艺术家之后，就是一种爱国情结的象征。如果不懂得兰堡那一时期的生活史，就不能理解这位大师作品所隐喻的精神内涵。不同历史的场景影响着人们对隐喻的理解。

当然，时代不同，语言也在发展。一些隐喻也会渐渐变得陈旧，以致成为罕语、古语、废语，代之而起的是新隐喻的出现。

2. 文化因素

文化的概念蕴含丰富。总的来说，它是人们在生活劳动过程中所创造的物质成果和精神成果，包括社会环境、地域环境、时序环境、受众对象、思维方式和价值取向等因素。人类学家吉尔兹（Clifford Geertz）最为学界所熟知的可能莫过于他的文化阐释理论了。在他看来，阐释学就是"对理解的理解"。他写道："我所采纳的文化概念……本质上是一个符号学概念。采用马克斯·韦伯的说法，我相信，人是悬挂在其自身编织的意义之网上的动物，我把文化看作是那些网，因此，对它的分析不是一门探求规律的实验科学，而是探求意义的阐释性科学。"②

---

① Max Black, Models and Metaphors, Cornell University Press, 1962, p.29.

② Clifford Geertz, The Interpretation of Cultures, New York:Basic Books, 1973, p.5.

隐喻带有鲜明的民族文化印记，因为一切物理世界都经过了民族文化的过滤和加工。一个民族的隐喻是这个民族集体意识的产物，也是其民族文化宝库中的重要组成部分。人们只能在自己的文化和心理允许的范围内对物理世界的相似点进行思考和利用。所以，人们对隐喻对象的选择与理解总是植根于本民族文化的土壤之中，既有相同之处，也有相异之点。在漫长的历史进程中，中国文化赋予了某些事物以特定的内涵。如赋予松以"坚韧挺拔"的性格、竹以"刚正有节"的节操、梅以"傲霜斗雪"的风骨，而杜鹃则代表一种悲剧氛围。通过跨语言的隐喻比较，可以发现人们在思维和语言上的文化异同点。一种文化中家喻户晓的隐喻在另一种文化中可能无人知晓，甚或有相互冲突的理解。

在广告活动中，追逐利润、谋求发展可能是普遍的规则，但在不同的市场上，这一目标的实现方法和手段却不尽相同。究其原因，就在于广告不是一种单纯的商品买卖行为，它同时也是一种复杂而微妙的文化行为，它与受众的宗教信仰、社会心理、社会风俗、文化偏见以及人们的意识观念、价值取向等有着不可分割的联系。对此，可口可乐公司的理解是比较到位的："我们卖的不是商品，我们买的是一种文化，是一种美国精神。"[1]

曾被美国《广告时代》杂志推选为风云人物之一的美籍华裔广告人杨朝阳，在谈到文化差异所导致的广告手段之差异时，以美、日、中三国的广告为例来予以说明。他指出：美国广告文化根是植于清教徒的伦理中，具有强烈的个人主义色彩，乐观进取，以价值为取向，以契约关系为本，因而美国广告重事件，用场景，是行为过程。日本广告的文化是建基于神道—佛教—儒家伦理，态度保留，以人为取向，以信用关系为本。因此，日本广告着重于人，显情绪，为情感过程。华人广告背后的文化是道—佛—儒的伦理、宗教行为，有宿命论色彩，以整体为取向，关系建立在实证上，所以华人广告重产品，讲实证，为语言过程[2]。笔者认为，这是十分有见地的。

---

① 郭洪主编：《品牌营销学》，西南财经大学出版社 2015 年版，第 2 页。

② 周安华、陈兴汉：《电视广告美学》，江苏文艺出版社 1998 年版，第 115 页。

文化因素是一个大概念，它主要包括：

（1）受众的宗教信仰。宗教既是一种社会现象又是一种文化现象，人类文明离不开宗教的影响，人们的社会心理也离不开宗教信仰的制约。各个民族都有自己的宗教信仰，共同的信仰能够激发人们内心的强烈归属感，引发共鸣，形成同侪意识。不同的宗教信仰有不同的文化倾向和戒律，从而影响人们认识事物的方式、价值观念、消费态度和行为准则。例如伊斯兰教、基督教、印度教和佛教，都有各自的宗教信仰和习俗礼节，禁忌也不相同。当广告目标市场的潜在消费者把广告信息翻译成自己的知识（即解码）时，文化语境的差异可能会形成符码理解上的隔阂。例如，健力士黑啤酒的广告语"My Goodness！ My Guiness!"西方人一听到"God"、"Goodness"等词就能立刻激活大脑中的已有信息，产生连贯性的理解。但是这句广告语按其字面意思直译成中文是"我的天，我的健力士酒"，中国消费者对此会感到一头雾水。因而，此酒要想在中国开拓市场或扩大其市场份额，靠这样缺少文化适应性的广告语显然是难以奏效的。

还有一种情况是，有些商品是宗教忌讳使用的，在进行广告隐喻创作时，一定要考虑到受众的民族与宗教信仰方面的因素，必须慎重对待这方面的问题，以避免伤害民族感情。当年日本索尼收录机在泰国电视台播放的电视广告，为了表现收录机的声响效果，表现在十分强烈的节奏感刺激下，一直静卧的释迦牟尼像竟凡心萌动，随着收录机的音乐节拍开始扭动身躯，最后居然睁开了眼睛。泰国消费者认为，这是对佛祖的大不敬，并立即通过外交途径向日本政府提出抗议，最后迫使日本商家赶紧修改广告，并向泰国消费者道歉，风波才得以平息。

（2）受众的社会心理。社会心理是一个民族朴素、自发的社会信念和社会价值判断，以及一定的伦理道德观念。一个民族思维方式和社会心理积淀是其民族文化中最为核心、最为稳定的因素，体现了该民族文化心理素质最基本的特征，它制约着人们的行为方式，影响着人们对事物的感知、认识和评价。隐喻的使用反映了一种文化独特的归类和组织世界的方式，具有鲜明的民族性和联想性。一种事物可以在某一民族文化中激发联想，但在另一民族文化中不激发联想或激发不同的联想。有的激发正面联想，有的激发负面联想。如果广告隐喻传播触怒了对方消费者的社会心理，不仅广告传播的效果大打折扣，而且会引起广泛的抗议行为，进而影响商品在该地区的销售。

美国心理学家特里安迪斯（Harry C.Triandis）经过大量的研究后认为，个人主义与集体主义的区别是理解不同文化差异的关键所在。在西方文化中，个人主义是首要的价值观，其源头可以追溯到古典哲学、希腊城邦政治，而文艺复兴和宗教改革运动则对西方个人主义价值观的最终形成起了关键性的作用。文艺复兴运动肯定了人的价值和创造力，提出个性解放，充分发挥人的创造性潜力的主张，从而在思想和文化的层面确立了个人主义价值观，使得个人主义渗透于西方社会生活的各个方面。马丁·路德（Martin Luther）领导的宗教改革运动提出了"信仰纵然不是个人主义式的，其根本也是在人与上帝的个人关系之上"，号召以人为本，从思想上解除了传统宗教对个人主义发展的束缚，带来了西方个人主义的迅猛发展。20世纪70年代开始，耐克推出了"Just do it"（想做就做）、"I Can"（我能）的广告，这种直爽、坦率的表达所蕴含的正是美国年轻一代崇尚个人主义，以自我为中心、强调个体独立和主体作用的传统意识和价值取向，所以这类广告语成为经典之作。

相反，以中国为代表的东方国家则强调集体主义的意识，"家本位"的观念十分浓厚。《易传》上说："正家，而天下定矣。"[①]认为家是一切问题的根本。在古代，中国人长期生活在以家庭为中心的农业社会，家庭是社会组织结构中不可再分割的基本单位和社会活动基点，个人的命运与家庭的命运休戚相关。"原生家庭"（指子女的父母家庭）的状况与日后个体的发展密切相关。所以，尊敬长辈、孝敬父母、家庭和睦是中国人追求的最为美好的家庭关系。除了重视家庭、人伦、亲情之外，还十分重视乡情。这种群体价值

---

① 高亨：《周易大传今注》卷三，齐鲁书社2009年版，第329页。

观在广告中有很充分的体现。

2012 年中央电视台各频道曾经长期播放过一则公益广告"爱的表达式"，该广告立足于中国传统文化，完美地诠释了英文 Family（家庭）的内涵。广告一开始，对 Family 的每个构成字母做了拓展性的联想与引申：F 代表"爸爸"，M 代表"妈妈"，I 代表"我"，三个人自然组成一个家庭。接着用动漫形式来形象地表达三者之间的关系：F 是顶梁柱，为整个家庭遮风避雨，M 是相夫教子，为 I 打伞呵护。时间飞逝，当 F 腰弯背驼、拄上拐棍，M 身体臃肿、步履蹒跚之时，I 已长大成人，责无旁贷地承担起照顾家庭、关爱父母的重任：I 伸开双臂为 F 和 M 遮挡风雨，做父亲贴身的拐杖，让他依靠，为母亲撑起庇护伞，遮蔽烈日。最后广告将 Family 演绎、提炼为一个等式——FAMILY＝Father And Mother。"感恩父母从现在开始，有爱就有责任"——这个主题伴随着这条公益广告迅速被博客、微博、个人空间转载、传看，引发了为人子女者的情感共鸣。广告作者创意性地诠释了"家，有爱乃成；爱，因责任而生"的理念，传播了中华民族尊老爱幼的传统美德，反响空前热烈。

在当今世界经济一体化的语境下，一个品牌要想站稳于它国市场，被所在国的消费者所接受，需要根据所在国的文化特征适当地改变其广告风格，以提高其品牌亲和力。例如，法国人头马白兰地的广告在欧美国家普遍采用了"干邑艺术、似火浓情"的广告语，意为该品牌白兰地酒品味热烈、醇厚、回味绵长、浓郁，具有火一般的燃情作用，适合恋人、夫妇、朋友间引用。这样的广告语符合欧美的文化风俗和消费者的口味，但对于情感内敛的民族来说，显然是不太合适的。所以，该公司针对中国市场采用了带有吉祥、喜庆色彩的广告语："人头马一开，好事自然来。"这样的表达符合国人心理，又朗朗上口，自然受到消费者的普遍喜爱。

（3）受众的风俗习惯。风俗习惯是特定社会文化区域内的人们世代共同遵守的行为模式或规范。主要包括民族风俗、节日习俗、传统礼仪等，有很强的民族性、稳定性、区域性、传承性和制约性等特点。

中国是一个农业古国，在漫长的历史发展中，形成了自己的民俗文化特色，这些特色也正是通过民俗文化的稳定性体现出来的。例如，数千年以来，在中国的许多地区，立春要举行打春牛的习俗，旧历新年要扫尘、贴春联、贴门神、吃年夜饭、放爆竹；元宵节要吃元宵、放烟火、舞龙灯、猜灯谜；清明节要祭祖、踏青、插柳；中秋节要赏月、吃饼、团聚等。有些习俗不仅有广泛的民间基础，而且表现出健康的情趣和旺盛的生命力。同时，由于我国地域辽阔，民族众多，各地都有自己特色的风俗习惯，所谓"十里不同风，百里不同俗"就是这个意思。各种风俗渗透在人们的衣、食、住、行、婚嫁、市商、岁时节令、游戏等诸行为中，也反映在现代广告中，如饮食、婚嫁、年节等场景。

一国之内不同民族风俗习惯差异尚且这么大，国家与国家之间的差异就更不用说了。就动物而言，在中国，蝙蝠寓意为福份，而在西方则象征着吸血鬼；喜鹊，在中国是喜庆的象征，在西方是饶舌者的意思；猫头鹰，在中国是凶兆，在西方则象征着智慧；百合花在中国被看成是夫妻和好、恩爱的象征，在西方则是纯洁和天真的象征，也是耶稣复活的象征；仙鹤在中国象征长寿，和蝙蝠一样常常出现在医药保健类的广告作品中，但在英国、法国却被看作是丑陋的形象。

随着对外贸易的发展，近年来我国进入国际市场的商品越来越多。要使广告更好地起到信息沟通作用，创作者就一定要充分了解并考虑不同国家、地区、民族的风俗习惯之间的差异，不能违反所在国家的民族禁忌。在这方面，可口可乐公司的许多做法值得学习。

从 20 世纪 90 年代进入中国市场以来，可口可乐一直力图将它的品牌精神融入到中国的传统文化中。在对中国文化元素的开发和利用、对中国民族心理及文化心理的趋同与靠近上不遗余力。自 1999 年起，每逢中国节日，尤其是春节前后，连续几年推出的春节贺岁片，如"风车"篇、"舞龙"篇、"泥娃娃阿福贺年"篇等，都是选择中国人做演员，在典型的中国情境中拍摄，运用纸风车、对联、泥娃娃阿福、剪纸等中国传统素材，通过舞龙、贴春联、放烟花等民俗活动，来表现浓厚的中国乡土味。而对于国人非常关心的体育赛事（如中国申奥、中国队冲击世界杯），可口可乐则推出了可口可乐与国人共同关注、共同参与的场景广告，达到了与中国消费者"同一个心声"的沟通效果。此外，可口可乐还积极选择华人新生代偶像如张惠妹、谢霆锋、张柏芝、伏明霞、SHE、王力宏、潘玮柏等做形象代言人，广告内容也紧扣中国年轻人这一可口可乐重度消费人群所关注和感兴趣的主题。中国龙、泥娃娃阿福、长城、天坛、中国北方的小村庄等具有典型中国特色的形象或文化场景在广告中不断出现，极大增强了与中国消费者的亲和力，为可口可乐的成功奠定了文化基础。

相反，发生在 2003 年 12 月丰田越野车的广告"霸道"篇、2004 年 9 月日本立邦漆广告的"龙"篇，以及耗资一亿美元的耐克篮球鞋广告"恐惧斗室"篇，显然是没有考虑到中国消费者的民族文化心理，广告刊登后，遭到了广大网民的无情抵制。

2004 年 9 月《国际广告》杂志发表一篇题为《7+ 的创意，持续的激情》的文章，介绍李奥·贝纳全球广告评审委运会的评选标准、操作规程及创意管理。该文配发了一则由上海李奥·贝纳广告有限公司广州分公司创作的立邦漆广告作品"龙"篇，评语称："该广告创意非常棒，戏剧化地表现了产品的特点……结合周围环境进行贴切的广告创意，这个例子非常完美。"不料，却引起轩然大波。许多网民认为，龙是中国的图腾，在一定意义上是中华民族的象征。画面中坠落的盘龙有辱中国的光辉形象，因而纷纷表示抗议。其后，《国际广告》杂志社、李奥·贝纳中国总公司以及立邦漆企业向中国人民致歉。[①] 这既是东西方文化差异带来的对隐喻认知的差异，也反映了人们对龙这一形象的价值观念的不同。

继立邦漆"龙"篇广告因为涉及中国图腾而引起激烈争议之后不久，又一则名为"恐惧斗室"的耐克篮球鞋广告片也因涉嫌"亵渎中国风俗习惯"，而引起全球华人持续关注与争议。广告片由美国 MBA 巨星勒布朗·詹姆

---

① 董彬、孙顺华:《中日广告文化比较研究》,中国社会科学出版社 2016 年版,第 148 页。

斯（LeBron James）担当主角，大意是他脚穿耐克鞋，独闯一个五层高的建筑，逐层挑战对手，最终取得胜利。争议的焦点是，被詹姆斯打败的五个对手中，有三个"影射"到中国人。许多中国观众认为，广告含有"侮辱"中国人之意。随后，耐克公司发表声明，称"恐惧斗室"广告宣扬了一种积极的人生态度，鼓励年轻人直面恐惧，勇往直前。广告中所运用的各种元素只是一种比喻形式，喻指各种恐惧。广告发布前经过了各个环节审查。但中国消费者认为：这一广告有损中国人形象……广告中把飞天形象和美元放在一起，玷污了中国文化，甚至是侮辱了中国人。专家认为，广告中出现的中国人形象，虽然不能说就是故意的行为，但这则广告通过美国文化表现主题，并战胜了中国文化，带有文化歧视。12 月 3 日，国家广电总局向全国各省、自治区、直辖市广播影视局(厅)，及中央电视台发出《关于立即停止播放"恐惧斗室"广告片的通知》。《通知》指出，名为"恐惧斗室"的耐克篮球鞋广告片违反了《广播电视广告播放管理暂行办法》第 6 条"广播电视广告应当维护国家尊严和利益，尊重祖国传统文化"和第 7 条"不得含有亵渎民族风俗习惯的内容"的规定。因此要求各级播出机构立即停播此广告。①

我们再看一则国外的案例。1982 年，日本的国家牌电灯泡（National Lightbulb）的发布了一个系列影视广告。第一篇的画面是：一只手在慢慢地削桃子皮，桃子皮开始鼓起。刀片之下，可以看到桃子皮下新鲜湿润的果肉与外面干燥的绒毛之间的明显对比。接着在桃子皮下，应该是果肉的地方，渐渐露出一个光滑的桃子形状的灯泡。画面表现得非常精细。第二篇是刀削苹果，表现手法与第一篇类似。第三篇表现一颗葡萄的果肉变成了一个灯泡。在那个还没有特技摄影的年代，这些现实中不会出现的画面非常吸引人。观众一次又一次地发现一个点亮的灯泡藏在湿润、冰凉的水果皮下面。日本消费者非常喜欢这个充满诗意的广告隐喻，因为水果的自然属性与灯泡发出的光的自然属性有异曲同工之妙。可是，"当这个广告片出现在戛纳广

① 《广电总局紧急叫停耐克"恐惧斗室"广告片》，载《中国广告》2005 年第 1 期。

告节的银幕上时，评审团分成了两个阵营。来自美国的评审团成员似乎不太认同，而来自欧洲——尤其是南欧的评审团成员却给予了它最高奖项。"①

（4）受众语言的差异。洪堡特认为各种语言的特性是其民族的特有财产，甚至有的学者将语言视作"民族最后的指纹与遗产"。事实证明，不仅不同的国家、不同的民族之间语言差异很大，而且人们使用隐喻的习惯也存在诸多的差异。人们在接收信息传播的过程中，总是倾向于接受自己的母语文化表达。卡耐基（Dale Carnegie）在他的名著《语言的突破》中举过这样的例子：当年，一些传教士着手把圣经翻译成赤道附近某一部落的土话。当他们翻译到诗篇中的"虽然你的罪恶一片鲜红，它们终将白如白雪"时，犯难了，如果逐字逐句照翻，没有什么意义，因为那些土著从来没有在二月的清晨扫除街上积雪的经验。他们从没有见过雪，他们的语汇中甚至没有"雪"这个字眼。但他们有爬上椰子树，摇下椰子作为午餐的丰富经验。因此，那些传教士就把未知的事物和已知的事物联系起来，把那首诗改成："虽然你的罪恶一片鲜红，它们终将如椰子肉。"同样，汉语与英语之间也有相当多的差异。例如汉语中形容某人穷，常说"他穷得像叫花子"，英语中却说"穷得像教堂里的耗子"（as poor asa church mouse）；汉语中说"挥金如土"，对应的英语却是"to spend money like water"（花钱如流水）。当英国翻译家大卫·霍克斯（David Hawks）在将中国古典文学著作《红楼梦》翻译成英文版时，由于语码转换上的困惑，他故意回避了"红楼"，而采用了《红楼梦》的另一个名称《石头记》，译成"The Story of the Stone"（石头的故事），还把怡红公子贾宝玉译写成"Green boy"（绿公子）。可见，英文和中文是非同构的语言符号，如果在语码重新编码时不留意，就容易产生因文化差异而造成的误读或误解，例如在霍克斯的翻译里就明显折射出中西文化对语符"红"的不同意义联想。

所以，在多元文化背景下，广告隐喻能否得到当地受众的语言文化认同

① ［法］让－马里·德鲁：《倒时差》，上海社会科学院出版社2018年版，第103页。

是至关重要的。如果不使用受众的母语进行传播，就可能导致受众因语言文化隔膜而带来的认知困难。美国宝洁公司的一款洗发护发产品在美国的名称是 Pert-Plus，在亚洲称为 Rejoice，中文名称则是飘柔，就是为了在语言上获得不同民族国家的认同感。耐克公司为了更好地适应墨西哥人的语言和做生意的方式，也将它一贯的广告语"Just do it"改为"Do it"，原因就是充分考虑了不同地区或国家受众接受语言的差异化事实。

可口可乐之所以能在中国市场所向披靡，除了它强大的营销能力之外，还因为它拥有一个中国人十分喜爱的中文音译名称。20 世纪 20 年代，可口可乐最初的中文译名为"蝌蝌啃蜡"，既不大气，也不易记，更谈不上为消费者所喜爱。后来，公司采用公开登报悬赏（350 英镑）征求新的中文译名的办法，"可口可乐"的译名击败其他所有对手，一举夺魁。这四个汉字的音译极其生动地传递了产品给消费者带来的感受——好喝、清爽、快乐——可口也可乐。不但保持了英文的音节，还丰富了英文的寓意，是中国广告营销界翻译得最好的品牌名称之一。

3. 文本因素

文本是语言的实际运用形态，是"任何由书写所固定下来的任何话语"。① 对语言学家来说，文本是指作品可见可感的表层结构，是一系列语句串联或图文结合而成的连贯序列。当然，这里的文本指的是广告文本，可能只是一个单句，例如广告语、谚语、格言，或者一系列句子的组成，但比较普遍的是文字加图像、色彩等。一般而言，文本构成了一个相对封闭、自足的系统。从符号学的观点来看，文本是以语言符号的形式储存的多种多样的审美信息的载体，它一方面是能指，即实际的语言符号以及由它们所组成的词、句子和段落章节；另一方面是所指，即具有固定的、确定的和单一的意思，并为表达这种意思的正确性所限定。它赋予受众一种角色、一种功能、一种参与其中的权利，从而体味到能指的狂喜。

---

① [法] 利科尔：《解释学与人文科学》，陶远华等译，河北人民出版社 1987 年版，第 148 页。

巴特在他的《S/Z》中认为，文本不是一种成型的创造物，而是能指的自由编码、排列、组合，文本中也不存在固定意义的所指，而是一个无限编排、多元开放的意义空间。没有所指的依附，能指自由不受拘束，顺序可以任意跳跃。在文本的二元结构中，能指比所指更重要，能指才是文本的本源。这就是巴特心中的"理想文本"，它的真正意义在于自我意义的生产。当然，巴特关于文本的解释是不科学的，多少带有神秘主义的色彩。

尽管人们对文本的理解存在着这样或那样的差异，尽管广义文本与狭义文本所包含的内容各不相同，但毫无疑问，文本有两个方面的基本属性，一方面文本表现为语言符号系统，呈现物质属性；另一方面表现为蕴含一定的意义，具有精神属性。实践证明，能指（文本意义）才是文本的本质，更是受众理解的关键。

人们理解文本不是为了把握某单个词语或图形，而是要把握文本所蕴含的意义和情感。法国作家法朗士在《乐园之花》中曾经说过这样一段话："书是什么？主要的只是一连串小的印成的记号而已，这是要读者自己添补形式色彩和感情下去，才好和这些记号适合。一本书是否呆板乏味，或是生趣盎然，感情是否热如火，冷如冰，全靠读者自己。或者换句话说，书中每一个字都是魔灵的手指，使我们的脑纤维震荡得像琴弦一样，使我们灵魂中的音板激出音来。"[①]这段关于文本和读者理解之间存在着差异和互相补充的精彩议论，形象而生动地道出了文本与读者之间的关系。在传统文本意义理论或解释学理论中，尽管对文本的理解存在很多分歧，但都承认文本是理解的前提。

对于隐喻而言，人们需要在一定的文本语境中才能够充分理解隐喻的内涵。因为人们观察和感知世界的过程是通过语言符号来实现的。每一种语言都以特定的方式为它的说话者建构它的世界。例如，当人们在读到乔治·葛里宾（George Cribbin）为箭牌衬衫所写的"我的朋友乔·霍姆斯，他现在是一匹马了"这句广告标题时，会觉得迷惑不解。但只要读完整个文本，疑

---

① 曾虚白：《翻译的神韵与达——西滢先生〈论翻译〉的补充》，载罗新璋编：《翻译论集》，商务印书馆 1984 年版，第 411—412 页。

问就会迎刃而解。因为接下来正文中的图像、人物对话等意义单元为"我"说出那句话提供了一个景深范围，这一景深范围本身内在于文本，构成了人们所说的文本因素的语境。

文本的语境包括冈宁福格指数（The Gunning Fog Index）。冈宁福格指数是一种根据词数、难度、完整思维的数量和平均句长短等方面考察一篇文章的阅读难度的方法。该指数常用来测算要轻松读懂某篇文章，需要读者（原指以英语为母语者）具备多少正规教育和文化程度。一篇文章的 FOG 指数值越低，读者就越容易读懂。有人计算过，英国最畅销的日报的迷雾指数（The Gunning Fog Index）平均为 10，而较严肃的日报迷雾指数则为 13—14。职业科学家的科研论文的迷雾指数通常在 18—22 之间，某些科研论文的迷雾指数甚至可达 40。2007 年曾有人比较过微软和苹果两家公司掌门人的演说迷雾指数。结果表明，盖茨（Bill Gates）演说的迷雾指数为 9.37，这意味着要听懂这场演讲，最少需接受 9.37 年的教育。与之相比，乔布斯（Steve Jobs）演说的迷雾指数仅为 6.9，更容易为听众所理解和接受。

广告隐喻要求通俗易懂、形象鲜明。但相对而言，含隐喻广告的迷雾指数通常要高于直白话语的广告，这是自然的。因此，隐喻迷雾指数不能过高，过高就会增加消费者理解的难度。笔者认为，最好保持在 7—10 之间。

其次是跨域映射效果问题。成功的广告隐喻在于建立了源域概念的主要属性和目标域概念的主要属性的恰当对接。在两者各自不同属性的基础上，受众能找出存在于两个不同域概念的相似所在，不管这种相似性是物理上还是心理上的。如果广告图文与产品的相似性既不能明显凸显又无法建立创造性的有效连接，而将两者强行扭结在一起，就会导致隐喻的"映射障碍"，增加受众的认知难度。有一个补血剂产品的广告，其画面是：几个少女像美人鱼一般在海水深处游弋、搜寻，然后冲上水面。在海岸礁石上，一群男女手捧硕大而光芒四射的珍珠，表现出十分惊喜的模样。但是，这条广告的源域指向不明确，是想说明该产品就像这颗珍珠一样稀罕，还是想说明产品使得这群人精力旺盛？在产品名称说出来之前，这则广告既像卖装饰品的，又像卖泳装的，同保健品没有太多相似之处，以致受众难以在源域和目标域之间建立指向明确的联系，甚至不知所云。

再次，色彩也是构成文本语境的重要因素。"你能不能听到它们在锅里滋滋地响？"这是李奥·贝纳为美国肉类研究所作的广告文案"肉"篇中的第一句。尽管他有万宝路香烟广告、绿巨人罐装豌豆广告等惊世骇俗之作，但他却把这则标题为"肉"的广告看成他广告公司划时代的重大事件之一。何以如此？因为这则广告充分体现了李奥·贝纳的创意哲学——寻找"与生俱来的戏剧性"。在接到肉类研究所的广告委托时，李奥·贝纳认为，肉的印象应该是强而有力的，最好用红色来表现。但是，许多人说不能用红色来表现，因为那是表示没有烧熟的肉，令人厌恶。为此，他作了相当深入的调查后，证明红色的肉并不会使妇女们不愉快。他说：我想知道，如果你把一块红色的肉放在红色的背景下是个什么情况，它会消失呢，还是会有戏剧性？结果棒极了！红色制造了欲望。红色背景把鲜嫩的肉衬托得更加鲜嫩，更能激发人的食欲。广告中，红色的背景下，两块鲜嫩的猪排占据了画面的主要部分。画面上方主标题是"肉"（MEAT），副标题是"使你吸收所需的蛋白质成为一种乐趣"。结果令广告主喜出望外，以致这则广告刊登了很长时间。

当然，文本外语境也是影响广告隐喻解读的一个重要因素。文本外语境是一个动态的、不断变化的因素。

4.媒体因素

媒体因素指广告传播的载体，包括纸质媒体、电子媒体和网络媒体等类型，麦克卢汉（Marshall McLuhan）提出的"媒介即信息"的观点，从表面上看是一个源域与目标域极度缺乏相似性的命题：两个事物一个属于具象的物体，另一个属于抽象的符号。但作为一个隐喻，它的意义是，任何一种媒体都会创造出一种全新的环境，对"整体心理"和"社会的复合体"产生影响。

广告必须借助大众媒体与消费者进行沟通。阿伦斯（William F.Arens）认为，广告媒体对广告效果有巨大影响，"为广告活动选择出最恰当的媒介是一项十分关键的任务，它要求全面掌握各种媒介对目标受众和所宣传的产品所具备的优势。"① 不同的媒体有着自身与众不同的定位与特点，无形地影响了广告隐喻的传播效果。一般而言，对于理性诉求的广告，报纸、书籍等语境较为适合，而对感性诉求的广告，采用杂志、广播、视频类广告效果较好。例如丽江花园"左岸"平面广告系列之一的"左岸，我的视听室篇"，就是一篇非常优秀的平面广告文案：

> 在左岸，湖光山色即是你的视听室，自然天籁之音，即是你视听室里永恒的曼妙音乐：风声、雨声、溪流声、瀑溅声、江涛声、叶落声、花语声、鸟鸣声、虫叫声……湖光山色揽纳你如居如室。
> 左岸，身与心的停靠所在，灵魂憩息的彼岸。

广告语言简约清新，充满生活情趣。而其电视广告"意境"篇，在创意调性上沿袭了一贯的简明、情趣、唯美的风格，通过曼妙的音乐和抒情的画面，将左岸的山水意态演绎得淋漓尽致，深深地击中了目标消费群的欲望。

（二）微观语境因素

除了宏观的因素外，还有一些微观的因素也会影响受众对隐喻的理解。这些因素包括创作者（在这里也称作施喻者）的因素、映射效果或假定类似、逻辑推理的定势，以及受喻者的因素四个方面。

1.施喻者的因素

（1）认知经验。隐喻其实是施喻者对源域与目标域两者之间关系的一种认知确认，其真正的内容是两者的相似性。从广告隐喻建构的过程来看，施喻者的认知过程是先从目标域着眼再到源域。先对目标域和源域有一个比较透彻的理解，然后根据自己对目标域的认知或为了反映目标域的某一特征，寻找具有相同或相似特征的源域，并将源域的特性有选择性地映射到目标域

---

① ［美］威廉·阿伦斯：《当代广告学》（第 8 版），丁俊杰、程坪等译，人民邮电出版社 2006年版，第 504 页。

之上。这是一个先有认识、思考，后有表达的过程。由于施喻者的视角既可以是客观视角，也可以是主观视角，所以要选择哪个焦点或想要凸显哪个特征，完全取决于施喻者本人，受到施喻者自身的知觉感受、人生经验、文化修养等主观因素的影响和制约，从而影响受喻者对广告隐喻的理解与接受。

在台湾广告人许舜英看来，思想、文化、美学和时尚是她最为痴迷的广告调味剂。她谙熟德波、鲍德里亚、齐泽克、德里达、杜拉斯、川久保玲、巴塔耶、查理·考夫曼、格特鲁德斯泰因、雷奥斯·卡拉克斯、莫里斯·布朗修、特里·伊格卡顿、故宫博物院、东京事变、Prada-Epicenter 等的空间设计。所以，她创作的"意识形态广告"作品带有浓厚的个人阅读经验和文化品味。她笔下的张爱玲、杜拉斯、福柯等全都走进了时尚。在她那些精致而有思想的广告文字中，充溢着女性主义的欲望森林、消费社会的狄德罗统一律、妇女乐园中的念物沉迷、日常生活的戏剧化呈现等，其就像一个后现代主义的隐喻大花园，为华语广告开辟了一片新的天地。

（2）价值观念。从某种意义上来说，每一个广告都打上了创作者的文化、修养、观念、品味的烙印。在创作过程中，施喻者的价值观作为一种主观能动意识，在表达自己对事物的认知时起着导向作用，引导主体运用一定的思维方式和方法对信息客体进行分析和筛选，为主体评价和筛选信息客体提供标准。

莱考夫和约翰逊等人认为，隐喻作为思维方式，普遍存在于对外在世界的认知过程中。它虽然和价值观念没有明显的联系，但本质上离不开人们内在的价值观念。因为脱离文化和个人态度的原型、相似性和相关性是不成立的，所以在经历外在世界的过程中，价值观念会告诉我们何为"好"与"坏"、"对"与"错"、"需要"与"不需要"等。它既是个人思维和行为的准则，又是我们认知和理解事物的重要依据。

意大利的服装品牌贝纳通（Benetton）被称为最有创新和最有争议的品牌。该公司为表达贝纳通无种族差别、无过节的品牌价值观，其广告大胆地涉及很多敏感的社会话题，像苏美冷战、种族歧视、环境污染、艾滋病、宗教、难民、童工、街头暴力等。1985 年，贝纳通还展开了一系列以"贝纳通的色彩联合国（United Colors of Benetton）"为主题的广告活动。广告采用了许多不同种族、国籍、不同肤色的青年男女及儿童，穿着类似各国传统服装（实际全部由贝纳通出品）为主题的系列广告。后来，广告画面每次总会出现两个不同国家的人物，并且一定会有该国的国旗，画面含有大量的隐喻内容，引起人们的广泛争议。此后，贝纳通几乎年年都有惊人之作。

（3）情感状态。我们通常所说的"近取诸身"，只是一般的取喻规律，隐喻创造者不仅会因历史条件、文化背景、生活环境、价值观念、宗教信仰的差异而有所不同，甚至也会因为心境的改变而有所不同。这些不同直接影响广告创作者对喻体的选择和使用。

情感包括感情和情绪两个方面。感情是一种不同于认知的信息范畴，亲情、友情和爱情等都是具有一定稳定性因而比较容易识别的感情信息，而情绪的内容则非常丰富，喜、怒、哀、欲、爱、恶、惧"七情"，是情绪的基本形式。不太强烈的情绪就是心情，它容易产生，但持续时间较短。事实上，我们每天总是处在某种心情当中，快乐或悲伤、轻松或急躁、愉快或忧郁、娴雅或生气等。人们盼望已久的目的达到了，内心深处会油然而生一种满意、愉快甚至狂喜等快乐的情绪；喜爱的事物消失或者毁灭了，则会引起悲伤和哀怨。许多情绪还可以派生或者复合，出现难以言状的复杂状态。如《晋书·王廙传》中所说的："当大明之盛，而守局遐外，不得奉瞻大礼，闻问之日，悲喜交集。"

美国学者查戎（Robert Zajone）认为，"情感支配着社会互动，情感是社会互动交易中的硬通货。我们日常交谈中的绝大部分包含着关于意见、偏好以及评价的信息交换。而交谈中的情感不仅以语言而且以非语言暗示的方式进行传递，非语言实际上传递着最主要的情感信息。别人究竟是说你是朋友（you are a friend），还是说你是魔鬼（you are a fiend）并不重要，而对方是以轻蔑的口气还是以深情的方式来说却非常重要"[①]。

---

① 许静：《传播学概论》，北京交通大学出版社 2012 年版，第 67 页。

研究表明，心情会影响消费行为，也会影响消费者对隐喻广告所作出的反应。一般而言，正面的、积极的心情有助于对广告隐喻信息的理解与共鸣；相反，负面的、消极的心情会降低人们对广告的理解与接受。当人们的情绪处于一种高度激活的积极状态时，他会变得更警觉和活跃，对较中性的信息会进行更全面的"加工"，也会花更多的精力进行信息处理并可能对信息的各个细节更加关注。

2. 受喻者的因素

在这里，受众也称受喻者。可以说，广告隐喻的认知因人而异，不同的个人、群体、民族都有各自的认知心理与价值判断标准。

（1）认知经验积累。对于受喻者而言，在隐喻的认知过程中，只能根据施喻者已经形成的文字和图像等去思考喻体和本体之间的特征是否存在相似性，因为在隐喻中，意义一般是从源域向目标域转移。然后努力还原和理解隐喻中蕴含的意义。因此，受喻者要想成功解读隐喻的意义，应该先从喻体的特征入手，寻求与本体相匹配或相融合的特征。

从隐喻编码到解码这一转换过程来看，无论是施喻者，还是受喻者都带有各自的经验域和主观性。《庄子·外篇》说："井蛙不可以语于海者，拘于虚也；夏虫不可以语于冰者，笃于时也。"如果受喻者的经验域与施喻者的经验域之间不能形成重叠，就会出现沟而不通。更何况，"如同施喻者在体验客体时受到自身诸种内在条件的影响，受喻者对隐喻的破解也就不可避免地受到自身诸种主观因素的制约"[1]。所以说，众多的认知主体各自都潜藏着有别于彼此的内在诸因素，并且喻体的特征本来就有很多，不同的受喻者在解读时，受自身阅历和文化的制约，容易形成不同的解读。

莱考夫和约翰逊曾经举例说，在隐喻认知活动中，对于"爱是一件共同加工的艺术品"这句话的理解，不仅对于一个生活在 19 世纪欧洲浪漫主义国家的人和同时期一个生活在格陵兰岛上的爱斯基摩人意味着完全不同的东

---

① 王文斌：《受喻者的主体性及主体自洽》，《外国语》（上海外国语大学学报）2006 年第 6 期。

西，而且对于一对成熟的艺术家夫妇和第一次约会的两个 14 岁少年而言也意味着完全不同的意义①。如果遇到施喻者有意对源域和目标域之间进行模糊的、直觉的，甚至是无厘头的建构，那么，理解的难度就会更大。

（2）认知偏好。认知偏好（cognitive bias）表现为对外界信息选择的一种偏爱，对信息如何感知并作出何种反应，它影响着人们对外界信息的加工方式。认知心理学研究发现，常态人群在记忆、注意、知觉等方面也常因其个体特征的不同而表现出不同的认知偏好。以广告形象为例，有人喜欢写实，有人喜欢写意；在色彩表达上，有人喜欢淡雅，有人喜欢浓烈。《红楼梦》香菱学诗中讲林黛玉不喜欢陆放翁的诗，因其浅近，只喜欢其中"留得残荷听雨声"一句。有学者认为，这句诗的意境暗合了黛玉自身漂萍浮梗的生活经历，黛玉因深得其味而对其青睐有加②。这个例子说明，认知个体的经验结构会影响其对事物的偏好。这种情况在广告接受中也同样存在。

认知偏好往往受到性别、年龄、职业、收入、个性、阅历以及教育等因素的影响。在消费过程中，当消费者感知到品牌具有较大的物理性价值或象征价值时，则倾向于将自己归类于该品牌的消费集合。个体一旦认为自己属于该品牌消费集合，他们就会在心理上将该品牌与自我相联系，并将自我概念的某些特征投射到该品牌中，从而在认知和情感上形成依附状态，即认同与喜好。如果消费者对某一品牌的喜好超过其他产品，他就会主动关注其相关信息，比一般消费者更加理解并支持其品牌行动（见图 6-7）。

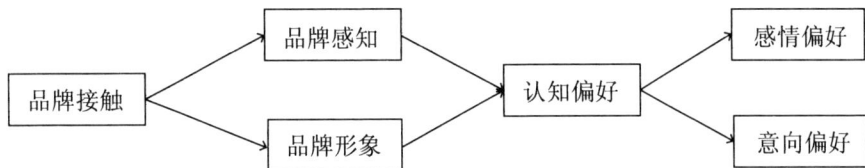

图 6-7　品牌认知偏好的形成

① ［美］乔治·莱考夫、马克·约翰逊：《我们赖以生存的隐喻》，何文忠译，浙江人民出版社 2015 年版，第 132 页。
② 王德春：《语言学通论》，北京大学出版社 2006 年版，第 371—373 页。

第三节　广告隐喻认知的结果

可以说，隐喻的文字或图像意义不是事先约定给予的，也没有真正确切的意义指称，而需要受众发掘特殊的某种暗示，从而实现对隐喻意义的创造性解释，或曰表面（字面）意义提供给隐喻意义的理解以某种线索。受众在接受广告信息时，根据自身价值观念、知识经验以及在社会化过程中形成的主体需要意识和非理性的情感、意志，运用自己的思维方式、方法对进入隐喻领域的"信息流"进行事实判断和价值判断，不同的受众往往会有不同的解码立场，形成不同的认知结果。认清这些情况，有助于更好地与广告受众进行沟通。

一、广告隐喻解码的立场

法国社会思想家福柯在著名的《话语的秩序》演讲中，论述了话语使用的规则系统，从话语的应用条件范畴进一步探讨了话语持有者的话语权问题。他认为不是所有的话语都是同样对外开放和可进入的（如社会生活中的大部分公共话语），只有具备一定的条件和资格才能进入话语界。就广告活动而言，它本质上是在建构我们共同生活的意义世界，但由于专业性的限制，只有拥有更大话语权的人才有资格和能力参与到广告表征的意指实践中去。不过，当今数字化媒体的发展已经在某种程度上打破了过去的那种传统媒体一统天下的局面，消费者在市场经济的大潮中变得越来越成熟，在广告隐喻的解码活动中，他们会将自己的态度与立场融入其中，有一定的自主解读能力，过去那种一呼百应、唯广告"马首是瞻"的消费盲从现象已经消失。

霍尔根据自己的研究，认为受众对信息的解码有三种立场。

第一种立场是"主导—霸权"式的立场。这一立场更为接近传统的信息传播评估，强调编码与解码过程的同一性与对称性。霍尔借鉴了葛兰西提出的霸权理论，认为强势的话语权利和意识形态构成了一种主导意义或者叫偏爱意义（preferred meanings），它可以极大地影响受众解码的方向和范围。具体而言，该立场认为，解码者对信息的处理方式完全符合编码者在设计符码时的预期，即解码者在编码者设定的框架内来还原符号的意义。这直接促成了广告的主导意识在受众间的快速有效传播，从而成功实现编码者的预期目标。

第二种立场是"协调"式的立场。编码者传播的信息在传递给解码者的过程中，有一部分是完整地保留下来了，而另一部分则是在解码过程中产生了意义的重构，从而与原初的符号意义产生了偏离。解码者既保留一定的主导意识形态，同时又根据自己所在群体的位置作出一定的同意，受众与主导意识之间处于矛盾和协商状态。这体现了受众在一定程度上的主观能动性，能够有意识地对信息进行重新加工。在日常生活中，这种情况较为常见。

第三种立场是"对抗"式的立场。对抗式解读是解码形式中最为激进的一种。因为解码者或许完全理解编码者的意图，但却刻意采取与占统治地位的编码截然相反的策略去解读，从而使解码的内容与编码者意欲传播的信息之间存在着巨大的反差。这种解码立场体现出解码者的完全自主性和批判性，能够有意识地与编码者进行思想的对抗（这种反应也称"异常解码"）。例如，有一则洗衣粉的电视广告的画外音定："你泡了吗？你漂了吗？"广告播出后，引起受众的一片反感之声，以致电视台停播了该广告[1]。广告语后来改为："一次浸泡，二次漂洗，泡泡漂漂晾起来。"风波才逐渐平息下来。

---

[1]　盛力：《媚俗广告几时休?》，《政府法制》2004 年第 9 期。

二、广告隐喻认知的结果

一般认为，隐喻认知的结果会有以下四种情况：正确解读、错误解读、多种解读和零解读。

（一）正确解读

在广告隐喻认知活动中，受众先期形成的认知基模会影响对认知信息的回忆，即影响对已编码的认知信息的提取过程。当广告隐喻与受众原有认知基模的动力系统、认知系统、调节系统相一致时，受众往往能较为顺利地接受广告的信息。也就是说，如果受众对源域和目标域相似性的理解与广告想要凸显的相似性一致或基本一致，那么，受众就会由感而悟，由悟而知，最终实现对该隐喻的基本正确解读。例如，"The most sensational place to wear satin on your lips（丝般口红，丝般滑润，绝妙其中）"，这则广告语把口红喻为缎子，使女性受众能联想到这种口红的色彩亮丽，膏体均匀，不粘不腻和效果迷人的特点。

因此，有人认为，受众在解读隐喻的过程中如果找到了喻体和本体的相同点或相似性，隐喻的解读就成功了。但需要特别指出的是，在许多情况下，这只是受喻者主观上这么认为，事实上并不一定就意味着对该隐喻的正确解读。斯派伯和威尔逊认为，隐喻话语是一种关联性话语。"当且仅当某一假设在一定语境中具有语境效应，则在该语境中关联。"[1] 所以，要确定说话者的真实话语意义，受喻者还要寻找话语与语境之间的最佳关联。也就是在获得足够充分的语境效果的基础上，对广告隐喻进行更深入、有效的理解。

笔者认为，好的语境效果不外乎是句式简短，结构规范，通常有明确的

---

[1] Sperber & Wilson, Relevance: Communication and Cognition. Blackwell: 1986/1995, p.123.

目标域与源域；其次是语义清晰，语境明朗、简洁；最后，源域概念来自大众的日常生活经验，与受喻者的认知经验具有较强的共通性。当受喻者感到"S是P"这个语言表达式在字面上理解不妥时，可以运用概念整合认知模型进行分析，从而得到与字面意义不同的隐喻意义。对于图像来说，具体事物的图像要比抽象事物的图像更容易理解。例如，一则奥迪A4的平面广告用壁虎四只张开的爪子，喻其quattro四驱科技所带来的吸盘般的抓地防滑能力，通俗易懂；而在一则奔驰的视频广告中，一个双手抱一只鸡的人不断地摇晃鸡的身体（模拟错综复杂的路况），但鸡的脑袋却一动不动。广告以此寓意全新的奔驰S级W222的"魔术车身控制系统"技术能够使车身保持稳定的强大功能，不仅形象生动，而且信息单纯，容易理解。

当然，由于有的隐喻句式结构复杂，又受到语境、施喻者和受喻者之间不同的文化传统、价值观念、知识经验、理解力和感悟力的影响，所以还会存在其他的解读结果。

（二）错误解读

如果受众对本体和喻体相似性的理解与施喻者想要凸显的相似性不一致甚至相反，那么受众就容易产生错误的解读。因为任何一个喻体都不可避免地存在多特征、多侧面，"横看成岭侧成峰"，如果受众未能和广告创作者从同一角度、同一语境去解读，就可能会产生不同的解读，甚至是误解。因为多样化语境的影响，人们可能选择与说话者原意不同甚至相反的角度来理解某一隐喻。

例如，一副药店的对联广告：

> 白头翁持大戟跨海马，与木贼、草寇战百合，旋复回朝，不愧将军国老；
>
> 红娘子插金簪戴银花，比牡丹、芍药胜五倍，苁蓉出阁，宛如云母天仙。

这幅楹联广告的上下联各巧妙地嵌入中草药名，把原本无牵涉的草药名相互串联起来，语句顺畅，生动有趣。其中含有的药名有"白头翁"、"大戟"、"海马"、"木贼"、"草蔻"、"百合"、"将军（大黄的别名）"、"国老（甘草的别名）"、"红娘子"、"金银花"、"牡丹"、"芍药"、"五倍子"、"肉苁蓉"、"云母"、"天仙子"等。但在缺乏明确的语境暗示，特别是不了解中草药的情况下，受众就会很容易将这幅对联解读为只是描写一个老将军的雄风和一个女子的美貌。如果这样的话，就是误读了。

其次，广告创作者与受众认知基模的差异性使得所传递的广告信息并不总是与受众原有认知基模的状态相一致，二者经常存在着差异。这种差异更为明显地表现为传授双方的"认知距离"——信息的不对称，即广告创意者和受众不是同一观念或信息量的主体，导致受众原有认知基模不能再同化新的信息。

例如，一则咖啡馆的广告文案，只说"雨天，适合阅读眼泪"，显然是不够的，语义过于模糊。但如果进行延展，在后面补上一句"因为都是水的诗意排列"，那么，意义就清晰多了，减少了阅读误解。为了在欧洲重塑美国牧马人的品牌形象，2008年美国牧马人（Wrangler）服饰公司推出了新的品牌语："We Are Animals"（我们是野兽），并配以大量的平面和影视广告。目的是告诉年轻的受众，生活在现代社会，"当我们失去野性的时候，我们也就失去一些另外的东西"，所以年轻人要释放自己，敢于尝试冒险与挑战极限，不要熄灭心中那团熊熊燃烧的青春之火。但是，如果仅仅看文字口号，不结合其广告画面（其实并无野兽形象），受众就会不明就里，一头雾水，或是误读为野蛮、粗俗，甚至是血腥的意象。

（三）多种解读

多种解读意味着广告的源域和目标域所用的语言符号具有多种能指，而语境又没有给予特别的认知限定，从而给受众带来两种以上都可以解释得通的意义。这种情况的出现，有时候是广告创作者故意设定的，目的就是为了让受众在感受一种幽默的同时，领悟广告的用意所在。另一种情况可能就是，广告创作者没有注意语境的效应而造成了受众的多种解读，莫衷一是。例如一则 Kollogg 牌玉米薯片的广告：

> 这小女孩知道许多技巧
>
> 她知道糖、阳光
>
> 以及牛奶的混合
>
> 现在您明白
>
> 小女孩怎样吃阳光
>
> Kollogg 牌玉米薯片，它使你每天可以吃到阳光

这条广告中的"吃 Kollogg 牌玉米薯片就像吃阳光"一句，由于文中没有严格的能指限定，所以，可能包含下面的多种隐含意义：

(1) 这种薯片是天然的绿色食品。

(2) 这种薯片有益健康。

(3) 它们对孩子的健康成长有帮助。

(4) 这种薯片给孩子们带来快乐。

(5) 它们含有大量的营养物质。

(6) Kollogg 牌玉米薯片的功能很强大。

(7) 是有机食物，孩子们很需要它们。

(8) 小女孩很聪明，会吃。

双关式解读也属于多种解读的形式之一，只不过，这种利用谐音而创作的隐喻通常是创作者的故意设计，用得好，意味深长，妙趣横生；用得不好，容易引起歧义。例如，"做女人挺好"作为广告语，具有现代性，也很有创意。句中的"挺"，作为副词，意为很好，也可作动词，意为挺起。两种理解都有道理。"一个叫春的城市"中的"叫春"，作者的原意应该很好，但由于缺乏语境限定，一可解释为"称作春天"之意，也可作为一个形容词，

意为动物发情时的叫声，那就让人啼笑皆非了。再有，某房地产广告语"难道你不想二房吗?"中的"二房"既可作为名词，意为第二套房子，也可作为一个代词，意为旧社会的妾或小老婆，它是封建意识的反映。这样的广告语容易误导消费者，产生不良的社会影响。

"仁者见仁，智者见智"，"一千个读者，就有一千个哈姆雷特"，这些话同样适用于隐喻的解读。所以，当我们在阅读大卫·洛奇（David Lodge，1989）的小说《好作品》时，读到大学讲师彭罗斯（Robyn Penrose）和企业家韦克斯（Vic Wilcox）两人在开车时，看到路边巨大的 Silk Cut 香烟广告牌上"是一大片波状的紫色丝绸，其中有一条单独的裂缝，仿佛丝绸已经被人用剪刀剪开。除了政府关于吸烟的健康警告，广告上没有任何语词"[①]。每隔一定时间，同样画面的广告就飞快地闪过他们眼前。由此引起他们的注意，但他们两个人对这一广告的意义认知却大相径庭，并且发生激烈的争论，双方各执一词，互不相让。这说明了广告创作者尽量减少隐喻迷雾指数、朗化语境的重要性。

（四）零解读

广告信息与受众原有认知基模相排斥，两者的经验无法重叠，文化互相抵触，从而导致广告信息传受，传授双方最终不能形成一个共享的意义空间，就会导致隐喻理解失败。这种阻抗具体表现为以下三种情况：

首先，广告隐喻与认知基模的认知系统不协调。广告信息虽然与受众目的需要相一致、相适合、相接近，但由于传递的信息超出了接受主体可接受的范围，使受众原有的知识结构、经验和经历与传播的隐喻信息产生错位，驱动不了受众接收信息的能动性。

其次，广告隐喻与认知基模的动力系统不协调。广告信息尽管在可理解性和可接受性问题上与受众的认知能力相适应，但游离于受众的需要或兴趣

---

① ［英］阿雷恩·鲍尔德温、布莱恩·朗赫斯特等：《文化研究导论》，陶东风等译，高等教育出版社 2004 年版，第 58 页。

之外，或者是广告缺乏营造生动活泼的氛围，受众缺少愉悦的认知接受状态，激发不起受众认知和接收信息的热情。

最后，是广告隐喻与认知基模的调节系统不协调。广告信息虽然与主体认识能力的适合性和主体需要满足的合理性相一致，但由于受众对广告隐喻的话题不熟悉，缺乏相关的人生经验和背景知识，对看到的或听到的某种隐喻表达感到茫然，不知道从何处理解，即使发挥了主观能动性，可能还是解读不了广告要表达的意思。后现代主义广告是一个文化哲学和精神价值取向的问题，更是当今时代的一种生存状态和方式。这些广告作品中，常以荒诞、混杂、戏谑、扭曲、断裂、散乱、反讽等为手法，以冷傲的形象、晦涩的表达为追求，充满着对传统的颠覆和反叛。如司迪麦口香糖广告"梦的解析·家"篇的画面第一部分是铜铸的神话动物——头上长角的马；第二部分是蛇与苹果；第三部分是风吹落叶飘落在少女的床上；第四部分是少女合上正在阅读的书本向窗前走去……四个画面的物象支离破碎，彼此之间缺乏内在的意义关联，难以看出与口香糖的关系。虽然我们不能断定这是一种纯粹扭曲的浅层叙事和视觉能指的组合游戏，但对于普通受众来说，这样的广告作品的确难以理解。还有一种就是由于一些视频类的广告隐喻复杂、镜头较多、转换过快，使得受众的反应难以跟上广告的节奏，也就解读不了广告隐喻的意义。我们称这些解读结果为零解读。当年的补肾产品御苁蓉广告有过这方面的惨痛教训。在一则影视广告中，一支塑料水枪东指西指，最后滴下两滴水，隐喻男性生殖系统某些方面存在问题，创意不可谓不好，但大多消费者反映对这个广告看不明白，不知所云，最后只能败走麦城。再如，某门户网站曾出现过下列的壳牌"太阳"篇广告：

> 如果骏马追不上太阳，
> 我们就把太阳放在马背上，
> 壳牌，可持续发展。

在对这条广告的测试中，36 位受试者中有 27 位（即 75%）都未成功地解读这条广告的意思。如果受试者不知壳牌是推销燃油的，那他们就不可能理解这条广告，即使他们知道壳牌是买燃油的，如果他们对下列三点不明白的话，也难以领会其所指：

（1）第一次提到的"太阳"指正在宇宙中转动着的太阳。

（2）第一次提到的"太阳"是指燃油。

（3）"马"，指的是车辆。

这条广告隐喻太多，表面上很有诗意，实际上让人费解。同样，某洗发产品的广告语"把您头发中的城市洗出来"，所包含的隐喻是：你头发中的污物是一座城市。但在测试中，受试者中有 27 人认为广告创作者有意卖弄文字。"头发中的脏东西"与"城市"这两个概念在此语境中难以建立关联，所以他们认为这条广告看不懂。只有 9 名受试者认为广告创作者是告诉他们头发像城市，头发中的污物像城市中的垃圾，洗头发就像清除城市中的垃圾。这种复杂隐喻的广告，尽管有诗意，但却令人不知所云。

第七章　广告隐喻的建构

　　广告隐喻的建构其实就是一个意义的确定过程。广告创意者围绕广告主题，寻找相似因素，通过隐喻的方法将显在的表象与隐在的意义相叠合，以增进受众对广告的认知与记忆。当然，隐喻的设置可以是局部的、感性的，也可以是整体的、抽象的。

　　网络新媒体的蓬勃发展使得广告的形式和载体发生了深刻的变化，但是，广告的终极目标依然是推销产品或服务，创意始终是现代广告的核心和灵魂，是引发消费者注意、激发消费者购买欲望的驱动力，也是决定广告成败的关键，就像伯恩巴克所说的："创意是广告的灵魂，是将广告赋予精神和生命的活动。"[①] 可以说，每一个伟大广告的背后就是一个伟大的创意。乔治·路易斯甚至认为："有时候'如果'可以成真。不可否认，世上很多奇思妙想都能发挥作用，但真正孕育'如果'并使其成为现实的……是创意。"[②]如果有人认为，伯恩巴克和乔治·路易斯都生活在上个世纪，如今我们生活在全新的移动互联网时代，广告传播的及时性和精准性受到人们重视，广告创意不再那么重要了。那么，让我们听一听曾经担任 TPWA 全球主席、当代法国资深广告人让-马里·德鲁（Jean-Marie Dru）是怎么说的："我们需要钻研创意，我们始终在检测那些能为品牌推广创造一个有利开端的创意。对

---

① 　吕巍主编：《广告学》，北京师范大学出版社 2006 年版，第 252 页。
② 　[美] 乔治·路易斯：《好忠告》，老金译，湖南人民出版社 2018 年版，第 118 页。

我们而言，这是一件生死攸关的大事。"① 事实证明，那些应用了数十年的旧模式所传递的信息一成不变，效果趋微。除非有很吸引人的东西，否则，没有人会注意广告。优秀的广告创意就如同一霎顾盼生辉的眸光，一道腾空而起的闪电，既给人以温暖，也给人以震撼。

第一节　广告隐喻的建构过程：从收藏家到战士

冯·奥克（Roger von Oech）将广告创意中的思维分为硬思维（事实型思维）方式和软思维（价值思维）方式。在硬思维中，逻辑、推理、精确、连贯、工作、事实、分析和具体证明等这些概念是不可缺少的，而软思维则指一些更为抽象的概念，如象征、梦想、幽默、含糊、游戏、幻想、预感等。软思维实际上就是广告的隐喻思维。

20 世纪 80 年代中期，冯·奥克提出了广告创意过程的四步模式。从隐喻的角度来分析，冯·奥克提出的这四步模式十分生动形象，含义也相当深刻。但这是一个缺少材料支撑的"楼梯"。由于没有强调创意前期的知识和经验的积累，因而其理论显得不够坚实、系统。可以说，广告创意者在整体上是建筑师，在细节上是装潢家。只要材料积累充分了，他就有可能利用这些"旧元素"建构出透明的或坚实的，璀璨的或幽暗的，铿锵的或低沉的广告隐喻来。因此，笔者以为，如果能够将韦伯·扬（J. Webb Young）的创意模式与冯·奥克的创意模式的优点加以吸收、改造、整合，就会形成更科学、更合理的创意新模式，即广告隐喻创意的五步模式。

---

① 　[法] 让-马里·德鲁：《倒时差》，上海社会科学院出版社 2018 年版，第 93 页。

一、收藏家（Collector）：处处留心，广泛学习，搜集各种信息

知识是思想的基础，也是思想的载体。古往今来，无数人的成功都是与他们丰富的知识积累分不开的。同样，广告史上任何杰出的广告隐喻作品也都不是凭空产生的。生活、工作、媒体、商品、消费者、竞争对手的广告，有关广告的书刊、商业杂志，甚至一些看似不相关的信息，如一段音乐、一座建筑、一家商店、一扇大门、一只别针等都可能激发创作的灵感，带来意想不到的收获。所以，在《怎样成为广告人》中，韦伯·扬说，据我所知，每一位真正有好创意的广告人士，常具有两种显著的特性：第一，天底下任何话题都很难使他不感兴趣。第二，他广泛浏览各学科中的一切书籍。因为广告人和奶牛一样，不放牧就没有奶呀！① 这段话形象地说明了生活经验与书本知识对广告创作的重要性。奶牛不放牧、不吃草就挤不出牛奶，同样，广告创作者不注意观察生活、积累经验，不广泛阅读书籍、拓展知识面，其想象的翅膀就难以张开，自然难以创作出优秀的广告文案。

（一）丰富的阅历

人在生活中必须有生活。"生活犹如泉源，文章犹如溪流。泉源丰盈，溪流自然活泼泼地昼夜不息。"② 同样，一个人生活阅历越多，经验越丰富，广告隐喻的能力就越强。庖丁解牛的故事在中国家喻户晓。庖丁为什么能够透过牛的皮肉，看清其骨骼之间的空隙，将薄薄的刀刃插入极其细微的骨节间游刃有余地把牛全部解剖开来呢？原来，庖丁已经操刀十九年，"所解数千牛矣"。实践出真知，不停地实践，细心地观察，终究会发现事物的规律。当然，"我们所说的'直接身体经验'并不单单只拥有某种类型的身体这么

---

① ［美］汤·狄龙等：《怎样创作广告》，刘志毅译，中国友谊出版公司1991年版，第157页。
② 叶圣陶：《文章例话》，生活·读书·新知三联书店1983年版，"序"第6页。

简单，相反，每一项经验都是在一定广泛深厚的文化前提下获得的。……或许应该说所有的经验说到底都是文化才是正确的。文化已经隐含在每一种经验本身之中，我们正是用这样的方式去体验我们生活的'世界'"。①

有人说，广告创意需要素材，素材来自于积累。是的，素材与创作的最理想关系应该像百货公司进货、销货的关系——进的时候广为搜罗，多多益善；销的时候配搭成套，货源不断。韦伯·扬把资料分为特定资料和一般资料两种类型。特定资料是指那些与广告创意密切相关的产品、服务、消费者及竞争者等方面的资料。一般资料是指各门知识，包括从埃及人的葬礼习俗到现代艺术和生活的每个层面，这些方面与日常生活相关。广告创作者应当像收藏家那样，留意各种新情况、新经验、新发现，包括各种事实、经验、材料、感觉等，凡是可能与广告相关的信息资料都应当加以收集、归类。这需要创意者非凡的观察力。

法国大作家莫泊桑（Guy de Maupassan）曾经要求他的学生们，"走出家门，来到巴黎的大街上，招呼一个出租车司机。在你看来，他很像其他出租车司机。而你接下来要做的就是一直研究他，直到你能够把他描述得与这个世界上其他的出租车司机都不相同，每个人看到你的描述之后，都觉得你说的就是这个出租车司机。"

除了平时练眼睛、多观察之外，还要勤动笔头——多写观察日记，或者叫做"生活札记"。茅盾在《创作的准备》里谈到自己的创作经验时说："应当时时刻刻身上有一支笔和一本草稿簿，无论到哪里，你都要竖起耳朵，睁开眼睛，像哨兵们的警觉，把你所见所闻随时记录下来。"零碎的"火花"、点滴的灵感看似东鳞西爪，杂乱无章，实则如同散金碎银，经日积月累，就成了"金山银山"，一旦需要的时候，就显示出巨大的价值。如果平时不珍惜，轻易地随意放过，等到需要的时候再去寻找，往往会杳无音信了。

事实上，广告大师们的作品中，常常带有他们自己所经历的影子。乔

① ［美］乔治·莱考夫、马克·约翰逊：《我们赖以生存的隐喻》，何文忠译，浙江大学出版社2015年版，第58页。

治·葛里宾（George Cribbin）为美国旅行者保险公司所写的广告文案《寡妇》篇中的"我"，其实就是他自己的太太。葛里宾回忆说："那全是由我自己的经验作出来的。当我太太 28 岁时，她不认为她将来还会结婚。她认为她太高大而笨拙，将来极可能没有人会向她求婚。而这个广告所发生的事实是她被求婚了……结婚了……生活在快乐的生活中。"①30 年的时光，岁月静好，几乎都是在苹果树的芳香中度过，即使"我"并没为他生下一男半女。当爱维·莱特离世之时，"我"虽然"怅然若失，欲哭无泪"，却感到欣慰——因为尽管他"在银行中并没有给我存很多钱，但有一张照顾我余生全部生活费用的保险单"，让"我"能够安享余生②。尽管在广告文案中，乔治·葛里宾对这个原型进行了一些改变，但是，这个以真实生活为原型的广告获得了极大的成功，有效地宣传了保险的理念，体现了广告创意来源于生活，高于生活的哲理。

大卫·奥格威年轻时，大学肄业，曾经在酒店当过厨师、厨具公司推销员、调查公司调查员、大使馆秘书和农场农民等，37 岁前一直默默无闻。但是，丰富的经历为他日后在广告业的成功奠定了的重要基础。后来，他创建了奥美广告公司（Ogilvy&Mather），凭借着独创的理念、敏锐的洞察力、勤勉的作风引领着公司一步步走向壮大。这个一度黯淡的男人把广告业的经营和专业化推向顶峰。他睿智隽永的风格不但塑造了奥美广告，同时更深深影响着整个广告业的发展。在后来的回忆录中，他深有感触地说："我第一次写广告是在我 39 岁的时候，我真的是立刻就能写得很好。我如果不是先做了许多别的事，是不可能做到的。我曾做过沿门推销厨房炉的推销员，我在调查研究的行业做过事。我有了经验，而我坐下来写我的第一个广告的时候，经验是非常重要的。"③

奥格威曾为奥斯汀汽车（Austin）创作过一则广告，标题是："用我驾驶

① ［美］丹·海金司：《广告写作艺术》，刘毅志译，中国友谊出版公司 1991 年版，第 66 页。
② ［美］丹·海金司：《广告写作艺术》，刘毅志译，中国友谊出版公司 1991 年版，第 66 页。
③ ［美］丹·海金司：《广告写作艺术》，刘毅志译，中国友谊出版公司 1991 年版，第 88 页。

'奥斯汀'所省下的钱送我儿子到'葛劳屯'（Groton，供膳宿的学校）去。"奥格威说："这句引用的话是出自一位无名的外交官。啊，我那时刚刚离开了英国驻华盛顿大使馆职员的岗位，我也是一个无名的外交官。那时我正驾驶着一辆'奥斯汀'，因为我有一个要送到学校上学的小孩子。我那时很穷，我就计算着，假如我有一辆非常经济的'奥斯汀'汽车，我就能剩下足够的钱把我儿子送到供膳宿的学校去。那是非常真实而有确实根据的。"[1] 有鉴于此，奥格威总结道："我有一个理论就是'最好的广告是从亲身经验得来的'。有些我所做的好的广告，确实从我自己真实的生活经验中得来。不知它怎样发生的，而它却是真实、有确实的依据并有说服力。"[2]

"最好的广告是从亲身经验得来的"，这句话很好地概括了广告大师们的成功奥秘。上面文案中的人物都来自于现实生活，要么是和文案作者关系密切的家人，要么就是作者自己。作者将自己的生活、自己对生活的体验和感悟融入广告，能够引起消费者广泛的共鸣。

（二）广博的知识

伟大的创意人绝不孤陋寡闻。相反，他们都是博学的，对知识及其周围的世界充满兴趣，甚至激情。英国哲学家培根（Francis Bacon）坚信，以掌握自然界发展规律为内容的人的知识本身就是一种巨大的力量。他说，"人的知识和人的力量相结合为一"，"达到人的力量的道路和达到人的知识的道路是紧挨着的，而且几乎是一样的"。培根的这一观点被后人表达为一句著名的话："知识就是力量。"在今天，人们普遍认为，知识不仅包括自然知识，也包括社会科学知识在内。

韦伯·扬在《怎样成为广告人》一书中将广告人的专业知识比喻为"大烛台"，其上散发着七道烛光——陈述主张的知识、市场的知识、信息的知识、信息运送工具的知识、交易渠道的知识、特定情况的知识。这些知识

---

① ［美］丹·海金司：《广告写作艺术》，刘毅志译，中国友谊出版公司 1991 年版，第 81 页。
② ［美］丹·海金司：《广告写作艺术》，刘毅志译，中国友谊出版公司 1991 年版，第 81 页。

都是属于广告领域的知识。一个追求知识的人无论是对自己专业领域的知识，还是对身边的事物、宇宙的奥秘，都应当怀有强烈的好奇心。

阅读是我们获取知识的主要途径之一。"读书破万卷，下笔如有神"，这是大诗人杜甫留给后人的切身创作经验。清人唐彪在其《读书作文谱》中也认为："阅读者必宜博，经史与古文时文，不多阅则学习肤浅，胸中不富。"人类生活领域广阔，丰富多彩，但就个人而言，其生活范围毕竟十分有限，需要通过阅读来丰富自己的知识。在现今知识爆炸的时代，我们既要掌握专业知识，也要博览群书，特别是多读那些经历了时间荡涤的经典著作，无论是社会科学的，还是自然科学的。阅读不仅能增长我们的知识，扩大我们的眼界，还能充实我们的心灵，提高我们的素养。有了广博知识的支撑，人的眼光会更敏锐，联想会更丰富，思考会更深刻。当然，广告的隐喻能力也会更强。

我们来看看大师们是怎么做的。霍普金斯（Claude C. Hopkins）在 1927 年出版的《我的广告生涯》中讲述了他为"百普素登"牙膏创作广告的过程中，阅读的重要性。

迄今为止，我在事业上获得的最大的成功要数为"百普素登"牙膏做的广告。它的市场推广商已经与我合作 22 年了，我们在广告上一起赚了几百万。

他带着这个项目来找我时，我想给他泼冷水。这是个技术性的项目，我还不知道该怎么把这种技术性很强的牙膏理论交给那些外行人。那时候一支牙膏的价格通常是 25 美分，而他坚持把它的价格定为 50 美分。

我读了一本又一本的书，全是牙医权威们写的理论著作，"百普素登"的广告正是建立在这种理论上的。这种阅读非常枯燥无味，但有一本书读到一半时，我发现了一条关于特殊的齿面保护层的参考资料。我后来把这种保护层称作"薄膜"，这使我有了诉求点。我决定把这种牙膏宣传为美丽的创造者，准备好好利用一下迷雾般的"薄膜"。①

可见，这个"美丽的创造者"的隐喻正是从阅读中得到启发的。无独有偶。大卫·奥格威在回顾和总结自己的广告生涯时，认为其成功的主要原因是除了生活经验之外，就是广博的知识。他说：

> 39 岁的时候，我写了我的第一个广告。与大多数初入行的人不同，当时我对广告已经有很多的了解。盖洛普博士把他所发现的影响广告成败的因素传授给了我。罗瑟·里夫斯（Rosser Reeves）把他从克劳德·霍普金斯（Claude Hopkins）的学生那儿学来的东西教给了我。我还吸收了约翰·凯伯斯（John Caples）、杰里·兰伯特（Jerry Lambert），以及其他广告先驱的思想精华。我读过当时已出版的所有有关广告的书籍。只要我把这些知识付诸应用。再加上一点点想象力，我就能创造出一系列广告运动，它们使奥美一夜成名。②

虽然是初入广告行业，但奥格威在第一次创作广告的时候，就显得身手不凡。除了有丰富的生活经历之外，他对广告也有了相当的了解，他"读过当时已出版的所有有关广告的书籍"，吸收了那些"广告先驱的思想精华"，还从盖洛普博士（GeorgeH. Gallup）那儿了解到"影响广告成败的因素"。在他看来，只要有了丰富的知识，再动用一点想象力，就能取得广告的成功。例如，哈撒威衬衫（Hathaway）、健力士黑酒（Guinness）、劳斯莱斯轿车（Rolls-Royce）等广告运动的成功就是最有力的证明。我们再追溯耐克的品牌口号"Just do it"的创作灵感来源。当时，W+K 的创始人之一的丹·维登（Dan Weiden）看到一则新闻说，一名死刑犯在被执行枪决的时留下一句遗言："Let's do it"。这句话立即引起了丹·维登的兴趣，他觉得"do it"

---

① ［美］克劳德·霍普金斯：《我的广告生涯》，新华出版社 1998 年版，第 128—129 页。
② ［美］大卫·奥格威：《大卫·奥格威自传》，海南出版社 1998 年版，第 136—138 页。

这个说法简洁又洒脱，但迅捷性不够。经过反复揣摩，他最终在前面加上了"just"，于是一个伟大的品牌口号就诞生了：Just do it，它为耐克品牌带来了无比的吸引力。

在数字化传播时代，越来越复杂的环境对传统的广告服务能力提出了前所未有的挑战。广告人必须跟上科技发展的步伐，不仅仅要有"数字化"的运用能力，更要跨界学习的能力。所以，"现如今的广告专业人士有时像医学教授，浏览《新英格兰医学杂志》(New EnglandJournal of Medicine) 和《柳叶刀》(Lancet) 杂志，以获取最新的医学发展资讯；他们有时也像律师，研究司法审查判例；同时，也像物理学家一样，研究学术界的最新发现。"①

二、探险家（Explorer）：不畏困难，突破障碍，不断探寻

这个阶段往往是广告创作者经历时间最漫长的阶段，主要的任务是寻找素材与产品或服务的联系。即要仔细检查前期收集的所有相关信息，分析问题，找出关联。当然，这是一个艰难的甚至是反复的一个智慧探索过程，需要广告创作者不断跨越障碍，实现突破，才能最终实现。这主要包括三个方面：

（一）跨越常识

常识是人们在日常生活中由传统、习惯日积月累所形成的一种对待事物的固有的认识或观念。常识的因袭性很强，它会导致人们以一种惯性的思路去认知事物，将事物之间的联系看作唯一的、固定的。在解决问题时，总是喜欢沿着旧有的"常识"思路寻找途径，并因此而形成思维定式。这种预设的思路有时有助于问题的顺利解决，但有时却会因为无法摆脱既有知识、经

---

① ［法］让－马里·德鲁：《倒时差》，上海社会科学院出版社 2018 年版，第 157 页。

验的框架而成为阻碍解决问题的"思维嵌塞"。

法国科学家约翰·法伯(John Faber)的毛毛虫试验很能说明这个问题。他在一个花盆的边缘摆放了一些毛毛虫,让它们首尾相接,围成一圈,同时在离花盆几英寸以外的地方放了一些它们最爱吃的松针。由于毛毛虫天生就有跟随者的习性,因此它们一只跟着一只,盲目地跟着前面的毛毛虫绕着花盆一圈圈爬行,谁也不离开"队伍"。就这样夜以继日地绕着花盆的边缘转圈,一连走了7天7夜,最终因为饥饿和精疲力竭而相继死去。人类也有盲从的习惯,这在心理学上被称为心理定式现象,与其相反的则是创造性思维。

实践表明,人们的思维定式可以是短暂的,表现为刚完成的一个活动对其后所进行的活动的一种顺序性、倾向性的影响,例如"刻舟求剑"中的"自其坠,自其求"的想法;也可以是持久的,表现为一个人固有的思维倾向,如认为"大品牌没有产品质量问题"。造成思维定式的心理状态越强烈,就越影响后续思维活动的趋势和方式。尤其是在需要创造性地解决问题时,思维定式往往会以线性思维的惰性限制人们创新能力的发展潜力和空间。"因此,为了使思维更趋于灵活、全面,就必须打破这种顺序性的限制,针对事物的不同情况,多向发散思维发展,及时、灵活地改变对事物结构、顺序的认识,以一种崭新的非顺序性的体验,不同问题,不同对待。"[①]

说到这里,笔者不禁想起禅宗史上的一桩著名公案。据敦煌写本《坛经》记载:五祖弘忍"一日唤门人尽来",要大家"各作一偈"。并说"若悟大意者",即"付汝衣法,禀为六代"。于是,弘忍的上首弟子神秀便做了一偈说:"身是菩提树,心如明镜台,时时勤拂拭,莫使惹尘埃。"意为:弟子之身就如同是一棵菩提树(释迦牟尼佛当年在菩提树下觉悟),弟子的心灵就像一座明亮的台镜,时时不断地将它揩拂擦试,不让它被尘垢污染障蔽了光明的本性。慧能却说:"菩提本无树,明镜亦非台。本来无一物,何处惹尘埃?"老师弘

---

① 张晓芒:《创新思维方法概论》,中央编译出版社 2008 年版,第 320 页。

忍判定慧能更胜一筹，于是将衣钵相授。的确，慧能的这个立意更高，是建立在直悟本心，无物无我的基础之上，可以说是超凡脱俗，进入了更高的境界。那么，如此说来，勤拂拭倒不如不拂拭？且看慧能偈句的意思：菩提是个觉道，是一种智慧，无形无相，哪里有什么树呢？若有树，那菩提就变成物。你说有物，那就有所执着了。你说你觉悟了，但觉悟是个什么样子？是黄色、蓝色、红色、白色？你且说个样子出来。并且，明镜就是清静心，根本没有台，什么都没有，也没有一个样子或一个形象。若认为有个台，则又陷于执着了。既然什么都没有，根本就无所住了，尘埃又从那里生出呢？显然，慧能的思维更为开阔，它超越了一般的思维定式，见解也就更为深刻。

创造新的隐喻需要创造性的思维能力，它能冲破习惯思维的束缚，带来不同凡响的隐喻效果。把木梳卖给和尚，听起来真有些匪夷所思，但不同的思维，会导致不同的行为方式与结果。

（二）突破常规

常规主要表现为传统、老规矩、老办法。对于个人来说，它是一面镜子，更是一把戒尺；对社会来说，是维持社会正常运转的准绳。谁破坏了社会常规，谁就会受到惩罚。但是，规则的制定是为了让所有人能公平地进行竞技，当遇到不公平、不合理时，就需要打破重建。在广告、文学、艺术、军事和科学研究等领域，只有不断挑战传统、破除陈规，才会不落俗套，迸发新意。春秋战国时期，大将军田忌和齐威王赛马时，就是因为孙膑善于观察，敢于打破常规，让田忌调换了马的出场顺序，结果在比赛中反败为胜。这说明，只有善于打破常规，才会带来奇迹。明朝人陈继儒在《岩幽栖事》中说："名妓翻经，老僧酿酒，将军翔文章之府，书生践戎马之场，虽乏本色，亦是有致。"事实正是这样，有时不按常规出牌也是一种新意。

广告随着市场的变化而变化，需要不断地创新。创意者必须意识到，那种一心想"寻求最安全的做法"就等于自甘平庸。比如洗发水的广告总是展现丝般的秀发，匹萨饼的广告总是展现溶化的干酪，对当下的消费者而言，已经缺乏吸引力了。只有敢于打破原来看问题的方法，突破自己的传统理念，才能有所作为。从广告发展的历程来看，历史上许多伟大的广告常常来自于"不走寻常路"的勇气，正是这种勇气激励着众多的广告公司和广告人走向辉煌的成功。例如，美国的 Chiat/Day、FaHon Mce Elligott 和 Wieden&Kennedy；英国的 JWT、Saatchi&Saatchi，Abbott Mead Vicker 和 BBH；法国的 BDDP；澳大利亚的 Campaign Palace 等。这种勇气也同样激励着乔治·路易斯等一大批广告人创作出了杰出的广告作品。路易斯一直告诫广告人要"小心惯例成为创意的绊脚石"。他认为，如果广告没有激起一丝涟漪，完全安全过关，那可能意味着他正在退步，是创意开始枯竭的前兆。"每次面对新问题或挑战，广告人应该以全新的角度和开放的心胸为出发点，而不是紧张地借用别人泛泛的点子。……依靠趋势只能成为劣等作品。"[1] 他甚至认为，若广告能引起律师们的紧张，是很高兴的事情。一个律师的尖叫声，意味着两件事：一个是路易斯的创意宝刀未老，另一个是新的判定规则即将诞生。路易斯的话虽然有些偏激，但说明创新的重要。

毫无疑问，乔布斯（Steve Jobs）是一位伟大的楷模。1997 年重返苹果公司的乔布斯为了推出新产品 iMac，拍了一部电视广告《不一样的想法》。在观看试片时，一向睥睨众生、不可方物的他，竟当场流下了伤感的眼泪。广告的画面是交错出现的爱因斯坦、毕加索、希区柯克、金恩、列侬、葛兰姆等 10 多位创意名人，并配有一个中年男子的沧桑的旁白：

> 这些人是一群疯子——不适应者、叛逆者、麻烦制造者、硬要穿过方洞的圆木桩，他们看世界就是与众不同，他们对规则毫无兴趣，对现状无一尊敬。你可以引述或反对他们、尊荣或诋毁他们，但你唯一不能做的，就是忽视他们。因为他们改变了世界，推着人类往前迈进。当某些人将他们视为疯子时，我们却认为他们是天才，

---

[1] ［美］乔治·路易斯、比尔·皮特：《广告的艺术：乔治·路易斯论大众传播》，高志宏、徐智明译，海南出版社 1999 年版，第 52 页。

因为唯有疯狂到自认为可以改变世界的人，才真的改变了世界。

这则广告之所以让乔布斯热泪盈眶，因为那几乎就是他个人生命历程的写照。年轻时候，他是嬉皮，大学一年级就被退学，到印度朝过圣。21 岁时他和一个朋友在车库里创立了苹果电脑公司。"我要改变世界"是他当年经常挂在嘴边的疯狂愿景。但是他也因为脾气暴躁、狂妄自大、作风霸道而被认为是公司最大的不适应者、叛逆者、麻烦制造者，1985 年他被董事会踢出了他一手创建的苹果电脑公司，而如今，他又回来了。"种桃道士归何处，前度刘郎今又来"，抚今追昔，眼前的一切怎能不让他思潮起伏，万般感慨？

（三）超越经验

经验是人们在同客观事物直接接触的过程中，通过感觉器官获得的关于客观事物的现象和外部联系的认识，在哲学上一般指感觉经验或感性经验，即感性认识。知识对于解决现实问题的意义在于，知识就是力量。但知识中也包含感性知识即经验。经验因其是"来自实际的经历"，并且有它的效验，即可以指导人们更加方便地认识问题和解决问题。但是，经验也有其局限性，如果过分依赖经验，就会导致"经验主义"和盲目性、头脑僵化、想象力贫乏，对问题的敏感性和批判性评价能力下降。因为单纯的经验既有时空的狭隘性，它在一定的时空中产生，往往也只是适应一定时空的范围，就如同人们所说的那样，它像是一艘船上的尾灯，只照亮船驶过的航道；它也有思维主体的狭隘性，每一个思维主体，不管其经验多么丰富，在数量上都是有限的，没有经历的事物总是无穷多，一旦超越了某个经验范围，固有的经验可能就会"失灵"。同时，思维主体在认识事物的过程中，都有可能带有一定的主观意向，使其对事物的判断会带有一定的主观性，从而加剧了经验思维定式的效应。

超越经验不是说不要经验，而是意味着我们要重视经验的价值，善于运用经验，但又不要被经验束缚住手脚，变成经验的"小脚女人"。

三、艺术家（Artist）：慧眼洞见，确定事物之间的映射关系

在整个第三阶段的广告创意过程中，扮演艺术家这个角色最艰苦，但也最容易展现出创造性。韦伯·扬认为："创意发想的过程就与福特装配线上生产汽车一样；也就是说，创意的发想过程中，心智是遵循着一种可学习、可控制的操作技巧运作的，这些技巧经过熟练的操作后，就跟你使用其他任何工具一样。"①

图7-1　Esselunga艾斯兰家超市系列广告："海马"篇等（意大利，1995—1998年）

（一）确立大创意

确立大创意环节又称为"形象化过程"或"概念化过程"，它是广告创意中最重要的一步，实际上也是一种心智检索的过程。大卫·奥格威说："除非你的广告源自一个大创意，否则它将仿佛夜晚航行的船只无人知晓。"②

大创意（Big Idea）是建立在战略之上的大胆而又富于创新的主题或要表达的核心概念，也是广告隐喻表现的关键和诉求重点，它统帅着广告作品

① ［美］詹姆士·韦伯·扬：《广告传奇与创意妙招》，林以德等译，内蒙古人民出版社1998年版，第138页。
② 大卫·奥格威：《广告大师奥格威——未公诸于世的选集》，庄淑芬译，机械工业出版社2003年版，第63页。

的创意、文案、形象等要素。大创意的任务是以一种有力的方式将产品或服务利益与消费者的需求关联起来，去激发受众主动了解产品，以实现广告的市场效应。

乔治·路易斯曾为 MTV 频道、汤米·希尔费格、《今日美国》、《时尚先生》等创作过许多影响深远的广告，他说："大创意的获得过程并不是一个灵感和启发的过程，而是一种探索和发现的行为。"① 这种探索和发现需要借助我们的眼睛和大脑。著名广告人路克·苏立文（Luke Sulliva）也认为，要"试着动摇那些你脑中先入为主的东西，不断地重新开始，然后从一个全新的角度去审视那个问题"。② 这是因为"我们注意到普通、熟悉的想法往往会先出现。这是无法避免的，因此最好的办法是等待它们出现，从而把你的头脑解放出来，想出更有创造性的想法。"③ 我国明清之际的思想家黄宗羲也说过意思大致相同的话："每一题，必有庸人思路共集之处缠绕笔端，剥去一层，方有至理可言。犹如玉在璞中，凿开顽璞，方始见玉，不可以璞为玉也。"④ 材料为"璞"，主题为"玉"，璞开方能见玉，可谓一语破的。这些论述充分说明，人们最初想到的大创意往往会流于平庸，只有通过对产品、市场、消费者的各种情况进行反复的观察、比较、鉴别、琢磨，创意者最终才会发现一个明确的、可用文字来清晰表达的大创意。这是一个提出、否定、再提出、再否定等一系列"过尽千帆皆不是"的过程。"一个伟大的创意总是看上去很简单，简单到你都不相信这之前还没有人想到过。它有'腿'，可以让它在很多不同的广告中、不同形式的媒介里获得成功。"⑤

奥格威认为，那些能够改写市场格局的、杰出的大创意总如同凤毛麟角、空谷足音般珍贵。他说："我怀疑是否有超过 1%的广告运动具有大创

---

① ［美］乔治·路易斯：《好忠告》，老金译，湖南人民出版社 2018 年版，第 26 页。
② ［美］路克·苏立文：《文案发烧》，赵萌萌译，中国人民大学出版社 2010 年版，第 67 页。
③ ［美］文森特·赖安·拉吉罗：《思考的艺术：非凡大脑养成手册》第 8 版，马昕译，世界图书出版公司 2010 年版，第 171 页。
④ 程飞舟：《浅谈立论求新法》，《聊城师范学院学报》（哲学社会科学版）1991 年第 3 期。
⑤ ［美］路克·苏立文：《文案发烧》，赵萌萌译，中国人民大学出版社 2010 年版，第 84 页。

意。我被认为是最多产的大创意发明家之一，但在我作为广告文案撰写人员的漫长生涯中，我提出的大创意还没有超过20个。"[1]可见，广告创意者除了要勤于思考外，还应当认真地学习和研究广告史上那些成功的广告大创意，从中吸取成功的经验。比如劲量电池——"持久耐力"：兔宝宝能不停地走，因为劲量电池能持续工作时间更长；耐克——"想做就做"：穿耐克的人在运动中能成功并且自由自在；雪佛兰卡车——"坚如磐石"：一种强壮坚固、不畏崎岖的驾驶机器，等等。"一个想法可以变成一堆尘埃，也可以变成一袋充满魔力的粉末，这取决于与之产生摩擦的人的才能。"[2]

当今的数字化、智能化技术使得人们寻找产品的目标消费群变得比以往任何时候都更加容易，但是寻找优秀的广告大创意却依然困难重重，这需要广告人的广博知识和经验，更需要非凡的智慧与洞见。

（二）旋转"万花筒"，寻找相似性

大创意一经确定，接下来就要考虑用什么隐喻去表现这个大创意，也就是说广告创意者在广泛体验生活的过程中，为心智的万花筒聚积了丰富多彩的"玻璃片"，接下来就要旋转这个万花筒，让多彩的"玻璃片"碰撞出各种绚丽的隐喻火花。

隐喻以目标域和源域之间的相似性作为意义转移的基础，如果没有这种相似性，任何隐喻均是无本之木。但这一相似性并不是预先假设或必然存在的，而是被发现或创造的。为了寻找到与目标域有至少一个相似点的人、物、情境或事件，创意者要把目标域放到另外一个场景中去观察和感知它。这样，传统的思维结构就会被打破，从而引发新的隐喻产生。例如，如果我们把电脑的键盘这个目标域放入农村的场景中，我们就会发现，键盘上的键就像广袤田野中的一块块方格形的农田。农民在田野上劳作，而电脑写

---

① David Ogilvy, Ogilvy on Advertising, New York: Crown, 1983, p.16.
② ［荷］盖伦：《媒介即讯息及其他50条荒谬的广告法则》，王黎辉译，天津大学出版社2010年版，第60页。

作者和设计者也像他们一样终日在键盘上耕耘。在旋转场景"万花筒"时，每转换一个场景就会得到一个新的隐喻。运用这种方法，可以把每个想法都收集起来，并随时可以将之与之前的想法进行比较、选择，甚至获得更新的见解。"从隐喻化的角度来看，人们要创造一个隐喻，实际上就是要把不同事物之间的关系与界限打破，从而创造出一个新的事物"①。因此，创意者要善于观察、大胆想象，充分运用逻辑思维和发散思维的力量，去打破不同事物之间的关系与界限，尽可能多地寻找产品或服务与其他事物之间的相互关系，发现或创造更多的源域。

一般来说，创意者的感受能力越敏锐，其知觉范围就越广阔。以眼睛为例，如果以眼球的形状为相似点，可以有黑豆、珍珠、紫葡萄等；如果以眼睛的轮廓为相似点，可以有树叶、月牙、凤眼等；如果以眼睛的明暗为相似点，可以有星星、清泉、黑夜等。此外，还可以深入思考，赋予动的事物以生命，使有生命的事物有个性，有个性的事物有情感。比如眼睛，我们可以说："他的目光愤怒地燃烧着，仿佛要把眼前的一切化成灰烬"，或者"她的眼神如清晨的阳光一样欢乐，又略见青烟一般的惆怅"；关于手机，我们可以说它是"数字肌肉"（三星手机海报的标题），不落俗套地为静态的机器产品注入了生命的能量；关于威士忌，我们可以说它是好莱坞的玛丽莲·梦露（绝对伏特加），既为产品注入了生命，也赋予其鲜明的个性。如果是语篇隐喻，则在建构之前就要创设一个宏观隐喻性主题句，或者事先在头脑中形成一个隐喻整合空间，这样就能形成一条清晰的思维链，使整个语篇顺着这条思路有条不紊地开展下去。

李奥·贝纳指出："所谓创造力的真正关键是如何用相关的、可信的、高品位的方式在看似无关的事物之间建立一种新的有意义的关系之艺术，而这种新的关系可以把商品用某种清新的见解表现出来。"② 他相信，广告人之所以没有发现更多的这一类新关系，是因为在这个狭窄的广告世界里存在着

① 朱全国：《文学隐喻研究》，中国社会科学出版社 2011 年版，第 160 页。
② 丁俊杰、康瑾：《现代广告通论》（第 2 版），中国传媒大学出版社 2007 年版，第 273 页。

太多的"近亲交配"状况：不只是有太多的文案人员直接拿别人的创意稍做一点儿修改后就当作自己的东西来使用，还甚至有人直接抄袭其他公司的创意……他们从来就没有从相同的桎梏中逃脱出来。因为存在太多的没有致力于表现事物之间"新关系"的工作，而是采用别人的构想去"创作"所谓"新的创意"。这样的广告看似运用了隐喻，实则是老生常谈，打动不了消费者。

乔治·路易斯说："柏拉图对'创意'（eidos）的定义是头脑内的图像。我头脑内无法产生那种图像，但我的思维能帮我看到它，在它飘向我的时候，让我靠近并抓住它。所以如果你在创意领域里想达到什么成就，去看看这个世界吧，去探索吧。"[1] 例如，红辣椒、茄子、豌豆角都是人们生活中极其常见的蔬菜，甚至可以说常见到许多人都熟视无睹的地步。但是，在意大利一家超市的广告中，它们分别变成了动物世界中的海马、企鹅、蜻蜓等，为消费者带来了一场充满浪漫主义色彩的"食物秀"。弯曲的辣椒从形态上与海马相似，倒立的茄子与企鹅的憨态可掬相似，豌豆角的修长和清爽的色泽正好应对了蜻蜓的轻盈（见图7-1）。它们不仅寓意了产品的新鲜，也传递了创新和环保的主张。这种善于从相异中求相同、从平凡中见不平凡的智慧，都源于创作者丰富的生活经验与相似性的联想能力。

四、裁判员（Judge）：评估测试结果，判断哪种隐喻更有效

在这个环节，创意人员要在对众多备选的源域中进行比较、鉴别、评估，然后选择一个或一个以上最佳的隐喻源域。人类有大致相同的经验，却不一定都用相同的隐喻。

事物的相似性关系是多种多样的。按相似程度的类型，可以分为单相似和复相似；按相似程度的高低，可以分为零相似、低度相似、显著相似、高度相

---

[1] ［美］乔治·路易斯：《好忠告》，老金译，湖南人民出版社2018年版，第22页。

似和完全相似；按照相似内容的重要性，可以分为一般相似和重要相似等，需要创意者根据需要进行筛选。那种"随便选个形象或象征，然后把它往你客户的标志旁一扔是不能解决问题的。但要是你能在选出成形的隐喻基础上，多花一点心思，用一种新颖的、让人意想不到的方法让它和产品的优势关联起来，那这个广告一定会相当精彩"。[①] 所以，在对广告源域进行评估时，要回答以下几个问题：这个隐喻的映射关系是十分贴切呢，还是勉强凑合（我的第一反应是什么）？源域的生动性如何（或没有感染力）？能否引起受众兴趣？源域的可读性如何？是否有利于广告主题的阐释？如果不成功又会怎样（是否值得去冒这个险）？是什么妨碍着我的思维创新（或我是否一叶障目）？

隐喻的关键在于贴切传神，新颖奇妙，有说服力。在《当代广告学》中，威廉·阿伦斯以一个著名的吉他品牌系列平面广告为例，说明了广告创意检查的重要性。当时，泰勒（Tayler）吉他生产已有多年历史，世界上最好的吉他也出自该公司，其平均市场售价在 2000 美元左右，有的甚至高达 12000 美元。可在很长时间内，其销量与质量却不成正比。经过调查发现，问题的症结在于泰勒吉他的市场知名度：在有限的圈子里，人们承认泰勒吉他的确是一种高水平的乐器。但是，对于广大吉他爱好者来说，他们根本不知道泰勒吉他这个名字。为了解决这一问题，泰勒和公司的首席行政长官邀请了广告公司的两名资深的广告创意人来为泰勒吉他"会诊"。他们仔细地研究了调查报告，并听取了调查人员的汇报，也查阅了涉及吉他的刊物，发现竞争对手的广告大致采用两种方法：要么侧重比较，要么突出艺术界名人推荐。两名专家给出的意见是：为了提高名称的识别率，泰勒吉他的广告必须与此全然不同，必须卓尔不群，同时应表现出每把泰勒吉他所具备的优秀品质。在广告方面，要与目标消费者进行亲切友好的交流，以此打动音乐家们的感情，而不是居高临下、盛气凌人地说教。

新的创意过程十分艰辛。许多想法经过反复筛选、归类、权衡，都被一

---

① ［美］路克·苏立文：《文案发烧》，赵萌萌译，中国人民大学出版社 2010 年版，第 68 页。

个个否定掉。最后，灵光闪现——树。因为木头（wood）来源于树、树林（woods），而吉他是由木头制作而成。以此为核心点，系列的平面广告顺理成章地完成了："用大量树的图片——单棵的树、森林中的树、迷雾笼罩中的树；要用大幅的，不仅仅是整版，要用跨页——两个整版。然后用非常短小、带点幽默色彩的文案向人们讲述木头与人类生活之间的微妙联系。"[①] 其中一幅广告标题为"其实，吉他最简单的形式就是一个木制的空盒，如何填满它，全在于您自己"，画面是高原上的一棵树。文案是：

> 在一双手中，一块木材可以变成客厅的咖啡桌。
> 在另一双手中，一块木材可以变成声色最甜美的吉他。
> 专为不打算弹奏咖啡桌的人而设计。

　　文案主要围绕"树"、"木材"、"泰勒吉他"三个关键词展开，可以说是一则有关树的命运的短文，隐喻的主旨是，泰勒吉他是由最好的材料手工制做而成，具有极其完美的音色。广告发布之后，泰勒吉他的"识别率简直惊人"，"再没人提出过名称问题，销量也提高了"[②]。后来，这个系列广告获得了全美国家级大奖，并受到《广告时代》和《广告周刊》的一致好评。

五、战士（Warrior）：克服一切干扰、艰难、险阻和障碍，直至实现创意概念

　　这是最后一个阶段。在这一阶段，要使隐喻概念得到实施，即使是创意

---

① ［美］威廉·阿伦斯、迈克尔·维戈尔德、克里斯蒂安·阿伦斯：《当代广告学》（第 11 版），丁俊杰、程坪等译，人民邮电出版社 2010 年版，第 412 页。

② ［美］威廉·阿伦斯、迈克尔·维戈尔德、克里斯蒂安·阿伦斯：《当代广告学》（第 11 版），丁俊杰、程坪等译，人民邮电出版社 2010 年版，第 412 页。

得到了认可，得以制作并最终在媒体上发布，但创意人员仍需要同公司内部的其他人员、客户等进行一系列的沟通。对内，通过完整的信息战略文本，努力推进广告所包含的文案、图像和制作成分并作出合理的解释，以说服公司的客户服务小组；对外，协助客户服务小组向客户陈述广告创意，以获得客户认同。这些工作完成后，战士又进入广告设计与制作环节，再次成为艺术家，参与创作，努力实现预算内尽可能好的广告隐喻作品。

这要求广告创意人员应有较好的执行力，首先要有坚韧不拔的意志和敢于挑战困难的精神。其次要有计划性和行动力。在执行过程中，往往不会一帆风顺，肯定会遇到各种各样的困难和挫折，优秀的执行者总会迎难而上，用实际行动推动计划的一步步落实，直至最后成功。2005 年，索尼公司在为其液晶电视品牌 Bravia 制定了"Color，like no other"（唯我色彩）的广告主题之后，委托荷兰导演尼可拉为其制作广告。广告制作人员选定了有着崎岖街道的美国城市旧金山，在一个阳光灿烂的坡道上，将 25 万个彩球倒向旧金山街头。同时，23 个摄影师在不同的角度架设机位捕捉了无数彩色小球跳动所产生的缤纷之美，以此隐喻 Bravia 电视机所具有的逼真的色彩绚烂之美。为了保证广告的成功，先后有 6 家世界著名的专业公司参与了创意、拍摄、剪辑和声音合成等工作。广告播出后，获得了巨大的成功，也成为一次完美执行力的象征。

当然，媒体计划方案的执行是广告信息准确到达目标受众的保障，也是广告运动效果达成的必由之路。在媒体计划执行阶段，必须监测广告的刊播情况，保证广告的刊播严格按时保质保量地完成。

第二节　广告隐喻的建构途径

苏立文认为："隐喻不适用于所有的广告，但要是你找到了一个合适的隐喻，那它将迅速有力地担负起沟通的任务。"① 由此可见，广告隐喻建构的重要性。隐喻可以体现在广告的文字之中、色彩之中、声音之中、图像之中等，也可以存在文字和图像之间；既可以以词汇的形式出现，也可以以篇章的形式出现。伽达默尔（Hans Gadamer）认为，对语言的隐喻使用既体现了语言的游戏特征，又显示出方法论的重要性。

莱考夫提出用"隐喻"一词来表示概念系统中的跨域映射，而用"隐喻表达式"（metaphorical expression）这一术语来指实现这一跨域映射的表层语言表达式（词、词组或句子等）②，即是要将隐喻的性质与隐喻的具体建构方法区分开来。这是指导我们研究广告隐喻建构的一个重要方法。

一、通过语言结构转换建立隐喻概念

隐喻既向语言的更新开放，又向人的想象开放，更向变化着的生活本身开放。路易斯认为，广告创意应当从文字入手。因为"语言先出现，然后才是视觉意象。"③ 路易斯的看法有一定的道理。图像营造意象，有时候，一幅图像能抵得过千言万语，但图像的意义往往不够明确，并且不同的观众产生不同理解的可能性很大。相对而言，文字信息清楚明白，运用得好，可以深植人心。

（一）运用隐喻句式的转换技巧

大多数人在描述产品或人物时，习惯于陈述式的表达，这样做固然可以内容具体，语句顺畅，意思明白。但是，平铺直叙的言语容易平淡，甚至

① ［美］路克·苏立文：《文案发烧》，赵萌萌译，中国人民大学出版社 2010 年版，第 67—68 页。
② George Lakoff, The Contemporary theory of Metaphor. Ortony, Metaphor and thought（2nd ed.），New York: Cambridge University Press, 1993, p.203.
③ 魏炬：《世界广告巨擘》，中国人民大学出版社 2006 年版，第 345 页。

味同嚼蜡，难以唤起消费者的兴趣。美国女作家玛格丽特·维萨（Margaret Visser）形容自己是"研究日常生活的人类学者"，关注的焦点是餐桌上的食物、餐桌以外的礼仪。她认为用"入口即化"、"口感绵密"来描绘食物是粗暴的、低级的做法，听多了只会反胃。只有将食物的日常上升到哲学层面描写，才会带来感知力。所以，维萨在其著作《一切取决于晚餐》中的一些章节就采用了隐喻式标题："玉米：我们的母亲，我们的生活"、"盐：可吃的石头"、"大米：有灵魂的暴君"、"冰激凌：冰冷的安慰物"，深受读者喜爱。

在广告的言语运用上，如果能将陈述句转换成为隐喻句，就会使语句变得生动而鲜明起来，犹如在舞台上向特定的演员投射了追光，追光中的演员即刻突出醒目、光鲜靓丽，给人留下深刻印象。例如：

（1）他威严勇猛→他像一只狮子。

（2）口感鲜美→让你的味蕾兴奋。

（3）一弯新月带来很多回忆→新月如钩，钩住了几串往事，花扑扑的。

（4）品牌都要经过市场的考验→每个品牌都是消费舞台上的演员，演得好坏，观众心里是有一杆秤的。

（5）生活过得很悠闲→日子就像一场漫不经心的、我行我素的细雨。

（6）感到心情非常愉悦→喜悦之情犹如甘泉沁入心田。

（7）怔怔地出神→眼珠像生了锈的锁心，再也转不动了。

（8）白雪覆盖的大地→那雪，就如白玉般铺满了大地，让你感觉来到了天界。

（9）爸爸挑水，妈妈推磨→家父肩挑日月，慈母手转乾坤。

从性质上来说，以上右边的句子和左边的句子说的是一回事，但隐喻以一种简单的语形构造引发出创造性的语义突变，使本来很抽象的概念，如

"勇猛"、"鲜美"、"新月"、"市场"、"悠闲"、"愉悦"、"出神"等被具象化、简单化和生活化,事物的特征鲜活地呈现在眼前。即使是原本较为具体的事物,如"挑水和推磨",也被放大、提升,显出一种特别的意味,使句子更有张力,易于产生联想。当然,练习中的隐喻句式运用可以先从常规性隐喻开始,进而过渡到具有创造性意义的新奇隐喻,最后达到熟练运用。

(二)运用现成的隐喻词汇

隐喻不仅是表层的修辞现象和认知现象,而且是语篇组织和建构的重要手段。[①]汉语里有大量的隐喻词汇、谚语、警句、成语、典故和歇后语等,它们既言简意赅,又形象生动。我们可以将其视为已经转换成功的隐喻语言,只要加以适当运用就行了。例如,为了吸引高端人士的购买,也为了迎合富者求贵的心理,南方某房地产商推出了"藏龙卧虎,出将入相"的楼盘广告语。有了这样的语言运用能力,我们就可以进一步创作出篇章结构的文案了。一则鞋店的广告对联:"脚踏实地前程似锦,步生莲花登月凌云",巧妙地运用成语,对仗工整,没有出现"鞋"字,但鞋子的形象仿佛又无处不在。

在伯恩巴克指导下创作的广告"柠檬"篇是这方面的杰作。20 世纪 40 年代末,德国大众汽车公司的甲壳虫汽车开始进入美国市场,但一直受到冷落。因为这种车马力小、空间小、形状古怪,像甲壳虫(金龟子)一样。此外,对美国消费者来说,还有一个难以排解的政治心理障碍——它曾被希特勒作为纳粹时代的辉煌象征之一而大加鼓吹。

当伯恩巴克在 1959 年接下甲壳虫汽车的广告业务时,同行们都惊讶不已。但经过深入考察,伯恩巴克认定,甲壳虫不仅是一种实惠的车子——价格便宜、马力小、油耗低,而且结构简单,质检严格,性能可靠。最终,伯恩巴克为甲壳虫策划了"想想还是小的好"、"柠檬"、"送葬车队"等一系列广告。投放市场后,消费者的心灵受到强烈地震撼,市场销售量迅速

---

① 束定芳:《隐喻学研究》,上海外语教育出版社 2000 年版,第 112 页。

提高。以致有些评论家说，这些广告就像甲壳虫一样古怪，但销售力也强得古怪。

其中，"柠檬"篇（由美术指导赫尔穆特·克朗设计）让人印象十分深刻（见图7-2）。整个广告画面由两个部分构成。第一部分占画面面积最大，是一辆造型别致、只有投影没有背景的大众甲壳虫汽车，图像简单而醒目。第二部分是文案，文案的标题是"柠檬"（Lemon），最后的结语为："我们剔除了柠檬，而你们得到了李子。"在美国俗语中，人们往往把不中用的东西或是废品称作"Lemon"，而把优异的、十全十美的东西称作"plum（李子）"。整个文案至少有两处隐喻。第一处是标题 Lemon 的使用，它暗示了即使甲壳虫车仅仅有一点点肉眼完全无法看到的外观上的伤痕，公司也不放过，把它留置下来，不让它流入市场，以保证进入市场的都是没有一点瑕疵的产品。第二处是"把每辆车像流水一样送上车辆检查台"，表示大众公司对汽车产品质量要求很高，一丝不苟（如"每天生产3000辆甲壳虫；而检查员比生产的车还要多"）。广告不仅成功地的宣传了产品本身，向受众保证了产品的质量，而且也提高了大众公司在受众心中的品牌形象。

伯恩巴克对于这一独创性作品也十分满意。他曾经说，这条广告只有一辆车子和一个标题"柠檬"，人们都知道这是对一辆不满意的车子的一种标准描写。试想，假如只是笼统地说："我们的每辆大众车都必须经过严格的检查，才能决定是否进入市场。"那要用多少次广告，要花费多少钱才能达到这一效果？而伯恩巴克仅仅用一个"Lemon"来做标题，就起到了以一当

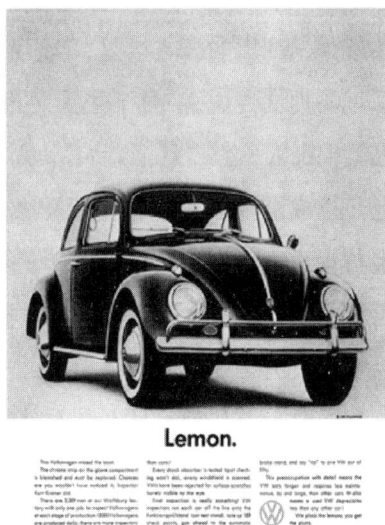

图7-2 大众甲壳虫广告："柠檬"篇（广告公司：DDBNew York/美国，创意指导：William Bernbach，广告设计：Helmut Krone，1959年）

十的效果。

在运用现成词语创造隐喻时，要充分利用典故的价值。从隐喻的角度来说，所谓典故者，就是典例故事也，是指在过去的作品或者社会生活中曾经出现过的"彼类事物"。用典就是利用过去的"彼类事物"来喻指当前的"此类事物"，从而赋予要表现事物以历史文化的意义。就喻体本身而言，它不仅仅是一种形象，而且更加主要的是一种意义的载体，是通过历史与现实之间的某种相似性而相联系。喻体就其本身而言，在其原始存在的语境中也许并不是隐喻，但是一旦放置于要表现的事物即"此类事物"的语境之中，就构成了隐喻。因为"典故是一种历史化的隐喻：隐喻是在彼类事物的暗示之下感知、体验、想象、理解、谈论此类事物的心理行为、语言行为和文化行为；典故是在神话或历史事件的暗示之下，感知、体验、想象、理解、谈论当下事件、情状或环境的心理行为、语言行为和文化行为"。[①]

典故的原型进入不同的目标文本，有不同的意义编码方式，但不可能是初始文本中的那个原型了。例如，某婚姻介绍所为了表示乐意为男女双方牵线搭桥，刊出的广告语是："欣当月老牵赤线，乐作红娘搭鹊桥。"句中运用了古典神话传说。"月下老人"最早记载是唐代韦固与其妻的爱情故事，后人就把媒人称作"月下老人"，简称为"月老"。后经市井神话反复渲染，"月老"也成了神话中掌管世间姻缘的神仙。"红娘"是借《西厢记》中描写张生与崔莺莺这一对有情人在丫鬟红娘的帮助下，冲破困阻终成眷属的故事。后世便把媒人叫做"红娘"。"鹊桥"则来自牛郎织女的神话，生动有趣，容易唤起人们心中的美好联想。

据说，山东阳谷县迄今有一种广受欢迎的风味小吃烧饼，叫"武大郎炊饼"。这家店之所以用武大郎给炊饼命名，一是借小说《水浒传》中这一广为人知的历史人物来提高产品的知名度和记忆度；二是想说明该产品的历史十分悠久，承袭了当年武大炊饼一样的做工，酥嫩可口，品质上乘。可见，

---

① 季广茂：《隐喻视野中的诗性传统》，高等教育出版社 1998 年版，第 73 页。

历史事件或文化行为，一旦被有意识地放置于一个新的语境之中，就会成为极具象征性的隐喻。

二、通过相似化实现关联度

世界上的万事万物都存在着千丝万缕的联系，人们一旦着眼于哲学意义上的认知，隐喻所具有的本体与喻体之间的相似性这一特点就成了人们认知事物的一种非常有力的、也是非常有效的工具。人们通过比较可以发现事物的不同特征，也在比较中发现不同事物之间的相似性，从而为隐喻的创造提供了契机。理查兹也提出本体和喻体之间需要理由（ground），而这种理由就是两者之间的相似性①。在确定映射关系的过程中，人们会发现事物之间的相似性有不同类型。就广告隐喻来说，大致分为以下三大类：

（一）语言形式的相似

从语言的相似性来说，又可以分为下列四种：

（1）同音异形异义。使用拼写相似、发音相同或相似的词，利用语义的差异使一句话涉及两个概念域，一语双关地表达作者想表达的意思。例如，某化妆品广告语"趁早下'斑'，请勿'痘'留"，这一句中的"斑"和"痘"二字；江铃汽车的"千里江铃一日还"中的"江铃"与"江陵"两词，同音的运用都十分巧妙。通用磨坊公司的面粉广告语"The flower of fine flour"（"精粉之花"）中的 flour（面粉）与 flower（花）音同形异义异，使得受众很自然地联想到花的美好形象。据路透社报道，英国广告界权威人士曾经评选出 56 条迄今为止最有纪念意义、最为流行的广告语。其中列在第一位的是亨氏公司的"BeanzMeanz Heinz"（"土豆意味着 Heinz 公司"）。该广告语

---

① A．Richards, The Philosophy of Rhetoric, New York: Oxford University Press, 1936/1965.

是 1967 年由扬罗·必凯广告公司（Young & Rubicam）为亨氏公司创作的，评委们一致同意将它列入广告名人堂的最佳广告语。

（2）同音同形异义。同音同形异义是指语音形式与书写形式相同（或相似）而意义不同的字词。这些字词的多个意义由一个共同的语音和书写形式承担。很多广告语正是利用这种字词的优势，把公司名称或产品名称与公司职能或产品性能的完美结合发挥到极致。例如，"人类失去联想，世界将会怎样？"（联想计算机）这里的"联想"既指人的大脑联想机制，也指联想牌电脑。同样，夏普电器公司的广告语："From sharp minds come Sharp product"，从语音上可以理解为"将敏锐的大脑变成敏锐的产品"，但从字形上看，意思则为"将敏锐的大脑变成夏普产品"，饶有意趣。

（3）同形异音异义。例如某当铺广告语"当之无愧"。作为成语，"当"应读为 dàng。但这里意为抵押而不是充任、担任、掌管或主持之类的意思。还有语态上的仿拟。意大利零售连锁超市埃塞尔兰家（Esselunga）的"约翰·柠檬"篇广告也属于此类。广告画面中，除了右上角的超市标志外，占据整个中心的就是一个戴着墨镜的、颜色鲜明的青黄色柠檬形象，其下方有"John Lemon"（约翰·柠檬）的名字，这与世界著名摇滚乐大师 John Lennon（约翰·列农）的名字非常相像，而且画面中的柠檬形象与列农的经典形象也十分相似，但前者显得更加滑稽可爱，令人忍俊不禁。

（4）语音结构仿拟。有时候为了达到特定的目的，通过改动或改变现有的习语、谚语或俗语等个别词，从而使改动后的短语或句子形式与原句相似，但意思却相差很大，以创造特殊效果。例如，博士伦隐形眼镜的广告语"无形胜有形"，是对"无声胜有声"的仿拟。以色列 Tzomet Sfarim 连锁书店的平面广告"看书"篇的广告语是在社交网站的名称"facebook"中巧妙地插入一个定冠词 a，变成了"face a book"，意思就转变为：脱网片刻，读一本书。绿世界化妆品的广告语"Give me Green World, or give me yesterday"（要么给我绿世界晚霜，要么还我昨日的青春容颜），是仿拟美国著名政治家和爱国主义诗人亨利（Patric Henry）的诗句"Give me liberty, Or give me death"（不自由，毋宁死），这里的 yesterday 指昔日年轻的肌肤。因为化妆品广告忌用 old 之类的词刺激消费者，而常用 mature skin 暗指衰老肌肤，以示委婉。通过对名言警句的语音结构仿拟而形成的广告语，朗朗上口，容易记忆。

（二）物理形态上的相似

物理形态的相似可以是形状、外表或功能方面的相似，主要是利用事物之间人们已感受到的相似性进行表达。在日常生活中，人们的认识往往是从事物外部特征开始的，是对事物的一种整体的、宏观式的把握。大自然多姿多彩，所以有"山舞银蛇，原驰蜡象"之说；生命形态丰富多样，所以有豆蔻年华，小鸟依人，也有虎背熊腰，大步流星等语。汉语言中的"雪花"一词，雪的形状与花十分相似，人们自然会想到用"花"来称呼雪。

在广告方面，传统的皮鞋广告大多展示其外在观感，比如外形时尚、光泽明亮、绅士气质等，而意大利诺尔顿鞋业公司（Nolten）的女式皮鞋广告却迁想妙得。这种女靴采用真皮材料，手工制造，高筒高跟，穿着舒适优雅。可是，如何在广告中将这些特征表现出来呢？广告采用了一只按在地面上的女性的手作为唯一的喻体形象（见图 7-3），不仅画面干净利落，而且产品的所有特点都被极为传神地表现出来，十分可贵。

大众汽车公司的敞篷跑车广告也是别出心裁：蓝色的画面上只有一个白色的品牌标志，但标志的顶部被隐去，像削去一般，使得原来封闭性的标志变得敞开了，乍一看觉得不自然，再一想，原来是一种高明的设计，它寓意着卸去了汽车的顶棚，象征大众的敞篷车横空出世。大众汽车用这样的方式传递商品信息，既显得轻松活泼，又赋予了商标本身更加丰富的含义。

当然，"横看成岭侧成峰，远近高低各不同"，特征会因为观察者的角度不同而形成不同特征的印象。写情状物深浅异，老手谙练新手疏，观察者的经验多寡与洞察力的强弱也会影响到人们对源域元素的选择。

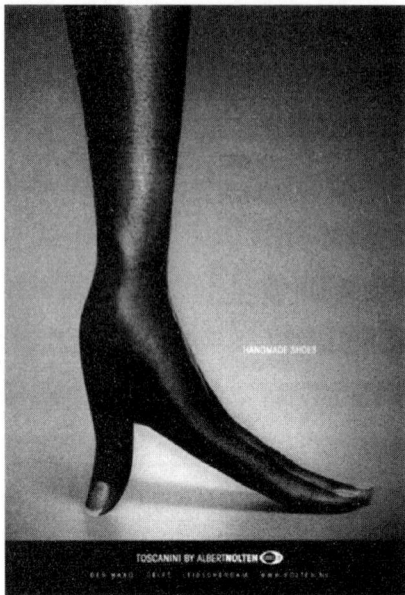

图 7-3 意大利诺尔顿鞋业公司
女鞋广告："手工鞋"篇（广告公司：
YokYor,Amsterdam/ 荷兰，创意指导：Mart
Groen，广告文案：Ralph Wilmes，摄影：
Edo Kars，2001 年）

（三）心理感知上的相似

心理上的相似是一种非物理意义上的心理感受。由于文化、传说或心理因素的作用，使得人们认为某些事物之间存在某种相似性。这种将原来并不存在相似性的两个事物并置在一起的思维，使人们对其中某一事物获得了新的认识。赫斯特（M.M.Hester）指出，隐喻是意义和感觉的融合。在阅读隐喻时，人们经历意象和音响，也即感觉。[①] 感觉具有主观性、概念性和意象性的特点，它们有的停留于表面，有的触及事物的本质。

一般说来，心理感知上的相似性并不用来表述事物之间外在特征的相似性，而是用来揭示事物之间内在的、更为抽象的相似性。这种相似性往往是潜在的、不易察觉的，需要施喻者熟悉相关事物的各种情况，并具有一双能透过事物现象看本质的"慧眼"。在现实生活中，人们要经历各种各样的事物，积累各种各样的经验，依靠自己的阅历加上一定的判断、推理与联想等，才能够创造这种相似性，从而建构起自己复杂、庞大的概念体系，形成意义的认知系统。正是善于用已知的概念来认识和理解大量新的未知的概念，人类知识才得以不断积累和提高，文化才得以薪火相传。

心理相似隐喻主要有以下两种：

---

① M. M. Hester, The Meaning of Poetic Metaphor, The Hague: Mouton, 1967.

1.关系相似

关系相似是隐喻的一种常见现象，只不过有些事物之间的相似性是显豁的，有些事物之间的相似性是潜在的、模糊的，需要通过比较去探寻、发现与领悟。马克曼（Markman）和德瑞·金特勒（Dedre Gentne）对比较与相似性的关系曾做过深入的分析，他们认为，"即便是最简单的感性事物，人们对相似性的判断从某种意义来讲，对事物之间的关系和关系结构更为敏感。"[①] 这说明在认识世界和改造世界的过程中，人们对于事物之间相似性关系的认知是非常敏感的。

隐喻不但是一种语言想象，也是人类理解周围事物关系的一种工具。人们可以通过观察和感知具体事物之间物理性的相似关系，也可以借助于判断、推理和归纳的方法，经由经验、通感而领悟出两个抽象事物之间相类似的原理、本质特征，并将这种认知通过概念投射到新的事物上，形成一种以关系把握世界的深刻认知。就广告隐喻而言，阿迪达斯篮球鞋的"捉老鼠与投篮"篇广告就是其中的代表。该广告的标题是："捉老鼠与投篮——两色底皮面超级篮球鞋，广告正文是：

> 猫在捉老鼠的时候，奔跑、急行、回转、跃扑，直到捉到老鼠的整个过程，竟是如此灵活敏捷，这与它的内垫脚掌有密切的关系。
>
> 同样地，一位杰出的篮球运动员，能够美妙地演示冲刺、切入、急停、转身、跳投到进球的连续动作，这除了个人的体力和训练外，一双理想的篮球鞋，是功不可没的。
>
> 新推出的阿迪达斯两色底皮面超级篮球鞋，即刻就获得喜爱篮球运动人士的赞美。
>
> 因为，它有独创交叉缝式鞋底沟纹，冲刺、急停时不会滑倒。
>
> 因为，它有7层不同材料做成的鞋底，弹性好，能缓解与地面

---

① Markman,Dedre Gentner,Structure Mappmg in the Comparison Process.The Americal Journal of Psychology，Vol.113,N04,Winter,2000,p.512.

的撞击。

因为，它有特殊功能的圆形吸盘，可密切配合急停、转身跳投。

因为，它有弯曲自如的鞋头和穿孔透气的鞋面，能避免脚趾摩擦、挤压，维护鞋内脚的温度，穿久不会疲劳。

创作者运用隐喻思维的方法，把猫捉老鼠时的"奔跑、急行、回转、跃扑"与运动员投篮时的"冲刺、切入、急停、转身、跳投"动作相类比，指出了猫捉老鼠时的灵活敏捷依赖于有肉垫的脚掌，而篮球运动员投篮命中的关键在于能有一双理想的篮球鞋。紧接着，文案用四个"因为"把这种篮球鞋的独有创新与特色进行简要说明，言简意赅。意为这种新型篮球鞋就如猫的肉垫脚掌一样，具有非凡的抓地防滑性能，适合各种快速前进与急速停止的灵活运动，要想在篮球竞赛中取得成功，不穿阿迪达斯这种新型篮球鞋是

图7-4　李维斯501牛仔裤广告（广告公司：BBH Asia-Pacific,Tokyo/日本，创意指导：Marthinus Strydom，Nadav Kander，2002年）

困难的。这种关系隐喻恰到好处，立论充分。假如抽掉了这个源域，那么，文案就变成了直接的自我夸耀，其广告效果也会大打折扣。

李维斯（Levi's）的广告常以隐喻的形式来表现其诉求。2002年，随着国际市场需求的扩大，李维斯公司决定改变只生产牛仔男装的传统，开始大张旗鼓地推出以501为范本的女式牛仔裤。虽然501版型的牛仔男装在市场上深受消费者的欢迎，但是，女性消费者会不会认为501的女裤会像男裤一样裤腿肥粗而显示不出女性的苗条？为了打消女性消费者的疑虑，李维斯公司发布了一系列广告。因为

"这些牛仔裤是永恒501男装的女性版，所以广告创意就基于男人与女人之间永恒的联系这层意思来突出产品的特点。"[①] 所以，广告语是："经典男装501现已为女性量身制造。"在广告表现上，运用隐喻的手法告诉女性消费者：李维斯女性牛仔裤的内在品质和501版型的男装相同，穿在身上十分性感，如同你量身定做一样合身（见图7-4）。

创新的关系隐喻是常规隐喻的"突击手"，具有"洞见"性。例如，香奈儿（Chanel）的主要产品是服饰、珠宝和化妆品等，今天的香奈儿传承了其创办人优雅的现代精神，在时尚精品、香水与美容品、腕表与高级珠宝等各个领域不断续写新的美丽篇章。伟哥（Viagra）则是美国辉瑞制药有限公司采用国际先进的纳米复合提取技术生产的新型药品，用于治疗男子性功能障碍。在一般人的印象中，两者之间相差十万八千里，几乎没有可比性，更不用说什么相似性了。但英国的广告创意人员在为香奈儿产品做广告创意时却找到了这种意义上的相同性："香奈儿是新伟哥"（Chanel is the new Viagra），意为香奈儿产品给人带来自信，因为香奈儿品牌不仅代表一种时尚简约、优雅自信和历久弥新的独特风格，而且具有解放、自由和时尚的意义象征。

2. 因果相似

在众多的比较关系中，马可曼（Markman）、金特勒（DedreGentner）发现，就相似性而言，有因果关系的对比是最为重要的。因为在他们的实验室里，有79%的人选择了具有因果关系的对比。但在人们在日常使用、创造隐喻的时候，因果关系并不是构成隐喻的必要条件，甚至在一些隐喻中是反对因果关系的。但通过仔细分析，就会发现具有因果关系的隐喻还是大量存在的。因果关系的概念基于"直接操控"的原型，来源于我们的生活经验。相似的因果关系寻找不是很困难，但是创造出优秀的因果相似隐喻却不那么容易。对这类广告意指关系的解码也需要受众充分的想象力。

我们以美国知名内衣品牌神奇文胸（Wonderbra）的广告为例。有一则平

① ［美］罗宾·蓝达：《美国广告设计实用教程》，戴佳敏、刘慕义译，上海人民美术出版社2006年版，第17页。

面广告，画面是一块写满数学公式的黑板，上面与中间各留下一道擦痕，最右侧的画面露出一只停留在黑板右上角的纤纤玉手，手里拿着的板擦明显是在擦黑板的顶端，那么中间的擦痕从何而来呢？这暗示女老师在擦黑板时，身着神奇牌内衣的丰满胸部也在无意中发挥着板擦的作用；另一则广告的画面是一条十字架项链，十字架的"十"字两边向前翘起。这意味着戴在胸前的十字架项链被丰满的胸部挤压得变形了。两则广告的创意表现令人惊叹。广告中没有出现任何内衣产品，却能以丰富的图像语言激发受众以经验类移的方式，寻找黑板中间的擦痕、变形上翘的十字架与穿着神奇牌内衣之间的因果联系。

同样，1992年台湾黄禾广告公司为台北市家庭计划中心设计的"奶嘴与避孕套"平面广告也是一次成功的实践。此前，台北市家庭计划中心曾做过一些避孕方面的公益广告，但由于缺乏创意，一直未能取得理想效果。公司接手这一业务后，创意人员首先从怀孕——生子——婴儿这一顺序进行创意发想，并将如纸尿裤、玩具、摇床、奶粉、婴儿食品、生病、哭闹、打针等与新生婴儿相关联的事物进行逐个关联，同时也对国内外其他避孕广告进行研判。在分析一则国外保险套广告时，创意人员突然受到启发，想到了保险套的前部和婴儿吃奶时用的奶嘴很相似。于是决定用此概念进行广告创意诉求。为了不出现误差，他们分别拍了一些保险套和奶嘴的照片进行比对，经过观察，觉得两者确实很相似，从哲理上讲更存在着一种事物间的必然联系性。于是，一幅经典广告作品诞生了：广告画面上除了一个避孕套头和一个婴儿奶嘴外，其他什么都没有。文案也只有一句话："多一分小心，少一分担心。"可谓"言近而旨远，辞浅而义深"，引起了很大的反响。

当然，因果与关系并不完全是一个并列关系，它们之间也有相互重叠的地方，所以基于因果关系的分类也不能准确说明相似的种类。

三、通过分离化扩大陌生度

刘勰在《文心雕龙》中说:"物虽胡月,合则肝胆。"所谓"物虽胡月",说的是用来做比喻的本体和喻体是相隔甚远的东西,二者看起来毫不相干,但是用到一起就应该如肝胆那样密切。刘勰举例说,"麻衣如雪"一词中的"麻衣"和"雪"两者相距甚远、毫不相干,但是两者之间又有一点相同,就是洁白,就像最北方的胡与最南方的越,相距遥远,但也有相似之处。所以,"合则肝胆"。

俄国形式主义学派的创始人和领袖之一的什克洛夫斯基(Viktor Shklovsky)认为,艺术通过对熟悉的对象进行陌生化的表现而使对象变得生动可感。"艺术的目的是要人感觉事物,而不是仅仅知道事物。"[1] 如果人们只是使用老生常谈的隐喻,那么,它便丧失了陌生性,于是人们不再看见它们、感觉它们,只是认知它们、援引它们。这样的结果就是,对人们来说,古典作家的作品已被习惯性的玻璃铠甲保护起来,现在都成了人们心里的茧子——我们对它们已经没有什么感受了。[2]

为了激起受众对生活的新鲜体验,文艺创作不能够照搬所描写的对象,而是要对这一对象进行艺术加工和处理,使其"陌生化"。所谓陌生化,是针对习惯化、机械化、自动化和潜意识化而言的,指将那些日常生活中司空见惯却又熟视无睹的事物用一种异于常规的手法表达出来。通俗点说,就是"换一种说法",以陌生表现熟悉。从具体方法上说,就是综合运用隐喻等形

---

① [俄]什克洛夫斯基:《作为手法的艺术》,《俄国形式主义文选》,上海三联书店1989年版,第6—7页。

② 俄国形式主义是1915年至1930年在俄国盛行的一股文学批评思潮,其组织形式有以雅各布森(后来流亡至布拉格)为首的"莫斯科语言学学会"和以什克洛夫斯基为首的"彼得堡诗歌语言研究会",其成员大多为莫斯科大学和彼得堡大学的学生。20世纪20年代后期,俄国形式主义的主要代表人纷纷流亡国外,从而使布拉格学派成为它的理论延续。布拉格学派将索绪尔的语言学理论运用到文学研究之中,在俄国形式主义和后来的结构主义之间架设了一座桥梁。

式把抽象的事物具体化，把熟悉的事物陌生化，从而使受众获得意想不到的感知体验。什克洛夫斯基认为，列夫·托尔斯泰（ЛевНиколаевичТолстой）最擅长使用陌生化手法，因为在托尔斯泰的作品中，往往是用语言描绘事物而不是直接说出事物的名称，就如同他初次见到这种事物一样。比如，他像一位从未出过城的人第一次看到辽阔的田野上稻浪滚滚，觉得特别新鲜，然后用大海来形容稻田，而不是直接称为"稻田"。这使人听起来陌生，感觉却更加新鲜和生动。

陌生化作为一种艺术理论和哲学思想，它的指向与隐喻所追求的效果不谋而合。正如有学者所指出的那样："艺术的本质在于'陌生化'，而'陌生化'实际上就是要使事物体现出新奇的一面，在这一点上，'陌生化'与隐喻是天然的盟友。"① 在广告中，采用陌生化的手法可以扩充作品的想象空间，刷新消费者对产品的陈旧感，把他们从狭隘的日常关系的束缚下解放出来。

（一）概念映射关系陌生化

在现代汉语的语法系统中，词语与词语的搭配是有一定规则的，也是相对固定的。为了创作出更加新颖的隐喻，需要打破词语"出牌"的正常组合规则，使词语与词语之间的搭配产生变异，从而形成一种似乎不合逻辑，或者不合语法规律，然而却独具表达效果的语言现象。例如，要隐喻"爱情"，一般人会想到用阳光、雨露、春风、潮水、大海、小舟、小溪等，但是说"爱情是香烟，静静地点，静静地燃，于无声处已将一身愁韵浓浓渲染"，或者说"爱情是建筑，如果一朝崩塌，断砖碎瓦将落满心田"，效果就截然不同了。1980年4月，博尔赫斯（Jorge L.Borges）在印第安纳大学与阿尔伯托·科法的一次谈话中，赞赏一位印度诗人使用过的一个隐喻："然而十几天前我读到一个隐喻，它使我惊讶不已。'在那里我发现，喜马拉雅山脉乃是湿婆的笑声。'也就是说，把一条可怕的山脉比作一尊可怕的神。"② 湿婆为印度教主神，喜

---

① 朱全国、肖艳丽：《隐喻与文学修辞》，《前沿》2010 年第 18 期。
② ［美］巴恩斯通编：《博尔赫斯八十忆旧》，西川译，作家出版社 2004 年版，第 204 页。

马拉雅山脉与湿婆笑声之间的关系十分陌生，但是诗人运用了自己的想象对它们进行了类比，形容其威力，既贴切又独到，令人难忘。

黑格尔说："为避免平凡，尽量在貌似不伦不类的事物之中找出相关联的特征，从而把相隔最远的东西，出人意外地结合在一起。"[①] 在广告创作中要着力创造新奇的、短暂的概念化现象。也就是说本体和喻体本身可以联系不大，或者说创作者必须要抓住消费者平时很难抓住或者容易忽视的相似点，建立起一种短暂的相似性，这样往往能造成陌生化效果，从而抓住受众的注意力。乔治·葛里宾 1938 年为箭牌衬衫所创作的广告标题一开始就吸引住了读者："我的朋友乔·霍尔姆斯，变成了一匹马。"人怎么变成马了，这岂不是奇怪的现象？接下来的文案是：

> 乔常常说，他死后愿意变成一匹马。
>
> 有一天，乔果然死了。五月初我看到一匹拉牛奶车的马，看起来像乔。
>
> 我悄悄凑上去对它耳语："你是乔吗？"
>
> 他说："是的，可是我现在很快乐！"
>
> 我说："为什么呢？"
>
> 他说："我现在穿着一件有舒服衣领的衬衫，这是我有生以来的第一次。我原来衬衫的领子经常收缩，简直在谋杀我。事实上有一件把我窒息死了。那就是我致死的原因！"
>
> "天哪，乔，"我惊讶失声，"你为什么不把你衬衫的事早点告诉我？我就会告诉你关于'箭牌'衬衫的事。它们永远合身而不收缩。甚至织得最紧的深灰色棉布做的也不收缩。"……

乔治·葛里宾为箭牌衬衫所创作的广告选择了衬衫防缩这一特性来作为

---

① ［德］黑格尔：《美学》第二卷，朱光潜译，商务印书馆 2018 年版，第 132 页。

卖点，使得箭牌衬衫的形象从众多的品牌中凸显出来。同时运用了对比的手法，诉说了未经防缩处理的衬衫带来的生活难题，从反面衬托了箭牌防缩衬衫给人们带来的方便。其作品成功之处是，意象中的大胆夸张和怪诞构想，把主题通过一个奇异的具有神话色彩的故事表现出来。广告中，衬衫竟使乔窒息而死，乔变成了一匹马，而且能与他的朋友交谈。叙述角度新颖独特，诱使受众不得不看下去。

正如葛里宾自己所坚持的信条一样：虽然我不能告诉你一个要怎样做的典范，可是在你做好一个广告之后，我绝对能告诉你一个要怎样做的典范。比如，这个标题是否使你想去读文案的第一句话？而文案的第一句话是否能使得你想去读第二句话？一定要做到使读者看完广告的最后一个字再想睡觉。葛里宾还说，一位撰文人员应该像避免瘟疫一样去躲避索然无味。

就属种而言，人与马的映射关系确实很远，但陌生的隐喻令人耳目一新，难以忘怀。不由得笔者想起了钱锺书在《读〈拉奥孔〉》中所说的那句话："不同处愈多愈大，则相同处愈有烘托；分得愈远，则合得愈出人意料，比喻就愈新颖。"[1]

（二）词语或图像的运用陌生化

词语的运用是有一定规律的，但在表达过程中，有时为了更加贴切和生动，可以临时改变词语的使用规则，使其陌生化，产生一种不同于概念意义的修辞意义，从而收到更好的表达效果。

索绪尔认为，符号组成符码的方式有两种：第一种方式是系谱轴，即被选用的符号均出自同一组符号；另一种方式是毗邻轴，毗邻轴是被选用的符号所组成的信息。举例来说，礼帽、棒球帽、军帽等各种不同的帽子组成一个帽子系谱轴，西装、运动服、休闲服组成一个服饰系谱轴，皮鞋、运动鞋、靴子又组成一个鞋类的系谱轴，我们从第一个系谱轴中挑出

---

[1] 钱锺书：《七级集》（修订本），上海古籍出版社 1985 年版，第 42 页。

礼帽，从第二个系谱轴中挑出西装，从第三个系谱轴中挑出皮鞋，这样就组成了一个毗邻轴，这个毗邻轴向我们传达出了相应的意思：一位适宜参加正式社交活动的绅士形象。若是我们从三个系谱轴中挑出礼帽、西服和运动鞋，三者组成的毗邻轴则让人感到费解。但是广告视觉符号的编码有时就要刻意打破某种惯常的毗邻轴安排，以陌生化的手法使符号意义在"情理之中，意料之外"，从而吸引受众的注意力。这种临时改变用法的隐喻主要有下列几种：

1. 词语的属性陌生化

词语的属性是词在语法意义上的性别，它表示词所属的类别。属性的陌生化是指某些词临时改变其基本语法功能去充当其他词类或基本功能未改变而用法比较特殊的现象。如将名词当动词用，将形容词当动词用，将贬义词当褒义词用等，从而产生一种特殊的表达效果。这类隐喻往往给人一种意外感，容易激发受众的想象力。

获得 2002 年"龙凤呈祥杯"爱情、婚姻、家庭主题公益广告大赛金奖的"情场老手"篇，画面上是两只紧紧相握的手，旁边的文案是："爱就要做情场老手。两只手，从年轻握到年老，这种浪漫，除了情场老手，又有几人能做到？""情场老手"本来是一个贬义词，但在这里作者打破传统，反话正说，用即有的市井俗语和寻常的两只"老手"，创造出情理至深的内涵，言语平实而深沉，具有撼动人心的效果。如果只是单纯的画面，而没有文字表达，广告创作者的创意就不能得到很好的体现。台湾中茂分色制版公司的广告"好色"篇也不同凡响：

我们很好色！

好色的我们不怕被人曲解，因为这是敏锐的专业天赋，好色的本质，成就了丰富的色彩价值。所谓传统，或许是最前卫的；所谓乡土，可以是最摇滚的，以好色为媒介所建立的共识中，我们将创造一连串令人惊艳的色相来。

很显然，这里的"好色"不是指习惯意义上的好色，而是指非常喜爱颜色的一种幽默的说法。

2.词语的使用范围陌生化

词语的使用是有一定的适用范围的，但在具体的语言环境中，可以根据表达的需要，临时改变其适用范围，或大词小用，或小词大用，有时还故意让词语"翻墙"、"越境"，进入"异国他乡"。这种用法带来的陌生感可以形成新的寓意。

美国奇丽奥（cheerios）谷物食品的一则广告中，一名小男孩看见他爷爷拿着一个盒子，读出了奇丽奥盒子侧面的文字。"你在干什么呀？"小男孩问道。爷爷解释说他在为他的考试做准备，"考试？什么课啊？"小男孩边问边开始大声咀嚼奇丽奥。爷爷回答说是胆固醇考试，上次没有考好。这时出现旁白："奇丽奥被证明是有助于降低胆固醇的唯一的优质冷藏谷物食品。"当爷孙俩离开早餐桌时，小男孩对爷爷说他希望爷爷能够考100分。但爷爷的回答让小男孩大吃一惊："好啊，我会努力争取达到190分左右。"这里的小男孩和他的爷爷心目中的"考试"其实不是一回事。小男孩说的课程考试，是以分数为标准的，而"爷爷"说的是他的胆固醇检查，是以指标为衡量标准的。正是这种词汇使用范围的扩大，语句才显得幽默和风趣。

3.词语的指称对象陌生化

词语的所指多种多样，而所指通常是固定的。但是，广告创意者也可以根据具体的语言环境，故意打破词语原有的固定所指，重新构建一种临时性的所指（即修辞意义）以增强语

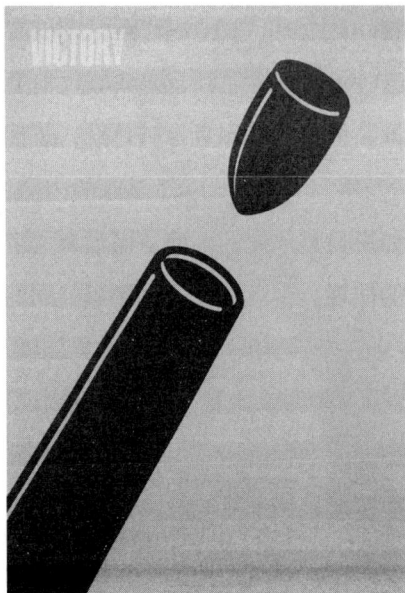

图7-5　海报"1945年的胜利"（海报设计：福田繁雄／日本，1975年）

言的形象性和感情色彩，使语言的表达更加的简练而又富于变化。例如，
2012 年电视美食类纪录片《舌尖上的中国》的播出十分火爆。在其余温尚
未散尽之时，同名图书隆重上市，其海报上的促销广告语是："自然经手，
文化过喉；舌品天下，胃知乡愁。"通过隐喻的方式说明中华美食源远流长，
阅读此书就是感受中国的传统文化，品味古老的乡愁。一时传为美谈。

再如国外的 M.A.C 口红的广告语："The most sensational place to wear
satin on your lips."（为你最动人的香唇穿上绸缎）。意为如果将这种口红擦
在唇上，会产生象绸缎般美丽动人而不会带来油腻的美好感觉。将口红比喻
成 satin（绸缎），马上使人联想到缎子的光亮、柔滑、轻软、细薄。熟悉东
方文化的人都知道，丝绸制品在东方文化中象征着自然、时尚与高贵，非常
符合 21 世纪人类生活的主题。由此我们可以感受到指称对象陌生化手法所
产生的魅力。

4. 图像关系陌生化

在广告图像的结构或元素关系上，打破常规，重新组合，往往会带来视
觉上的陌生化，使隐喻的意义得到强调。福田繁雄曾经说过："海报为视觉
传达的烟火"，传达并不是"知道什么"，而是一种"发现新事物的喜悦"。

"1945 年的胜利"是他在 1975 年设计的一幅海报（见图 7-5）。作者采
用类似漫画的表现形式，描绘一颗子弹反向飞回枪管的形象，简洁的炮筒形
状与炮弹构成了画面的对角构图。尤为精彩的是，作者有意识地把炮弹与常
规的视觉流程做反向状态处理。画面颜色只有黑、白、黄三种，寓意深刻，
达到了用最简单的画面表达最丰富的内容的效果。同时，子弹代表战争，飞
回的子弹一是隐喻战争的收回（结束）。因为战争的胜利就意味着敌对双方
刀枪入库，结束交火状态；二是寓意谁发动战争，谁将自食其果。源域是炮
筒和反向处理的炮弹构成的图形的符号，而目标域就是战争的发动者。这张
纪念第二次世界大战结束 30 周年的海报画面简洁、幽默、深刻，具有强烈
的视觉张力，充分显示了福田的优秀创新思维能力以及对图形语言的驾驭能
力。通常，人们看到的和想象到的事实都是子弹离开枪口后向前射出，而在

这幅海报中，子弹头却回向运动，有悖常理，完全超出了人们的经验范围。但恰恰就是这看似简单地将弹头的方向做了反向处理的异质同构画面强烈地传递了一种和平反战的意识。

四、通过形象化增强体验度

广告隐喻能否很快被理解，是否能够引起受众足够的兴趣，这不仅取决于创作者的水平和能力、受众的经验、心态、背景、认知能力等，同时与广告隐喻的表现方式有很大的关系。创作者的主观意图只是广告传播的一个方面，最终效果如何，取决于消费者是否接受广告。

这里的形象化包括两个方面：一是指文字上的隐喻或细节性描写，让受众通过联想，感受文字中所描绘的形象。比如，德国大众在2003年上海国际车展上的平面广告"美女与野兽"篇，画面中将带着经典的侧弧线风格的"美女"汽车新"甲壳虫"与威风凛凛的"野兽"越野车"途锐"并排而列，相映成趣。当然，这样借用现成的词汇和成语相对容易些，创新的含量稍低。而隐喻的句子是需要创意者自己创想的。比如，如何将航空公司头等舱的益处形象地传递给受众？这是不容易的。但是，伯恩巴克在给美国航空公司做平面广告时做到了。他以"为什么将军总是拥有自己的帐篷？"为标题，然后回答说，"私密、宽敞、舒适，整体氛围能让背负压力的人缓解旅行疲劳。"言语表达简洁而有说服力。还有，如何将某带有定时功能的电水壶的益处表达出来？"当白天又一次把黑夜按翻在床上的时候，某某牌水壶就准备为你唱歌了。"这样的描述生动形象，令人难忘。

二是指使用绘画、图片、视频等表现手段，使受众的感官得到视觉化的体验与享受。奥格威指出："调查一再表明，照片比绘画更能促销。照片能吸引更多的读者；能传递更多的欲望诉求；能让人更好地记住；能吸引更多的回单；能售出更多的商品。照片代表的是真实，绘画代表的是想象；想象让人信任的程度要低一些。"① 相比较而言，图像表现要比单纯的文字更容易理解和记忆，而视频化的呈现又比单纯的图片更富有感染力。在这个视觉文化时代，大众对视觉快感的期待已大大提高了，而且还在继续提高。广告人试图使形象负载较多的含义，受众需要的却是拥有强烈视觉冲击力的形象本身。因此，为了更有效地推销商品、服务，广告就不能停留在平均水平的审美趣味上，而是必须提供超常的视觉刺激才能吸引住眼球。

通常，人们都将蝴蝶视为美丽的化身。所以，有人说每个女子都是一只蝴蝶，带着寂寞的香气，从前世来今生寻找她自己。这句话似乎在 2006 年海飞丝的"蜕变"篇电视广告中得到了验证：镜头开始，伴随着优美舒缓的音乐声，红线缠绕而成的陀螺形物体在屏幕中间旋转；接着，几声呼吸，一位女郎从红线的缠绕中露出娇美的脸庞和身体。同时，画外音响起："从今天起，要你好看。海飞丝，蜕变。"伴随着画外音，分别穿插了女郎秀发和脸部的特写以及女郎完成的蜕变，原来缠绕的红线幻化成女主角身后的一对翅膀，出现一个像蝴蝶一样美丽的女人。整个影像中的隐喻呈动态性变化：头发问题是茧，受头发问题困扰的女人是蛹，摆脱头发问题困扰的女人是蝶，而帮助女人破茧而出、蜕变成蝶的是海飞丝洗发水。总之，图像、文字和听觉相互配合，共同给力，所以顺利完成了"女人如蝶，海飞丝助你成蝶"这一隐喻目的。

由于东西方文化的不同，以性为诉求的广告隐喻在西方出现较多。例如，"麦迪逊大道上的坏孩子"乔治·路易斯在为沃尔夫切米特伏特（Wolf Chemit）加所创作的平面广告就通过拟人隐喻的手法赋予产品以鲜活的生命形象：

第一个星期的《生活》杂志的广告画面上，一瓶直立的伏特加对着一颗甜美的红番茄说："你真特别，我们在一块儿一定能够调出漂亮的血腥玛丽。我和其他家伙可不一样。"番茄回答："我喜欢你，沃尔夫切米特，你很有品味。"第二个星期的广告则是一个平

---

① ［美］大卫·奥格威：《一个广告人的自白》，林桦译，中国物价出版社 2003 年版，第 138 页。

放的伏特加对着一颗成熟的橘子说道:"小甜心,我很欣赏你。我是个有品味的人。我能激发你身上最纯正的橘子味儿,我能帮你成名。吻我。"橘子答道:"上周和你在一起的西红柿是谁?"

在接下来的几个星期分别上场的有柠檬、洋葱、橄榄等（都是能在酒吧里看到的东西),它们都和沃尔夫切米特说着带有性暗示的俏皮双关语,对话亲切而机智。

广告充分显示了路易斯的创意才华。正如人们所评论的那样,"路易斯在这一系列文案创作中弄尽了风情,只是一两句话就把玩世不恭的伏特加、一往情深的红番茄和醋意横生的橘子描绘得活灵活现,甚至可以想象出在这些无生命的物体上流露出的表情"。[1] 广告成功地引导了西方消费者的认知,成了他们津津乐道的话题,许多人将沃尔夫切米特视为饶有"性趣"的伏特加品牌,因此而增加了销售。作者后来回忆道:"20世纪60年代,我用一则伏特加广告终结了《生活》杂志上无聊的、一堆夫妇在顶楼干杯喝酒的广告,震惊了伏特加爱好者们和广告界。"[2]

五、通过人性化提升感染度

在人与人的世界中,生命是一场又一场的相遇和别离。我们每个人总是不停地遇见、又不停地错过,那些反映人类精神深层次的亲情、友情、爱情、希望等,会在心底留下深深的印迹,成为人们所不能割裂与舍弃的关系。每当想起薄伽丘《十日谈》中那个可怜的腓力·巴杜奇（Philip Baduc-ci)的儿子下山之后,在佛罗伦萨城见到"绿鹅"的故事,总让人唏嘘不已。有人说,人性是人类生命中灵魂的光亮。历史上那些伟大的文学艺术作品无

---

① 魏炬:《世界广告巨擘》,中国人民大学出版社2006年版,第352页。
② [美]乔治·路易斯:《好忠告》,老金译,湖南人民出版社2018年版,第103页。

非是写在纸上的沧海桑田，藏在字里画间的悲欢离合。从我国先秦的《诗经》到清代的《红楼梦》，再到现代的《边城》及《平凡的世界》等文学艺术作品，无不闪烁着人性的光辉。千载之下，当我们今天读到古代那些旷世之恋情、不渝之亲情、报国之豪情，抑或是思古之幽情、出世之逸情的故事，都会引发内心深处的共鸣，甚至潸然泪下。

人性是一种以生物属性为基础、精神属性为表现形式的社会属性，复杂、生动而又多样。一方面，人作为大自然的产物，有天然的食色本性、积极进取的生存本能（努力）、向往自由（选择）和追求快乐（放松）的天性等，同时也伴有懒惰（闲适）与贪欲（占有）等；另一方面，人作为社会化的动物，在回应着群体生活所带来的秩序与文明的同时，渴望得到他人的认可（接纳）、尊重（成功）与重视（情感），在生活和工作中，为了能以最划算的成本及最小的风险生存，个体常常会作出从众的行为。在从众、服从及利他的基础上又会产生掌控、虚荣等欲望与行为。学者李银河指出，"世间存在着大量的丑陋：欺骗、利用、算计、幸灾乐祸、落井下石、勾心斗角。人们在丑陋的人际关系中挣扎，就像在一池黏稠的液体中游泳，感觉很糟；就像在一个重度污染的环境中呼吸，不知不觉受到戕害。世间也同样存在着大量的美好：友情、亲情、爱情、文学、美术、音乐。人们在美好的人际关系中徜徉，就像在一池碧蓝的清水中畅游，感觉惬意；就像在清澈的碧空中翱翔，自由自在，随心所欲。"① 这说明人性中既有光明、美好、伟大的存在，也有阴暗、丑陋、卑琐的蛰伏，它们相互依存，相辅相成。因之，笔者将人性分为积极的人性和消极的人性两个方面。通常我们所说的"人性"是指人们以感情为纽带联结成的积极人性，也是作为人所应有的正面、健康的品性，比如慈爱、深情、正直、善良等所有正义性的人类价值观，当然也包含悲悯、关怀、理解、包容等同情心与同理心。

当今，人类社会早已从远古的口头叫卖、实物、招牌进入到今天的数字

---

① 李银河：《美好与丑陋》，《时代青年：悦读》2014 年第 9 期。

化、网络化传播时代，媒体经历了技术、方式、结构的沧海桑田般的巨大变化，人们的思维方式、生活方式、思想观念也都发生了显著改变。但是，网络并没有改变人类的本性。正如霍普金斯（Claude C.Hopkins）在《科学的广告》中所深刻描述的："人的本性是不会变的。今天的人性在很多方面都跟凯撒时代的一模一样，因此心理学的原则不仅是固定的也是恒久的，你学到的心理学原则永远也不会过时。"① 在激烈的市场竞争环境下，那种单纯依靠推销产品功能的方式已经不足以在今天的市场中占据优势地位，必须要重视受众的人性需求，从人性上寻求突破口。这也是许多广告大师的共识。比如李奥·贝纳就认为，广告代理商的作品应当是温暖的、人性化的，它触及人们的需求、欲望、梦想和希望。② 即使是一向反对"广告是科学"观点的伯恩巴克，在对人性的看法上也与霍普金斯不谋而合。他指出："所有有效的创意哲学，其内核都涵盖着这样一种信念：没有什么比洞察人性更具效力。言辞的矫饰之下，人被何种欲望、何种本能而驱使、而支配？"③ 他提出了洞见人性的重要性。及至晚年，在一次被采访中回答"未来80年广告界有什么变化"时，他还是毫不犹豫地说："人性一百万年都不会改变，往后一百万年也一样。改变的只是一些表面的东西。"④ 诺贝尔文学奖获得者福克纳（William Faulkner）也认为："人性是唯一不会过时的主题。"那么，不变的人性通常表现在哪些方面呢？资深广告人陈国辉告诉我们：

> 比如，我们一直追求美，虽然美的定义经常改变。
>
> 比如，我们从喜欢大牌，到喜欢小众品牌，表面上看似反差很大，但骨子里都是想彰显自己的优越感。
>
> 比如，我们讨厌虚伪，喜欢诚实，这是天性，但这和我们本身

---

① ［美］克劳德·霍普金斯：《文案圣经：如何写出有销售力的文案》，姚静译，中国友谊出版公司2017年版，第27页。
② 《李奥·贝纳关于创意的100个提醒》，《中国广告》2012年第3期。
③ ［英］哈里森：《创意的秘密》，杨凯、赵雯婧译，世界图书出版公司2012年版，第20页。
④ 欧阳亚琦：《影视广告创作的人性关注》，《艺海》2016年第1期。

虚不虚伪、诚不诚实没有关系。

比如，我们喜新厌旧，感觉上好像是变来变去的，但喜新厌旧是人的本性，这一点一直没变过。[①]

虽然这些列举还只是人性表现的一部分，但足以让我们受用无穷。

隐喻思维的实质是建构一个不同概念之间互为关联的认知方式。广告通过带有倾向性或暗示性的文字或图像向消费者施加某种信仰和情感，以激起他们内心的共鸣并最终促使他们产生行动。那些与产品或服务有关的有情节、有温度、能够折射出美好人性的故事能够拨动消费者的心弦，唤起他们的需求、欲望与梦想。有人说，广告是写给消费者的情书。这种"感情的力量主要通过爱情、亲情、友情、乡情与怀旧等来营造，既可以做纯粹的抒情、浪漫或深情的渲染，也可以做生活化的生动表现"[②]。研究表明，没有一个成功的全球品牌不表达或不包括一种基本的人类情感。以人性化为重点寻求广告隐喻的创意，是增强广告说服力，提高商品销售量的一种有效方法，也是当今广告创作的主要趋势。

例如，美国电话电报公司的"声入人心"，麦当劳的"爱在一起"，台湾大众银行的"母亲的勇气"、"梦骑士"，以及宝洁公司的"为母亲喝彩"等广告之所以感人肺腑，就是因为它有效地运用了人性的资源。

台湾中华汽车以怀旧为主题的系列电视广告通过十分感人的故事情节表达了"最重要的一部车——爸爸的肩膀"、"最长的一条路——妈妈的皱纹"这样的隐喻概念，十分走心。广告将人性的本质外化，通过具体的人物形象、人物之间的关系来展现人性中善的一面，彰显人性的质朴与本真。其后，中华汽车又以"连续剧"的形式推出了从两个年轻人共组小家庭、怀孕生子到养育孩子的三部广告片，展示了生活中的温馨故事，为产品营造了一层浓浓的人情味。

① 陈国辉：《十个为什么：广告营销哲学十堂课》，广西师范大学出版社 2020 年版，第 187 页。
② 言靖：《试论商业广告的感性诉求》，《河南理工大学学报》（社会科学版）2005 年第 4 期。

我们来欣赏其中一则电视广告的文案：

> 如果你问我，这世界上最重要的一部车是什么？那绝不是你在路上能看到的。
>
> 30 年前，我 5 岁，那一夜，我发高烧，村里没有医院。爸爸背着我，走过山，越过水。从村里到医院，爸爸的汗水，湿遍了整个肩膀。我觉得，这世界上最重要的一部车是——爸爸的肩膀。
>
> 今天，我买了一部车，我第一个想说的是："阿爸，我载你来走走，好吗？"

广告语："中华汽车，永远向爸爸的肩膀看齐。"

同样，人与动物之间的感情也很感人。例如，2013 年百威在超级碗（美国国家美式足球联盟年度冠军赛）举办期间投放的广告"人马情未了"（Brotherhood）以及后来的"犬马情未了"（puppy love）、"丢失的狗狗"（lost dog），都以动物与人之间的感情为主线，生动地刻画了动物和人之间爱与被爱、需要与被需要的情感故事，充满温情，感人至深。尤其是"犬马情未了"讲述了小狗在被三番五次送走后，仍然坚持不懈地回到旧主人和旧主人饲养的克莱兹代尔马身边。小狗和克莱兹代尔马之间深厚的"犬马情"更是令人动容。百威啤酒的目标消费者为 25—35 岁的男士，此年龄段的男士有自己的事业，也会享受生活，常与朋友聚会喝啤酒、健身，在感情上注重亲情、友情，富有同情心。

除了对人性的温暖做充分的肯定和张扬外，广告隐喻还可以通过表现高尚、坚强和勇敢等优良品格来激发消费者对美好事物和光明前景的向往与追求，以达到塑造品牌形象的目的。如 2005—2006 年，潘婷在泰国推出了一则名为"你必闪亮"篇的网络广告。广告一改以前对产品功效的强调，而转为讲述一个聋哑女孩学小提琴的动人故事：学琴伊始，她就因为是一个聋哑人而遭到了周围人的嘲笑、欺负与百般刁难，甚至有人说：聋子拉小提琴就像鸭子想飞一样，是可笑的，由于老艺人的不断鼓励和帮助，小女孩重燃信心，矢志苦练。在音乐比赛那天，她勇敢地登上舞台，穿着朴素的衣裙，拿着用胶带粘贴的小提琴，忘情地演奏，乐曲悠扬动听。阳光下，一只刚刚完成蜕变的蝴蝶扇动着美丽的双翅，穿过原野，飞向远方。最终，小女孩的演奏赢得了全体评委的起立与热烈掌声。一首感动了世界400年的经典曲目《卡农》的旋律自始至终贯穿整个广告，象征平淡生活在变换中永恒的生命感悟，和广告的主题十分贴切。广告中还有两处隐喻：一是广告开始时的语音"你以为鸭子也会飞？"二是后半段镜头中破茧而出、振翅远飞的蝴蝶。一个寓意不可能，一个暗合了潘婷的"你必闪亮"的广告语。广告的意蕴非常深厚：只要你努力，一定能使自己"发光"！

当然，怀旧也是一种常见的人性表现，它是对旧物、故人、故乡和逝去岁月的缅怀。2006年，英国南安普顿大学做过一项研究，在172名被测学生中，有79%的学生声称他们每周最少有一次心生怀旧情绪，而有16%的学生则表示他们每天都有这种多情时刻。有研究表明，怀旧感使人们获得的体验要比当时感受到的更加美好，也更加愉悦，它有益于提升情绪、提高自尊心，还能促进人际关系的发展，是心理健康的一种来源。为什么一个50岁的女人会买染发剂和除皱霜？为什么一个50岁的男人会买雷朋眼镜或留平头？在生活中，只要我们认真观察就会发现，人们的心理年龄普遍低于实际年龄。常徘徊在他们人生"最好的时光"的现象时，我们就不难理解怀旧的普遍性及其意义。

怀旧常与经典相关联。经历过岁月沧桑的人会不由自主地通过有年代感的食物、时尚、歌曲、影像、建筑、工艺品等来抒发自己的怀旧情愫。在广告中充分运用那些带有时光雕刻印痕并为受众所熟悉的场景与产品，能够勾起他们内心深处对往日时光中那些人物、事件或物品的怀念，那是他们集体拥有的共同记忆的符号，也是他们精神的家园。所以，广告中的怀旧主题对一些具有相当阅历的消费者来说，能够唤起他们岁月的曾经感和对产品的需求感。

上海百雀羚牌护肤霜的长图广告"1931"篇就是这么做的。它用长达 4 米多的海报将消费者带回到了 1931 年的上海：身穿旗袍的美女特工、洋楼、洋行、街边卖报、大剧院、大百货……整个广告的中心人物是穿着绿色旗袍的民国美女特工，随着她的脚步前行，民国的街景与众生相徐徐展开，仿佛岁月静好，一派祥和。突然，这个叫阿玲的美女开枪了！她为什么开枪？向谁开了枪？看到最后观众才明白：原来是她打死了时间。广告语随之出现："百雀羚始于 1931，陪你与时间作对。"广告意在说明，百雀羚是一款历史悠久的化妆品品牌，让你留住青春的容颜。那是一个混乱的时期，也是一段缤纷的时光，广告隐喻的怀旧主题无疑唤起了消费者较为丰富的品牌联想。

六、通过利益化强化关注度

广告隐喻能不能打动消费者，在多大程度上打动消费者？这与广告中的产品或服务与消费者利益关系的程度相关。很多时候，消费者最想知道的就是这个商品有什么样的功能、用途，能够为他们带来何种利益与好处，不管是物质的或是精神上的。霍普金斯认为："幸福、平安、美貌和满足是人们一直以来苦苦追寻的理想。那么，就给他们指出实现这些理想的道路吧。展示生活幸福的人，不要展示遭遇不幸的人；告诉他们正确方式带来的效果，而不是错误方式带来的后果。例如，没有哪个牙膏厂家因为展示出肮脏的牙齿，或者讨论龋齿和牙槽溢脓而让消费者记住了他们的牙膏。只有突出美好的一面，成功才触手可及。"[1]因此，大量的广告需要通过文案或图像呈现商品的种种有力的"事实"。这方面最为经典的作品有乔治·葛里宾为美国旅行者保险公司创作的"寡妇"篇，伯恩巴克为大众金龟车创作的"柠檬"篇，以及李奥·贝

---

[1]　［美］克劳德·霍普金斯:《文案圣经：如何写出有销售力的文案》，姚静译，中国友谊出版公司 2017 年版，第 237—238 页。

纳为美国肉类研究所创作的"肉"篇，以及奥格威为劳斯莱斯创作的"这辆新型劳斯莱斯在时速达到60英里时，最大的噪音来自电子钟"篇等。

在当今的广告世界里，这方面优秀的作品也是不胜枚举。例如，马丁广告公司的一则关于农用杀虫剂的电视广告，既简洁又极富创意地传递了该产品的利益点。广告的全部道具是两个锤子和一个白色的桌面，其中一把锤子看起来是金子做的，另一把看起来则是铁做的。在锤子旁边，有两只小虫子。画外音道："你可以使用价格不菲的杀虫剂。"同时，一只手拿起了金锤子，砸死了一只小虫子。"然而，你也可以使用价格便宜的杀虫剂。"这时又出现一只手，拿起普通铁锤，砸死了另一只小虫子。最后，画外音总结道："难道这两只虫子的死有什么区别吗？阿蒙（Ammo）杀虫剂，杀虫到位，价格不贵。"

台湾黑松天霖水的影视广告则用隐喻的方法告诉消费者：黑松天霖水绝不是一般的水，它是你生命中成长所需要的水：

画面为香水　　　　　　　　　字幕：挑逗的水

画面为游泳池中的水　　　　　字幕：游戏的水

画面为输液的药水　　　　　　字幕：补充的水

画面为托起小船的海水　　　　字幕：冒险的水

画面为酒　　　　　　　　　　字幕：享乐的水

画面为奶瓶中的乳汁　　　　　字幕：成长的水

画外音：这是无可替代的水，满足人类基本需求。

发现一瓶好水——黑松天霖水。（字幕）

第三节　广告隐喻建构的评价标准

广告隐喻作品是广告创作者的心血与智慧的结晶，广告隐喻的实现是创作者的经验和受众经验的相遇与相融。广告大师雷蒙·罗必凯（Raymond Ru-bicam）曾说过："上乘广告的最好标志是，它不仅能使观众争相购买它的产品，而且能使观众和广告界都把它作为一种可钦可佩的杰作而长久不忘。"①

但是，这并不意味着只要是作家、诗人就一定是优秀的广告文案人，只要是设计师、画家就一定是杰出的广告设计师。相反，瑞夫斯曾经很肯定地说："莎士比亚会是一位非常差劲的文案写作人员，海明威也是一样。所有的著名作家都是。"② 尽管瑞夫斯对这些伟大的作家们极为仰慕，但他仍然要这么认为。奥格威赞同这一观点，他认为伟大的作家，如海明威、萧伯纳和福克纳要是写作广告的话，都会失败③。为什么呢？因为广告创作与文学创作的区别很大。从某种程度上来说，文学是表现作家心灵世界的艺术，有很强的主观性，而广告的目的是为了销售产品或服务，它要针对目标受众而创作，要唤起受众对产品或服务的兴趣。同样，"伟大的设计师很少能成为杰出的广告人，因为他们完全沉浸在构思广告图片的美感之中。而忘记了商品本身是用来买卖的。"④ 所以，我们也可以说，如果让达·芬奇、伦勃朗、毕加索、安格尔等这些绘画大师去设计广告，也可能会让他们感到不堪。

那么，评价广告隐喻优劣的标准有哪些呢？在此，笔者提出自己的一得之见。

一、语义范畴跨度对隐喻创造性含量的衡量

古罗马修辞学家曾经指出，相比事物间距离越大，隐喻的效果就越新

---

① 徐乐琼、杨新亮：《广告隐喻的认知解读》，《现代语文》2010 年第 10 期。
② 魏炬：《世界广告巨擘》，中国人民大学出版社 2006 年版，第 307 页。
③ ［美］斯科特·阿姆斯特朗：《广告说服力》，吴国华、林升栋、康瑾、杨松译，商务印书馆 2016 年版，第 236 页。
④ ［荷］盖伦编：《媒介即信息及其他 50 条荒谬的广告法则》，王黎辉译，天津大学出版社 2010 年版，第 31 页。

奇。汉代的刘安在《淮安子·要略训》中就论述了关于运用比喻的一个重要条件："假譬取象，异类殊形"，说明了隐喻的创作要以相似点为基础，本体和喻体又必须不同类、不同质。刘勰在《文心雕龙》中又进一步阐明了刘安的这一观点。

世界上所有的事物和现象都有其特性，人类为了充分认识客观世界，常常采取分析、判断、归类的方法对客观事物进行分类和定位，形成不同的范畴。莱考夫和约翰逊指出，人们的认知方式、思维习惯是在正常的经验框架中形成的，各种意象图式都是将人的具身经验通过联想投射到其他领域的事物或现象上，以达到对客观世界的理解和认识。

概念的形成是以认知范畴为基础的。认知语言学认为，人的大脑并不是一个一个地认识事物而是一类一类地认识事物，不是给一个一个事物命名而是给一类一类事物命名。在这一过程中，概念只能以语义即词语意义的形式存在，词义是概念在语言中的表达形式，词义代表着一个互相关联的认知范畴和语义范畴。语义范畴是认知范畴的物质表现形式。

语义范畴是一个复杂的概念。人们通常将在语法层面表现的东西称为狭义的语义范畴，即语义语法范畴，而将包括语法、词汇和语用等各个不同层面在内形成的语义束称为广义的语义范畴。本文的语义范畴是指广义的语义范畴，只要涉及与语义有关的内容，都归之于语义范畴。

不同的语义范畴反映了人们对各种事物认识的差异。通常情况下，单个语词的语义范畴都包含基本语义、单一语义、与自然属性相似的语义转移以及与本质属性相似的语义转移四个方面。隐喻涉及从一种事物来理解另一种事物，则必然会涉及两个或两个以上的语义范畴。但两个范畴不会无缘无故的并置在一起，而是以相似性为纽带、意义性为指归关联在一起。一个显而易见的事实是：两个性质差异越小的事物语义范畴的跨度也越小，越容易进行认知心理处理，而性质差异越大，语义范畴跨度也就越大，对心理重组的要求就越高，认知处理的难度也会越大。比如，有生命的事物和无生命的事物之间就存在较大的跨度。广告隐喻在形式上是两个概念间的映射，实质上是不同领域内的一个范畴向另一个范畴的语义映射，目的是在不似之中发现相似，这需要创作者调整已有的认知方式和思维习惯以重组经验要素，突破原有事物的差异而把它们统摄在一个新的类别中进行认知处理，这种认知本身具有一定的创造性。

隐喻的两端——源域和目标域之间的语义跨度越大，它们统一到隐喻之中时也就越不合常理，但所蕴含的张力越大，给受众带来的感受力就越强。比如香奈儿香水的广告语"分享这份梦幻"要比"分享这种香味"的说法反常得多，而它给人的印象也深刻得多。

语义范畴跨度的要求是：

（一）符合文化语境（边界性）

任何广告隐喻都要同它所属的文化语境相一致，只有这样才容易被受众所理解和接受。萨丕尔-沃尔夫假说认为，不同语言里所包含的范畴和概念会影响语言使用者对于现实世界的认知，也就是说，不同语言的使用者会因语言差异而产生思考方式、行为方式的不同。语言中的词汇只是一些无意义的标签，使用者用它们来传递信息或引导人们的注意力，以引起受众认知上的或行为上的反应。词和短语的意义在很大程度上依赖于语境。词句的语境变了，其要旨和意义也随之而变。

例如，奥迪 A4 的平面广告"刺绣"篇被认为是一篇优秀的广告。它的标题是："你眼中的 A4，我们眼中的艺术品。"画面中展现了用绣花针勾勒出的一辆针织的奥迪 A4，完美地再现了中国的传统刺绣艺术。文案正文为："对奥迪来说，制造一辆好车，就像制作一件艺术品。精工细作，精益求精，才造就了奥迪 A4 令人叹服的精细工艺。蜚声国际的'零间隙'工艺，令装配连接处严丝合缝，如同天衣……"广告表现了奥迪汽车致力于将科技与艺术完美结合的追求，又带有浓郁的中国传统文化色彩。从语义跨度上来说，将车喻为艺术品，容易理解，但跨度较小，语言冲击力显得不足。相比之下，奥迪 ABS 功能的广告语义跨度较大。我们知道，ABS 防抱死系统被誉为具有革命意义的安全装置。装有 ABS 的奥迪汽车为了突出自己的这一功能，在影视广告中，利用交通时速标志，巧妙地将 100，60，20 的限速标志和停车的标志组成了一串四环形的图案。用限速标志的方法来表现奥迪车具有良好的防抱死系统，可以在高速行驶状态下很快将汽车速度从每小时 100 英里迅速降至 60 英里、20 英里直至停止，过程流畅而平稳，能瞬间化险为夷，从而保证驾乘人员的生命安全。如此较大语义跨度的隐喻留给受众的印象就极为深刻。

同样，七匹狼休闲男装的电视广告把现代都市比作森林，把其目标消费群——都市男性白领——比作不断奋斗的狼：

> 说真的，我喜欢狼。这个世界很现实。要生存，就要比别人更能适应环境，反应慢一点都不行。我喜欢像狼一样地思考，有时要沉得住气，有时要宣泄自己，换个角度，失败和挫折也是财富。只要像狼一样牢牢守住目标，相信自己，相信伙伴，没有成不了的事。有时，我会想，都市是森林，而我是森林中的一匹狼。

把人比作动物并不新奇。按照国人的思维习惯，人们会把尊贵的人比作龙、把气势如虹的人比作虎，把目光敏锐的人比作鹰，却极少把正面的人物形象比作狼，因为狼与人的语义跨度非常大。千百年来，狼在我们的印象中是一种凶残、阴暗甚至邪恶的动物，在无数的寓言和童话中，它都是邪恶的化身。但是在这篇七匹狼服饰的广告文本中，狼与都市男性白领的并列对比，无论是对"狼"这一符号，还是对"都市男性白领"这一形象都赋予了新的意义。狼的智慧、狼的军事才能和顽强不屈的性格、狼的团队精神和家庭责任感、狼的尊严等都为都市男性白领的形象增添了几分厚重的文化内涵。再加上此前齐秦所唱的《北方的狼》已经唱响大江南北。他用深情而略带沧桑的声音演绎了一个在都市中奋斗的白领的心路历程：孤独与艰难，成功与失败，梦想与奋斗，自然得到了消费群强烈的心理共鸣。

（二）符合受众经验（认知性）

从消费者的角度出发进行广告创作，是李奥·贝纳一直坚持的原则。他指出，在广告创意中最基本的目标是让观众或读者去接受而不是排斥。不虚伪、不堆砌、不自以为是，才可能成为一个好广告。

经验范围是广告隐喻传播过程的核心概念之一，包括个体的全部生活经历。研究表明，对抽象事物规律的认知是建立在人类基本经验的基础之上的，基于经验之上的概念化并非是杂乱无章的，而是一个完整的、有序的系统。隐喻概念与"现象逻辑层次"相对应，包含人们能感知的任何事物，特别是人们的精神状态、周围环境和身体以及社会活动等。也正是在这个层次上，莱考夫和约翰逊认为，人们能够对所感知的和所经历的事物进行范畴化，从而获得认知范畴。源域的映射实际上是从某个特定的基本层次范畴，或在该层次范畴之上、之下的范畴里挑选与目标域相匹配的属性，人们利用相对熟悉或相对容易把握的经验领域，来组织相对不熟悉或相对不容易把握的经验领域，由此形成某种概念。

因此，创作者与受众之间共同的经历越多，相互分享的经验与思想也就会越多，共鸣的可能性就越大。为了形成有效的传播，广告创意者必须依据对消费者及潜在消费者经验范围的了解，恰当选择和运用文字、色彩、声音、图像等要素创作广告隐喻。否则，即便广告做得再漂亮，脱离受喻者经验范围之外的信息也难以被认可。

《南方周末》的系列平面广告分别以大众生活中常见的灯、秤、镜自喻，强调和凸显了《南方周末》的办报宗旨——要用心成为老百姓心中的那盏灯、那面镜、那杆秤——"弘扬理性，宣传科学、民主、法治，点亮启蒙的灯"；"实事求是地表现、传递社情、国脉、民意，擦亮明鉴的镜"；"顺应民心向背，以爱心、正义、良知校准公理的秤，使《南方周末》真正成为老百姓最贴心的报纸"。三则广告并列呈现，语句通俗，气势磅礴，非常有感染力，一举拿下第八届中国广告节银奖。同样，人们对花也很熟悉，如果用花来比喻女性，司空见惯。可是，如果用花来比喻别的事物，效果就会不同。如房地产的开盘广告语"一枝独放，艳压群芳"。音乐会的广告语："在这春水初澜、春光四溢的季节，小约翰·施特劳斯的音乐即将盛开于庐州大剧院。"美妙的、奔放的音乐就如同繁花一般热烈地开放，带给受众盛大而美好的心理体验。

对不同语义跨度的理解常常要借助合适的语境，但语境不宜复杂。20世纪 70—80 年代在台湾地区的广告界出现了一股后现代主义的创作思潮。后现代主义倡导以语言为中心进行创作，高度关注语言的游戏和实验，热衷于开发语言的符号和代码功能，醉心于探索新的语言表现艺术，并试图通过语言自治的方式使作品成为一个独立的"自身指涉"和完全自足的语言体系。这些特征在台湾意识形态广告公司的文案及设计中得到了极大的延展。但是，如果人们不了解后现代主义，不了解历史上政治权力与服装的关系（例如清朝的各个等级官职的不同补服图案），也不知道 1980 年剪裁精巧的阿玛尼男女"权力套装（power suit）"的推出与身着全套阿玛尼"权力套装"的基尔（Richard Gere）在"美国舞男"亮相所造成的影响，就难以正确解读"服装是高明的政治，政治是高明的服装"这个意识形态广告中的隐喻。同样，如果由于某种知识的欠缺，我们也会对荣获 1999 年戛纳广告节大奖的索尼娱乐站的广告"乳头"篇一头雾水。这说明，使用不同语言的人对世界的感受和体验会有较大的不同，也就是说与他们的语言背景有关。

二、创新成分比重对隐喻创造性含量的衡量

在语义范畴之外，还有影响隐喻价值含量的另一个重要因素——独创性。塞尔对"隐喻基于相似性"的观点采取了一种调和的态度，认为两者既有关系，也没有关系。莱考夫和约翰逊则强调了隐喻可以创造相似性而不仅仅是描摹既存现实的相似性。笔者认为，隐喻以相似性为基础，展开大胆想

象是广告隐喻创新的重要途径。

有关统计表明，在漫天飞舞的广告中，85%的广告根本没有人注意，只有区区的15%才能够真正留在人们的记忆中。正是根据这一无情的数字比例，伯恩巴克坚持把独创性和新奇性作为广告公司生存发展的首要条件，提出广告最重要的就是要有独创性和新奇性。只有这样，广告才有力量和世界上一切惊天动地的新闻事件以及一切暴乱相竞争。"也正是在这一信念的指导下，伯恩巴克在美国同时代的广告大师中，能够独辟蹊径，自成一家，常常创作出令人拍案叫绝的作品。"[1]

创新成分比重的要求是：

（一）具有原创品格（原创性）

古希腊神话中有这么一个传说：与美神维纳斯同时诞生的是人世间最美的花朵和女人。因而在西方文化中，人们常以花朵喻女子。在我国也一样。《诗经·郑风》中就有"有女如荼"的诗句，"荼"就是茅草的白花。《诗经》之后的两千五百多年间，把女人比作花的文人墨客不计其数，也留下了很多名篇佳句。古今中外不约而同地把女人比作花，既很贴切，也是很有意思的文化现象。花的世界多姿多彩，热情奔放的是玫瑰，雍容华贵的是牡丹，清新淡雅的是水仙，妩媚娇艳的是桃花，朴素温婉的是茉莉，冰姿玉骨的是梅花……一如女人的千姿百态。

美则美矣。然而英国作家王尔德（Oscar Wilde）说："第一个用花比美人的是天才，第二个再用的是庸才，第三个就是蠢材。"[2]尽管这种说法有些绝对，却也有一定的道理。当人类历史上第一次把女人喻为鲜花时，如果我们用语义范畴跨度的原则去评价它的创造性含量时，一定会给予高分，因为女人和鲜花分别属于无生命和有生命的语义范畴。这一跨度较大的隐喻，其创造性的含量是很高的，给人以惊艳之感。然而当这个隐喻第二次出现时，

① 魏炬：《世界广告巨擘》，中国人民大学出版社2006年版，第57页。

② 曹亚明：《平面设计中运用比喻图形的新思维》，《文教资料》2010年第4期。

它的创造性含量就降低了。到了第三次、第四次出现时，它们的边际效应就更低，成为司空见惯的词汇，人们对它的敏感度会降低，有时甚至会熟视无睹。同样，把月亮称为"明镜"、"玉盘"，把眼睛说成"秋波"、"窗户"，把红唇说成"樱桃"、"花瓣"等，本来也是非常形象贴切的，但由于经常重复出现而失去新鲜感，最终和"女人如花"等一起进入了套语、"死隐喻"的行列，尤其是那些"经常被断章取义地从文本中抽出来使用的比喻最容易老化，因为比喻特有的力量本来就是离不开其特有的语境。反复被套用的比喻，由于脱离了其语境，就像被抛上岸的鱼"。① 当今的人们也许已经体会不到许多隐喻曾经有过的新奇性了。广告也一样。伯恩巴克认为，广告就像花儿一样，因创新而盛开，因模仿而凋零。没有创新的广告隐喻，往往简单雷同，说白都像雪，说黑都像煤，而创造性的广告隐喻，尤其是那些独特性或首创性的隐喻更具有传播价值。

莱考夫和约翰逊指出："新的隐喻可以创造新的理解，从而创造新的现实。"② 美国宾夕法尼亚大学沃顿商学院营销学教授阿姆斯特朗（J. ScottArm-strong）的研究也显示："新异的隐喻（相关性为 0.12）比熟悉的隐喻（相关性为 0.01）说服力要高得多。"③ 作家韩寒在其著作《三重门》中有"怀才如怀孕，时间久了才能看出来"的隐喻，可谓匠心独运。作者通过发掘相差甚远的两个对象的共同点，通俗而深刻地表达了一个概念隐喻，发他人所未想。同样，扬雅广告公司为拉斯维加斯旅游公司所做的一则平面广告，画面是一个绑带筒，筒上缠着许多亮晶晶的碎石、小金属片和假睫毛。广告语是："拉斯维加斯发生了什么事，留在这儿。"广告画面看似简单，却真实地反映了产品的核心点，隐喻贴切，寓意丰富。

同样，"一只风筝一辈子只为一根线冒险，一台 ×× 冰箱一辈子只为一

---

① 赵毅衡：《新批评：一种独特的形式主义文论》，中国社会科学出版社 1986 年版，第 146 页。
② [美] 乔治·莱考夫、马克·约翰逊：《我们赖以生存的隐喻》，何文忠译，浙江大学出版社 2015 年版，第 236 页。
③ [美] 斯科特·阿姆斯特朗：《广告说服力：基于实证研究的 195 条广告原理》，吴国华、林升栋、康瑾、杨松译，商务印书馆 2016 年版，第 250 页。

家人的幸福守候。"笔者曾经为某著名家电品牌所创作的广告语遵循了原创性原则，也较好地诠释了"忠诚到永远"的品牌理念。

（二）要能别开生面（新颖性）

当然，创新并不是专指前所未有的独创。在隐喻评价中，创造性含有双重意思，第一重是指隐喻自身的独创性，它是通过隐喻语言表达式的构成反映出来的，创新特征是一次性的，也是别人没有使用过的，具有临时性的特点。但是，如果能从新的角度描述产品或者在借鉴基础上对隐喻的旧元素进行"重新组合"，也是一种创新。所以，创新的第二重意思是指具有新意的隐喻运用。也就是说，有时候将所谓的规约隐喻放进一个新语境时，会形成其与新语境之间的张力，从而使得新的隐喻义得以产生，这就如同将一条抛上岸的鱼重新放入另一水域中，使鱼能够重新活过来一样。

事实上，规约隐喻和新奇隐喻之间并不存在不可逾越的界限。在语言实践中，所有的新奇隐喻在反复使用后，都会带来审美疲劳，失去新鲜感，向着规约隐喻的方向运动，并最终成为规约隐喻。但规约隐喻并没有真正死去，相反，它依然是我们日常语言和概念体系不可或缺的一部分。它就像沙漠玫瑰一样，外表干枯，却有着内在坚韧的生命力。唐代诗人李白为了颂美杨贵妃和后宫花园中的牡丹写了三首《清平调》歌词，其中有"云想衣裳花想容，春风拂槛露华浓"一句，有学者认为："它所阐述的旨意只是'杨贵妃像花和女神'，几乎没有比这更陈腐的赞美女性美的话了。"① 同样，金庸在其武侠小说《倚天屠龙记》中形容赵敏、周芷若二女子双颊酡红，脸上溅着点点水珠之美时，也说她们"犹似晓露中的鲜花，赵女灿若玫瑰，周女秀似芝兰……"② 笔者认为，尽管他们使用的都是规约隐喻，所产生的冲击力不如原创性隐喻大，但由于与语境非常贴切，形象又鲜明，故仍然令读者感到这些女子具有非凡的动人之美。

---

① ［美］宇文所安：《诗的引诱》，贾晋华等译，译林出版社 2019 年版，第 49 页。

② 金庸：《倚天屠龙记》，广州出版社 2013 年版，第 1051 页。

当条形码技术在商品中普遍应用之后，无论是在公益广告还是商业广告的隐喻中，"条形码"元素的使用都较多，但佳作同样不少。例如，1994 年麦肯为台湾《时报》金像奖征集活动设计的海报是几只鸟儿怡然自得地穿梭在极为"严明"的条形码间，意为呼唤创意自由、"创意无条码"的评选宗旨；1996 年电通公司的公益广告作品的画面上每棵树的树枝上都贴满了黑白相间的条形码，意为森林正面临商业性砍伐的危险，要保护森林资源。同样，1997 年在全国第五届广告展中获奖的一则公益广告的画面是由一道道条形码组成的木头形象，广告标题是：每年、每月、每日它们以极快的速度被出售，意为要保护森林；2004 年兰蔻（LANCOME）的睫毛膏平面广告则将条形码做成了翘起的眼睫毛，创意新颖；2009 年家乐福超市的广告以纸箱盒为背景，用条形码诠释卖场打折的信息，形象生动，一目了然。

利用具体的概念认识抽象的概念是一种常规的、熟悉的方法，但创新的隐喻不一定遵循这个程序，它也可以反过来，用抽象的概念认识具体的概念，用抽象的概念认识抽象的概念，从而给受众形成更大的心理张力和想象空间。例如 2006 年英文杂志《国家地理》上所刊登的奔驰汽车广告语：

You are not buying a car. You're buying a belief.（您购买的不是一辆车，而是一个信心）。

2001 年《北京晚报》的平面广告"晚报，不晚报"系列的文案既使用了具体的概念映射抽象的概念，也使用了抽象的概念映射抽象的概念的创作方法：

新闻是瞬间的历史 / 新闻是火热的文字 / 新闻是焦点的主人 / 新闻是生命的诞生 / 新闻是诉说与被诉说 / 新闻是阅读与被阅读 / 新闻是打动与被打动 / 新闻是公开与被公开 / 新闻是新鲜的空气 / 新闻是呼吸的权力 / 新闻是今天的过去 / 新闻是不能晚报的每一天！（节选）

创新隐喻是发挥主观能动性和创造力的结果，它在突破事物惯常的、僵死的、凝固的意义时，复活了事物的原初意义，揭示了事物间的崭新关系，从而使被常规语言抹杀了灵性的对象重新复活起来。

（三）具有认知黏度（冲击力）

在数字化传播时代，泛滥的信息淹没了人们的感知，市场上的许多产品声音微弱，几被淹没。如果广告不能以不同寻常的方式给受众带来震撼性的心理效果，似乎就难以给受众留下什么印象，就如同微风悄然滑过。

广告要吸引消费者，首先要有冲击力。无论是视觉为主的广告还是文字为主的广告，都是如此。就像乔治·路易斯所说的那样："要想成为传播大师，你的文字和图像都必须吸引人们的眼球、洞悉他们的思想、温暖他们的内心，让他们有所行动！"[①] 奥格威深知这种认知黏度的重要性，他很早就提出了要"承诺，大大的承诺"和"3B"策略。在争取消费者注意力的"战斗"中，视觉化的信息具有明显的优势。所以，美国著名的媒体文化研究者和批评家尼尔·波兹曼（Neil Postman）提出，"读图"时代确实给了我们一道道视觉盛宴，而且其所具有的短时间的视觉冲击力和震撼力是大部分文字所不能同日而语的。

2008 年中央电视台（CCTV）的奥运电视公益广告"婴儿"篇就是 3B 策略的成功运用。广告的主角是一个几个月大的婴儿，白白胖胖的，一对清澈、有神的大眼睛，十分迷人。广告在展现婴儿不经意的动作，如翻身、伸手、仰头、转身、张嘴、睡梦中蹬腿时，采用了时空并置的剪辑手法，分别配以赛场上运动员的单双杠、跳水、游泳、跳远等极富动势的人物形象，从而传递了这样一个主题：运动是人类"源自生命的最初梦想"，是人与生俱来的天性的释放。有梦想，就可以创造奇迹。

该广告的高明之处在于选取了婴儿和运动员两种元素来完成生命和运动

---

① ［美］乔治·路易斯：《好忠告：乔治·路易斯写给有才华的你》，老金译，湖南人民出版社 2018 年版，第 14 页。

之间关系的诠释。表面上看，婴儿在人们惯常的思维概念中是和奥运赛场上的运动员没有任何关联的。但是创意人员打破常规，看到了两种元素对于表现主题的作用。首先，婴儿是人类生命的最初阶段，一切行为近似本能。但这种本能预示和暗含了人类在生命最初阶段的梦想；赛场上的运动员处于生命的成熟阶段，他们是人类生命过程中为梦想而拼搏、奋斗的标志。一切成人运动形式其实孕育于生命的初期，升华于生命的成熟期，展现在激烈的运动场上。这样，广告就巧妙地将婴儿与成人的世界联系起来，强调了两种元素之间的关系实质上就是生命、运动和梦想之间的关系。

其次，广告围绕着主题用极富想象力的方式进行相似性表现。作品选取了婴儿日常生活中的一些细微动作和神态，如举手、握拳、蹬腿、发音、翻身等，以及运动员在赛场拼搏过程中的一些运动细节，包括平衡木上双手落下的瞬间、双手握住吊环升起的瞬间、游泳池里鱼跃的慢动作、起跑瞬间两腿有力的伸展、运动中的呐喊等，正是这些细微动作和细节上的相似和组合，让创意和主题得到了准确地表现和传达，给受众的心灵带来极大的冲击。

三、唤起产品联想度对隐喻创造性含量的衡量

根据美国密歇根大学的心理学教授施瓦兹（Norbert Schwarz）的观点，广告应当属于"制造结构性回忆"的行业，其目的是以好的广告来创造出令人愉快的情绪。当受众在市场上看到产品时，能引发愉快的联想。凯勒（Kevin L. Keller，1993）将品牌联想分为三种形态：属性联想（即有关于产品或服务的描述性特征）、利益联想（即消费者认为此产品或服务能够为他们做些什么）、态度联想（即品牌态度是消费者对品牌的整体评价）。

在现实生活中，一个概念或事物与另一个概念或事物本来毫不相干，但通过想象，可以找到连结点，并建立丰富的联系，这个过程不是简单的量变过程，而是认识上质的飞跃，也是隐喻思维与创造性思维的契合。

唤起产品联想度的要求：

（一）符合关联预设（贴切性）

广告隐喻的创作，除了要围绕广告的主题外，还要事先评估该隐喻设置可能引发受众的联想方向，以防止带来错误的甚或负面的联想。如果联想的方向不符合要求，就必须修改。联想的关联性有二：其一是与产品或服务关联。广告隐喻应当是产品的内在属性及价值的充分体现，创意中的双域映射、视觉元素都可以制造这种相关性。其二是与目标消费者的关联。目标消费者是广告信息的接受者，广告应与他们产生最大限度的关联，这是提高广告效果的有效途径。高水平的广告能够用新奇而又贴切的隐喻有效地引导受众的联想。

当年，扬·罗必凯公司在接到美国证券业的翘楚美林公司（Merrill, Lynch & Co）的业务后，利用 VALS 系统对美林公司的潜在客户以及过去所做的广告进行详细的研究，结果发现，广告针对的对象不够准确。过去的广告画面上是一个牛仔赶着一群牛在草原上飞奔，广告语是："美国股票行情看涨。"西方人习惯于把上升的股票市场称为"牛市"，下降的股票市场称为"熊市"，因此广告中出现牛群寓意市场行情上升是较为恰当的隐喻。

扬·罗必凯公司的市场调查人员和创作人员认为，这一构想虽然不错，但是与目标消费者的心理不够吻合，需要改进。调整后的广告画面中只有一头公牛而不是一群，它或是在山谷间徘徊，或是悠闲地静卧在山洞中。广告语也改为"分开饲养"。之所以这样修改，是因为根据 VALS 的标准来衡量，"美国股票行情看涨"的广告语所吸引的是比较保守的财产拥有者，而美林公司的目标群应该侧重于争取那些经过奋斗而取得成功的人。这些人是无比自信的个人主义者，不喜欢随大流。单独的公牛行动有着许多寓意，主要是象征着一个善于随机应变、足智多谋的个人主义者。新广告中"分开饲养"所传达的信息是："成功者们，像你们一样，我们也是分开饲养的。"随着广告的推进，这头孤独的公牛的一举一动都被赋予新的含义。比如，在雪地上它用蹄子扒出深藏的牧草，寓意是在经济不景气的情况下美林公司仍在奋力拼搏；在晴朗的蓝天下，它涉过潺潺流水的小河，到达彼岸水草丰茂的牧场，象征着美林公司与客户共享美好的时光。

通过一系列广告传播，美林公司抓住了主要的服务群体，将成功者的奋斗精神和个人崎岖不平的前进之路有机地结合起来，并体现在公司的广告形象上，引起了人们的普遍好感，从而使美林公司的业务获得了长足的发展。

（二）符合品牌气质（联想性）

隐喻所指与能指之间关系的建立，一靠相似性，二靠联想性，二者缺一不可。前者是基础，是客观条件，后者更多地基于主观，由此隐喻区别于一般类比而富有创造性。好的广告隐喻带来的联想应当是积极的，这样才会引导受众进一步采取行动，而一个不良的隐喻带来的消极联想则会让受众望而生畏，避而远之。

美国啤酒厂商安海斯-布希（Anheuser-Busch）长期运用广告隐喻对百威品牌进行关联传播，向消费者暗示：百威是一种与社交相联系的啤酒。在美国，"Wassup"本是哥们儿之间的一句简单问候，反映了年轻人社交生活中娱乐至上的精神。DDB 芝加哥后来在一则独立短片中发现了这句话，认为它和百威淡啤的精神和气质相吻合，于是买下了版权，把它融进一系列新的广告之中，在 1999—2001 年持续刊登、播放，极为轰动，形成了病毒式的传播效果，被誉为现象级的广告作品。由于不断地传播，消费者对百威啤酒与社交的联想起到了可以防止其他品牌试图创造同样的联想的作用。即使当安海斯-布希的竞争对手使用社交联想时，消费者也会自然地想到百威啤酒。"Wassup"表达了百威品牌极度亲民化的气质。

与其相反，瑞典生产的绝对牌伏特加在进入美国市场时，则采取了高端性策略。早在 1879 年，瑞典就开始生产这种产品，特殊的生产工艺使得这种伏特加晶莹剔透，非常纯粹。100 年来，深受本国消费者的欢迎。1978 年，生产绝对伏特加的卡瑞龙公司将进军美国市场的任务委托给了 TBWA 广告代理公司，希望能够借助强劲的广告在短时间内提高产品知名度，并塑造高品质的形象，因而创意是首要的。TBWA 广告公司提出的广告创意目标是，突出品牌的产地为瑞典，让人们认识到瑞典有 400 年的伏特加生产史，产品的品质极为优良。于是，平面广告的画面被设计为一个正在洗热水桶澡的瑞典人。但创意总监吉奥夫·海斯（Geoff Hayes）和文案格莱姆·特纳（Graham Turner）研究后，否决了这个创意。他们认为，洗热水桶澡是瑞典人特有的一种生活方式，这种画面能够使消费者联想到瑞典的产品，却不能说明它的品质。其实，绝对伏特加尽管缺少俄罗斯的因素，但其品质过硬，是当时同类产品中最棒的产品，创意还是应该突出其纯粹而完美的品质。最后的广告画面为：一个极度透明的酒瓶，瓶盖上方有一个圆形的光环，作品底部写着"绝对完美"（Absolute perfection）的标题（见图 7-6）。光圈的设计同如神来之笔，不仅使得图像的隐喻义与标题达到高度一致，而且有效传递了产品的纯粹性与高尚品质。这样的广告自然令人刮目相看。从此，在美国消费者的心目中，绝对伏特加就如同沃尔沃汽车、好莱坞明星英格丽·褒曼（Ingrid Bergman）一样，成了瑞典的象征，也是高品质的代名词。

总是相似却又不同。TBWA 公司以绝对完美为模式，为绝对伏特加演绎出一系列优秀的广告，从绝对产品到绝对物体，再到后来的绝对城市、艺术、节日、口味、服装、主题艺术、国家等系列，新颖活泼，给人惊喜，成为美谈。经过在美国长达 20 年不懈地做广告，绝对伏特加酒由一个 1987 年市场占有率不足 1%的微不足道的品牌逐步上升为 2000 年拥有 12%市场占有率的第二大伏特加酒品牌[①]。

符合品牌气质还包括形象代言人的选择。"研究表明，仪表出众的传播者通常有积极的影响力；他们能为产品和广告赢得更好的评价，远胜过

---

① [美] 泰利斯：《广告效果评估——广告何时、何地和为什么有效》，李洋、张奕、晓卉译，中国劳动社会保障出版社 2005 年版，第 18 页。

那些相貌平平之辈。"① 例如，全球第一批五大超级名模之一的辛迪·克劳馥（Cindy Crawford）曾经先后为百事可乐、欧米茄手表、"封面女郎"化妆品、露华浓的"冰与火"香水做广告形象代言人，取得了极好的广告效果。

（三）符合受众心理（娱乐性）

生命因运动而精彩，生活因乐趣而充实。在现实生活中，人们既需要过得严肃认真，也希望得到轻松快乐，这是人类趋乐避苦心理的反映。"每一个人，尤其是那些现在辛苦工作、过着单调乏味生活的人，都需要并且渴望偶尔'快乐一下'。事实上，我们大家都想开心、兴奋，都想经常去热情地体验生活。"② 从审美哲学的角度来看，"娱乐，并不仅仅是一种内容或者形式，其实它在本质上是人与世界沟通时所产生的快感，是人性自由所追求的一种境界。"③ 尼尔·波兹曼的《娱乐至死》告诉我们，现实社会的一切公众话语日渐以娱乐的方式出现，娱乐性已经成为当代大众文化最主要的特征之一。④

因此，广告仅仅告知产品或服务的特点、优势是不够的，还应当兼具娱乐性。娱乐性的广告能够丰

图 7-6　绝对伏特加广告"绝对完美"篇
（广告公司：TBWA, New York/ 美国，1978 年）

① ［美］乔治·贝尔奇、迈克尔·贝尔奇：《广告与促销：整合营销传播视角》（第 6 版），张红霞、庞隽译，中国人民大学出版社 2006 年版，第 210 页。
② ［美］乔舒亚·蔡茨：《摩登女》，张垃译，上海人民出版社 2008 年版，第 117 页。
③ 蔡骐、欧阳菁：《"重走"模式与纪念长征》，《传媒观察》2007 年第 1 期。
④ ［美］赫伯·特鲁：《幽默的艺术》，阿茫缩译，上海文化出版社 1987 年版，第 2—6 页。

富人们的情感生活，为受众提供一个释放心理压力的渠道。那种板着面孔、一本正经的"布道"、"说教"的广告方式不仅很难吸引受众，还会招来受众的抵触情绪。有证据表明，"依据微博用户2015年度的兴趣标签可知，大多用户更加青睐搞笑、媒体、音乐等内容；通过对微博热门话题榜单进行分析，社会类、明星类、电视剧、电视节目等话题更受微博用户喜爱。"① 随着移动互联网的发展，娱乐产业越来越成为广告营销的一个重镇。如今，不仅是腾讯，几乎所有国内大型厂商都已经认可了"泛娱乐"的基本理念，在这个基础上，借助已有 IP 矩阵的实践，腾讯互娱又适时提出了"FUN 营销"理论。2016 年"抖音"的兴起和走热，是短视频的内容转向娱乐化的重要标志。

娱乐包含庆祝、胜利、团圆、幸福、愉快等节奏特征。广告通过隐喻的手法，将幽默、机智、滑稽的故事情节、话语台词或代言等娱乐元素充分发挥出来，能够吸引消费者的注意和兴趣，缩短商品与消费者之间的心理空间和情感空间。许多广告主，如联邦快递、可口可乐、百事可乐、汉堡王、百威啤酒等都在广告中使用过幽默诉求，在带给消费者快乐的同时，也有效地降低了受众对广告的漠视。

我国的广告创意者很早就懂得广告中植入娱乐元素的重要性了。早在民国时期，上海梁新记牙刷店的一则广告就令时人击节叹赏。画面表现的是一个人正用九牛二虎之力拿着钳子拔牙刷上的毛，旁边写着"一毛不拔"四个字。该广告巧妙地借用了传统的成语作隐喻，不但形象贴切，而且转贬为褒，妙趣横生，使得梁新记牙刷质量好的名声远近闻名。Bisto 是全美最受欢迎的肉汁产品，它的一则影视广告也十分幽默生动：一家人高高兴兴到餐厅去吃饭。父亲要了一份肉汁，没想到女服务员回答说，他们这里的排骨不加肉汁。听了这话，父亲一下子跳了起来，立刻把身上的衣服脱得只剩下一条短裤。然后，他指着自己瘦骨嶙峋的身体问那位服务员："夫人，你觉得

---

① 张凯:《微博传播模式现状及娱乐化倾向分析》，《新闻研究导刊》2017 年第 9 期。

这可以接受吗?"服务员摇摇头,脸上带着不悦的神情。"那就对啦,"父亲接着说道:"顾客进门不能不穿衣服,排骨上来又怎么能不加肉汁呢?"借助如此幽默的场景,将 Bisto 肉汁的可爱形象醒目地浮现出来,给消费者带来了如同观赏喜剧般的乐趣,堪称在笑声中轻松传递产品诉求的成功创意。近年来,小米手机的"掏出来搞事情的拍照黑科技"、海飞丝的"别让你的头屑陪我过夜",以及宝马 1 系与《王者荣耀》合作开发的限定皮肤、设计的全新汽车人形象等,都说明了类比事物能够突出产品的特征,并使得枯燥的诉求变得生动有趣。

由此笔者想到,奥格威当年撰写广告文案的经验依然值得当今的广告人学习:"我总是假装我在一个餐会上坐在一位女士的旁边,而她要求我告诉她应该买哪种商品和她在什么地方能买到它的建议。所以我就把要对她说的话写下来。如果可能,我就设法去使得它们有趣、具有吸引力并有亲切感。"[①]

当然,广告是有使命的,一方面它要引导市场消费,促进商品流通;另一方面,应当培养消费者合理的消费观念和审美情趣,要强化幽默的格调与情怀,切忌使用粗俗、笨拙、肤浅,甚至油腔滑调的风格。

四、表现可接受性对隐喻创造性含量的衡量

广告隐喻的建构和对隐喻的理解是广告活动的核心部分。前面所讲的语义范畴跨度和独创性还只是对隐喻建构过程的评价,要想完整评价隐喻的创造性,还需要对它的接受过程进行评价。

"作为一种创造性的语言活动,隐喻不同于一般的创造性语言活动就在于它的提出阶段,涌现出来的是超乎寻常经验的特征和联系,也就是创造性的因素。但是这种创造性因素毕竟是在人的认知中被理解和发生作用的,如

① [美] 丹·海金司:《广告写作艺术》,刘毅志译,中国友谊出版公司 1991 年版,第 81 页。

果不能被理解和接受，便失去了存在的价值，成了荒诞不经、不可理喻的东西。"① 消费者在清醒、理智、务实的状态中认知他所面临的事务，通常采取理性的也即逻辑的方式进行处理。因此，我们讨论的可接受性实际上就是从理性和逻辑能否对隐喻进行解释的角度进行的。在隐喻建构过程中，对常规认知经验的偏离越大，理性和逻辑对它进行梳理、规范的难度也就越大，所以说，一个隐喻如果在认知上相对于常识经验发生了极大的变异而仍能被我们理解，说明理性和逻辑在其中进行了大量的创造性的努力。理性和逻辑给隐喻带来的创造性含量，虽然在隐喻的语言形式中没有独立的存在，但它们一定依附在隐喻带来的创造性上。

我们不能像比较语义范畴的跨度、独创性的强弱那样来比较它们在不同隐喻之间的差异，但我们可以通过隐喻的可接受性看出理性和逻辑的创造性含量。如果隐喻建构带来的创造性因素较高而仍能被接受，说明理性和逻辑中的创造性含量也很高；如果隐喻建构过程中带来的创造性含量很低而能被接受，说明理性和逻辑中的创造性含量较低；如果一个隐喻不能被广泛接受，那就不仅仅是其中的理性和逻辑中的创造性含量都为零的问题，而且还有其他问题的存在，需要纠正。

表现可接受性的要求：

（一）符合广告法规（合法性）

维护安全放心的消费环境和真实可信的广告业态，是中国政府追求的一个重要目标。在市场经济体制下，政府以矫正和改善市场机制内在的问题为目的，通过对经济主体（特别是企业）活动的行为进行某种干预、限制或约束，以维护市场竞争秩序和消费者合法权益。

作为具体的制度安排，规制是政府对经济行为的管理或制约。《中华人民共和国广告法》（以下简称《广告法》）等有关法规规定，任何广告都必须

---

① 赵娜：《从认知角度看隐喻的创造性及其评价原则》，《雁北师范学院学报》2006 年第 4 期。

遵守国家的相关法律、法规，不能损害国家的尊严或者利益，不得含有虚假、淫秽等违法之类的内容。这些法律规定是保护消费者合法权益的基本要求，也是促进广告行业持续健康发展的重要保障。此外，因为烟草广告、酒类广告、药品广告涉及公众的健康，含有国家机关及国家机关工作人员的广告涉及国家利益的保护，含有少儿不宜内容的广告涉及未成年人利益的保护，《广告法》对广告的内容也有相关的规制。

广告的合法性与否是决定广告生存的根本条件，只有合法的广告才有生命力。上海某餐饮公司因为使用了"精心烹制的名茶，弥漫着殖民地的味道"的广告语，受到相关部门的查处。同样，上海某实业有限公司当事人因为在其网站宣传介绍业务、产品的广告中使用了中华人民共和国的国旗，被当地市场监管局责令停止发布违法广告，并处罚款 130 万元。[①] 这说明，广告不仅要避免被法律法规明确禁止的消极、反动的内容呈现，即使是积极的广告内容也应当注意自我审查。比如在一些重大体育活动，如在奥运会期间进行的营销活动，如果涉及赛场、颁奖典礼、运动员等因素时，无论是自然记录的真实场景还是用于隐喻，广告都应当避免出现带有国旗、国歌、国徽的图片或者镜头。

进入 21 世纪以来，随着国家市场监管格局的进一步完善、监管效能的不断增强，以及广告从业队伍素质的明显提高，违法广告的数量明显下降。但不可否认的是，广告业繁荣发展的背后总有阴影的存在，违法广告还是时有发生。如果不能及时制止，就会造成极为恶劣的社会影响。

在以互联网技术为基础的数字化、移动化、智能化传播的网络时代，广告的信息有了海量增加，广告的角色也出现了身份竞合。比如通过自媒体，广告主一人就可以融合四种身份，既是广告主，也是广告经营者、广告发布者，同时也是广告推荐者。在微信"朋友圈"或抖音平台上发布的广告中，就会出现这种最常见的身份上的竞合现象。可是，这些网络社交平台更容易滋生一些违法的广告现象，需要加强监管。例如，2019 年 5 月，江苏南京

---

① 《2019 年第一批典型虚假违法广告案件公布》，http://www.gov.cn/fuwu/2019-05/09/content_5389882.htm。

某置业顾问有限公司当事人通过微信"朋友圈"发布含有"最低房价盘"、"一脱到底"等文字内容，和将内裤脱至膝盖处的女性双腿图案为隐喻内容的广告，被当地市场监督管理部门责令停止发布违法广告，并处以 80 万元的罚款。①

（二）符合文明进步（向善性）

精神文明是人类在改造客观世界和主观世界的过程中所取得的精神成果的总和，是人类智慧、道德的进步状态。鲁迅在《准风月谈·抄靶子》中说过："中国究竟是文明最古的地方，也是素重人道的国度。"

无论是公益广告，还是商业广告，其格调都应当积极健康、乐观向上，有利于社会发展，有利于环境健康，有利于文明进步，避免恶俗、低劣的广告内容出现。优秀的广告隐喻会带来积极的联想，促使受众形成积极的态度和作出积极的行动，而一个不良的广告隐喻会带来消极的联想，产生负面的影响。这实际上是一个有关社会公序良俗的问题。我国《民法》将公序良俗作为"帝王条款"纳入其中，目的是要将部分道德规则纳入法律监管的范围。《广告法》第 9 条第 7 项也明确规定了广告不得"妨碍社会公共秩序或违背社会良好风尚"。如某房地产广告中的"上风上水聚气生财"的"风水"广告，某干酪的"它像处女般纯洁，绝无任何人染指"广告，以及某楼盘的"我要高巢"的广告，都流露出一丝迷信或恶俗的味道。

在我国，虽然含有"性元素"的广告并非都属于淫秽、色情广告，但从合规的角度来看，也应当把握一定的边界。否则，就可能会因为违背社会习俗和道德风尚而受到惩处。2001 年 4 月，广东南海的一家台资服装有限公司为推销女性内衣，在上海地铁站、火车站、人民广场站、黄陂路站和徐家汇站四个站点发布灯箱广告，上面赫然印着"玩美女人"字样的广告语，引起广泛的争议。很快，上海市工商部门以内容违反《广告法》中"妨碍社会

---

① 《2019 年第一批典型虚假违法广告案件公布》，http://www.gov.cn/fuwu/2019-05/09/content_5389882.htm。

公共秩序和违背社会良好风尚"为由，责令该公司停止发布广告，并罚款20多万元。虽然台资公司认为，"玩美女人"的概念是取自完美女人之谐音，意思是玩美的女人（即"崇尚美好的女人"），是一种新文化的体现，[①]但是，无论怎么说，由于广告词中"玩"的多义性及与"美女人"一词相搭配，极易误导受众产生"玩弄美女"的联想，确是不争的事实。同样低俗的还有2009年小S的猫人内衣广告、2012年影星林志玲为都市丽人内衣拍摄的广告等，在这些广告中，通过刻意的穿着与表演，将女性的性感生理特征进行极度渲染，从而引起大众的广泛讨论与批评。

公益广告主题明确，通常采用正面诉求，维护公序良俗，保护自然环境，弘扬传统文化的优秀价值观，如天人合一、人与自然和谐相处；维护社会正气，扬善惩恶；建设精神文明，弘扬爱国主义精神等。有时候也会运用恐惧诉求，以引起社会的注意与警觉。例如，某平面广告中，一个男人坐在凳子上翘着二郎腿，悠闲地抽着烟，但翘起的那只腿正燃烧着，一部分已经化为灰烬。图中隐喻的部分分别是"香烟"和"燃烧的腿"，广告的寓意是"吸烟等于燃烧生命，加速死亡"，形象生动，暗示强烈，对受众具有很好的警醒作用。

五、广告有效性对隐喻创造性含量的衡量

李奥·贝纳指出："有趣却毫无销售力的广告，只是在原地踏步；但是有销售力却无趣的广告，却令人憎恶。"[②]在这位广告大师看来，广告应完成本来所应完成销售产品的使命，能够产生实际作用，而不仅仅是一些吸引目光的、灿烂非凡的设计。相反，那些自高自大、自说自话、卖弄技巧的广告最终都只能失败。广告要能够说服消费者，首先就要取信于消费者。

---

① 马骋：《有误导"玩弄美女"之嫌"玩美女人"广告受处罚》，《解放日报》2001年12月20日。
② 魏炬：《世界广告巨擘》，中国人民大学出版社2006年版，第247页。

（一）广告内容真实可靠（真实性）

广告的成功需要消费者的信任。如果失去了消费者的信任，广告就会变得被千夫所指。真实性的广告是消费者所需要的，它有助于消费者做出理性判断与选择，也有助于商品生产者之间通过公平的竞争，实现优胜劣汰，提升市场产品的质量和服务水平。虚假的广告不仅违背良知，刺激不正当竞争，而且会使整个广告业蒙羞。事实证明："花言巧语式的广告或许能说服消费者购买一次烂产品，但绝对无法说服他们再去买已经试过而且不喜欢的产品。"[①]

在我国，真实性的原则具有法律的意义。《中华人民共和国广告法》第28条规定了虚假广告的构成要件，第55条、第56条规定了虚假广告的法律责任。同样，《反不正当竞争法》第8条也规定了虚假宣传行为的构成要件，第17条、第20条规定了虚假宣传行为的法律责任。从形式逻辑上来看，虚假广告和虚假宣传两个概念之间是包含与被包含的关系，虚假宣传的外延包含虚假广告，但就广告实践来讲，两者的指向是一致的，范围基本重合，都是紧紧围绕广告的真实性而展开的。

但是，到底何为广告中的真实？是不是广告中的每一句话、每一个图形都需要与产品的客观事实相符合？那是不必的。广告法专家认为："真实的广告不仅要求文意上的真实，同时也不能因为多余的信息引人误解，也不能省略重要的信息。"[②] 这就是说，真实性并不意味着广告所包含的信息连篇累牍，多多益善，而是就影响消费者的消费判断和选择方面而言，信息恰到好处，并且真实不虚。这表现在：

首先要实事求是地反映产品或服务的特性、功能、价值，不任意过分夸大。李奥·贝纳认为，那些只是堆砌一些事实，一些不证自明的事实，毫无乐趣、呆板平直的自说自话，或者将华丽的词藻堆积成文，华而不实，或者

---

① 罗伯特·布莱：《文案创作完全手册》，刘怡女、袁婧译，北京联合出版公司2017年版，第121页。

② 程远：《广告法理论与实务》，法律出版社2018年版，第77页。

夸大事实、自吹自擂的广告是不会产生销售效果的。1960 年他在美国芝加哥文案人员俱乐部的演讲中，以创作绿巨人罐装豌豆广告为例阐明了他的这一观点：

> 那种"自说自话"的撰稿人可能会这样写："如果你想要最好的豌豆，你就要绿巨人豌豆。它经过精心种植和包装，保证你对味道满意。因为它是同类商品中最好的。今天就买一些吧！"
>
> 一位爱舞文弄墨的撰稿人可能会醉心于自己的文笔而写下毫无意义的话："蔬菜王国中的大颗绿宝石。你从来不知道一颗豌豆会这样似露般甜蜜，像六月清晨那样新鲜并洋溢着芬芳。"
>
> 另一位喜好夸张的撰稿人可能会把描写对象描绘成无所不能的东西："这种豌豆计划永远终止蔬菜战争。绿巨人，也不过和玉米粒那么大，剥豌豆的人能够剥下，他有一个保证豌豆永存于世的伟大计划——豌豆在大地，善意满人间。"

做好广告首要的一点是把所要创作对象的一切事实吸收理解，以便清楚它最能吸引消费者的特点是什么，要为它设计能吸引人注意力的一种形象。然后用富有创造力的语言表达一个事实和诚实的态度。安飞士出租车的"我们更努力"篇，以及多芬的视频广告"进化"篇等都是这方面的杰出代表。

其次，关键信息准确无误。广告的真实性也是一个相对概念。从理论上说，广告能将一个商品的所有信息都传递给消费者，无疑是真实的广告。但事实上，这做不到，也没有必要。对消费者来说，他们判断问题的依据是关键性的信息。因此，广告应当诚实守信，在商品的关键性信息上不造假、不遮掩、不虚夸、不误导消费者。1990 年沃尔沃汽车电视广告中出现了这样一幕场景：沃尔沃汽在经受一辆巨型卡车碾压之后仍然完好无损，而其他品牌的汽车则已经完全变形。然而，当消费者得知广告拍摄的当时沃尔沃汽车加装了加固横梁时，议论纷纷，使得沃尔沃品牌的诚信形象严重受损。很快，沃尔沃终止了与制作这条广告的广告代理公司的合作，并在全美发行的报纸上刊出整版信息向公众道歉。由于沃尔沃公司的管理者及时处理了危机，从而挽回了品牌形象，但这一事件足以说明不诚实的广告会带来的危害有多大。据媒体报道，2018 年 8 月，湖南三大运营商为追求用户增量，大范围、高频次地发布"流量不限量"的广告，以推销所谓的"流量不限量"套餐产品。湖南省工商局经调查后认为，三大运营商明知在现有技术条件下，不能真正实现流量不限量，但在发布的"流量不限量"广告中并未明示"达量降速"、"达量停止流量使用功能"、"达量关闭上网功能"等流量使用的关键信息，从而对消费者造成严重的消费误导，属于虚假广告。据此，湖南省工商局向三大运营商下发了"责令停止发布违法广告通知书"，要求三大运营商扎实地进行整改。[①] 这一决定受到了消费者的普遍欢迎。

不过，光讲事实还不行，还要将事实讲述得引人入胜。如果将广告变成了单纯的数据堆砌、干瘪的言语陈述、简单的图像再现，那就毫无吸引力可言了。有效的真实性广告非但不排除一定限度内的夸张与修饰，而且非常需要借助文学和艺术的表达手段。"今年二十，明年十八"（白丽美容皂）是曾经十分流行的广告语。这种表达在思维上是反逻辑的，在事实上也是违反自然规律的，但这种夸张的方式是被消费者允许的。因为它新颖别致，不会误导消费者，反而有助于消费者对产品能够保持肌肤青春活力的联想。所以，奥格威说："讲事实但要把事实讲得引人入胜"，这是对广告创意者的一条重要警示。纵观奥格威所创作的广告，每个个案基本都有"讲事实"的特点，如"罗斯—罗伊斯汽车"广告，全文达 719 个字，均由事实构成，没有形容词、没有夸张的承诺，却能使受众乐于阅读。"波多黎各旅游开发"广告全文 916 个字也是如此。那种味同爵蜡般的"事实"讲述，只会使人生厌。再如，威登·肯尼迪（wieden Kennedy）为本田汽车所做的著名的"零部件"篇广告使用的是真实的汽车零部件，没有使用

---

① 《"流量不限量"严重误导消费者　湖南省工商局约谈三大通信运营商》，《潇湘晨报》2018 年 8 月 3 日。

任何电脑特技——只用了一个单镜头长焦距的摄像机云台和一个专门布置的房间，一遍又一遍地拍摄了丰田雅阁汽车零件的滚动、滑动以及撞击，并用一种复杂精准的方式让其发生连锁反应。最后，这些运动在一辆装配好的汽车前戛然停止。整个过程非常完美。在广告拍摄之前，用了 5 个月的时间来设计和试生产，然后才开始真正的测试和拍摄，共进行了 605 次尝试，才有了现在你可以在各个网站上看到的这个令人难以置信的广告。广告语是这么说的："看了这些汽车零部件像多米诺骨牌一样配合得天衣无缝，我们可以想象一下用这些零部件组成的本田汽车是多么优秀。"这样的广告令人信服。

我国广告的真实之路漫长而曲折，需要广告人的不懈努力。如同美国学者斯科特·阿姆斯特朗（J.Scott Armstrong）所说的那样："真实和诚信是广告运动的生命，对于渴望建立持久关系的组织尤其如此。尽管大多数广告主都会赞成这个观点，但是我们知道欺骗行为仍会发生，所以关键问题是如何减少欺诈广告的出现。"[①]

（二）广告具有利益诉求（召唤性）

在广告隐喻中，要有消费者所关心的产品或服务的核心点，尤其是最能体现人性化的核心点。如果消费者感到广告传播的内容与他们无关或者无关紧要，他们就往往会忽视广告；如果自说自话或者过于平淡直白，也会失去广告应有的魅力。优秀的广告隐喻总是以消费者为中心的。

关于这一点，我们不得不提到英国著名小说家毛姆（William S. Maugham）的一则报纸征婚广告，这是一个经典案例。毛姆早年从医，后来弃医从文。虽时有作品问世，但总是不温不火，没有引起社会关注。用毛姆自己的话来说，就是没有一部作品能够"使泰晤士河起火"。1919 年他创作的长篇小说《月亮与六便士》杀青，自认为写得不错。但没有出版社愿意出版他的

---

① ［美］斯科特·阿姆斯特朗：《广告说服力》，吴国华、林升栋、康瑾、杨松译，商务印书馆2016 年版，第 107 页。

书，怕亏本。其后几经波折，才得以出版，可能否畅销的问题又让他坐卧不宁。不久，伦敦的报纸上出现了一则非常醒目的征婚广告："本人身体健康、个性开朗，尤其喜欢音乐和运动，是一位年轻而有教养的'百万富翁'。非常希望能找一位与毛姆的小说《月亮与六便士》中的女主角一模一样的女性结婚。"①

原来这是毛姆为这本小说所专门创作的一则广告。广告刊登之后，他的小说《月亮与六便士》便出版发行了。全城热销。因为年轻的姑娘们看了征婚广告后，纷纷去书店抢购这本新书，想要知道这本书中的女主角究竟长什么样？有怎样的性格？是什么原因使得一位年轻而富有的"百万富翁"如此动心；女孩子们的父母也去书店选购此书，他们想按照书中女主角的样子来培养自己的女儿，以便将来嫁入豪门；年轻的小伙子们也奔向书店翻阅此书，他们想知道"百万富翁"的择偶标准到底是什么？一时间，家喻户晓、"洛阳纸贵"。不久，这本书就销售一空。出版社喜出望外，迅速加印。

其次，是与人的精神追求相关的。随着市场上物质产品的极大丰富，人们的消费追求也越来越多元化、个性化、差异化，尤其注重对精神性产品的消费。这种趋势为广告隐喻提供了极大的用武之地。著名实业家雷夫森（Charles Revson）说："在工厂里，我们生产口红；在广告中，我们出售希望。"② 如此，染发膏不再是简单地让人的外表更年轻，本质上是帮助人们变得更有自信；手表不是为了让人们在飞逝的时光中查看时间，而是一种生活品味的象征；别墅不仅是为了居住空间阔大，而是为了展示想象性的身份。无论是欧莱雅、香奈儿、路易·威登、劳力士、李维斯等都因遵循这一趋势而取得巨大成功。

多年来，玉兰油（Olay）作为蜚声世界的著名化妆品品牌，在广告传播

① 李素珍：《毛姆与他的"征婚广告"》，《河北日报》2014年10月24日。
② ［荷］盖伦编：《媒介即信息及其他50条荒谬的广告法则》，王黎辉译，天津大学出版社2010年版，第57页。

中不断演绎追逐华美生命的女性之梦的同时，更加突出对女性情感世界的关注，不断传递女性为爱而生、永不妥协、追求美丽肌肤和美好生命的主题，这种独立、自信的形象受到广大女性消费者的喜爱。

有人说，当个性成为消费主流时，营销产品不如营销态度。近年来，一种有观点、有立场的广告甚为流行。这类广告往往从目标消费者视角入手，将消费者的信念或价值观凝练成一种个性化的品牌主张或生活方式，更有感召力。这方面成功的案例很多，如耐克、奔驰、台湾中兴百货、SK-II、江小白等。《悦己 SELF》杂志在 2007 年针对都市中年轻、时尚的女性，围绕她们所关心的单身、肥胖、美容、买单等问题推出了系列平面广告。广告用9 位普通女性开怀大笑的头像占据大部分版面，再在版面的边缘配以简短、凝练的广告语，以"一种非口号"的形式表达了该杂志对都市时尚女性的理解。其中几则为：

> 一点点赘肉别紧张，杨贵妃照样迷死唐明皇
>
> 用快乐美容，绝无副作用
>
> 一味标榜内涵而轻视门面，也是肤浅
>
> 不要怕大龄晚婚，很多人婚后照样装单身
>
> 我没有背景，我就是我自己最好的背景
>
> 男人付账值得炫耀，但自己买单那叫骄傲
>
> 女人的命运自己决定，算得好天注定，算不好是迷信
>
> 爱就要勇敢表白，谁知道明天和意外哪个先来
>
> 魅力见仁见智，拼不过姿势拼知识

这个系列广告生动、洒脱，不是宣传所谓的"肤白"、"貌美"、"大长腿"等概念，而是生动地表现了现代都市女性大胆、勇敢地坚持自我，忠于内心感受，追求身心愉悦，具有现代女性自我独立与价值的气息，赢得了许多白领女性的极大共鸣。

（三）广告具有审美意境（共鸣性）

人们重视广告的销售效果，无可非议。但不能以此为唯一的评价指标。早在20世纪80年代，奥美广告公司前创意总监诺曼·贝里（Noma Berry）曾这样写道："当然，广告的目的之一就是促销。无论从哪个角度看，一个不能促销的广告，肯定不是好广告。但是如果促销是靠制造纯粹的低级趣味或是低智商垃圾而实现的，那不管它销量有多好，都不应当被鼓励。攻击性很强的、单调乏味的、粗制滥造的广告不但不利于广告业的健康发展，对整个商业界也会产生不好的影响。"[①]

意境是属于主观范畴的"意"与属于客观范畴的"境"二者结合的一种审美境界，具有虚实相生、意与境谐、情景交融等特点。广告意境的性质、形态和动态不仅会引发受众感情和情绪上的反应，还会刺激受众消费的欲望，尤其是那些生动、奇特、夸张或美好的意境，能引发消费者丰富的联想，加深对产品或服务的记忆，是增加提取线索的主要手段。

例如，国际绿色和平组织（Green Peace）一直以实现一个更为绿色、和平和可持续发展的未来为宗旨，提倡有利于环境保护的解决办法。它的一则名为"呼吸"篇的电视广告，首先响起的是人的吸气声，唯一、清晰、有力，同时出现蓝天、行云、山脉，以及阳光照耀下的河道里涌动上升的水浪景象。接着，背景声转换成人的呼气声，此时，夕阳西下，天色渐暗，水位下降，直至河床显露。随后夜幕降临，黑暗笼罩大地。与第二次响起的一吸一呼相对应的第二组影像是天上云朵移动，河水一涨一落；与第三次响起的吸气声相配合出现的是海平面迅速上升，淹没了海滩上的绿树，而当呼气声响起时，海平面快速下降，海水退去，海滩上再次露出被海水淹没的绿树；与第四次的一吸一呼同时出现的是整个黑色画面中依次闪现的两句白色文

---

① 　[美] 路克·苏立文：《文案发烧》，赵萌萌译，中国人民大学出版社2010年版，第9页。

字："我们呼吸的氧气一半来自海洋"和"请保护我们的海洋"。广告最后以吸气声中出现的"GREEN PEACE"标志结束。在整个广告片中，呼吸声贯穿始终，由吸气声开始，以吸气声结束。广告境界开阔，意象雄浑，不断呼吸的声音象征潮起潮落、浪潮澎湃的海洋，隐喻海水对于海洋的重要意义如同氧气对于生命的重要意义一样，表达了要像保护人一样保护我们的海洋的主题。

在商业广告方面，意境优美的广告隐喻也是层出不穷的，万宝路、可口可乐等是典型的代表。此外，在本土广告中，星河湾的"完美"系列、丽江花园的"左岸"系列等也都表现不俗。美的集团的形象片"美的绽放"篇更是可圈可点。该广告以视觉化的方式深度演绎了一种生活美学的理念，给人以无与伦比的美的享受，充分体现了中国传统文化的美学思想和哲学理念。该片在网上预播，就被多家门户网站及新闻网站转载，广告所呈现的大气磅礴的美极大地震撼了网友的心灵，短短一个月的时间内，广告总点击量就超过千万，赢得广泛的好评，使美的品牌形象获得极大提升。

第八章　广告隐喻的传播

麦奎尔（DenisMcQuail）等人指出："从最普通的意义上来说，传播是一个系统（信源），通过操纵可选择的符号去影响另一个系统（信宿），这些符号能够通过连接它们的信道得到传播。"[①] 传播渗透在人类的一切活动之中，是人类得以组成社会的黏合剂，"是形成人类关系的材料，是流经人类全部历史的水流，不断延伸我们的感觉和我们的信息渠道。"[②]

广告是人类社会生活中的一种有组织的应用传播形式，它与人员推销、促销活动、公共关系等营销方法一起，共同构成传播产品或服务、塑造品牌形象的不可或缺的专业工具。同时，广告还是一个影响我们生活方式同时被我们生活方式影响的一种社会力量。研究广告隐喻，不能离开对其传播问题的探讨。

第一节　广告隐喻的传播模式

不同的时代和不同的条件造就了不同的信息传播模式。尽管从本质上来说，模式只是一种人为的象征性设想，在现实生活中并不存在。然而，在这

---

① ［英］丹尼斯·麦奎尔、［瑞典］斯文·温德尔：《大众传播模式论》，祝建华、武伟译，上海译文出版社 2003 年版，第 5 页。

② ［美］施拉姆、波特：《传播学概论》，北京大学出版社 2007 年版，第 17 页。

个思维空间中构想出来的形式却具有与它所表现的现实客观体系相同的结构属性。通过直观模式，我们能够把握到确实存在但又无法看到的系统内各因素之间的联系，了解其结构、强度、方向等，以便在研究和分析问题时，抓住事物的关键或本质。

相对而言，广告隐喻传播有自己的特点，比如以生动形象为特征、意义转移为引导、加深理解为目的等。但就传播模式而言，它与常规的广告传播模式是基本一致的，只是存在一些细微的差异。目前学界提出的几种具有代表性的广告传播模式，主要是在传播学模式的基础上结合了广告信息的特征提出来的，虽然它们都有各自强调的重点和特色，但其理论基础依然都是拉斯韦尔的"5W模式"，即谁（who）、说什么（says what）、通过什么渠道（in which channel）、对谁说（to whom）、取得了什么效果（with what effect）。"5W模式"直观而又简洁地描述了传播活动的内在机制以及传播要素之间的关系，注意到了传播要素在传播过程中的依次作用并显示出其社会问题意识。它第一次对传播活动过程进行了明确的表述，使人们对信息传播的本质认识更加清楚。无论是报纸、杂志、广播、电视这四大传统媒体，还是当今的互联网传播都是以此为基础。

在探讨广告传播模式中，有四种基本模式值得我们关注。这四种广告传播模式的演进，与广告传播的环境和技术发展密切相关，反映了广告传播现象的复杂性与动态性。下面我们分别进行考察。

一、基于"5W模式"基础之上的斯特恩和韦伯斯特广告传播模式

（一）斯特恩的广告传播模式

1994年，美国学者斯特恩（Barbara Stern）在"5W模式"的基础上，结

信源 ◄──────── 信息 ────────► 受者

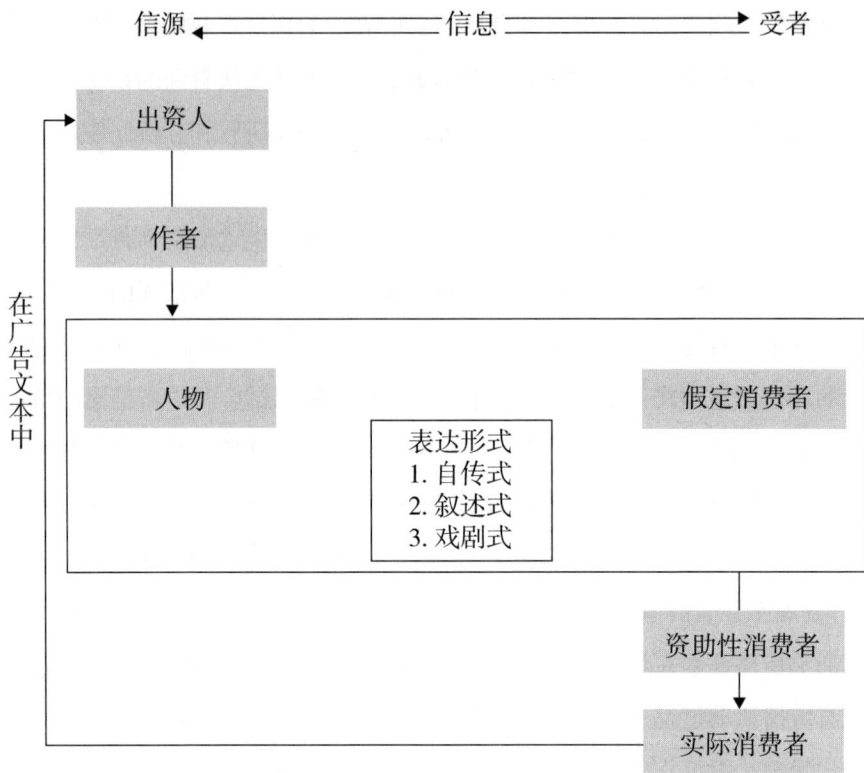

图 8-1　斯特恩的改进广告传播模式

合广告传播的特点，提出了改进的广告传播模式——斯特恩模式（见图 8-1）。

斯特恩模式显示，在广告传播活动中，信源、信息以及消费者均具有多个层面，有些层面存在于现实当中，如出资者和创作者，而另一些则存在于现实的另一个不同层面当中，也就是存在于广告信息自身文本这个虚拟世界中，比如广告中一些真实的或虚构的代言人。在这里，出资人是广告主，他们需要将有关信息传递给实际的消费者，应该对传播过程负法律责任。这里，作者实际上是指广告代理公司。

其次，尽管广告的表达形式多样，不断翻新，但归结起来，主要有自传式、叙述式和戏剧式三种。在自传式广告中，采用第一人称"我"来表达说话人的观点，有明显的示范作用；叙述式广告则采用第三人称向受众陈述他人的故事，相对而言则更能充分地表述信息，具有客观性的效应；戏剧式广告则是向受众展现生活中发生的一系列情节，将信息与故事交织在一起，使观众感受其生活场景的同时，引发情感上的共鸣，具有渲染效果。在这些信息结构中，隐喻可以随时出现，尤其是戏剧式广告往往是隐喻的"乐园"。

最后，消费者具有多样性。斯特恩将消费者分成假定的、资助的和实际的三种类型，每一条广告都假定有一些受众，不过，这些假定消费者只是广告情节的组成部分，并不真实。资助性消费者是指广告主，作为广告的出资人，他们是决定广告是否发布的最终决策者。真正构成广告目标受众的是现实生活中的实际消费者。

这里需要说明的一点是，斯特恩模式中提及的"反馈"是传播学中的韦斯特利-麦克莱恩（Westley &MacLean，1957）模式在广告研究中的延伸。韦斯特利-麦克莱恩模式将"反馈循环"（feedback loop）定义为"正在进行的双方相互调整"，它是源头可监控信息对接收方的影响，而接收方反过来又可以对源头造成影响[①]。反馈在广告学中的地位和在传播学中一样重要，它协助完成广告主（信源）和消费者（信宿）间的交流循环，同时确保广告信息按其意图被受众接收。在广告实务中，反馈有多种表现方式，比如兑换优惠券、登录网站、电话查询、光顾店铺、询问详情、销售增长，以及对调查作出反应或电子邮件查询等。

虽然斯特恩提出的广告传播活动的三个要素——传者、信息和受者与"5W 模式"中的"传播者"、"信息"和"接收者"基本对应，但是与单向传播模式划清了界限；同时，斯特恩对三要素深入、透彻的揭示，更符合广告传播的特征。特别是对广告文本表达形式的类型及其作用的说明，充满洞见，证明了广告的传播是一个说服的过程。

该模式没有说明信源和受者之间的广告文本是通过什么渠道传递，又是如何被消费者接受的。其实，传播只是使传者和受者之间建立关系的

---

① ［美］威廉·迈克尔·阿伦斯、克里斯帝安·维戈尔德、阿伦斯：《当代广告学》（第 11 版），丁俊杰、程坪等译，人民邮电出版社 2010 年版，第 14 页。

一种手段，媒体则是实现这种手段的工具。只有这两者有机结合、共同作用，才能产生整体大于部分之和的协同效应，才能取得预期的传播效果。因此，这种缺乏大众媒体参与、编码和解码过程的模式，似乎还不够完整。

（二）韦伯斯特的"广告传播终极模式"

韦伯斯特（Frank Webster）的"广告传播终极模式"吸收了施拉姆-奥古斯德模式的优点，强调在信息源与目的地（传者与受者）之间，只有在其共同的经验范围之内才有真正的传播，因为只有在这个范围内的信号才能为传授两者所共享。其次，传受双方在编码、解码和传递、接收信息时，是相互作用、相互影响的。

该模式结合场域理论，突出了在广告信息编码和解码过程中，传者的经验域与受者的经验域重合度的重要性。经验域关系到传授双方各自的文化背景、教育程度、价值观念、生活方式等，重合度的大小直接影响到广告传播效果的强弱，这对于人们认识广告隐喻传播过程的特点及规律性有很大启发作用。任何广告传播活动都是在一定的情境之下发生的，但是，即使是在相同的情境下，同样的广告隐喻，也会因为传授双方各自的文化背景、教育程度、价值观念、生活方式等不同，造成截然不同的传播效果。

二、基于"多级传播论"的广告 N 级传播模式

20 世纪 40 年代，美国社会学家拉扎斯菲尔德（P.F.Lazarsfeld）提出了"两极传播"论。拉扎斯菲尔德认为，大众传播的效果需要经过两级传播才能实现：第一级，信息从大众媒体到达"意见领袖"那里；第二级，信息从"意见领袖"那里到达不活跃的大众那里。在大众信息传播过程中，活跃的、接

触媒体多的、社会地位高的"意见领袖"起到决定性作用，他们往往通过人际传播说服其他人发生态度改变。

后来，社会学家罗杰斯（Rogers）和休梅克（Shoemaker）在对药品、玉米品种扩散的研究的基础之上提出了创新扩散模式。罗杰斯把大众传播区分为"信息流"和"影响流"，认为信息的传播可以是"一级"的，即媒体信息可以直接抵达一般受众，而影响的传播则是"N级"（多级）的，其间经过大大小小的"意见领袖"的中介过程。这样，两级传播假说便发展成N级传播模式（见图8-2）。

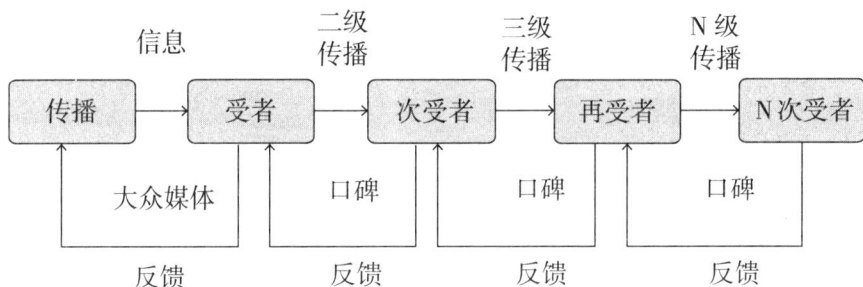

图8-2　广告的N级传播模式

该模式着眼于信息的流动过程以及影响受众传播效果的分析，说明信息传播的影响是一个链式的过程。信息在传播的过程中，会经过各个环节噪音的过滤、许多"意见领袖"的口头加工，最终抵达受众。从广告的角度来看，广告如果得到消费者的喜欢，他们就会主动传播广告内容，广告的影响就会扩大。最理想的广告传播效果是经历二次传播之后，还会形成三级传播、四级传播乃至N级传播，因为传播的级数越多，表明传播成本越少，受众对广告隐喻的理解就越透彻，传播效果自然越好。但是，该模式主要是研究传播及其影响的层级性，没有揭示广告传播的完整过程，更没有讨论传播内容的呈现方式问题。

三、广告的鼓形传播模式

在新的营销环境影响下，传统的传播模式受到了挑战，人际传播的影响越来越重要，有时还大于传播媒体对受众的影响。

有鉴于此，日本学者中岛正之提出了"鼓形模式"。中岛认为，广告要取得最佳效果必须把大众媒体传播与口碑传播结合起来，为此，他把这一过程用模式图表现出来，模式图外形类似一个鼓，因此称之为"鼓形传播模式"（见图 8-3）。

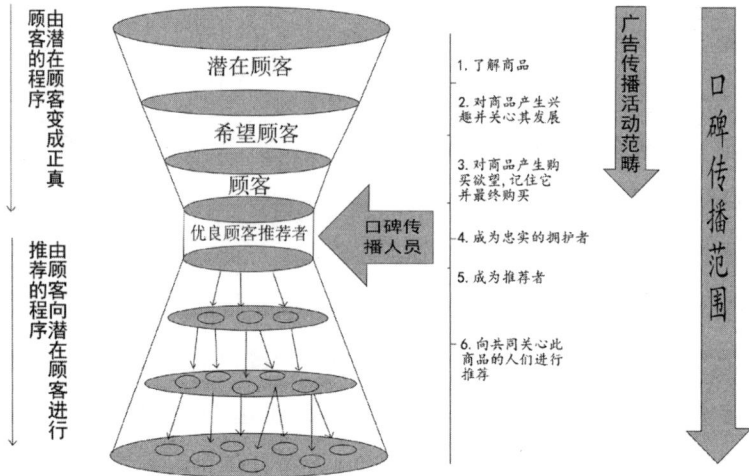

图 8-3　广告的"鼓形传播模式"

该模式分为两部分，前一部分体现了大众媒体的广告传播效果。中岛正之认为，消费者由潜在顾客到希望顾客再到真正顾客的这三个转变阶段中，广告传播的好坏影响很大。广告能够引起注意、产生兴趣，再到最终购买，但随着购买人的减少，广告的影响力也逐渐减弱。后一部分显示了人际关系的重要性。中岛正之将那些由优良顾客推荐者向潜在顾客进行推荐的程序中，自发性地将自己使用过或者体验过的东西推荐给别人的消费者的人称作"优良顾客推荐者"或"镜众。"[①] 他认为，由于广告是一种非完全信息传播，消费者对之常抱有警惕之心；因此，广告信息在传播给部分优良顾客后，在继续推动消费者发生购买行为上影响力下降，需要借助口碑的力量来打破"瓶颈"。因为在从成为忠实拥护者向推荐者的转变过程中，口碑的作用更为重要。推荐者们的数量会随着传播级别的增加而逐渐递增，他们的态度有时可以弥补人们对大众传播媒体不信任的缺陷。

"鼓形传播模式"揭示了在信息爆炸的背景下，传统的大众媒体广告影响力削弱的趋势，强调了人际传播对广告影响力不足进行弥补的重要性，阐明了在广告和口碑影响下的消费者由潜在顾客向优良顾客的变化过程，无疑是合乎客观实际的。但是这种模式未能反映新媒体对广告传播模式的影响，也未能揭示广告诉求方式的影响问题，因而从根本上来说，其视野还是停留在大众传播模式的范围之内。

四、新媒体环境下的广告隐喻传播模式

当我们将关注的目光投向数字媒体的时候，可以发现，技术的转变已经改变了广告业的生存方式和产业形态。

伴随现代信息和互联网技术的深入发展，媒体传播发生了从"铅与火"到"光与电"再到"微与云"的跨越，新兴媒体正在越来越深刻地影响社会生活与经济发展，改变广告传播的形态与生态。国外的媒体研究显示，众多身处大风向的广告商选择撤离传统媒体的传播形式，投向以互联网为载体的新媒体的怀抱。正如李奥·贝纳广告公司的斯皮特勒（Spittler）所说："以

① 日本电通广告公司提出的概念，意为这些人像镜子反射光线一样，利用其人际网络将其接收的信息进行加工并传递出去，影响他人。

前我们认为自己无所不能。我们可以使用大众媒介……对于所有人我们意味着一切。但新的媒介稀释了那样的努力。"[1] 现今，新媒体用户正用最快的速度进行着广告信息传播。

新媒体是相对于报纸、杂志、广播、电视等传统媒体而言的，它是基于数字技术革命，依托互联网和无线通信等新技术向受众提供信息服务的新兴媒体形态。如网络媒体、数字电视、移动电视、手机媒体等，被形象地称为"第五媒体"。简单地说就是多种媒体的糅合，包括文本、声音和图像等多种媒体形式。

（一）新媒体广告传播的特点

与传统的广告传播模式相比，新媒体环境下的广告传播呈现出互动化、多元化、精准化以及智能化等诸多特点。

第一，广告信息的传播由异步式反馈向同步式互动回归。在大众传播模式下，传播者成为信源，广告信息的传播是线性、单向的流动过程，即信息从资讯生产者或者发送者到阅读者或接受者的单一传播方式，传播者处于上游和控制者地位。媒体传播什么，受众只能接受什么，并且传播介质的速度缓慢，信息的联动性无法被有效使用。因而，广告传播的信息反馈滞后，难以与受众进行互动。广告主只能对受众的心理进行主观的揣测，不能真正了解受众心理。

在新媒体环境下，网络为广告主和受众同时提供了一个信息交流的聚合平台，传、受双方地位趋于平等，信息反馈及时、准确。尤其是广告主可以利用企业网站、门户网站、QQ、微信等直接向受众发布信息，受众与广告主通过网络几乎可以同时在线进行交流，了解企业动态与商品信息，发表意见，参与企业议程设置，信息在传、受双方之间直接、双向流动，传播与反馈是同步的、即时的，既可以通过同一媒体进行，也可以通过其他媒体进行，方式更加灵活。随着 5G 时代的到来，和网络的全面覆盖及大数据、云计算、智能

---

[1] ［美］约瑟夫·塔洛：《分割美国：广告与新媒体世界》，华夏出版社 2003 年版，第 14 页。

化等技术的推动，媒体形态更加丰富，网络直播、移动客户端、社交应用、短视频、融媒体平台等"活力因子"使传、受双方的互动性更加便捷，传播方式重回到更高层级的"点对点"的人际传播框架中，回到同步在线交流的场景。

第二，广告传播的渠道开始由传统的分散化向着多元化的方向发展。在传统媒体环境下，面对分散的众多媒体传播渠道，不同的广告商对于渠道的钟情度不一样，使得广告在传播过程中会出现不同的传播途径。而新媒体带来了更加多元化的广告传播渠道，并且可以通过对不同渠道的优势整合，形成多层次、多元化的传播，效果更佳。再者，购物网站、微博、微信等新的传播方式使得每一个人都可能成为信息的发布者，个性化地表达自己的观点，成为新的信源，并有选择性地应对蜂拥而来的信息。在多元化的广告信息传播中，同一个个体既是信息的接收者，又是信息的发布者，既是被影响者又是影响者，在这种双向甚至是多向的互动中，受众个体的意志、观念被凸显出来并得到强化，传、受双方的身份与边界被消解，消费者的话语权增强，以媒体为传播载体的广告传播也由中心向边缘扩散。

随着网络用户向移动端、社交媒体迁移，微信、微博、APP、短视频等应用发展十分迅速，为实现广告的多层次、精准化的传播创造了极为便利的条件。据 CNNIC 的《第 44 次中国互联网络发展状况统计报告》统计，截至2019 年 6 月，中国网民规模已经达到 8.54 亿人，较 2018 年底增长 2598 万人。其中手机网民达到 8.47 亿人，较 2018 年底增长 2984 万，网民使用手机上网率为 99.1%，手机网络购物用户规模达 6.22 亿。微博、微信朋友圈、QQ 空间用户使用率分别超过 2018 年的 42.3%、83.4%、58.8%；移动应用程序（APP）在架数量也超过了 449 万款。网络短视频、网络直播发展迅速，大量社交媒体的广告内容以美妆护肤、电子数码、服饰鞋帽居多。

第二，广告传播的受众由同质化的大众群体向异质化的小众群体分化。在传统媒体时代，广告传播是建立在针对大范围受众、相对粗放式内容的传播平台基础上的。在新媒体语境下，受众呈现出碎片化的趋势。这种趋势不仅表现在消费者的时间上、兴趣上，也表现为消费的需求结构上，消费者的个性化消费更为突出。例如，一个文件夹，以前可能只是统一的蓝色，现在一些女办公室人员会选择粉色，计算器会选择带一些图案的。在深圳、上海等地，一些消费者热衷于定做手表，并在手表上印上结婚照，或本人头像或姓名等。

在数字化时代里，人们通过互联网进行的绝大多数活动都被一双看不见的眼睛关注着，无论人们是在刷微博、发微信，还是浏览网页，一举一动都逃不过"数字化移动广告"的记录和计算。市场研究人员可以利用这些大数据技术，追踪、分析消费者的种种消费习惯和消费行为，将那些曾经在广告营销者眼中"模糊"的消费者群体变成大数据分析后面一个个鲜活的、由数据构成的"真实的"目标消费者，以实现真正的市场细分，帮助广告主锁定消费目标群，实现精准的分众化传播。例如，亚马孙、阿里巴巴、京东等购物网站，就能够根据每一个消费者在网站中浏览商品的类型的踪迹，在消费者下次登录时，自动推送有关的商品类型信息。尤其是在短视频、直播表达的门槛变低后，传播的粒度更小、更精准，即使接触到的人数量不够多，但经过算法匹配，能引起受众更加强烈的共鸣。此种情况下，广告主所要思考的不再是如何到拥有最大多数的受众，而是如何能使有效信息传达给最有效的受众，并强化或改变受众的消费观念与消费行为。

第四，广告的传播由单纯依赖广告主的投放向受众的自主信息分享转变。在大众传播模式下，消费者接受广告信息往往是被动的，甚至是强制性的。移动互联网的信息交互方式带来了很多新的场景，传播主体也发生了极大程度的改变，无论是专业媒体还是非传媒性质的企业组织机构，无论是名人还是草根百姓，都可以成为传播主体，并得到即时反馈，由此，每个用户都进入到了"观点的自由市场"，各自在传播中产生不同程度的影响力，有价值的信息会被及时转播、分享。

分享是人的本性，也是互联网时代最具特征的消费传播行为。互联网强大的搜索引擎、APP、社交媒体的发展使得消费者可以自主搜索、点播、发布和分享信息，包括主动在社交网络上与友人分享广告、产品使用体验即评价等，形成扩散性传播。有时，这种传播甚至还会以一种民间舆论的形态弥散扩大，带来更大的参与性、互动性和满足感。日本电通集团提出的 AISAS 模型：Attention（注意）→ Interest（兴趣）→ Search（搜集）→ Action(行动) → Share(分享)，成为互联网时代解读消费者行为的代表性模式。

在社交媒体平台上，消费者更乐于与他人分享自己的观点、言论甚至一些成果，希望得到更多人的认同或支持。因此，"能不能被用户分享"逐渐演变为衡量广告影响力的一个标准。

第五，广告的信息形态传统的以文字信息为主向娱乐化的视听结合形态转变。从"使用与满足"理论视角看，受众的接触媒体是基于自己的需求对其内容进行"能动性"选择的活动。通过在大众传播活动中接触并使用媒介而得到自我需求的满足。由于缓释压力、转换心理情绪和融洽人际关系的需求存在，决定了人们对媒介娱乐化的需求。网络视频作为一种新兴的媒体也不例外，其内容及生产模式在很大程度上是以满足受众的娱乐化需求为目标的。随着网络视频 APP 的不断增加，如快手、抖音、快播、火山、西瓜、秒拍等大面积走红，网络音频、短视频、直播、图片等几乎成几何级增加，受到年轻消费群体的欢迎，有的日均视频播放量过亿，甚至各路明星网红纷纷参与、转发，形成热潮。例如，2017 年 9 月，抖音曾先后与爱彼迎（Airbnb）、哈啤和雪佛兰三大品牌合作推出了视频广告，开启了商业化之路。此后，又带火了 Adidas neo、海底捞"抖音套餐"、COCO 奶茶菜单、土耳其冰激凌和奔驰车标。它们的作用不在造势和引流，而在体验分享和口碑，成为移动营销的新动力。

（二）新媒体环境下广告隐喻的互动传播模式

尽管网络技术的发展使得广告的传播方式产生了巨大的变化，但就广告传播模式而言，并没有因为新媒体的到来而发生本质的改变，它只是强化了广告传播过程的互动性、精准性，以及赋予受众更多的主动性。因此，笔者在借鉴上述传统广告信息模式的基础上，结合新媒体环境下广告传播的新特点，归纳出了新媒体隐喻广告的传播模式（见图 8-4），也许这个模式更加

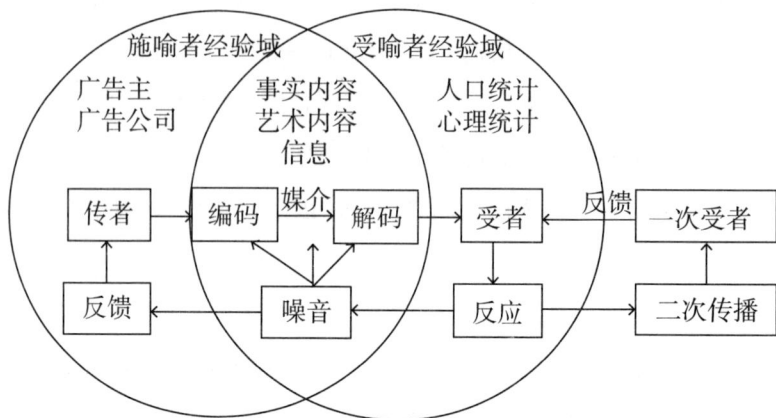

图 8-4　新媒体广告隐喻的互动传播模式

适合其传播特点。

从图 8-4 中可以看出，首先，广告信息从传者发出，经过编码和解码，到达受众后有两个流动的方向：一个是回到传者，形成反馈。由于反馈是及时的、双向的，所以也是一个互动的过程。值得注意的是，广告隐喻编码的内容包含了符号选择、源域抽取、映射方向、组合方式等，而对隐喻的解码则需要符号还原、图式认知、语境确认等。编码和解码的一致度与施喻者和受喻者的共同经验域的大小高度相关。另一个是向外扩散，传递给其他受众，形成二次传播，并且可以继续形成流动方向——回到次受者或是形成多次传播。在每一次传播过程中，受众的主动性都大大加强。这是一种更高层次的"面—面"传播，它正在成为信息传播的主流模式。

其次，在信息的传者与受者之间，如果彼此文化背景相同、共同的经历多，那么，双方对广告隐喻理解的一致性和共鸣度就会更高，沟通的效果也会更好。因此，依据对消费者经验范围的了解与洞察，选择和运用恰当的文字、图像、色彩等隐喻素材进行创作，有利于广告隐喻的顺利传播。

移动互联网的出现细分了整个世界网络中的连接结点，使得技术上的支撑越来越符合人类日常生活中的概念。信息传播的渠道走向以网络化、高速化和移动化为主要特征的发展道路，信息结点以定向的"人"为单位，人们可以随时随地上网浏览、接收信息，"面—面"的传播方式成为信息传播的主流模式。在该模式中，不仅主体的转换是随机的、自由的，而且"点"和"面"的界限也是交融的、模糊的。作为信息传播最小单位的任何一个"点"，既可以独立发送、接收信息，也可以因为不同的目的在不同的时间里组合成不同规模的"面"去传、收符合该"面"组合条件的信息。

移动互联网为广告的隐喻传播创造了极为有利的条件，因为广告的信息传播不再仅仅关注大众化，也开始注重小众化。

第二节　广告隐喻的传播策略

广告隐喻的传播和其他广告传播形式一样，存在一个策略问题。好的广告隐喻传播策略能够针对目标受众，抓住受众兴趣点，带给受众沉浸式的理解并且对产品或服务产生良好的印象。

一、精准化目标，隐喻化诉求

广告只有在合适的目标人群中投放，才能取得预期的传播效果。但广告主面对的市场十分庞大而又复杂，有各种各样的消费者，他们的需求之间既存在差异性，也存在相似性。如果将目标市场范围定义得过宽，会造成广告媒体投放的浪费；如果定义得过窄，就会漏掉本应属于目标市场范围内的消费者，降低本应有的广告效果。"因此，选择目标市场就意味着营销传播努力的精确性和有效性，如果不瞄准，就好像在空中没有方向地投篮，没有篮筐为目标。"①

事实上，同一地理条件、社会环境和文化背景下的人们会形成相类似的价值观和生活方式的群体，这些群体通常有：（1）大致相同的需求；（2）对市场行为作出相似的反应。② 正是因为消费者的需求在某些方面的相对同质，市场上绝对差异的消费者才能按照一定标准聚合成不同的群体，每一个消费群体就是一个细分市场，各个细分市场都是由需要与愿望相同的消费者组成。找到这些目标市场的消费者，就意味着找到了市场机会，这是有效的广告传播的重要条件。

受众细分的标准除了人口统计之外，还有区域细分、产品用户细分、品牌忠诚细分以及生活方式细分等。在具体确定市场目标的时候，往往会将多种细分变量综合起来考虑。因为通过人口和地理统计的方法，可以找到目标消费者群，解决广告对谁说的问题，但这还不够，因为诸如年龄、性别、地理位置、教育、家庭结构、社会阶层和收入等统计特征一般较为容易识别，可它们并不能完全解释人们为什么购买特定的产品或服务，或者可以说哪种诉求能够引起他们的兴趣、激起他们的共鸣。因此，在分析人口和地理统计信息的同时，我们还应将同一细分市场中的人群共有的人口特征与其价值观及生活方式特征相结合。价值观及生活方式（VALS）细分建立在这样的假设上：如果你这样生活，那么你的邻居、同事也应该和你的生活方式差不多。营销传播实践表明，"和任何一个单一变量相比，生活方式分组对消费者特征的描述都更加精确"③。"所以创意小组必须真正地了解受众目标——他们的生活方式、需求、理想抱负，这样才能和他们的受众目标做有效地交流。这一点是非常重要的。"④

---

① ［美］特伦斯·A.辛普：《整合营销传播：广告、促销与拓展》，廉晓红等译，北京大学出版社 2005 年版，第 54 页。

② Eric N.Berkowitz, Roger A.Kerin,William Rudelius, Marketing,6th ed.Burr Ridge. IL:Irwin/McGraw-Hill, 2000.

③ ［美］W. 罗纳德·莱恩、卡伦·怀特希尔·金：《克莱普纳广告学》（第 18 版），中国人民大学出版社 2019 年版，第 131 页。

④ 李奥·贝纳广告公司：《李奥·贝纳的观点》，观点传媒工作室译，内蒙古人民出版社 1998年版，第 31 页。

在一次针对中国市场消费者进行的广告营销活动中，德国某著名品牌的轿车销售公司根据市场调查及 VALS 分析的结果，确定其中一款车型的目标人群是：35—55 岁的男女消费者，主要是中高端人群。其中：

1.高端受众特征：（1）年龄 35—37 岁，男女均有（企业高管、社会新贵、中产阶级）；（2）高学历、事业发展成功、勇于创新突破；（3）注重生活格调与品位，注重物品的细节与潮流，追求品牌蕴含的意义及产品功能；（4）决策直接，行动力强，消费能力高，属于消费引导领袖。

2.白领受众特征：（1）年龄 25—36 岁，男女均有；（2）生活及物质追求小资情调；（3）社会认同需求强烈，注重品味、风格；（4）渴望融入高端人群生活圈；（5）对具有深厚文化底蕴与品牌价值的物品具有目标性。

化妆品的目标消费者群自然又是一道不一样的"风景"。例如，法国某高端化妆品牌将其在中国的目标市场对象确定为：（1）追求年轻的老年女性，她们渴望减少皮肤皱纹，延缓衰老的步伐；（2）追求时尚的中年女性，她们希望自己依然年轻态，拥有冻龄般的容颜；（3）注意保养的青年女性，她们追求肌肤美白水润，希望永葆青春魅力。

美国学者拉赛尔·哈雷（Russell L Haley）提出的利益细分也是一种重要的方法，在美国营销界得到了广泛的认同与好评，被广泛地应用，特别是他对牙膏市场的细分更是为我们提供了非常有价值的范本。

一般而言，当目标市场初步确定后，还要对其做价值评估。既要评估其市场需求与市场潜力，也要评估广告主的需求与销售潜力。当有了广告主的需求与市场需求，或市场潜力和销售潜力之后，就可以计算市场占有率。市场占有率大小不仅是衡量企业经营水平的重要指标，也是衡量企业市场占有地位高低的重要指标。

在选择目标市场上，越来越小的原则逐渐流行。21 世纪以来，一种被称为利基营销的方式逐渐流行。利基市场（market niche）是数量相对较少的一小群消费者，他们通常有一些独特的需求或者是几种独特需求的"几合一"，并愿意向能够满足这些特定需求的产品支付较高的价格。美国市场营销学家阿尔文·阿肯鲍姆（Alvin Achenbaum）指出，利基营销本质上只是一种侧攻战略，其实质就是将竞争对手卷入其并不擅长的产品市场，更确切地说，是没有或很少涉足的市场。中国是一个具有 14 亿人口的庞大消费市场，相比而言，利基市场更有其特殊的营销价值。虽然报刊杂志有各种不同定位，广播和电视有不同频道细分，都吸引着一定数量的消费者，但可以说，"互联网最适合利基营销，即只面向那些最有可能购买企业商品的消费者。"因为通过互联网可以追踪和分析消费者的消费行为，鉴别细分市场，并在此基础上进行精准化的广告信息传播。

当然，随着网络和数字化技术的发展，技术人员通过大数据挖掘和消费者画像分析，能够有效地确定目标消费者。程序化购买也在一定程度上实现了为不同的消费者推送不同信息的精准化传播。例如，淘宝、天猫、京东、当当等电子商务平台会借助大数据技术跟踪消费者的行为，借此了解消费者实际的购买习惯，从而观察到网络用户的在线行为模式，进而向那些匿名消费者推送特定的产品广告。

无论什么广告战役，其关键都是要选好最恰当的诉求。诉求是以定位为基础的。戴维·阿克（David Aaker）指出，使用频率最高的定位策略就是将目标对象和某个产品属性或特征联系起来。广告的隐喻化诉求就是要围绕定位策略，从消费者最基本的三类消费需求（即功能性需求、象征性需求和体验性需求）入手，建构产品属性或特征与目标消费者及文化之间的联系。诉求的风格可以是理性的，也可以是感性的。

在功能性诉求方面，依据产品独特的使用特征进行诉求固然很好，但依据使用该产品的人群进行诉求可以将使用者的形象转化为品牌的标志，赋予产品与广告中出现的使用该产品的人以等同性。这种隐喻诉求可以促使受众将广告中的文字或图像与产品功能联系起来，比逻辑辩论更有说服力。前者如日本三菱公司的赛凯车（Sekai）的平面广告，画面的正中是一只巨大的、安静蹲着的成年雄狮，目光远视，口中含着一条牵引带，仿佛正等待着主人套上挂钩带去溜达。狮子的右下角是三菱赛凯的标志，左下角是一辆较小的赛凯车图。该广告传递了这样一条信息：赛凯车具有狮子的特质，有劲又听话（动力强劲而且容易操作），使人过目难忘。后者如在一则由乔治·阿玛尼 (Giorgio Armani) 推出的寄情水牌香水（Acqua Di Gio）的平面广告中，出现了品牌名称和出售该产品的供应商的名字，以及一瓶香水的图像，没有其他任何对产品有用性的文字说明。但值得注意的是，画面上还有一个充满力量线条、美的魅力的青年面部造型。正是这一人物的面部形象将品牌与一个特点显著的使用者形象联系起来，隐喻这款香水品牌的目标消费者就是男性青年，其磨砂雾玻璃瓶则表现其清新而感性的一面。

象征性诉求就是试图将产品或服务与消费者所期望的一个状态、角色或自我形象联系起来进行表现。以著名的哈雷戴维森摩托车的一则广告为例，该广告描述了一部无人驾驶的哈雷摩托车在美国西部的一条开阔的大道上奔驰。标题是："即使牛仔也会偶尔踢倒栅栏。"旁边的文案："路、风，还有村庄，就在你的前方。一辆哈雷摩托。换句话说，就是自由。一个按你自己的方式生活片刻的机会……任何去过那里的人都会感到：户外生活更美好。"广告并没有以哈雷摩托闻名的产品特征或象马力和性能这样的功能特点为定位诉求。相反，它将哈雷摩托隐喻为一匹驰骋的骏马，并通过它展示了一种独立、自由、狂放的牛仔精神。寓意为，如果你是个珍视自由和独立的人，或者你可能有一种想成为类似这种人的想法，那么，哈雷摩托正是为你而设计。

消费者体验诉求应表达产品或服务给消费者带来感官或精神上的愉悦，或者提供给消费者认知上的一种激励。通常，顾客在消费的时候是遵循理性的原则进行的，但也会有对幻想、感情、欢乐的追求。星巴克能够盈利并且迅速推广的真正原因是什么？如果从产品角度看，它并不是以产品制胜，因为替代性产品和竞争性产品比比皆是；如果从服务角度看，也不是以服务制胜，因为自助式服务顶多让消费者感到自主，根本谈不上个性化服务。但是，星巴克的价值主张与众不同：星巴克出售的不是咖啡，而是人们对咖啡的体验。这种体验包括情感体验、氛围体验、感官体验和认知体验等。所以，很多人到星巴克，不只是为了品尝一杯正宗的咖啡，更多地是被它的文化氛围所感染而流连忘返。

以体验需求为导向的广告隐喻诉求，应尽可能地赋予产品以较高的感官价值（如看起来高雅，听起来悦耳，触起来舒服，口感和闻起来很好，等等），或者潜在地赋予产品一种认知上的激励价值（如令人兴奋的，使人进步的，富于挑战性的，精神上愉悦的，等等）。在具体策略上，文案可以充分发挥语言描摹与抒情的力量，让受众在想象中得到体验，同时强化广告所带来的参与性、过程性和互动性。例如，雪碧的"透心凉，心飞扬"，带给人一种极为过瘾的凉爽与心情舒畅的感觉；德芙巧克力的"牛奶香浓，丝般感受"，用丝绸来形容巧克力细腻的感觉，具有非凡的体验感。视频广告具有视听合一、形象直观的特点，能够把各种应用场景和商品特性展示在消费者面前，使人们如临其境，如闻其声。尤其是动画广告，具有强大的表现力，在创造消费者虚拟体验上更具优势。百威啤酒的一则影视广告表现的是，在一个巨大的环形剧场内，成千上万的人都在屏声静气地观看一场魔术大师的精彩表演，这时，一位男子拿起一瓶百威啤酒，一饮而尽，并不由自主地发出一种十分满足的出气声和惬意的表情，声音在寂静的场内回响，顿然吸引了全场的目光……这则广告不仅有很强的吸引力，而且达到的体验效果也极具感染力。

二、视觉化呈现，故事化叙事

有学者指出，图像有可能是人类感知世界的天性中最为重要的符号体系。相关研究表明，在人们接收信息的过程中，视觉获取的信息量占获取总量的70%，听觉占20%，其他感官的获取量占10%，而且人类一切有目的的听觉、嗅觉、味觉等感觉信息的获得都要依赖于视觉的引导。

报刊杂志广告通常是以较多的文字辅以少量的图片，广播主要是通过有声语言传递广告信息。电视的发明是人类视觉传播史上的一个巨大飞跃，它集声像、色彩、画面、文字于一体，同时对受众的听觉和视觉发生作用，具有很强的现场感与艺术性。虽然印刷广告也能视觉化地展示一辆汽车，介绍其特性，但电视广告却能让人感受到身临其境般的驾驶效果。对于品牌形象的塑造来说，电视更长袖善舞。

当代快节奏的社会生活使人们心理疲劳程度加大，人们对单纯文字性的广告内容往往缺乏阅读耐心，对广告的长文案更是难以卒读，人们更愿意选择和摄取直观、简洁、更具形象感的信息。图像因具有形象性、直观性和可欣赏性，比起单纯的文字叙述更有吸引力。在历史上，当文字还是少数阶层拥有的特权时代，悬物广告、演示广告、招贴广告就凭借其形象的直接表意性取得了广泛的传播效果。梅萨里（Paul Messaris）曾概括了视觉形象在广告中的说服作用，他说："视觉形象可通过模拟某一真实的人或物来引发人们的情感；视觉形象还可以作为说明某事物确实发生了，并被拍摄记录下来的证据；视觉形象还可以在所推销的商品与其他形象之间建立起一种隐含的关系。"① 笔者认为，这三大作用分别来源于形象的三大特性，即符号性、标记性和隐喻性。

神奇牌文胸（Wonderbra）于 2004 年发布的一个防乳腺癌的户外公益广告极富创意。广告牌的画面被分成左右两部分，左边一半显示的是跟品牌名有关的不完整单词"wonde"，而右边一半什么也没有，还是原来的框架，整个广告牌看上去就像没有完工或是刚刚被卸掉一半的状态（见图 8-5），但这是一个有故事性的户外公益广告，所表达的意义十分耐人寻味。

当代数字与互联网技术对多种传统的媒体进行了技术融合和重组，为可视化传播搭建了多样的平台。文字及链接、图片、音频和视频等广告载体不仅能在微博、QQ 和微信等社交平台上发布，而且还能在网站、客户端和移动终端等新媒体平台上发布，极大地拓宽了广告传播的渠道。H5 短视频、小程序等新信息产品的生产样态正在革新媒体的传播样态。手机拍照、摄像

---

① ［美］保罗·梅萨里：《视觉说服：形象在广告中的作用》，王波译，新华出版社 2004 年版，第 3 页。

及"傻瓜式"编辑功能的出现，打破了传统的图片和影像采集形式，过去只有专业人员才能完成的工作，现在普通人也可以完成，从而创新了广告的来源方式。这种"以强大的世俗力量大踏步地向我们走来的视觉文化，标志着一种文化形态的转变和形成，也标志着一种新传播理念的拓展和形成，更意味着人类思维范式的一种转换……现代电子图像传媒具有启蒙性拓展与权力性隐蔽的双重属性……我们越来越受制于以形象来理解世界和我们自己"。①

2016 年，继微博、微信、新闻客户端等文本传播发展到一个高峰之后，短视频市场异军突起，以势不可挡之姿闯入消费者的生活，并迅速成为风口。快播、快手、梨视频、小火山、抖音、哔哩哔哩（bilibili，简称 B 站）、一条、二更等接二连三出现，成为一个又一个快速吸粉、快速吸引流量的产品形式。此外，新晋入门的 APP 也都各自将泛娱乐内容作为自己的垂直主打领域：奶糖致力于构建属于年轻人的音乐短视频社区，美拍专注打造"女生最爱的潮流短视频社区"，而超能界则注重录制真人特效短视频。这些短视频，无论是创意剪辑型、网红 IP 型、短纪录片型、情景短剧型，还是草根恶搞型、街头采访型都受到大众，尤其是年轻消费者的追捧，形成热潮。

短视频的广告价值在于高曝光率和对垂直人群的精准投放，企业只要生产了优质的广告内容，就可以为自己带来大量的曝光和播放，"收割"关注度。根据中国网络视听节目服务协会发布的《2019 中国网络视听发展研究报告》显示，截至 2018 年 12 月底，中国网络视频（含短视频）用户持续增长，规模达到 7.25 亿，占整体网民的 87.5%。其中短视频用户规模 6.48 亿，网民使用率为 78.2%，短视频用户使用时长占总上网时长的 11.4%，超过综合视频（8.3%），成为仅次于即时通信的第二大应用类型。此外，在短视频的忠实用户中，30 岁以下群体占比接近七成，在校学生群体占比将近四成，并持续向中高年龄人群渗透。就短视频用户的分布范围而言，一线、新一线城市用户占比相对较小，而五线城市用户占比较大，而且在中老年、低

---

① 周宪：《视觉文化的消费社会学解释》，《社会学研究》2004 年第 5 期。

学历、高学历（本科
及以上）、中高收入人
群中的使用率提升明
显。①而另一项调查报
告《中国青少年互联
网使用及网络安全情
况调研报告》更是揭
示了一个令人吃惊的
现象：短视频和音乐
已经成为青少年娱乐

图 8-5　Wonderbra 的户外公益广告（广告公司：Grass Kuala Lumpur,／马来西亚，广告主：Thompson Lab，2004 年）

休闲生活的新方式。20% 的青少年表示"几乎总是"在看短视频，近 10% 的青少年表示"每天看几次。"②据上海艾瑞市场咨询有限公司（iResearchInc）2019 年底的调查显示：在各种网络广告形式中，用户对沉浸式、原生化、用户体验影响较小的广告接受度更高，尤其是短视频广告，有 49.6% 的消费者愿意收看；其次是视频贴片广告与信息流广告，它们具有原生沉浸的特点，对用户体验影响较小，用户接受率分别为 48.1% 和 39.8%；激励广告特点鲜明，用户通过观看可以获得积分、特权等奖励，也有显著的效果；再就是条幅广告、开屏广告以及文字链广告；弹窗广告因其呈现方式具有用户干扰性，接受效果不理想，排在最后。

　　这就告诉我们，在移动互联网时代，消费者无时无刻不置身于信息消费的场景中。随着 5G 时代的到来，以及 AR、VR、无人机拍摄、全景技术等短视频拍摄技术的日益成熟和应用，整个社会将进入一个无频不欢的"新时代"。

　　从广告传播内容的呈现方式来看，无论是从大众传播学理论分析还是社会心理学理论分析都表明，生硬的广告往往不会有特别好的效果，真正好的广告应该是潜移默化、润物细无声的。朱迪斯·维廉森（Judith Wil-

①　《2019 中国网络视听发展研究报告》重磅发布，http://www.sohu.com/a/316976062_124772。
②　谢新洲、朱垚颖：《短视频火爆背后的问题分析》，载《出版科学》2018 年第 1 期。

liamson）在《广告解码》中认为，意义是通过受众创造出来的，而不是直接向受众灌输的。在意义的建构过程中，主要是将一个符号的意义转移到另一个符号上（即将一个人、一种社会情景，自然界的某个东西、另一种物体，或者另一种感觉，转移到一个商品上）。那么，什么样的广告最能吸引消费者的注意并能够有效地转移符号意义呢？答曰：看起来不太像广告的广告。这种广告表面上看起来是一种"浅表达"叙述，但是在可视化、动态化的形象符号和故事化的背后却蕴含着广告的主张。

"人类的大脑十分渴望故事——那种有三幕剧的剧作结构，这种故事能带给我们出人意料的问题解决方案，是大脑渴望得到的东西"。[①] 伟大的故事之所以世界通行，是因为故事核心中蕴藏的人类共同点远比人口数据分析所证明的还要多。故事给消费者带来乐趣，还能增加他们的认知与记忆。人类生活丰富多彩，处处蕴藏着故事的宝藏。不仅那种"儿童相见不相识，笑问客从何处来"的欢快场景中有，那种"蛾儿雪柳黄金缕，笑语盈盈暗香去"的纷繁场景中有，那种"妆罢低声问夫婿，画眉深浅入时无"的亲密场景中有，就连那种"伤心桥下春波绿，曾是惊鸿照影来"的伤情场景中也有，更不用说"三十功名尘与土，八千里路云和月"的非凡经历与"孤臣霜发三千丈，每岁烟花一万重"的人生浩叹了。这一切，需要我们用心去发现。同时还要善于从马斯洛（Abraham Harold Maslow）的需求层次理论和约瑟夫·坎贝尔（Joseph Campbell）的比较神话学中寻找故事的价值和原型。当然，从广告的角度来看，这样的故事应当既短小精悍，又精彩巧妙，能赋予产品以意义，使消费者与之产生情感链接、想象与兴趣，而不只是"印在视频上的想法"。

2015 年 12 月，百事可乐的贺岁视频广告《把乐带回家之猴王世家》在微信上线之后，迅速引爆了朋友圈，造成刷屏。广告中的"苦练七十二变，才能笑对八十一难"迅速成为金句，广为流传。从腾讯社交广告提供的数据

---

① ［美］路克·苏立文：《文案发烧》，赵萌萌译，中国人民大学出版社 2010 年版，第 124 页。

来看，这则视频广告共收获了 1.03 亿的曝光次数，2 亿多次的视频观看量，以及 32 万的点赞，13.4 万的分享与收藏量，自媒体纷纷争相转发，引发二次传播，更有《人民日报》和《钱江晚报》等纸媒的自发效应，共计约有数十家媒体自发报道，再次扩大了外围声量，以致其限量版纪念罐在推出两小时内就被抢购一空，超过预期，促销结果令人惊喜。

日本的公益广告"人生像一本书"（又称"屋顶上的少女"）以劝阻青少年自杀为主题，表现了一个对生活感到绝望的日本少女的内心觉悟，告别过去、走向重生的故事。视频中的灰姑娘、丑小鸭、青蛙王子，以及童话书都是隐喻元素，目的是告诉那些年轻人——人生就像一本书，最精彩的故事在最后，而眼前的一切只是刚刚开始。[1]

根据检索到的数据，目前日本公益广告中超过 10 万以上播放量的有 10 则，其中"人生像一本书"就达 21 万次以上。同样，2018 年年初的日本超长软糖短视频广告也在微博上获得大量转发。广告分为上下段，共 7 分钟左右，却将一对恋人的热恋期、裂痕期、婚恋期的故事在快节奏的剪辑中，以无厘头方式呈现，每一幕剧情都有巨大反转，如同电视剧一样吊人胃口，使人产生好奇心，激发了许多受众对短视频广告的自发传播。

有学者认为，"消费社会就是一个消费欲望无穷生产的社会，而消费欲望的无止境同时包含了对视觉快感的无尽追索。"[2] 随着人工智能的发展和虚拟现实技术和增强现实技术的应用，可以实现跨时空的实时交流情境，让用户获得身临其境的现场体验和沉浸式的全息感知。从《阿凡达》开始，3D成为全球风靡的技术力量，宝马、索尼、宝洁等一系列公司都在敏锐而大胆地利用这项技术为自己的营销增添酷炫色彩。不仅刷新了受众对传统广告视觉化表现的体验，也加深了受众对广告传播过程的参与度。

① 刘丽、初广志：《日本公益广告在中国网络视频平台的传播研究》，《广告研究》2018 年第 2 期。
② 周宪：《视觉文化的转向》，北京大学出版社 2008 年版，第 132 页。

三、优质化内容，创意化媒体

在传统营销中，广告是奉内容为王的，广告与内容的关系既紧密也清楚，那就是，广告内容的优劣直接影响到广告生命力的强弱。但是，到了互联网时代，广告和内容的边界开始交融，呈现出广告内容化、信息化的趋势。有时候，与其推送广告不如推送信息的内容。一方面，广告主可以借助互联网数据分析技术追踪目标消费者，通过网络化传播平台向他们推送原生广告；另一方面，广告主还可以借助社交平台、自媒体或者自主开发的 APP应用，开设微博、微信账号等，直接生产内容，发起话题，进行传播。这些新形式的营销已经成为新媒体机构流行的广告方式。

广告主影响消费者方式的更加多样化，使得传统的广告"内容"的王者地位受到了前所未有的挑战。所以，很多人都在讲"渠道为王"、"整合为王"等，似乎广告传播中的"内容为王"的观念一夜之间就靠边站了。其实，这是错误的看法。渠道、技术等相关因素会在很大程度上决定媒体的发展，然而站在宏观的大局角度来看，内容依旧是王者。事实证明，无论环境如何改变，优质的广告内容永远是稀缺而珍贵的，即使每个消费者在智能终端急剧扩散的背景下都成了"低头族"，但真正能够吸引人、让人稍长时间驻留的关键，依然是有品质的内容。更何况，那些单纯信息化的广告只能对当下有现实需要的消费者有效。

搜狐、网易、新浪三大信息门户网站为什么能够迅速由小到大、由弱到强？主要靠的是新闻、民生资讯的内容。优酷、爱奇艺的发展为什么能够取得成功？靠的也是以"内容为王"的做法。对于豆瓣、知乎这类产品来说，内容更是不可或缺的"硬核"。如今，微信有订阅号、百度有百家号、今日头条有头条号……这足以说明，无论技术手段怎么革新，传播载体如何变化、传播生态如何发展，不变的是广大消费者对优质内容的切实需求，是消费者对美好生活的向往，是消费者对真善美的追求。

优质的广告内容，不仅易于传播，也会产生更多的用户黏性。在移动互联网时代，由于 APP 的封闭性，网络信息的传递不再依靠搜索，而是依靠社交平台，用户与用户之间的"转发"类动作成为互联网最常见的场景之一。无论是文章、视频、图片、音乐，用户一旦发现了一个好的内容，都会很快地将它转发到群里或朋友圈，从而引起群中好友的关注、点赞、评价以及再转发，形成人传人的现象。广告也一样。如果说在 PC 互联网时代，人们还可以通过对劣质内容的关键词优化等手段来欺骗搜索引擎的话，那么，到了移动互联网时代，就得靠优质的内容打天下了。那些坚持创新、关注热点、贴近民生、充满喜感与美感的广告隐喻作品总会受到消费者的青睐。所以，很多公司，即使是一些做软件开发的公司，为了能够传播自己的产品信息，也希望能够制造出一些 10 万＋的内容来快速拓展市场。随着众多互联网企业布局短视频，市场成熟度逐渐提高，内容生产的专业度与垂直度不断加深，优质内容依然是各平台的核心竞争力。例如，抖音及快手凭借与春节联欢晚会携手实现快速增长，聚集了大量"95"后 Z 时代人群的 B 站则借助跨年晚会和优质内容视频扩大自己的"圈地"，而二更旗下有"二更视频"、"更城市"、"更娱乐"等子品牌，都坚持内容自研生产，持续输出贴近生活、贴近用户的优质内容，受到年轻网民的喜爱。据统计，2018 年，微博内容生产者在微博上的收入规模达 268 亿元，其中网红电商发展最快，成为最主要的变现方式。一些网红孵化机构（MCN）通过内容搭载 IP，让 IP 带来的流量建构出一个巨大的流量池，然后通过商业化路径对流量池里的"水"进行多次利用，以提高变现率。现象级网红 papi 酱走红后成功融资 1200 万元，并成立了短视频聚合品牌"papitube"，"带货王"淘宝主播薇娅和李佳琦"双十一"引导交易额超过 10 亿元，李子柒同名网店上线三天销售额突破千万……可见，抓好内容生产，提高内容质量，仍然是广告隐喻传播的要务。一项研究报告指出，对年轻人而言，"他们不介意看广告，只要内容好看就好。那些开始的时候装作不是广告，后面才发现是广告，而内容拍得又不怎么样的视频才最让人反感。"① 虽然说当今的内容自动化技术可以通过图片和文字元素直接生成商品广告文案，可以自动剪辑调整视频内容，甚至可以根据广告语和LOG0 制作平面或动态广告，还可以通过反馈数据，优化创意内容，这确实降低了广告营销中的内容生产成本，提高了广告传播的精准化程度，但笔者认为，这种自动化技术生产的内容难以生产出真正高文化含量的广告隐喻作品。

中国广告人要在充分吸收外来文化的基础上，立足于本国的传统文化，从人民大众丰富多彩的生活实践中挖掘创作资源，将中国化的符号元素和伦理价值元素融入广告创意的潮流，创新地讲好产品与消费者的故事，让广大消费者在喜闻乐见中接收广告信息，并与品牌主张产生共鸣。在这些方面，台湾中兴百货公司的"梅兰芳"、"贵族与侍女"等系列平面广告、三五牌不锈钢锅的"三五的，健康的"系列平面广告、永和豆浆的"点晴"系列平面广告、南方黑芝麻糊的影视广告、香港芭蕾舞团的"Never Stand Still"的系列平面广告、台湾大众银行的"母亲的勇气"、"梦骑士"等系列影视广告，以及百事可乐的"回家"系列影视广告等，都是优秀的代表。

但是，仅有好的内容也是不够的。霍尔认为信息在传播过程中重要的不仅仅是传播主体的目的和传播内容，传播的技术、物质工具也在制约着信息的传播过程和效果。因此，广告除了要有优质的广告内容外，还应在媒体拓展上下功夫，将创意与媒体、创意与技术、创意与环境相结合，以增强广告的影响力。

德国威娜（Wella）旗下的子品牌 Koleston Naturals 是一款染发剂产品，具有天然染色功效，其目标市场是 25 岁至 40 岁健康同时喜欢户外运动的女性。为了充分展示自然天成的染发效果，在其户外广告牌中，将标版中的女性长发和五官镂空，通过镂空处可以看到海水和天际线。随着日出日落，路过的行人可以看到路牌上女性的头发颜色随着天光颜色的变化而变化。广告

---

① 陈国辉：《十个为什么：广告营销哲学十堂课》，广西师范大学出版社 2020 年版，第 113 页。

非常隐喻地利用了户外光线的变化来演示该品牌色彩的多样性和染发效果的天然性。出色的创意使得广告的影响不仅在于当地的市场，而且在博客以及专业论坛上被不断转载，在世界范围内流传。

数字化媒体在功能上完成了对传统媒体的超越，为广告的互动性开辟了极为便利的条件，也为受众带来了更好的广告体验。通过互动性媒体设计，可以增加消费者的参与度，提高广告的有效性。2011 年，美国知名内衣品牌维多利亚的秘密（Victoria's Secret）的"比皮肤更性感"（Sexier than Skin）的户外广告吸引了众多消费者。广告画面上是性感的超模摆出曼妙的身姿，但其重要部位被二维码标识遮挡，只有用手机扫描，才能看到模特儿身穿的内衣的式样和颜色。这个活动非常成功，以至于连女生都积极参加扫码活动。此外，互动性也可以在广告主的官网、官微等新媒体平台上进行，以加强与受众的互动交流，进而直达广告的目标群体。

四、热点化聚焦，病毒化传播

社会热点事件具有聚焦的能量，能引发社会公众的高度关注。企业应当及时抓住社会热点事件，结合企业的传播或销售目的展开新闻"搭车"、广告投放和主题公关等一系列营销活动。事件营销的优势在于，它集新闻效应、广告效应、公共关系、形象传播于一体，在短时间内能使信息达到最大、最优传播的效果，迅速提升品牌的知名度，并与供应商和目标消费者建立更加密切的联系。

社会热点事件有很多类型。比如重大的科技创造或发明、重要的节日或盛会、企业重要的举措、政治、经济、社会文化重大事件，等等。新闻中的人物、地点和事件的知名程度越高，对公众的吸引力就越大，信息的传播就会愈快，传播范围就会越大，大众在事件中的卷入程度就会越深。"唯快不破"是热点化焦聚应遵循的原则。一般来说，热点事件发生后 1 小时内是热点化聚焦的黄金时期。企业如果能够在第一时间抓住契机、作出反应，将广告有机地融合到热点事件中去，将公众对热点事件的注意力巧妙地延伸转移到产品或服务上来，能取得"四两拨千斤"的传播效果。

在充分利用热点事件进行广泛传播方面，有三种方式可供选择。一是积极参与热点事件以吸引公众的注意力。在这方面，杜蕾斯的做法可圈可点，堪称表率。例如上午 11 点 16 分，明星李某发微博公开与著名女明星某冰冰的恋情，9 分钟后，杜蕾斯就作出反应，发出了微博"你们 !!!!!! 冰冰有礼"，并且在海报上直接借鉴他们的合照进行构图，配上幽默的文案。杜蕾斯也曾借势苹果蓝牙耳机 AirPods 的发布，在海报上利用耳机拼成杜蕾斯的产品形状，配以"别乱跑 AirPods，AiR 套牢。"幽默生动。

二是利力热点事件的内容进行延伸传播。这种做法，不是在跟风热点事件时，仅仅将自己的品牌符号嵌入其中就万事大吉，而是利用热点事件与自身品牌的关联性进行品牌传播。比如，2003 年 3 月 20 日上午，伊拉克战争爆发，在距离战争爆发不到 24 小时内，统一润滑油公司就在中央电视台播出了"多一些润滑，少一些摩擦"的公益广告，开启了战争新闻报道中有了来自统一润滑油呼唤和平的声音。后来，统一润滑油公司又在中央电视台一套和四套增加播放次数，每天达到 30 多次。战后的第三天到第五天这三天内，广告日播次数甚至达到 40 多次。当亿万中国民众以企盼和平的心态强烈关注伊拉克战争时，统一润滑油最善解人意地喊出了他们的心声，引起全社会的共鸣，不仅使得统一润滑油的品牌形象得到了极大的提升，而且在产品销量的增长上也十分明显。据统计，统一润滑油在 3 月份的出货量比上一年同期增加了一倍，而且当月营业额历史性地突破了亿元大关。到 6 月底，仅仅半年时间里，其产品的销售结构发生了明显变化：销售总额同比增长了100%，其中高端产品增长率达到 300%，公司整体产品结构实现了向高端领域的质的跨越。毫无疑问，统一润滑油当之无愧地成为中央电视台伊拉克战争特别报道的最大广告赢家。

我们知道，中国某房地产大亨曾有"先定一个小目标，比如挣它一个亿"

的说法，四川女教师的辞职信中有"世界那么大，我想去看看"的话语，当这些言辞在媒体上流传之时，很多品牌立即跟进，借机运作，为"我"所用。例如，针对"先定一个小目标，比如挣它一个亿"的说法，360说"我们定一个小目标，让一个亿骗子先失业"；对于辞职信，就有32个品牌进行了借势营销，找工作的、婚恋的、旅游的……不一而足。

三是制造热点事件进行传播。在社会相对安定的环境下，真正能够引起人们普遍关注的热点事件的发生还是较少的。为了营销的需要，有时候要善于制造热点事件。例如，2013年10月，星巴克针对"低头族"已经成为一种普遍的社会现象，发起了一场为期一周的大规模的"抬头行动"公益广告，倡导不要总是玩电子产品，而应该抬起头来，与身边的人用心交流，享受身边的美好事物。他们首先将倡导"抬头行动"的视频通过网络平台、用户社交网络，充分在"低头族"使用频率较高的网络场景下传播；同时，通过微博的社交网络打造"抬头行动"项目平台，邀请微博达人及腾讯大号在微博推送活动信息，号召更多"低头族"网民参与"抬头行动"，以实际行动回应这一倡导。活动在中央人民广播电台音乐之声、腾讯微博和凤凰都市传媒的协助下，取得了极大的社会反响。在短短5天时间内，有200多万人在线支持了"抬头行动"，600多万相关话题在网络上发布、传播，超过4500万人共同见证了这一行动，总计有超过80家的主流媒体参与报道，吸引越来越多的人加入"抬头行动"，乐享身边的真实。

再如，2017年11月23日是西方的感恩节，杜蕾斯在没有通知任何品牌的情况下，向国内外的一众品牌发出了感谢信，包括绿箭、德芙、士力架、吉普、李维斯、美的、宜家、老板等，语多隐喻，轻松活泼。例如，"亲爱的Jeep：感谢你。让我在翻山越岭之后，依然可以穿山越岭。——你的老朋友杜蕾斯。"由此引发了广告界、企业界和民间的纷纷关注，形成热点话题。

五、弹性化频次，立体化接触

媒体是广告传播的生命线。广告通过大众传媒进行反复叙述，可以强化符号化的商品与消费者的关系，形成消费的参照系统，巩固记忆。所以，巴克认为："消费者往往注意不到广告，这就使广告活动持续多长时间变得很重要。广告持续时间恰当，有助于消费者把广告信息存入长期记忆。"[①] 在数字化、网络化的时代，广告媒体的形式更加丰富，既包括传统媒体，又包括互动性更强的网络媒体与移动媒体，甚至包括基于数字技术发展的自媒体形式。媒体形式的丰富为广告传播工具的选择带来了更大的便利，但同样的是噪音也大了。由于众多干扰因素存在，会在不同程度上削弱广告传播的效果。

首先，要有合理的广告频次。如果广告媒体的目标是要加强对目标消费者的深度劝服，就需要强调接触频次。因为广告只有多次投放才能取得较为理想的效果。英国学者罗伯特·肖指出："购买广告位是传播广告过程中最昂贵的部分，但是如果因此而不舍得出资重复播放广告是不明智的做法。高频率是广告成功的基本条件，策划广告时要做一个预算。"[②] 根据 S 形响应曲线和凸形响应曲线分析，我们不难发现，不管是哪一种曲线，广告响应都没有随着广告频次的积累而单调递增，但是随着广告频次的积累，目标消费者对广告的注意、对广告诉求的认知、对品牌的好感度以及购买欲望都会增加，然后保持，最后衰减。

一般而言，影响消费者广告接触频次的主要因素有：一是广告信息的独特性。广告创意越出色，广告信息往往越具独特性，就越能够迅速吸引目标消费者的注意。相反，如果广告创意平庸，则需要较高的投放频次才能被消费者注意到。但要以浪费货币为代价。二是品牌的感知价值。如果广告隐喻的产品或

---

① [美] 肯尼思·E.克洛、唐纳德·巴克：《广告、促销与整合营销传播》（第 5 版），应斌、王虹译，清华大学出版社 2012 年版，第 167 页。

② [英] 罗伯特·肖：《广告设计 10 原则》，宋逸伦译，山东画报出版社 2013 年版，第 192 页。

品牌的功能或价值为消费者所需要，或消费者感觉非常喜爱，则所需的投放频次相对较少。三是竞争对手的广告投放频次。如果采用进攻型的广告媒体策略，则必须以竞争对手的广告投放频次为基础，安排与竞争对手水平类似或更多的广告频次，以压倒竞争对手，从而取得相对的竞争优势。四是干扰度。如果很多相似的产品或品牌在电波媒体的同一时段进行广告宣传，或出现于印刷媒体的相同或相近版面，则会相互干扰，影响消费者对广告信息的认知，因此，所需的广告频次就更多。相反，如果广告干扰度不大，则所需频次相对较少。此外，还有购买和使用的周期、产品或品牌的顾客忠诚度、产品或品牌的知名度等因素对接触频次也会有影响。

曾任美国广告研究基金会主席的纳波勒斯（Miguel J. Napoles）和通用电气公司的克鲁格曼（Herbert Krugman）都认为广告频次安排 3 次就够了。但许多媒体从业人员认为，广告投放至少要 3 次才有效果，但不宜超过 6 次，否则就是频次不足或浪费。

这种情况在国外也屡见不鲜。例如，英国哈利王子（）世纪大婚这个新闻在全球都是热点，而宜家家居刚好有一款产品，名字和王子一样，也叫 Harrv。2018 年 5 月 19 日哈利王子大婚当日，宜家家居巧妙地推出了一则广告，标题是"Don't worry, Harry is still availabIe"。Available 在这个广告语中有两个意思：一个是还有得卖，另一个是仍然单身。

一项由华特·汤姆逊（J.Watter Thompson）的伦敦公司所授权进行的麦当劳个案调查研究，为我们提供了购买与受众接触频次关系的又一证据。该调查涉及特有的两类消费记录的英国消费者：13 个星期中每一天他们所暴露的电视、杂志和报纸的数量；同期所购买的品牌（9 个产品种类）的数量。然后分析具体时间单位、9 种品牌种类。购买周期是 3/2—5/2 个星期的平均数。调查人员所测量的媒体暴露是真正的载具暴露或收看机会（OTS）和不暴露于广告。

麦当劳计算每一购买期间的每个品牌的 OTS 并与消费者的购买行为进行比较，注意到在每一购买期间的开头和结尾所连续购买的是同一产品或是

不同产品,最后得出的结论如下(见表8-1、表8-2):

表8-1 接触频次水平和再次购买同一产品间的关系

	媒体曝露度(广告的频次)			
	0	1	2	3
重复购买百分比	54.4	58.4	62.6	63.1
获利百分比		+4.0	+4.3	+10.4

表8-2 接触频次水平和再次购买不同产品间的关系

	媒体曝露度(广告的频次)			
	0	1	2	3
下次购买时转向竞争者产品购买百分比	17.2	20.91	27.4	27.9
获利百分比		+3.7	+6.5	+0.5

从以上两个表中可以看出:消费者的接触频次水平与再次购买同一产品间的关系是正相关的关系。随着广告频次从 1 到 3 的逐级增加,消费者重复购买同一产品的人数百分比也呈现出增长趋势,但下次购买时转向购买竞争者产品的人数百分比也会有增加,只是在达到 3 次后,这种增加幅度才会明显减少。

到目前为止,关于广告投放的有效频次问题尚未有最后的定论。在这个问题上,应当具体问题具体分析,不宜僵化,一般控制在 3—6 次的范围之内。具体要针对不同行业、品牌的多次真实投放数据表现来分析和制定出合理的频次控制标准。比如,汽车行业的广告投放应当比女性化妆品行业的投放频次要多,才能达到最佳效果。

第二,广告相似关键语或载具的重复。在大众媒体传播中,广告的空间范围或时间长度是受到限制的。一般而言,在单位时间或空间内,广告传播次数越多,产生的影响就会越大。因而,广告在将商品符号化之后,要让它所表征的形象或意义能在短期内尽可能地在消费者的脑海中留下记忆,即便不是那么清晰的记忆也行。当消费者在众多商品面前难以选择的时候,这些记忆就会浮现出来，起到提醒、暗示或印证的作用。早在 20 世纪 30 年代，英美烟草公司的总裁希尔（George W. Hill）就开始使用广播重复进行广告宣传。当时的主要广告媒体是广播电台，播音员不断重复着"好彩香烟顶呱呱。是的，好彩香烟顶呱呱"的广告语，使得好彩香烟在英美国家日渐闻名。

从心理学的角度来看，人们对单次出现的事物往往不如对重复出现的事物印象深刻。很多平面广告、音频或视频广告可以采取重复的方法来强化传播效果。诸如招贴、POP、灯箱、广告牌等在内，大都可以采取在同一地方连续张贴或摆放，以产生排比般的渲染效果；交通工具广告可以在同一条运行路线的多辆车身上投放同样的广告，形成流动般的都市风景；而音频或视频广告中的关键语或产品形象也可以通过在同一媒体但不同时段的节目中播出的方法进行强化。罗瑟·瑞夫斯指出："假如这位广告主把一个电视广告安排到 3 个不同的节目里，他的观众会翻番，其说服效果也会翻番。"[①]

第三，跨媒体平台传播的重复。通常，就同一种媒体而言，广告投放的频次并非越多越好。依赖单一媒体平台和单一的广告形式的传播效果存在过多的不确定性。因此，在媒体形式上，要多管齐下，以扩大受众的有效接触范围和接触率。"通过研究我们发现，让消费者在不同的媒体中看到广告，要比让他们在同一种媒体中看三遍同样的广告更有效。……当相同的信息通过所有的感官（看、尝、摸、闻、听）反复加强时，人们就会获得更好的接触点整合。"[②]20 世纪 90 年代，为了迅速打开市场，左岸咖啡馆里的电视广告是一位女孩的旅行摘记，平面广告是一系列发生在咖啡馆的短篇故事，而电台则在深夜播放着如诗般的咖啡馆故事。为了使消费者相信咖啡馆的存在，在法国咖啡馆摄影展期间，策划人员在台湾最豪华的书店外布置左岸咖啡馆场景，还制作了 15 分钟题为"左岸咖啡馆之旅"的有线电视节目，介

① ［美］罗瑟·瑞夫斯：《实效的广告：达彼思广告公司经营哲学 USP》，内蒙古人民出版社 1999 年版，第 210 页。
② ［美］布里格斯·斯图亚特：《如何增加广告黏度——成功案例及方法分析》，杨雷译，电子工业出版社 2011 年版，第 156 页。

绍塞纳河边左岸的 20 家咖啡馆。在法国国庆期间，左岸咖啡馆积极赞助庆宴和法国电影节，与雷诺、标致、香奈儿、迪奥等法国品牌同在赞助商之列，最终取得极大的成功。

2013 年 5 月，为了庆祝中国平安成立 25 周年进行的"平安橙"广告活动，中国平安总公司采用线上与线下相结合的传播方式进行传播。首先在总公司门口摆放大型的充气橙子，先行造势；再结合当下潮流发布有关热门电影、明星等不同领域的恶搞版广告，以强化娱乐气氛；接着，利用新浪微博话题对平安橙进行话题互动、PC 端广告引流、网红炒作、线下拍橙上传、好礼相送等。短短 4 天时间，线上推广就达到一千多万次的曝光量，4594 万次的点击，官博微话题讨论数 146873 次[①]，强化了用户与品牌之间的黏性，沉淀了用户口碑。

但是，广告传播有时与传播者动机相反，产生传播悖论，出现传播逆反效果。产生这种结果有极其复杂的原因，主要是忽视了社会悖谬因素的作用。凡事有一个度，都在某个环节上相互限制，宏观与微观层面相互联系，物极必反，即使传播的内容没有错误，但依靠连篇累牍的强行"轰炸"，也会引起观众的反感，结果事与愿违。我国广告市场开放以来，这方面的教训很多。

如果说，1994 年某品牌羊绒线在中央电视台一套新闻联播后黄金时段做 5 秒标版广告中，一小囡用清脆的、尖尖的童声三遍重复"羊"字来强调产品自身属性，引发很高的注意度，深得观众和消费者的喜爱的话，那么，2008 年春节期间它在多家电视台黄金时段高密度播出的十二生肖版重复广告就成了这种广告的极端表现。这在这则长达一分钟的电视广告中，由北京奥运会会徽和其商标组成的画面一直静止不动，画外音则从"×××，北京奥运赞助商，鼠鼠鼠"，一直念到"×××，北京奥运赞助商，猪猪猪"，将其品牌名与中国 12 个生肖轮番念过，简单的语调重复了 12 次，令观众不堪

---

① 朱江丽：《全媒体整合广告策略与案例分析》，中国人民大学出版社 2016 年版，第 52 页。

其烦，认为它是一种无聊、暴力与噪音。随后，一些知名网站所做的关于这则十二生肖广告效果的网络调查结果显示，网易上万名参与者中对广告表示"反感"的超过 9 成，有超过 8 成的参与者认为该广告会损害其品牌形象。[①]在新浪网有 4.7 万多网民参加的调查中，87.52% 的网民对这则广告表示"反感"，认为搞笑、不反感的网民占 8.81%，还有 3.67% 的网民持中立态度。[②]由此可见，这种简单、粗暴式的重复是不可取的。

第三节　广告隐喻的传播效果

广告隐喻传播效果具有双重意义。第一是指受众接受广告信息后引起的反响与结果，包括广告受众在认知、情感、态度和行为等方面发生的变化，这种效果通常意味着广告传播活动在多大程度上实现了广告主的意图或目的。其次是指广告通过大众媒体的传播活动对公众和社会的发展所产生的一切影响与结果，涉及公众的审美趣味、生活方式，社会的文明发展、环境保护等。毫无疑问，广告隐喻传播的效果是应该受到高度关注度的。

一、广告隐喻传播效果的基本特征

《战国策·魏策四》中记载："秦王怫然怒，谓唐雎曰：'公亦尝闻天子之怒乎？'唐雎对曰：'臣未尝闻也。'秦王曰：'天子之怒，伏尸百万，流血千里。'"[③] 在这里，"天子之怒"显然是指国王发动战争。战争的影响是巨大的。

---

① 李磊：《恒源祥现象：恶俗广告背后的品牌堕落》，《中国质量万里行》2008 年第 3 期。
② 程金玲：《浅议恶俗广告对企业产品品牌的影响》，《中小企业管理与科技》2008 年第 26 期。
③ 《战国策》，廖文远、罗永莲、廖伟译注，中华书局 2016 年版，第 370 页。

如果将广告运动比作一场战争的话，那么，广告主最关心的必然是胜负的结果，希望能够旗开得胜，捷报频传。但事实上，在现代社会，无论哪种形式的广告传播，除了促销之外，其效果都具有一定的滞后性、积累性、复合性和层次性等诸多特征。

（一）传播效果的滞后性

广告通过媒体发布之后，消费者才可能接触到。接受广告后，消费者从理解、记忆到态度的改变有一个渐进的过程，也就是说，广告可以提高产品知名度，使消费者产生兴趣甚至偏好，但是消费者从潜在购买动机转变为现实的行动，有一个时间上的过渡。况且消费者接触到广告的时间点往往不一样，有些人或许第一时间接触到了广告，有些人可能在广告刊播多次后才接触到，而有些人则根本没有接触到。消费者不仅接触广告信息的时间点会不尽相同，而且对广告隐喻的理解和记忆的程度也有很大差异。

广告层级理论也告诉我们：广告要产生效果，必须使目标受众的心智经历一系列的步骤。这些步骤从注意开始，然后是理解、记忆，最后是欲望到行动（见图8-6）。

图 8-6　广告作用的层级理论示意图

如图 8-6 所示，目标受众从"注意"开始，经过"理解"、"记忆"，一直到"欲望和行动"时，广告才会真正产生效果。

随着时间的推移，会有两种结果：一种是消费者对于这种商品的印象逐渐变淡，最终忘记；另外一种则是广告激起了消费需求，经过一段时间后，受众开始购买广告产品。由于目标受众开始和经历这些层级的时间和速度不尽相同，所以，必须有足够多的消费者完成或部分完成上述过程，才能使广告效果趋于相对稳定。一项关于广告积累效用持续时间的计量研究也支持这一结论："对于市场成熟、经常性购买的低价值商品而言，广告引起销售需要 9 个月。"[1] 因此，广告传播效果的显现被认为在时间上有一定的滞后性。

（二）传播效果的积累性

广告作品的推出往往是反复的、连续的，大多数广告不能立竿见影，除非是为一个新产品做广告，人们可以测量这个产品第一次广告的传播效果。但在市场上，大量的既有产品从投放市场后，就开始了大大小小的多次广告运动。消费者接触广告之后，往往有一个观望期，甚至会半信半疑。随着广告的反复重播以及其他营销形式的配合，对受众的心理和认知施加的影响就会越来越大，使得受众的心理会产生潜移默化的改变，形成对广告商品或服务的积极态度。一旦时机成熟，这种态度就会转化为购买行为，此时广告的影响才会真正显现出来。这就是说，在消费者尚未发生购买行为之前，都是属于广告效果的累积时期。广告在不同媒体上每出现一次，都是在巩固或加深消费者的印象。有时候，我们通过对最近一次广告传播的效果进行评估所

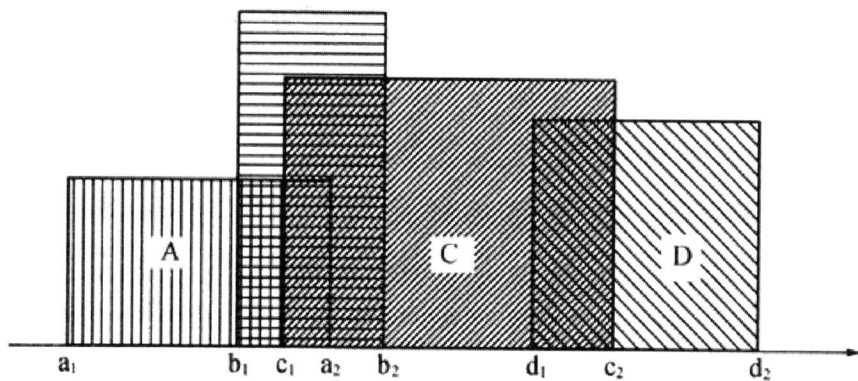

图 8-7　广告媒体效果的积累性

---

① ［美］乔治·贝尔奇、迈克尔·贝尔奇：《广告与促销：整合营销传播视角》（第 6 版），张红霞、庞隽译，中国人民大学出版社 2006 年版，第 240 页。

得到的结果，很可能是最近一次广告运动的传播效果与前一次或前几次广告运动的传播效果之和（见图 8-7）。

如图 8-7 所示，假定某产品进行了 A、B、C 和 D 四次广告运动，每次广告运动有效效果时间分别开始于 a_1、b_1、c_1 和 d_1，结束于 a_2、b_2、c_2 和 d_2。我们如果在 d_1 和 c_2 之间的一个时间点来测量广告运动 D 的效果，那么所测得的是广告运动 C 和 D 的综合效果。如果在 c_1 和 a_2 之间的一个时间点来测量广告运动 B 的效果，所测得的却是 A、B 和 C 三次广告运动的综合效果。然而在实际操作中，虽然我们一般无法区分广告运动有效效果的始、终点，但广告传播效果的积累性始终存在。

（三）传播效果的复合性

在当代，广告既可以通过不同的创意来呈现，也可以通过多种媒体组合来传播，同时还受到企业其他营销活动（如人员推销、口碑传播、公共关系、营业推广等）以及同行竞争广告或流行趋势等影响。这就决定了广告活动的效果必然是多种因素的影响结果。对此，我们从三个方面来认识。

其一，从广告的内容上说，广告不仅会产生经济效益，促进销售，还会产生心理效果，对人的社会化等发挥作用，需要综合地理解和评价。

其二，从广告的传播媒体上说，媒体不仅有传播信息的功能，它还能够以一种隐蔽却强有力的暗示来定义现实世界，甚至塑造一个时代的消费文化。尼尔·波兹曼认为，我们的语言就是媒介，我们的媒介就是隐喻，它们造就了我们的文化内容。"不管我们是通过言语还是印刷的文字或是电视摄像机来感受这个世界，这种媒介——隐喻的关系，帮我们将这个世界进行分类、排序、构建、放大、缩小和着色，并且证明一切存在的理由。"[1]

其三，从广告的传播方式上说，广告是进行信息沟通的一种有效手段，但在企业整合营销传播所产生的效果中，这一手段只是一个方面，还需要结

---

[1]　[美] 尼尔·波兹曼：《娱乐至死》，章艳译，中信出版社 2015 年版，第 11 页。

合其他传播方式所产生的效果进行评估。在传统的广告中，评估者难以立刻观察到传播的结果。例如，要确定有多少女性是因为看了时尚杂志《瑞丽》刊登的广告才买了口红，可能是一件很困难的事情。即使是网络广告，单纯的点击次数也并不能完全反映广告的传播效果。所以，人们在评估广告效果时，如果仅是通过销售额的增长来评估广告效果，就会将广告效果与营销其他环节所取得的成绩混为一谈，从而陷入误区。

（四）传播效果的层次性

无论是从科利（Russell H.Colley）的达格玛法（DAGMAR）四阶段模式（知名→了解→信服→行动）来看，还是从拉维奇和斯坦纳（Robert J.Lavidge & Gary A.Steiner）提出的六阶段模式（认知→理解→喜爱→偏好→信服→购买）来看，广告的效果都是分层的。

归纳学者们的理论，按照传播效果发生的逻辑顺序或表现阶段，我们可以将广告传播效果分为三个层面：外部信息作用于人们的知觉和记忆系统，引起人们知识量的增加和认知基模的变化，属于认知层面上的效果，我们称之为"产品认知效果"。在传统上，由于消费者与广告主信息不对称，消费者对产品的知觉与印象在很大程度上依赖于大众传播媒体上的广告。广告传递什么信息、不传递什么信息、从什么角度、用什么方式进行传递，影响着消费者对商品的知觉与印象。这种效果，就是传播学中所称的"视野制约效果"。尽管在互联网的条件下，消费者可以主动上网进行信息搜索，极大地减少了这种信息的不对称状况，但在现代社会高度分工、产品种类极其繁多的情况下，消费者不可能成为产品专家。所以，这种信息不对称性或多或少地依然存在。

其次，广告作用于人们的观念或价值体系而引起情绪或感情的变化，属于心理和态度层面上的效果，我们称之为"价值形成与维护效果"。任何广告的内容都有倾向性，包含是与非、善与恶、美与丑、先进与落后、成功与失败的价值判断。提倡什么、反对什么一目了然，这些判断与主张一方面在维护传统的社会规范和价值体系，另一方面，也在引导消费者突破旧观念、旧习惯，树立新观念、新规范。如果广告能够使目标受众相信：使用某种商品能够获得更好的利益或更优质的生活，那么消费者在心理上就容易认同。

最后，广告受众在接收信息后发生的变化通过他们的言行表现出来，即称为行动层面上的效果，我们称之为"社会行为示范效果"。广告的影响并不仅仅表现在受众的认知和价值取向方面，而且还通过向目标受众提示具体的生活行为或生活模式来直接、间接地影响受众的行动。如果某种商品或生活方式的广告得到广泛地传播与认同，往往会成为大众热议的对象、模仿的标准或形成争相购买的热潮。

当然，我们也可以从其他角度对广告传播效果进行划分，比如，直接效果和间接效果、社会效果和经济效果、正效果和负效果，等等。

（五）传播效果的间接性

传播效果的间接性是指以原有广告影响为动力而产生的连续采纳广告信息的效果。在产生购买行动的消费者中，有的消费者可能是直接受到广告的影响而去购买的，有的则可能是并未直接接触到该产品广告，而是因为受到了被广告直接影响的人的推荐而去购买的，这种人很可能就是消费者的亲朋好友或者是网购者的留言。因此，这种广告效果是间接产生的。

二、广告隐喻传播效果的三种类型分析

从传播学的角度来看，广告隐喻可以起到更好地引发受众关注，强化理解，增进记忆和促进消费者态度或行为改变的效果。我们从心理的、社会的和经济的三个层面进行分析。

(一) 心理效果

心理效果又称接触效果，是广告效果的核心。它是指广告信息作用于受众的知觉和记忆系统所引起的各种心理效应，如广告对知觉、记忆、理解、情感、认知及态度方面的影响，其好坏取决于表现效果和媒体效果的综合作用。

心理效果表现为注意感知、理解记忆、情感激发、态度改变和购买行动等继起的影响层面，当然也会因人而异。无论标题隐喻或是图像隐喻的广告，都应充分利用文字、线条、色彩、图形等元素，制造新颖独特的视觉表现，吸引消费者的关注。恰当新奇的广告隐喻具有刺激性和劝导性，带给受众前所未有的新鲜感，引起消费者的主动关注，具有先声夺人的效果。例如，在 Pattex 强力胶广告的画面中，将强力胶与一些手术器械一起并置在手术台上，暗示强力胶就如缝合线一样稳固牢靠。作品隐喻巧妙，令人印象深刻。如果广告一开始能够抓住人的注意力，就等于成功了一半。

笔者认为，通常情况下，运用隐喻的广告比不运用隐喻的广告所产生心理效果要强。我们试以两则轮胎广告为例。多年以前，一则国内著名品牌轮胎的影视广告的画面围绕一只轮胎展示近景、特写，然后是飞速旋转的轮胎驶过泥泞的道路，飞溅起大片水花。广告表现了该轮胎质量优良、一往无前的创意意图。同样地，菲尔达（Felda）轮胎的一则广告也运用了快速运动中的轮胎镜头，同时结合隐喻蒙太奇的手法，在其间穿插了许多黑豹奔跑的特写镜头，并通过影调与动势控制使得两组镜头相辅相成，相得益彰，寓意菲尔达轮胎像黑豹一样灵活、迅捷、轻盈、顽强。可以说，这两则广告的表现原始意图是基本一致的，都试图表现轮胎的某种优良的性能特质，但表现的方式却不同。前者是直白式叙事，后者是隐喻式叙事。当笔者将这两则广告放入其他 10 个汽车视频广告组成一组之后(共 12 个)，进行播放测试，共有 45 个人参与了测试。二十四小时后检查的结果是：能够回忆另一个轮胎广告画面并理解其广告意图的有 16 人，占受试者总数的 35.6%，而能够较为清晰回忆菲尔达轮胎广告画面并理解其广告寓意的有 37 人，占受试者总数的 82%。因此，从记忆效果和认知度来说，后者的效果更持久、更深刻。

从科学的角度来看，广告隐喻传播的效果可以用一系列心理测量学的指标或客观性的生理试验指标来反映。这些指标包括：

（1）感知记忆效果指标。该指标用于测定广告的内容，即对广告主及其产品或服务及品牌等的熟记程度，主要由阅读率或视听率及记忆程度等指标来反映。

平面广告在阅读率方面的指标包括注目率、阅读率、精度率等；电波广告视听率方面的指标有视听率和认知率；网络广告方面的指标有曝光次数、点选率、转化率等。记忆程度评估指标有记忆效率与记忆广度两个方面。记忆度效率反映受众对广告印象的深刻程度，主要用于了解消费者是否能记住广告的内容，如品牌、特性、商标等。就是对目标受众展开调查，看看有多少人能够回忆起那些广告。把那些广告留给人们的印象和他们对于其他广告的记忆做比较，就能够衡量出这种广告进入目标受众的意识思维的能力。记忆广度指标一般采用速时器测验，大致做法是在一个极短时间内向受众呈现广告后，要求他们立即说出所看到或听到的广告内容，其说出的内容越多，说明瞬间记忆广度越大。

（2）认知效果评估指标。该指标是对广告所传达的信息认知状态的反映，通常体现为对某个产品或服务的了解程度。这种认知是广告受众在接触广告信息及其他有关产品或服务信息的基础上形成的，既包含该产品的特性知识，也包含消费者对产品的理解和联想，形成多一个综合的认知。

认知效果评估经常采用的评估指标有消费者对商标和产品的识别能力，对产品功能、价位、质量等的了解程度。

（3）态度效果评估指标。广告传播的宗旨是通过影响消费者对产品、品牌及厂商的态度，从而引导消费者选择和购买的行为方向。态度是人们接触广告后形成的对产品或广告的各种积极和消极的情感反应，它直接或间接影响人们的购买欲望，是态度测量的重要内容之一。

测量态度主要从三个层面展开：产品感知质量、品牌情感和产品购买。产品感知质量主要反映消费者对产品质量高中低或好中差的基本判断，带有一定的主观意向。品牌情感一般包括品牌的兴趣度、好感度（美誉度）、忠诚度等，是消费者与品牌在情感方面的关联。正面的情感关联引起的是消费者不同程度地表现出对品牌的喜爱或者偏好，并在消费行为或者消费意向上体现出来；负面的情感关联带来的是消费者对品牌的远离和冷漠。产品购买是指消费将对产品的正面态度和情感转换为购买行为。

品牌态度的测量主要采用问卷调查法，经常使用的测量工具有态度量表、语义差异量表等。

（4）生理性实验评估指标。这是指视觉反应测试情况，它通过视向仪测定观众接收广告信息的顺序、时间长短以及由此产生的瞳孔变化来判断广告的视觉冲击力。主要有眼动轨迹描记图、视觉反应时间、瞳孔直径变化、皮肤电反应、脑电波图变化等指标。

1994 年，科罗曼（Krugman）等人受美国公共卫生部的委托，对香烟广告的警示语的效果展开研究，研究的主要目的是比较法定的常规警示广告和新式的创新警示广告对青少年的影响，从而为警示语的改进提供参考。测试者使用了眼动仪设备对 326 名青少年在观看不同的广告警示语过程中的全部眼跳和凝视运动轨迹进行了记录。调查结果显示，在同时出现两种品牌香烟的情况下，新式警示广告语在 1 到 2.5 秒左右就能把读者的视线吸引，比常规广告更容易吸引青少年的目光（关注的时间长达 2—3 秒）。调查还表明，图形的比文字更能吸引年轻人的注意力。在全部被测试人员中，有 44% 的人根本没注意到香烟广告的警示语。

（二）经济效果

经济效果是指广告主从广告活动中所获得的经济收益或损失，也就是广告引发的产品或服务的销售量以及利润的变化情况，或者由此引发的市场竞争变化、行业及宏观经济波动等。它主要体现在广告对产品销售所产生的影响上，也是广告主最为关注的效果。

霍普金斯指出："在发行量超过几百万的报刊上刊登毫无效果的广告，就好比把小溪蕴藏的巨大能量用来转动一个木轮水车。而同样的资源在其他人手中却为他们带来了数倍的回报。"[①] 开展广告活动以后，广告代理公司可能会和广告主合作，评估这种活动的成功性。广告的经济效果除了可以进行定性研究外，更多的是利用某些指标进行定量分析。主要有销售额和利润额两个基础指标。在进行广告评估时，常用的经济效果指标有广告效益指标、市场竞争力指标和相关分析指标三大类。

广告效益指标，是利用成本—收益分析方法测量广告活动经济效益状况的统计分析指标，有正指标和反指标两种形式。正指标是指每支出单位广告费用能够带来的销售或者利润增加量，包括单位（或边际）广告费用销售增加额和单位广告费用利润增加额等指标；反指标是指广告费同销售额或利润额的比率，主要包括单位（或边际）销售费用率和单位（或边际）利润费用率等指标。不过，质量测试系统（ARS persuasion）、兰德马克（Landmark）等研究机构的研究表明，"仅增加广告的投放量（作为GRPs或支出）并不直接转化为品牌的更好表现"[②]。也就是说，当广告不具备说服力时，即使两倍、三倍的广告投放量，也不可能实现销量的增加。

市场竞争力指标，一般通过市场占有率来反映。市场占有率是企业某种产品在一定时期内的销售量占市场同类产品销售总额的比率，或单位广告费用销售增加额与行业同类产品销售总额的比率，它在一定程度上反映了本企业产品在市场上的地位、竞争力和广告的市场拓展能力。

广告经济效果的相关分析指标，一般是通过计算广告费用变量与经济收

---

① [美]克劳德·霍普金斯：《文案圣经：如何写出有销售力的文案》，姚静译，中国友谊出版公司2017年版，第89页。

② [美]特伦斯·A.辛普：《整合营销传播：广告、促销与拓展》，廉晓红等译，北京大学出版社2005年版，第315页。

益变量之间的相关系数等相对指标，来反映和研究某项广告活动的经济效益情况。相关系数指标的取值在＋1和－1之间，越接近于＋1表示广告活动越成功；越接近于－1表示广告活动越失败；系数为0时，表示广告活动没有经济效果。

衡量广告活动对于产品销售的促进能力的一种更直接的办法，是把广告活动之前和之后的销售情况进行比较。当然，许多和广告活动无关的因素，也可能会影响到这种比较。不过，研究者会竭尽所能地梳理这些因素，并就广告本身的效果作出结论。网络广告的评估要取决于市场营销人员的反馈及其期望的目标。如果这个广告是点击性质的，也就是浏览者可以使用鼠标而进入一个产品的网站，并且直接购买那种产品，那么，广告的成功性还可以根据直接购买的情况进行评估。即便浏览广告的人并没有点击它，或者说，他们的确点击了广告，但并未购买这种产品，那么这个广告也可能是成功的。因为他们以后可能会在一家实体商店或者在网上购买它，而且这是很难跟踪的。

目前，国际上通行的衡量网络广告效果的评估指标，同时也是网络广告的计费形式有两种：一种是CPM（Cost Per Thousand，每千人成本），另一种是CPA（Cost Per Action，每行动成本／广告效果计费）。CPM的原理与传统媒体的广告效果评价体系有相似之处，注重广告的显示效果，而CPA是一种基于互联网互动性特征的广告计费形式，完全不同于传统媒体，注重以效果的实现来衡量广告的价值。

在中国国内，除了CPM和CPA外，还有两个广告主衡量网络广告效果的重要指标——CPC（点击成本）和CPT（每广告位时间成本，如包天、包时等）。通过CPC的广告点击数及点击率，广告主可以很清楚地了解自己投放的网络广告到底带来了多少传播效果，满足了广告主对广告效果评估的需求，而CPT则是目前国内网络广告计费形式的主导，是传统媒体广告购买模式的延续，它使得网络广告的计费模式更趋近于和传统媒体的计费模式一致，广告主可以根据自身需求在特定时间段选取特定广告位进行有针对性的广告传播。但 CPT 也无法精确体现互联网便于衡量广告效果的优势。不过，业内人士普遍认为，微软的 MSN Message 在中国的网络广告实践中，已经宣布将 CPM 作为其网络广告效果唯一的衡量标准，这一决定所引起的冲击波仍在延续和扩展。结果如何，我们拭目以待。

（三）社会效果

萨丕尔曾经有过这样的表述："人在很大程度上受到充当他们社会表义媒介的特定语言的制约。现实世界在很大程度上是不知不觉地建立在该社会的语言规范的基础之上的。"① 任何广告隐喻都含有一定的社会文化价值观，它除了成为现代人获得重要信息的渠道之外，不可避免地存在对人类文化精神的不断观照和感悟性表达，对消费者的情感流向和价值取向实施引导，在促进大众消费的同时，也潜移默化地影响着人们的价值观念和生活方式，并延伸到社会其他许多领域，涉及法律规范、伦理道德、思想意识、文化艺术、风俗习惯等。美国广告研究的权威人士 P．特拉吉尔（P. Trudgill）认为："广告不仅影响着它所依赖于生存的社会，而且反映着社会价值观念和社会机构的某些方面。"② 所以，很多传播学者、社会学家都主张，除了要对广告传播的心理效果、销售效果进行测量和评估外，还应高度重视广告传播的社会效果，尽快建立相对科学合理的评估指标体系。比如，什么样的广告契合了社会环境，促进了精神文明？什么样的广告违背了社会良知，破坏了公序良俗和伦理道德？这些是根本性的问题。

由于广告的社会效果具有长期性、广泛性和多样性，所以很难像广告的心理效果和经济效果评估那样，用几个特定的指标来完成。笔者认为，广告隐喻传播的社会效果评估需要从如下三方面来考量：

（1）信息传播的扩散力。广告是人类交流的一种方式。广告传播和言语

---

① ［美］萨丕尔:《语言论》，陆卓元译，商务印书馆 1985 年版，第 19 页。

② Vestergarfd, Torben, et a1, The Language of Advertising, New York: Basil Blackwell Publishers 1td., 1985, p.217.

交流一样，都是显性推理交际（Costensive-inferential communication），具备信息意图和交流意愿这两个特征。广告商通过文字、色彩和图像等形式来展现广告主的信息意图和交流意愿。广告提供刺激符号来激活受众认知环境中的某种预设，以建立广告主和消费者之间互相显现的认知环境，目的是说服消费者购买自己所推出的商品或服务或树立企业的品牌形象。

广告传播者要在深入洞察市场与消费者的基础上，创造性地理解和发掘产品价值，寻求用独特的创意、新颖的隐喻、富有冲击力的表现来传递产品的价值，或者运用创造性思维，赋予品牌独有的心理价值与个性特征，树立有别于同类品牌的形象，以激起受众的认知期待和情感共鸣，增强广告的传播扩散力。优秀的广告隐喻往往会突破目标受众的范围，带来病毒一样的扩散，引起社会大众的广泛关注。例如，2013 年中央电视台组织创作的公益广告"打包"篇讲述了一位年迈的父亲，他的记忆力衰退，由开始的迷路最后变成了连儿子也不认识的痴呆。在一次宴会上，盘中剩下两个饺子，老人直接用手抓起饺子往自己口袋里放，口中喃喃地说："这是留给我儿子的，我儿子最爱吃这个了。"一个身患老年痴呆症的人，此时居然还记得儿子最喜欢吃的东西，这是怎样伟大的一种父爱啊！这个根据真实故事改编的公益广告一经播出，引起了观众的强烈共鸣，并在各大视频网站和微博、微信等社会化媒体平台上流传。其中，优酷、56 等视频网站的点击量都超过了 10 万次，引起了一场全社会关于"如何关爱老人，回报养育之恩"的广泛讨论。

（2）认知路径的引导力。伯纳德·科恩（Bernard Cohen）指出："很多时候，媒介也许在告诉人们'怎样想'方面都不大成功，但在告诉读者去'想什么'方面却惊人地成功。"长期以来，这一结论成为传媒重要的议程设置功能（agenda-setting function）假说的中心思想。四年之后（1967），麦克姆斯（Maxwell Mccombs）和唐纳德·肖（Donald Shaw）一起进行了一项关于大众传媒的各种认知效果的研究，并得到美国国家广播者协会和北卡罗来纳大学的资助。通过实证研究，他们发现，在公众对社会公共事务重要问题的认识和判断与媒体的报道活动之间，存在着一种高度对应的关系，即媒体作为"大事"加以报道的问题，同样也作为大事反映在公众的意识中；媒体给予的强调越多，公众对该问题的重视程度越高。根据这种高度对应的相关关系，麦克姆斯和肖认为大众传播具有一种形成社会"议事日程"的功能，传播媒体以赋予各种议题不同程度的"显著性"的方式，影响着公众瞩目的焦点和对社会环境的认知。

夏贝尔山（Chapel Hill）的探索性研究，再次证明了大众传播难以决定人们对某一事件或意见的具体看法，但可以通过提供信息和安排相关的议题来有效地左右人们关注哪些事实和意见，及他们谈论问题的先后顺序。也就是说，大众传播可能无法影响人们怎么想，却可以影响人们去想什么。按照这一结论，刊登或发表在大众媒体上的广告也只能起到影响受众想什么而不能起到让人们怎么想的作用。但是，笔者认为，如果就一般性的广告而言，可能是这样。但不能包含广告隐喻。

隐喻广告不仅具有一定的议程设置功能，而且具有认知引导功能。因为隐喻广告可以通过双域映射的方式引导受众怎么去想。通常，广告诉求的内容总是与当前流行的时尚、消费者的现实生活密切相关。如果受众感到广告中的产品或服务与自己的利害相关，他们就会主动寻求对隐喻内容的理解。消费者通过隐喻中两个域的对比，对广告信息进行精细加工，以获取更多目标域的特性。这种理解的路径是被预先设置的，并且源域的映射在给受众带来一种新鲜体验的同时，也对目标域意义的范围做了限制。可以说，消费者对广告隐喻理解的过程也就是对产品了解、产生自觉的过程。芝华士的广告中对阿拉斯加冰钓生活的描绘和渲染，让无数的观众为之眼热，从而畅饮芝华士以及到阿拉斯加冰钓成为许多受众梦寐以求的生活；左岸咖啡的广告通过对巴黎塞纳河左岸的一个咖啡馆的描述，向人们传达了一种浪漫的、有情调的、高雅的生活趣味和情感体验，成为白领向往的带有异国情调的精神漫游领地。所以说，一旦广告被认同，消费者就会在一定的时间内围绕广告中的产品，搜集相关信息，作出选购决策，直至完成购买，议程解除。

（3）社会文明的塑形力。伯恩巴克指出："所有运用大众媒体的专业人员都是社会的'塑造者'，他们可以让社会粗俗，可以让社会物欲横流，当然，我们也可以帮助社会提升到更高的层次。"① 可见，广告对社会文明的发展具有一定的推进或阻滞的影响。学者兰道（Mark J.Landau）等人在莱可夫和约翰逊隐喻理论的基础上，提出了隐喻扩展的社会认知（Metaphor-Enriched Social Cognition）理论，认为概念隐喻是一种塑造社会观念和态度的独特认知机制，它可以简化社会认知，通过让人们用相对具体的源域概念来理解不同的、通常更为抽象的目标域概念，如"爱"、"优美"等。② 所以，广告应当站在国家利益和消费者利益的高度上，在大力普及商品知识、传递产品功能、塑造品牌形象的同时，还要通过定义和建构所谓美好、爱情、成功、时尚、幸福等观念，传递正确的消费观念、生活方式，促使个体或社会共同体（民族、国家等）在观念上认同正确的价值观念，从而为推动社会文明的进步助一臂之力。

中央电视台曾经播放过的一则主题为"珍惜水资源"的公益广告："也许，地球的最后一滴水将是人类的眼泪。"广告不仅寓意着当今的"水资源越来越少，水是十分可贵的"这一简单道理，而且为人类敲响了水资源的警钟：水是万物生命的源泉和摇篮，如果现在不珍惜水资源，将来的水资源会被人类消耗和浪费殆尽，到时候人

图 8-8 意大利环保组织 Legambiente 的公益广告："全球变暖"篇（广告公司：Brand Evolut-Alberto Favret, Corrado Tagliabue, Milan/ 意大利，2008 年）

① 广告大师伯恩巴克的广告语录，https://www.jianshu.com/p/a5794e59564b。
② 叶浩生主编：《具身认知的原理与应用》，商务印书馆 2017 年版，第 339 页。

类就只能喝自己的眼泪（以泪为水）了，还遑论什么人类的生存和繁衍？这样的广告语警醒、有力，比起诸如"请节约用水"、"请关紧水龙头"等祈使句所带来的效果要强十倍。但是，如果从隐喻的角度来分析，意大利环保组织 Legambiente 的一则类似主题的公益平面广告则更能激起人们心灵的震撼。广告中，一位光头的中年男子正在化妆镜前端详着自己的脸，检视眼角的鱼尾纹，准备用护肤霜去涂抹。但是，他却看不到自己脑壳后面已经像极度干涸的土地一样出现了纵横交错的巨大裂纹，这是用任何护肤霜也无法抹平的（见图 8-8）。广告生动直观，标题是："Is your worrying global enough？"（你忧虑到地球了吗？）广告指出了全球变暖对我们每个人的巨大影响。人类与地球共命运，如果我们不采取有效措施保护地球水资源、森林等自然生态，我们人类自身的生存也将和地球一样陷入极度的危险之中。

当然，在充分肯定广告使人们生活更美好的前提下，也不可否认广告也存在诸多的负面影响。例如，过度的消费挖掘和加大了非理性消费的倾向，引起社会的焦虑和欲望膨胀；广告产品符号化所带来的攀比消费、炫耀消费难以遏制；广告中经常把女性形象塑造为贤妻良母的家庭型角色，而把男性形象塑造为事业成功人士、家庭的主要经济支柱，长此以往，容易促成受众的刻板印象；广告有时还对媒体施加影响以有利于自己的利益；虚假广告屡禁不止，既损害了广告行业的整体形象，又给媒体自身的公信力带来巨大的负面影响等，这些问题是中国广告发展中产生的噪音而非乐音，但危害很大，需要通过法律法规、有效监督和管理，以及广告人的自律来逐步解决。

主要参考文献

[1] [古希腊] 亚里士多德：《修辞学》，罗念生译，生活·读书·新知三联书店 1991 年版。

[2] [法] 鲍德里亚：《消费社会》，刘成富、全志钢译，南京大学出版社 2014 年版。

[3] [英] 阿雷恩·鲍尔德温等：《文化研究导论》，陶东风等译，高等教育出版社 2004 年版。

[4] [美] 塞缪尔·亨廷顿、劳伦斯·哈里森主编：《文化的重要作用——价值观如何影响人类进步》，程克雄译，新华出版社 2010 年版。

[5] 何平、张旭鹏：《文化研究理论》，社会科学文献出版社 2014 年版。

[6] 罗钢、刘象愚：《文化研究读本》，中国社会科学出版社 2000 年版。

[7] 陈保亚、田祥胜：《语言学经典精读》，高等教育出版社 2016 年版。

[8] [美] 乔治·莱考夫、马克·约翰逊：《我们赖以生存的隐喻》，何文忠译，浙江大学出版社 2015 年版。

[9] 束定芳：《隐喻学研究》，上海外语教育出版社 2003 年版。

[10] 胡壮麟：《认知隐喻学》，北京大学出版社 2004 年版。

[11] 蓝纯：《认知语言学与隐喻研究》，外语教学与研究出版社 2005 年版。

[12] 王文斌：《隐喻的认知构建与解读》，上海外语教育出版社 2007

年版。

[13] 吴念阳:《隐喻的心理学研究》,上海百家出版社 2009 年版。

[14] 刘正光:《隐喻的认知研究:理论与实践》,湖南人民出版社 2007 年版。

[15] 谢之君:《隐喻认知功能探索》,复旦大学出版社 2007 年版。

[16] 朱全国:《文学隐喻研究》,中国社会科学出版社 2011 年版。

[17] 李春艳、徐海英:《文学视野下的隐喻研究》,吉林大学出版社 2011 年版。

[18] 孙毅:《认知隐喻学多维跨域研究》,北京大学出版社 2013 年版。

[19] 张立新:《隐喻认知语用研究》,世界图书出版公司 2014 年版。

[20] 冯晓虎:《隐喻——思维的基础,篇章的框架》,对外经济贸易大学出版社 2004 年版。

[21] 徐章宏:《隐喻话语理解的语用认知研究》,科学出版社 2007 年版。

[22] 刘大为:《比喻、近喻与自喻——辞格的认知性研究》,上海教育出版社 2001 年版。

[23] [美] 威廉·阿伦斯、迈克尔·维戈尔德、克里斯蒂安·阿伦斯:《当代广告学》(第 11 版),丁俊杰、程坪等译,人民邮电出版社 2010 年版。

[24] 赵艳芳:《认知语言学概论》,上海外语教育出版社 2001 年版。

[25] [德] 温格瑞尔、施密德:《认知语言学入门》(第 2 版),外语教学与研究出版社 2011 年版。

[26] 熊学亮:《认知语用学概论》,上海外语教育出版社 1999 年版。

[27] 王寅:《认知语言学》,上海外语教育出版社 2007 年版。

[28] [法]A.J.格雷马斯:《论意义:符号学论文集》(上、下集),吴泓缈、冯学俊译,百花洲文艺出版社 2011 年版。

[29] [瑞士] 费尔迪南·德·索绪尔:《普通语言学教程》,高名凯译,商务印书馆 1980 年版。

[30] [美] 约翰·R.塞尔:《表达与意义——言语行为理论研究》,王加

为、赵明珠译，商务印书馆 2017 年版。

　　[31]［美］克劳德·霍普金斯：《文案圣经：如何写出有销售力的文案》，姚静译，中国友谊出版公司 2017 年版。

　　[32]［美］乔治·费尔顿：《广告创意与文案》，陈安全译，中国人民大学出版社 2005 年版。

　　[33]［美］克朗普顿：《全球一流文案》，中信出版社 2013 年版。

　　[34] 阮卫：《广告文案案例评析》，武汉大学出版社 2015 年版。

　　[35] 杨先顺、陈韵博、谷虹：《广告文案写作原理与技巧》（第 3 版），暨南大学出版社 2009 年版。

　　[36] 俞建章、叶舒宪：《符号：语言和艺术》，上海人民出版社 1990年版。

　　[37]［美］丹·海金司：《广告写作的艺术》，刘毅志译，中国友谊出版公司 1991 年版。

　　[38]［美］汤·狄龙：《怎样创作广告》，刘毅志译，中国友谊出版公司 1991 年版。

　　[39]［英］斯图尔特·霍尔编：《表征——文化表象与意指实践》，徐亮、陆兴华译，商务印书馆 2013 年版。

　　[40]［英］鲍德瑞：《广告文案写作教程》，许旭东译，上海人民美术出版社 2009 年版。

　　[41]［美］菲利普·沃德·博顿：《广告文案写作》（第 7 版），程坪、丁俊杰等译，世界知识出版社 2006 年版。

　　[42]［日］原鸿一郎、石田胜寿：《广告文案》，谭琦译，中国电影出版社 1999 年版。

　　[43]［南非］普莱希斯：《广告新思维》，李子等译，中国人民大学出版社 2007 年版。

　　[44]［美］路克·苏立文：《文案发烧》，中国人民大学出版社 2010 年版。

　　[45]［日］川上徹也：《好文案一句话就够了》，涂绮芳译，北京联合出版

有限公司 2018 年版。

[46] [美] 大卫·奥格威:《一个广告人的自白》，林桦译，中信出版社 2015 年版。

[47] 季广茂:《隐喻视野中的诗性传统》，高等教育出版社 1998 年版。

[48] 冯广艺:《变异修辞学》，湖北教育出版社 2004 年版。

[49] 冯广艺:《汉语比喻研究史》，湖北教育出版社 2000 年版。

[50] 苏立昌:《认知语言学与意义理论——隐喻与意义理论研究》，南开大学出版社 2007 年版。

[51] 小马宋:《那些让文案绝望的文案》，北京联合出版公司 2015 年版。

[52] 张劲松:《重释与批判:鲍德里亚的后现代理论研究》，上海人民出版社 2013 年版。

[53] [美] A. P. 马蒂尼奇:《语言哲学》，牟博、杨音莱、韩林合等译，商务印书馆 1998 年版。

[54] [英] E. H. 贡布里希:《图像与眼睛——图画再现心理学的再研究》，范景中、杨思梁、徐一维等译，广西美术出版社 2013 年版。

[55] [美] 杰拉尔德·埃德尔曼:《第二自然:意识之谜》，唐璐译，湖南科学技术出版社 2010 年版。

[56] [美] 卡西尔:《神话思维》，黄龙宝、周振选译，中国社会科学出版社 1992 年版。

[57] 何玉杰:《中外广告史》，中国人民大学出版社 2017 年版。

[58] [英] 史蒂夫·哈里森:《引爆创意》，杨凯、赵雯婧译，北京联合出版有限公司 2018 年版。

[59] [丹麦] 叶斯柏森:《从语言学角度论人类、民族和个人》，任绍曾导读，世界图书出版公司 2010 年版。

[60] 赵毅衡:《符号学原理与推演》，南京大学出版社 2011 年版。

[61] 路德庆:《普通写作学教程》，高等教育出版社 2010 年版。

[62] [美] W. 格兰·格瑞芬:《广告创意大解码——36 位设计师的创意

心路》，上海人民美术出版社 2012 年版。

[63] [美] 斯科特·阿姆斯特朗：《广告说服力》，吴国华、林升栋等译，商务印书馆 2016 年版。

[64] [法] 保罗·利科：《活的隐喻》，汪堂家译，上海译文出版社 2015 年版。

[65] [英] 戴维·E.库珀：《隐喻》，郭贵军译，上海科技教育出版社 2007 年版。

[66] 张玮：《话语分析的隐喻视角》，西南财经大学出版社 2017 年版。

[67] 魏纪东：《篇章隐喻研究》，上海外语教育出版社 2009 年版。

[68] 张燕：《语言中的时空隐喻》，语文出版社 2013 年版。

[69] 朱小翠：《舆论的隐喻引导与组织认同——新媒体环境下新闻编辑舆论引导功能研究》，浙江大学出版社 2014 年版。

[70] 戴卫平：《词汇隐喻研究》，世界图书出版广东有限公司 2014 年版。

[71] 叶浩生主编：《具身认知的原理与应用》，商务印书馆 2017 年版。

[72] 张玮：《话语分析的隐喻视角》，西南财经大学出版社 2017 年版。

[73] [英] 王斯福：《帝国的隐喻：中国民间宗教》，赵旭东译，江苏人民出版社 2018 年版。

[74] 郭伟：《视觉隐喻研究》，中国社会科学出版社 2018 年版。

[75] [美] 埃里克·查尔斯·斯坦哈特：《隐喻的逻辑：可能世界之可类比部分》，兰忠平译，商务印书馆 2019 年版。

[76] 覃修桂、帖伊：《以身喻心：感觉范畴概念隐喻的英汉对比研究》，清华大学出版社 2018 年版。

[77] 张立新：《外交话语隐喻认知叙事研究》，东南大学出版社 2018 年版。

[78] 何灿群、郑明霞：《不言而喻——隐喻的设计方法研究》，湖南大学出版社 2018 年版。

[79] Baake, Ken.Metaphor and Knowledge:The Challenges of Writing.

NewYork, NY:State University of New York Press, 2003.

［80］ Black, M.Models and Metaphors:Studies in Language and Philosophy. MewYork:Cornell University Press.1962.

［81］ Black, M. More about metaphor. In A.Ortony(ed). Metaphor and Thought. Cambridge: Cambridge University Press, 1993.

［82］ Chesterman, A. Contrastive Functional Analysis. Amsterdam: John Benjamins. 1998.

［83］ Croft, W.&D.A.Cruse.CognitiveLinguistics.Cambridge: Cambridge University Press, 2004.

［84］ Elena.Semino Metaphor in Discourse.NewYork:Cambridge University Press, 2008.

［85］ Fernandez, C.Idioms and Idiomaticity.Oxford:Oxford University Press, 1996.

［86］ Fauconnier, G. Mental Spaces.Massachusetts:The MIT Press, 1985.

［87］ Fauconnier, G.&Sweetser, E.Spaces, Worlds and Grammar. Chicago:University of Chicago Press, 1996.

［88］ Fauconnier, G.Mappingsin Thought and Language.Cambridge:Cambridge University Press, 1997.

［89］ Forceville, Charles. Pictorial Metaphor in Advertising. London:Routledge, 1996.

［90］ Fauconnier, G.&Turner. M.The Way We Think.NewYork:Basic Books, 2002.

［91］ Goatly, Andrew.The Language of Metaphors.London:Routledge, 1997.

［92］ Jakob, K.Maschine, MentalesModell, Metapher.StudienzurSemantik und Geschichte der Techniksprache.Tiibingen:Hogrefe-Verlag, 1991.

［93］ Kittay, E.F.Memphor:Its Cognitive Force and Linguist Structure. Oxford:Clarendon Press, 1989.

［94］ Kövecses, Z.Metaphor:A Practical Introduction.NewYork, NY:Oxford University Press, 2002.

［95］ Lakoff, G.&Johnson, M.Philosophy in the Flesh:The Embodied Mind and Its Challenge to Western Thought.New York, NY:Springer-Verlag, 1999.

［96］ Lakoff, G.&Turner, M.More than Cool Reason:A Field Guide to Poetic Metaphor.Chicago/London:University of Chicago Press, 1989.

［97］ Lakoff, G.Women, Fire, and Dangerous Things.Chicago:The University of Chicago Press, 1987.

［98］ Lynne, Cameron.&Graham, Low.ResearchingandApplyingMetaphor. Cambridge:Cambridge University Press, 1999.

［99］ Mac, Cormac.&Earl, R. A Cognitive Theory ofMetaphor. Cambridge:MIT Press, 1990.

［100］ Richard, I.A.The Philosophy of Rhetoric.London:Oxford University Press, 1936.

［101］ Stubbs, M.Words, and Phrases:Corpus Studies of Lexical Semantics. Oxford:Blackwell, 2001.

［102］ Sweetser, E.From Etymology to Pragmatics.Metaphorical and Cultural Aspects of Semantic Structure.Cambridge:Cambridge University Press, 1990.

［103］ Shiff, R.Art and Life:a metaphoric relationship in the Metaphor, S.Sacks（Ed.）.Chicago:University of Chicago Press, 1979.

［104］ Sperber, Dan.&Wilson, Deirdre.Relevance:communicationand cognition.Oxford:Blackwell Publishers Ltd, 1995.

［105］ Williamson, J.DecodingAdvertisements:IdeologyandMeaninginAdve rtising.London:Marion Boyars, 1978.

后　记

"感时拍案掌见血，谁怜憔悴入丹心。我是谁？横空之剑，沧浪之水。浅斟爱它细语声，凭栏还我风云气。"这是笔者的QQ个性签名。但是，自从进入写作状态以来，浅斟渐少，凭栏几无，那种曾经的"教学归来只在家，诗书满架是生涯"的生活节奏被打乱，昼夜颠倒的、碎片化的写作弄得我常常寝食难安，其过程漫长而艰难，几次想打退堂鼓。

八月，笔者偶至乡间小住。一个骤雨初歇的午后，我漫步于故乡的山林。只见道道夕阳的余晖射进层层叠叠的树林。一株青藤身披霞光，绕树而上，绿叶葱郁，珠光闪耀，气象万千。凉风偶至，拂面摇襟，不由得飒然心爽。我惊讶于这妙不可言的时刻，感动于这大美不言的妙境：也许未来树会倒，藤会断，就像天会老，地会荒。但是，"一瞬之美，一生之美"，那种默默努力向上的姿态或许就是一种生命的辉煌。

此时，我突然明白《阿难问事佛吉凶经》上所说的话："可得为世间事，不可得为世间意。"写作不仅是一场与自己的心灵对话，也是对自身的学识考量。对于广告研究者来说，只有厚积于文化，方能薄发于专业。不过，既然事已提起来，就要倾力做圆满。能否做好，心上放下，不取于相，不慕流俗，如如不动。既不戚戚于贫贱，也不汲汲于富贵。无论风多冷、气多寒、孤多痛、寂多深，黑暗多遥远，相信终有一天会云开日出，朝霞满天。

也许星光不负行路人。不知不觉中，釜中沸沫已成澜。

在这看似踽踽独行的过程中，有各种有形或无形的力量在陪伴着、支持着我，如同黑夜中许多盏温暖的灯光照耀，给我以前行的勇气。子曰："德不孤，必有邻。"我感谢中国人民大学新闻学院的倪宁教授、中国传媒大学广告学院的丁俊杰教授，以及全国大学生广告艺术大赛秘书长刘瑞武等学界大咖对我自始至终的关心，尤其是丁老师在百忙之中还欣然为拙著作序，令我由衷感奋。

19世纪德国伟大的诗人、剧作家歌德在回顾自己的创作历程时，曾经深有感触地说："从父亲那里，我得到一副强壮的体魄和做一个正直人的人生观；从母亲那儿，则继承了她乐观的性格和对于语言的表达能力。"我也一样，感谢父母养育了我，给予我健康的身体和健全的理智，使我有幸接受了高等教育，我才有信心与能力撰写这本书。感谢妻子光娅的理解与全力支持，爱子乔羽在图像处理上的帮助，以及三个弟弟的不断鼓励。

感谢所有关心和支持我的好友、同学、同事。"三杯拂剑舞秋月，忽然高咏涕泗涟。"在人生的征途中，每遇风和日丽、淡赏闲云之际，有你们同歌；偶值秋雨敲窗、把酒问天之时，有你们共泣。这种不离不弃的情感是我人生中最宝贵的财富。同样地，我还要感谢为本书提供部分文献核对工作的唐峰、何章平、王平、黄溪、王雪、严芬华、田淼琪等，特别是为本书出版付出辛勤劳动的编辑冯瑶女士。我衷心地将祝福送给你们！

"凡桃俗李争芬芳，只有老梅心自常。"墨梅，没有桃李般的态度，却有冰雪般的精神；没有大山般的巍峨，但有岩石般的淡定。它无意用鲜艳的色彩和媚俗的姿态去讨好路人，只是以自身的幽香默默地航海梯山，越阡度陌，回旋红尘，弥散天地，随缘随势，无问西东。

愚以为，亦当如是观拙著。

何玉杰

2020 年 3 月 16 日

于合肥寓所半步斋

责任编辑：冯　瑶
封面设计：常　帅

图书在版编目（CIP）数据

广告隐喻研究／何玉杰　著.—北京：人民出版社，2020.10
ISBN 978－7－01－021333－0

I.①广…　II.①何…　III.①广告学　IV.①F713.80

中国版本图书馆 CIP 数据核字（2019）第 215429 号

广告隐喻研究
GUANGGAO YINYU YANJIU

何玉杰　著

人民出版社 出版发行
（100706　北京市东城区隆福寺街 99 号）

环球东方（北京）印务有限公司印刷　新华书店经销

2020 年 10 月第 1 版　2020 年 10 月北京第 1 次印刷
开本：710 毫米 ×1000 毫米 1/16　印张：25.75
字数：355 千字

ISBN 978－7－01－021333－0　定价：88.00 元

邮购地址 100706　北京市东城区隆福寺街 99 号
人民东方图书销售中心　电话（010）65250042　65289539